JN091086

ゲートウェイの地理学

The Geography of Gateways

林 Hayashi Noboru 上

風媒社

輸出入自動車の取り扱いが多い三河港：自動車生産の盛んな愛知・静岡両県から輸出される自動車だけでなく輸入車を大量に取り扱っており，輸入車台数では全国取り扱いの53.2%（2018年）を占める。

JRゲートタワービルからの眺望：名古屋ターミナルビルの再開発により2016〜17年に開業した220mの超高層ビルの眼下に，名古屋駅から大阪・京都方面に向けて帯状の線路が延びているのがわかる。

東京港に停泊中のメキシコ海軍の帆船：東京港に入港したメキシコ海軍所属の帆船CUAUHTEMOCの母港は太平洋岸の港湾都市アカプルコであり，スペインによるガレオン貿易の歴史を思い起こさせる。

神戸港中央突堤に停泊中の海王丸：兵庫津から発展した神戸港に寄港中の海王丸は商船学校の練習船として1930年に進水した帆船であり，近世に北前船の寄港地であった新湊港（富山新港）で保存されている。

清水港の日本軽金属に接岸中の船舶：日本一深い駿河湾（水深 2,550 m）に面し，砂嘴状の三保半島が防波堤の役割を果たしている清水港は波穏やかな天然の良港であり，富士山を背景に美港としても知られる。

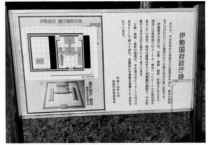

七里の渡しで知られる桑名湊：木曽三川が障害となって移動が難しかった時代，東海道で東国方面から伊勢に向かうには尾張の熱田・宮宿から七里（約28km）の渡しで桑名湊まで行くのが普通であった。

伊勢国の国府跡：伊勢国の国府は三関（不破関・鈴鹿関・愛発関）のひとつとして知られる鈴鹿関の東にあり，長者屋敷遺跡の発掘調査により政庁・官衙群のあったことが跡地に立つ案内板に書かれている。

海のシルクロードの玄関・広州の高層塔：高さ600 mの広州タワーはその形状から「小蛮腰」（ウェストのくびれ）の愛称もあり，ガラス張りの球状ゴンドラが地上 450 mのところを回転している。

シルクロードの交易中継地サマルカンド：ウズベキスタンの古都サマルカンドにあるグーリ・アミール廟はティムール朝の建国者ティムール一族の霊廟であり，高さ37mのドームと2つのミナレットが印象的である。

タイ最大の貿易港・レムチャバン港：コンテナ化に対応するため1991年に開港したレムチャバン港は歴史の古いバンコク港より外洋に近い位置にあり，タイに立ち寄る国際的なコンテナ船の大半が寄港する。（名古屋港管理組合提供）

喜望峰で知られるケープタウン港：アフリカ大陸の南端に位置するケープタウン港は東アフリカ・インド・東アジア貿易に携わるオランダ船の食料基地として建設され，内陸へ向かう植民地開拓の起点となった。（名古屋港管理組合提供）

レヴァント貿易を担ったヴェネツィア港：十字軍の遠征とともに盛んになった貿易において，ヴェネツィア商人は小アジア・シリア方面から移入した胡椒・肉桂・生糸・絹織物などをヨーロッパに持ち込み銀・毛織物などと交換した。

ハンザ同盟の盟主リューベック：13〜14世紀にバルト海を中心に貿易を独占し繁栄を極めたハンザ同盟においてリューベックは中核的役割を果たし，「ハンザの女王」と呼ばれる旧市街地は全体が世界遺産に登録されている。

フランス国内最大のマルセイユ港：全国一で地中海の港の中では5番目に大きなマルセイユ港は旧市街地の歴史的港湾とその北西30kmに新しく建設されたフォス港からなり，コンテナ取扱量は100万TEUを超える。（名古屋港管理組合提供）

アメリカ西部へのゲートウェイ都市・シカゴ：ミシガン湖畔に位置するシカゴは，ヨーロッパからの移民や東部からの工業製品を西部へ中継する機能を果たす一方，西部の農産物を移出したり食肉を東部へ出荷したりした。

カナダの西の玄関口・ヴァンクーヴァー港：氷河性のフィヨルド地形を生かして生まれた港湾は波静かな天然の良港であり，アジア太平洋地域を相手に木材・穀物・石炭などの輸出と工業製品の輸入を行っている。

カナダ西部の中継地・カルガリー：大陸横断鉄道でカナダの東部とロッキー山脈越えの太平洋岸を連絡する位置にあるのに加え，1940 年代から本格化した石油資源の開発とその後の関連産業の発展で国内第 3 位の 100 万人都市になった。

シドニーと首都争いをしたメルボルン：オーストラリアの国土開発の発祥地はシドニーであるが，それに対抗するようにメルボルンは台頭し，実際 1908 年に両都市の中間のキャンベラに首都が決まるまで暫定的な首都機能を担った。

蛇行する川沿いの大都市・ブリスベン：シドニー，メルボルンに次ぐオーストラリア第 3 の大都市で，ブリスベン川が市街地の中を大きく蛇行して流れているため橋が多く，過去に大水害を被ったこともある。

ラプラタ川河口の首都・ブエノスアイレス：スペインからの独立を果たしたアルゼンチンの首都であり，農牧業の盛んなパンパをはじめ国内の各地とブエノスアイレス港を結ぶ鉄道網が輸出向け農産物や輸入した工業製品の輸送を担ってきた。

序　文

　地理学の一分野に都市地理学がある。地表上に存在する都市の自然的基盤から社会，経済，文化などの人文的活動に至るまで，幅広い現象を空間的視点から解き明かす学問である。この学問の出発点として，そもそも都市はなぜ存在するのかという問いかけがある。ひとくちでその理由を説明するのは簡単ではないが，人が生きていくのに必要な生活物資を取引する場所として，市場を起源とする都市のようなものが自然に現れてくるということはいえる。自給できない衣食住に関わる生活物資を人は求め，それが供給できる人とどこかで会って取引する。資本主義社会ではそれは市場取引と呼ばれるが，古今東西，いつの時代でも，どこの地域でも，こうした取引の場所は生まれる。生活に必要な物資の取引場所として，都市は生まれるべくして生まれる。

　人々が求める生活物資は，当初は比較的近いところで産出したものであった。日常的に消費したり使用したりするレベルの品々である。ところが，交通手段が発達してこれまでより遠いところまで出かけられるようになると，近くでは手に入らない珍しいものを求める人が増えていく。しかし遠方へ出かけるにはリスクがともなう。専用の輸送手段も手当てしなければならない。つまり専門的条件をそなえた人が長距離交易に利益を見出し，持ち帰ったものを都市で供給するようになる。その主たる供給先は末端の消費者ではなく，その手前の商人である。この段階に至り，生活物資を遠方から調達する卸売と，卸売から入手して末端の消費者に販売する小売が分化する。消費者が求める希少な物資は，取引段階をいくつか経ながら手元にまで届けられる。

　小売は最終消費者を相手にするため，消費者との距離は短いほどよい。卸売も，取引相手である多数の小売との距離を考えれば，それらの分布の中心付近で商いをしようとする。その結果，小売に加えて卸売も行う都市が現れるようになり，こうした都市は周りの都市に対して影響を与える存在となる。影響は経済だけでなく政治，社会，文化などにも及び，なかにはグローバル都市として世界的な影響力を発揮するに至るものさえある。そこまで大きく

ならなくても，国や地域の中にあって長距離交易で栄えた都市は歴史的に数多く存在した。こうした都市がいかなる歴史的状況の中で生まれて発展したか，あるいは歴史の舞台から消えていったかに目を向けたい。

　長距離交易や卸売の拠点は，地表上のどのような場所に生まれるであろうか。先にも述べたように，基本的には小売業を営む人とそこから生活物資を手に入れる人がいることが，大きな前提となる。そのうえで，遠くまで出かけていける交通手段が準備できる場所，具体的には湊や港のある場所が候補となる。適地はこれだけではない。平野と山地の境目，乾燥地域と湿潤地域の境界なども異なる交通手段の接点となり，遠方から運ばれてきた生活物資を積み替えたり交換したりする場所として適している。地理的あるいは生態的に異なる世界が存在し，それらが接触する境界付近がこうした拠点が生まれやすい場所といえる。

　本書はこのような場所をゲートウェイという概念でとらえる。ゲートウェイは中心地という概念と対比して考えるとわかりやすい。中心地は，生活物資を求めて消費者が集まってくる場所，すなわち小売業が営まれている場所である。対してゲートウェイは，小売業に対して生活物資を卸売する場所である。中心地は抽象的な概念であり，経済的取引という場面で用いれば小売業の立地点を意味する。しかし役所，病院，学校，図書館，文化センターなど広い意味でのサービスも含めて考えれば，中心地という概念がカバーする範囲は広がる。同じようにゲートウェイ概念も，単に経済的な取引だけでなく，政治的，社会的，文化的な交流という分野にまで広げて考えることができる。たとえば遣唐使を送り出した博多津や，遣明船を派遣した堺津などに持ち込まれたのは各種の文物であり，モノだけではなかった。列強による植民地貿易でも，経済的な財だけでなく，文化，宗教，音楽なども出入りした。

　上述のように，本書では相対的に長い距離を移動するモノや人が多く集まる出入口的な場所をゲートウェイとみなす。このうちモノは冒頭でも述べた生活物資であり，これは主に交易，貿易，卸売などに関わる人々や企業によって調達，仕入れ，運搬，輸送などが担われてきた。また人の移動には，現代的な旅行やビジネス，あるいは過去に行われた海外移民，奴隷貿易，軍隊の派遣などが含まれる。時代によって異なるが，多くは都市に設けられた出入

4
ゲートウェイの地理学

口的な施設に集まったり集められたりし，船舶，鉄道，航空機などを使って移動していった。なかには街道沿いの宿場のように，必ずしもまとまった移動ではないが，遠方への旅立ちという点で出入口的，関門的性格をもつものもあった。日用品を中心地で購入するための移動を日常的移動とすれば，距離の長いこの種の移動は非日常的移動である。集団的，集合的な長距離移動のための出入口がゲートウェイにほかならない。

　本書では時間的には古代から現代まで，空間的には日本をはじめアジア，ヨーロッパ，アメリカ大陸，オセアニアにまで範囲を広げ，古今東西，ゲートウェイと思われる対象に注目する。時代や地域によって港であったり集落であったりするが，多くは都市のかたちをしている。ゆえに都市地理学の研究対象であると考える。また地理学研究であるため，地形，気候などの自然条件や社会，経済，文化など人文活動の地域性に主眼を置く。加えて強調したいのは，都市地理学は現代の都市のみを対象とした学問ではないという点である。現代都市といえども，その歴史的な発展過程にまで目を向けなければ，ゲートウェイとしての都市の本質がいかなる時代状況において生まれたかが理解できない。

　本書の構成を概述すれば以下のようになる。最初にゲートウェイという概念と，これに相当する地理的な拠点や都市について述べる。ゲートウェイは長距離移動の出入口や関門という普遍的存在であるため，港湾，鉄道駅，空港など現代的な交通施設のほかに，街道の出入口，関所，木戸など歴史的に意味のあった施設にも言及する。こうした概念や定義をふまえ，つぎに古代のアジア，中世のヨーロッパ，近代初期のアメリカ大陸などのゲートウェイについて述べる。これらの時代や地域に限らないが，世界の主要都市は何らかの意味でゲートウェイ的役割を果たしてきたといえる。それは必ずしも海洋に面した港湾都市だけではない。植民地化や国土開発の過程で物資の積み替えや中継の機能を担った「内陸の港湾」もまたゲートウェイとしての役割を果たした。

　こうした海外の事例のほかに，日本の中世，近世にゲートウェイ機能を発揮し湊や津などと呼ばれた港湾都市も取り上げる。港湾のほかに，街道沿いの宿場の出入口の代表として江戸四宿についても述べる。さらに，近代に開

港されて海外貿易の拠点になった都市，あるいは北海道，四国，九州の玄関口といわれるようになった都市の発展過程についても触れる。本書の最終部分では，著者が主たる研究フィールドとする名古屋圏に注目し，圏域の形成に深く関わった鉄道駅，港湾，空港について考察する。日本の場合，近世までは長距離交易といってもそれは，主として国内スケールでの交易にとどまっていた。ところが近代以降は，長距離交易は輸出入，国際貿易という言葉に取って代わられ，距離の相対的縮小は現在もなお進行中である。かつての非日常的長距離移動は，現在では日常的移動に近づきつつある。

　著者はかつて，中心地概念をもとに理論と実証の両面から地理学研究をしたことがあった。その頃から今日に至るまでずっと気になっていたのが，中心地すなわち小売につながる卸売の存在である。卸売に関する地理学研究は非常に少なく，その重要性にもかかわらずあまり関心を呼ばなかった。このたび，卸売をゲートウェイと読み替えることで概念をより一般化し，この概念に関わりがありそうな拠点や都市を歴史的，地理的に幅広く取り上げて考察することにした。中心地理論のような洗練されたモデルではとらえにくく，もっぱら歴史地理的記述という方法でゲートウェイの存在を浮き彫りにしようと心がけた。これまで地理学ではあまり注目されることがなかったゲートウェイについて少しでも関心が深まれば，これ以上の喜びはない。

　　　　　　　2020 年 3 月 1 日　愛岐丘陵を見渡す石尾台にて
　　　　　　　　　　　　　　　　　　　林　　　　　上

ゲートウェイ概念と交通, 産業, 都市の地理学研究

第1節　ゲートウェイの意味と使われ方の時代変化

1. ゲートウェイの意味とその使われ方

　JR東日本の山手線に新設される駅名を公募し, その結果をもとに新駅の名前を決めることになった。公表された駅名は駅周辺の地名にカタカナのゲートウェイという言葉を付け足したものであった。カタカナを含む駅名は珍しく, 反響が大きかった。それは歓迎するという意味での反響ではなく, むしろ批判的意味での反響であった。新しい駅名に反対する目的でインターネットによる署名運動も開始された。公表された新駅名が公募で寄せられた候補名の中で上位でなかったことも疑問とされた。しかしやはり駅名にカタカナ英語を使うことに対する違和感が大きかったようである。東京オリンピックの開催を1年半後に控え, 国内外から多くの人々を迎え入れる玄関口のような意味合いが新駅名の選考過程で重視されたのではないかと推測される（図1-1）。江戸時代, この新駅の近くには江戸府内への入口として,

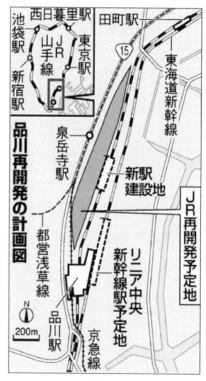

図1-1　JR東日本の新駅「高輪ゲートウェイ」の位置
出典：朝日新聞のウェブ掲載資料 (https://www.asahi.com/articles/photo/AS20181212004256.html) をもとに作成。

また城下南の出入口として大木戸（ゲートウェイ）が設けられていた。駅名選考のさいにこうした史実も考慮されたようであるが，であるならゲートウェイではなく大木戸という言葉を組み合わせてもよかったのではないかという意見さえある。やはり，歴史的地名にカタカナを安易に付けたことに対して違和感を抱いた人が少なくなかったということであろう。

　ゲートウェイ（英語表記は gateway）という言葉は，地理学ではそれほど多くはないが，用いられる用語である。あえて日本語になおせば，関門，出入口，玄関であろうか。ゲート（門扉，出入口）というカタカナ語は日常的に使われており，地理学に限らず人やモノが出入りする場所を関門あるいはゲートと言っている。しかしゲートウェイというやや長めのカタカナ語でこうした場所を表すのには抵抗があるかもしれない。日本ではパソコンやラジカセなどのように長めの英語を短縮して使用する傾向がある。ゲートも本来ならゲートウェイというべきところを短縮してゲートと言っている可能性もある。しかし，gate と gateway ではやはり本来の意味に違いがあるのではないか。way が付加されることで道や途という意味が加わり，門をくぐってさらにその先に進むというニュアンスが加わる。こちら側と向こう側をつなぐ結び目の場所や空間である点が，単に門を意味するだけの gate との違いである。さらに way には方法，手段という意味もあるため，gateway には，何かを達成するための取っ掛かりという意味も加わる。そこを入口として奥へ入り，目的のことがらを成し遂げるといった意味合いである。

　「銀行は，あらゆる金融サービスを利用するためのゲートウェイ」という場合，そこにはとくに空間的な意味はない。街中にある銀行の店舗の自動ドアを通ってカウンターに行くという意味では，たしかにゲートウェイに空間的意味合いはある。しかしこの使用例では非空間的な存在としての銀行が想定されており，その出入口として銀行を利用するということである。地理学にも銀行網や金融ネットワークを対象とした研究がないわけではない。1990年代に経済のグローバル化や世界都市について関心が高まったさい，この種の研究が注目を集めた（芳賀，1997）。しかしながら，インターネットの普及が本格化し，金融の自由化も進み，マネーや情報の国際的流動が巨大化するのにともない，逆説的ではあるが，研究の関心は別の方向へと移行していっ

た。ある現象が現れ始めて関心が高まると研究も進むが，現象が常態化すると むしろ関心が低下するのは，この場合に限ったことではない。

　ゲートウェイという用語を地理学や経済学などで使う場合，空間的な文脈で使用することが多い（松尾，2012；西日本シティ銀行公益財団法人九州経済調査協会編，2016）。もっともその解釈の仕方は研究者によって微妙に違っている。実際はある種の現象が先に存在し，それを適切に表現するために言葉を探し当てはめているのではないか。ゲートウェイの場合もそれに近く，空間的に出入りを限定する門のようなものがあり，そこをゲートウェイと呼んでいる。移動を制約する障害物には山脈，砂漠，海洋，大河川など地形的要素が多い。これらの地形的要素が空間を二分し，地勢的，生態的，経済的あるいは社会的に異なる性質の地域にしている。一方の地域に留まっている限り，出入口すなわちゲートウェイを通る必要はない。しかし何らかの理由で外の世界へ出ていくとき，ゲートウェイを通らなければならない。これとは逆の場合もあり，ゲートウェイを通ることで外の世界から内側の世界に入ってくることができる。

　どんな山脈でも探せばどこかに谷間はあり，また大河であっても渡りやすい場所はある。歴史が進んで山脈にトンネルが掘られたり，大河に橋が架かったりすれば，そこをめがけて人やモノが集まってくる。海洋の場合は波静かな入江がそのような場所となり，やはり人やモノが集まる。集まるのは，そこが外の世界へと通じる道あるいは内側に入ってくる道につながっているからである。この道すなわち way が重要であり，出入口につながる道がなければ移動は達成されない。出入口と道が組み合わさることにより，ゲートウェイはその字義の通りの機能を果たすことができる。出入口に集まる人やモノの動きを空間的にとらえれば，比較的広い範囲から一点に向かう集中的なパターンが思い描かれる。ゲートウェイを通り抜けたら人やモノは再び広い範囲に向けて散っていく。つまり集中と分散という空間的パターンがゲートウェイの両側で観察される。ゲートウェイは出入口であるため，そこでの通過は双方向的なのが普通である。出口，入口は移動する人やモノにとっては相対的であり，行きがあれば帰りもある。トンネルや橋の場合は施設の端にそれぞれ出入口がある。港はそれ自体が出入口であり，相手先の港にも出

入口があると考える。

2. ゲートウェイ概念の意義の消長

　ゲートウェイは住宅の玄関口にたとえられることがある。どの住宅にも大抵は玄関口があるため，ゲートウェイは都市の中に無数に存在するともいえる。しかしこれはあくまでたとえであり，外の世界と家の中との出入りを限る場所という意味で使われている。住宅は安全性が優先される施設であり，基本的に住宅は外溝や家の壁によって外の世界と遮断されている。しかしどこかに出入口がないと生活できないため，玄関口が設けられる。住宅を国の大きさに広げて考えれば，玄関口はそのまま国境を守備・管理する施設である。やはりこの場合も国家の安全性確保が最優先される。国からさらに大きさを広げて大陸，地球にまで拡大すれば，宇宙への出入口が地球にとってゲートウェイとなる。具体的には宇宙ロケットの発射基地がそれに相当する。悪い事例を想定するなら，宇宙空間から紫外線が飛び込んでくるオゾンホールなどが想像される。

　このように性質の異なる2つの世界を限定的に結びつけ連絡し合う場所として，ゲートウェイは存在する。地理学は一軒一軒の住宅を直接対象として研究することはない。こうした住宅が集まっている街区や，それらがさらに集まった町や都市を対象とする。メソスケールと呼ばれる中間的スケールで観察される空間的現象を対象とするため，ゲートウェイもそのスケールにおいて目にするものを取り上げる。すでに述べた山脈を貫くトンネルの出入口，大河に架かる橋梁のたもと，あるいは港湾などがそれに相当する。山脈や大河は自然による生成物である。人間はそれらを利用して世界を区切ることを知り，国境をはじめとする政治的境界を設けた。そのような地形が利用できない場合は，それらに代わる壁（長城）や柵（有刺鉄線）を設けて境界線とした。横断するのが困難な山脈や大河は，たしかに外部からの侵入を防ぐのに役立つ。壁や柵もまたそのような役目を果たした。そこまでして自国や自領域を守らねばならないという時代が歴史的に長く続いた。

　核弾頭が装備されたミサイルがいつでも発射できる今日でも，国境線のもつ意味は大きい。軍事面での安全性はさることながら，政治的，社会的，文

化的統一性という意味で国境は意識されている。アイデンティティの保持という動機がすぐに思い浮かぶが、これほど社会が国際的になりコスモポリタン的になった現在においてさえ、国と国との境目は揺るがせにできないと考えられている。むしろ人やモノや情報の移動が増えて複雑になったがゆえに、逆説的ではあるが、国境だけは堅持しなければならないという意味合いが強まっているように思われる。国境あるいは国境線をめぐる国家間の外交的対立は各地にあり、収まりそうにない。全国土に比べれば僅かにすぎない無人の孤島といえども、国家的アイデンティティの観点から1ミリも譲歩できないと考える人は少なくない。

　ゲートウェイは、このように国境をはじめとする各種境界線の存在を映し出す。空間的移動を妨げる障害物がなければ、ゲートウェイはもともと存在しない。特定の場所に人やモノが集まる必要はなく、どこからでも自由に移動できる。自然の生成物である山脈や大河川は、当初はそれらが横断できる場所が限られていた。しかし人間は技術革新でトンネルや橋梁を生み出し、横断可能なルートを増やしていった。空間的集中の割合が低下するのにともない、ゲートウェイの意義は薄れていった。やがて移動に支障が感じられなくなるほど自由度が高まり、ゲートウェイが歴史的に過去のものになった事例は少なくない。

　図1-2は、江戸時代に東海道の箱根山中に設けられた関所を示したものである。よく知られている箱根関所は1619年頃に設けられたが、それよりまえにいくつかの脇関所（裏関所）が設置されている（立木、1978；加藤、1985）。矢倉沢関所は1590年、根府川関所は1604年に設けられた。これらの関所の歴史は古く、鎌倉時代の承久の乱（1221年）のさいには足柄・箱根両道の関で京方からの軍勢を迎え撃ったという記録も残されている。箱根関所は江戸幕府が各地に設けた関所の中でも筆頭であり、小田原藩がこれを預り警衛した。検閲に重点を置いたのは「入鉄砲」よりも「出女」で、女性の検査は人見女が担当した。大名の奥方などに対する検査は、箱根宿の本陣で亭主の女房が人見女に代わって行ったという。関所周辺の山は御要害山として立ち入りが禁止され、山抜けは極刑に処せられた。箱根関所が廃止されたのは250年後の1869年である。

関所は人の移動を厳しく監視するために設けられた（新居関所史料館編, 2011）。日本では幕藩体制を堅持するために人の移動を制限すべきと為政者は考えた。これにより確かに世の中の安定は保たれた。しかしそれは移動の自由が許されない社会における見かけ上の安定であり，近代以降の開かれた社会からはかけ離れたものであっ

図1-2　箱根関所と5つの脇関所（裏関所）
出典：箱根関所公式サイトのウェブ掲載資料（http://www.hakonesekisyo. jp/db/hs_disp_fr_sp.html?hdid=data_01_02_01）をもとに作成。

た。体制が大きく変わり西欧思想の流入で国のかたちが変わり始めると，関所のような封建時代の遺物は真っ先に取り払うべきものとなった。移動を阻害する人為的施設は取り除かれ，むしろ移動を促進するための交通網の整備に重点が置かれるようになった。しかしそれでも，どこまでも無制限に移動できるわけではない。最後に残ったのが国民国家が成立した時期にほぼ確定した現在の国境である。日本の場合は明治の近代国家の成立がこれに符合する。これ以降，国内移動は何ら制約を受けることなく，自由に移動できるようになった。

　このように考えてくると，空間的移動を妨げる自然的，人為的障壁が消滅するのにともない，ゲートウェイは地球上から姿を消していくように思われる。しかしこれはゲートウェイのすべてについていえることではない。たとえば港湾や空港など交通手段の分野では，依然としてゲートウェイは存在する。この場合は，人やモノを大量により遠くまで輸送するため，場所を限定

第1章　ゲートウェイ概念と交通，産業，都市の地理学研究

して集めている。大量に輸送するのは輸送コストを引き下げるためである。遠くまで輸送できるのは，大量輸送でコストを抑えているからである。個別輸送では到底不可能な輸送を実現するために，スケールメリットを追求しているのである。この種のゲートウェイは，地表上における分散的移動の限界性を突破するために生まれた。たとえば長い歴史をもつ水上交通の場合，どの小港湾も水上と陸上の接点に位置するという意味ではゲートウェイの資格を有していた。しかし今日ではハブ港湾に代表されるように，特定の巨大港湾に貨物を集めて大量輸送する方向に向かっている。ゲートウェイ機能はむしろ強まったといえる（高，2012；松尾，2012）。

3．都市におけるゲートウェイの強化とその影響

　ゲートウェイ機能を強めている港湾や空港と類似の現象は，陸上交通の代表である鉄道の分野でも生じている。鉄道はもともと徒歩交通，馬車交通，河川交通などに代わって登場してきた。アイアンホースの異名があるように，西洋では鉄の馬車，すなわち蒸気機関の力で線路の上を走る馬車として発明された。それまで馬車の停まる場所ならどこででも乗り降りすることができたが，鉄道は駅にしか停まらないため，駅まで移動しなければならない。馬車の歴史がなかった日本では，いきなり鉄道駅まで行って列車に乗ることになった。どこからでも出立でき，どこからでも入ることができた集落相互間の移動も，特定の場所に設けられた駅と駅の間の移動へと変わった。駅は人やモノが集まり，またそこから分散していく施設として設けられた。すなわちゲートウェイが町の中に出現したのである。

　このように，鉄道の駅は基本的にゲートウェイの性格をもっている。それはまとまった数の人やモノを集めて輸送する手段として鉄道が利用されるようになったからである。鉄道のあとに登場する自動車がドア・ツー・ドアの乗り物といわれるように，特定の場所に集まる必要もなく，どこからでも移動が始められ，またどこででも終えることができるのとは対照的である。乗合自動車すなわちバスは鉄道と自動車の中間的位置にある。バス停という限られた地点に人を集めるという点では鉄道に似ている。しかしバス停の数は多く集中の程度も低い。人が集まるのは，乗車という行動を人々が同一の場

所と時間で共有するためである。人を集めて輸送するという機能を果たす限り，程度に違いはあれ駅の改札口やバスの乗降口を設ける必要がある。

　港湾や空港でハブ化の現象が進んだように，鉄道の分野でも在来線の特急化や新幹線の開業によって特定の駅がゲートウェイ機能を強めている。多数の駅から乗車していた人々が特定の駅に集まって乗るようになったからである。この原理は船舶や航空機と同様，大量に遠くまで速く輸送するためである。こうした輸送を実現するための技術革新が進められた結果，可能になった。鉄道による大量高速輸送化のプロセスは，領域の統合によって古い境界線がなくなり関所の数が減っていった現象と似ている。一方は特定主要駅のゲートウェイ機能が強まる動きであり，もう一方は国土の拡大にともない特定の出入口が国境管理の場所としてゲートウェイ機能を強めてきたという動きである。共通しているのは集約化であり，空間管理や空間移動の効率性を高めようとする動きである。

　港湾や空港と同様，鉄道の駅も都市構造の一部を構成している。都市や地域の相互間移動を実現するのに欠かせない施設であり，公共的性格がきわめて強い。しかも大量高速化のために設備自体が大掛かりとなり，巨大な投資によって実現するインフラストラクチャーである。都市の中で空間的に大きな部分を占めるだけでなく，これらの設備に関わって就業する人口も多い。輸送産業，交通産業として重要な部分を担っている。間接的な雇用も多く，観光，飲食，サービスなどにおいて存在感を増している。とくに商業・サービス業の分野では，ゲートウェイ機能と結びつくかたちでこれまでとは異なる展開が見られるようになった。交通・輸送機能を担う施設に近接して商業・サービス業が集積立地するようになったからである。

　とくに著しいのは主要鉄道駅の直近，なかには駅ビルと一体化して営業する商業・サービス業の増加である。人が集まるというゲートウェイの特性を利用し，ローカルな商圏ではなく，より広域的な商圏を想定して営業を行っている。こうした動きが都市構造に与える影響は大きい。影響は駅のある都市はもとより，周辺の都市や地域にまで及ぶ場合がある。これまで地元の商業・サービス業を利用していた人々が，大量高速利便性を強めた鉄道に乗って主要駅まで行き，駅近くの商業・サービス業を利用するようになったから

である。これにより，主要駅のある大都市の商業・サービス業は売上を伸ばす。その一方で，周辺の都市や地域では業績不振に陥る商業・サービス業が現れる。特定駅のゲートウェイ強化が，都市構造にさまざまな影響をもたらす。

　図1-3は，1996 ～ 2016年の名古屋市における百貨店の年間販売額の推移を示したものである。1987年に旧国鉄が民営化されて発足したJR東海が大阪資本の高島屋と手を組み，百貨店経営に乗り出した（中村，2000）。JR名古屋駅に接続するセントラルタワーズの核店舗がジェイアール名古屋タカシマヤであり，開業した2000年3月の時点では市内の百貨店の中では第4位であった。ところが，ほかの百貨店が売上の低迷で苦戦しているのとは対照的に，その後，急激に売上を伸ばし始め2011年3月には月間売上高で第1位，2015年2月期には年間売上でもトップになった。快進撃を支えている大きな要因として，JR東海による電車のスピードアップを挙げることができる。JR東海の沿線地域から名古屋駅までの時間距離が短縮された結果，これまで地元の商業施設で買い物をしていた消費者が名古屋駅のターミナル百貨店へ出かけるようになった。また，名古屋駅で地下鉄に乗り換えて行く栄地区

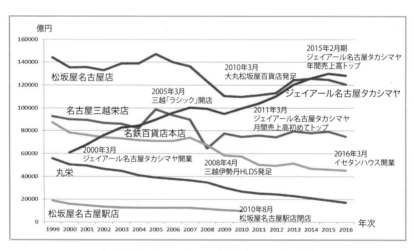

図1-3　名古屋駅前と栄の百貨店の年間販売額の推移
注：名古屋駅前＝ジェイアール名古屋タカシマヤ，名鉄百貨店本店，松坂屋名古屋駅店
栄＝三越「ラシック」，松坂屋名古屋店，丸栄
出典：ジェイアール東海エージェンシーのウェブ掲載資料：（https://www.jrta.co.jp/research/nagoya_vol00.pdf）をもとに作成。

の百貨店に比べ，乗り換え不要のターミナル百貨店の方が便利だと思われるようになったことも大きい。かくして，ターミナル型百貨店は名古屋周辺の商業施設はもとよりライバルである栄地区の商業施設からも消費者を奪うようにして成長した。

第2節　中心地システム，ゲートウェイ，ハブの相互関係

1．中心地システムとゲートウェイの概念上の関係

　地理学の分野においてゲートウェイは卸売業の立地を説明するのに用いられることが多い。これは，卸売業が多くの生産者から商品を集めて揃え，それを小売業に販売するときの空間的パターンが集中・分散を特性とするゲートウェイに似ているからである。卸売業は英語では wholesale といい，whole すなわち全体を，あるいは大量に sale 販売するという意味である。大量，集中，まとまりがキーワードであり，小分けではなくまとめて売るという点に特徴がある。多くの場合，卸売業は遠方にある生産者つまりメーカーから商品を購入して手元まで輸送する。しかし実際に誰が商品を輸送するかは問わない。輸送されてくる商品は多種類に及ぶため，それらをある場所において揃える必要がある。大量輸送に加えて整理や保管の機能が加わり，さらにその先に配送するという機能も加わる。これらの機能をまとめて行うには，かなり専門的な業務知識と業務を行うための空間がなければならない。

　卸売業が相手にする販売先は基本的には小売業である。製品を一部使用してサービスを提供するサービス業も販売先である。たとえば医療器具を使用する病院・クリニック，理美容器具を使う理美容業，寝具・洗顔用具などを必要とする宿泊業などである。いずれにしても，小売業やサービス業を相手に卸売業は商品を販売する。卸売業から商品を購入した小売業やサービス業は，立場を変え，消費者を相手にこれらの商品やサービスを販売する。最終的に商品を必要とする消費者を相手とする小売業やサービス業は，地理学では中心地機能と呼ばれることがある（林，1986）。中心地すなわち英語の central place とは，周辺から消費者が集まり必要な商品やサービスが売り買いされる場所を意味する。そのような場所で活動を行うので，中心地機能

（central place function）なのである。中心地という用語は一般社会でも使われるが，地理学では商品やサービスが取引される場所を中心地と呼んでいる。

　地理学とくに経済地理学の分野で中心地にこのような意味を与えたのは，ドイツの経済地理学者ワルター・クリスタラーである。クリスタラーは，1930年代のドイツ南部の都市の空間的配置に関心をもち，その配置がある種の空間的ルールにしたがって決まっているという仮説を立てた（Christaller, 1933）。この仮説を実証するために，都市をさまざまな小売業やサービス業が集積立地している点とみなした。仮説を幾何学的に実証するためには集積地を点とみなす必要があった。実際には面積的広がりのある都市を点とみなすことで，仮説の検証が容易になると考えたのである。幾何学すなわち数学はものごとを抽象的に考えるための手段であり，小売業やサービス業の集まりを点とみなすことにより空間的ルールを数理的に見出すことができる。現実には面的，立体的である対象を点として取り扱うことに対して，違和感を覚える地理学者は少なくない。実際，当時のドイツ地理学界ではクリスタラーの抽象的，幾何学的研究は伝統的な地理学とは別のものとされた。

　クリスタラーが採用したアプローチは確かに革新的であった。研究方法が抽象的，幾何学的であったがゆえに，歴史的評価に耐えられる地理学理論が打ち立てられたのである。クリスタラーの労作は学位論文としてまとめられ，出版もされた。彼はこの論文を作成するために，都市の立地に関する過去の研究を調べ上げた。しかしどれも十分に満足できる研究ではなかった。ただし，農業立地の分野ではヨハン・H・フォン・チューネンが，また工業立地の分野ではアルフレッド・ウエーバーが，幾何学的手法を取り入れて研究を行っていた（Thünen, 1826；Weber, 1909）。それらの研究とクリスタラーの研究が違うのは，特定の農場や工場の立地ではなく，広域的に分布する都市（小売業・サービス業の集積地）全体の空間的パターンを幾何学的に説明しようとした点である。

　さて，中心地に関する説明が長くなったが，ここで述べたいのは，中心地という概念とゲートウェイという概念の関係である。卸売業と小売業・サービス業の役割の違いから示唆されるように，まとまった輸送ののちに分配するのがゲートウェイ（卸売業）であり，一箇所に集まった消費者を相手に商

品やサービスを販売するのが中心地機能である。このように述べると、ゲートウェイと中心地機能は機能的にまったく別のもののように思われるかもしれない。しかし両者を空間的立地という側面から見ると、「階層」をキーワードに結びつけて考えることができる。クリスタラーのいう中心地には空間的な階層性があり、商品やサービスの種類に応じて店舗の立地点が異なる。一般に買回り品はレベルの高い中心地で販売され、最寄り品はレベルの低い中心地で販売される。クリスタラーは、最低限これだけの売上が確保できなければ店舗経営が持続できない空間的範囲を想定し、買回り品はその範囲が大きく、最寄り品は小さいとした。消費者は買回り品は遠くの店舗まで行って購入するが、最寄り品は近くの店舗でしか買わない。

　こうした店舗側の経営条件と消費者の判断が組み合わさる結果、階層的な中心地システムが形成される（図1-4）。この場合、「階層」には商品需要の階層と、中心地レベルの階層の2つがある点に注意する必要がある。先にも述べたように、クリスタラーの中心地システムにおいては、小売業やサービス業の集積地は点と見なされている。レベルの低い中心地ならまだしも、多くの店舗が集まって商店街や商業地区を形成するような大都市をも抽象的な点と見なす研究アプローチには違和感があるかもしれない。クリスタラー以降の研究者は、大都市それ自体の中に別の中心地システムが存在するとして、この問題をクリアしようとした（Berry, 1964）。実はこの大都市こそ卸売業

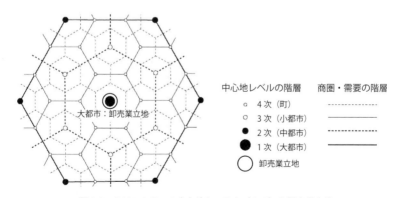

中心地レベルの階層　　　商圏・需要の階層
- ○　　4次（町）　　　--------------
- ○　　3次（小都市）　　────────
- ●　　2次（中都市）　　- - - - - - - -
- ●　　1次（大都市）　　━━━━━━
- ◎　　卸売業立地

図1-4　クリスタラーの中心地システム（K=3）と卸売業立地
出典：Geographyのウェブ掲載資料（http://geography.name/classical-central-place-theory/）をもとに作成。

第1章　ゲートウェイ概念と交通、産業、都市の地理学研究

の集積地すなわちゲートウェイとみなすことができる。卸売業は大都市の中心部に立地し，大都市内はもとよりその周辺の小売業・サービス業にも商品を供給する。クリスタラーの中心地モデルは小売業・サービス業の立地を説明するモデルである。しかしこのモデルの中にゲートウェイ概念を挿入することは可能である。ただし，これら2つの概念上の関係を示すには，さらなる説明が必要である。

2．中心地システムの中でゲートウェイを考える

　クリスタラーの中心地システムは，中心地に立地する小売業やサービス業が消費者に販売する商品やサービスをあらかじめ整えていることを前提として成り立っている。しかしこの前提は，これらの商品やサービス，少なくとも商品は当該中心地以外のどこか別の場所から運ばれてこなければ満たすことができない。つまりこの前提を満足させるには，事前に商品が小売店舗に納入されていなければならない。まさにこの役割を担うのが卸売業である。ではその卸売業は中心地システムの中のどこに存在するのであろうか。小売業・サービス業の立地を念頭に置いたクリスタラーの意図とは別に，このシステムの中に卸売業の立地を取り込もうとするなら，それはシステムの中心であろう。現実との対比でいえば，大都市あるいはその地域の中心都市である公算が大きい。どの階層レベルの小売業・サービス業も卸売業から商品を仕入れる必要があるが，卸売業が大都市や地域中心都市にあれば，商品の輸送費用を最小化できるからである。

　このように考えると，中心地システムの中でレベルの高い中心地は，ゲートウェイ機能の立地点でもあるといえる。ただし，抽象度の高いクリスタラーの中心地システムの中に，実際にはある程度の面積を有する卸売業すなわちゲートウェイを書き込むことはできない。暗黙的にゲートウェイ機能が中心地システムの中心に存在することを了解するのみである。しかし了解事項はこれだけではない。いまひとつの了解事項は，ゲートウェイが機能するための輸送路，交通路がどこかに確保されているということである。商品をシステムの外から中心地まで送り届けるには交通路が不可欠である。クリスタラーの中心地システムでは，移動はどの方向へも可能で移動を妨げるもの

はないとされている。このような空間は等方性空間と呼ばれるが、もちろん現実にはありえない。このシステムの中に、こうした交通路をどのように想定するのが妥当か、妙案はない。クリスタラーにしたがい、どことは特定できない場所から直線的経路を経て中心地にまで商品が運ばれてきていると考えるよりほかない。

　以上までの議論から明らかなように、クリスタラーの中心地システムに小売業やサービス業以外の別の経済活動を取り込むには、暗黙的な了解が必要である。クリスタラーの中心地システムは1930年代の南ドイツの都市分布を説明するために構築された。南ドイツは北ドイツに比べて工業があまり発展しておらず、工業活動によって中心地システムが偏倚される程度は大きくなかった。工業製品が南ドイツ以外から卸売業を介して持ち込まれるという状況はあったと考えられる。むろん南ドイツの中で工業製品が生産されることもあったであろう。しかしクリスタラーはそうした事実は一切排除し、中心地に商品やサービスが用意されていることをシステム構築のスタートラインとした。農産品や手工業品など地元で生産される商品ならあえて卸売業の手を煩わせることなく中心地で準備することができたかもしれない。しかし、地域間はもとより大陸間においてさえ長距離交易が行われていたという事実をふまえると、卸売業の存在しない小売業・サービス業のみで都市システム（中心地システム）を支えていたとするのは非現実的である。

　クリスタラーの中心地システムが成り立っているのは、小売業やサービス業が同業種の間で空間的に競争を展開し、消費者は最近隣の中心地で商品やサービスを購入しているからである。単純ではあるが明確な行動原理がはたらいていることが、システム成立の前提になっている。それではゲートウェイ機能すなわち卸売業はどのようにして成り立っているのであろうか。結論からいえば、この場合も小売業・サービス業と同類の行動原理が作用していると考えられる。小売商圏を卸売商圏と読み替え、消費者を小売業者と見なすのである。卸売業者も経営を維持するためには、納入先の小売業者を最小限確保する必要がある。小売業者は同じ商品なら距離的に近い卸売業から購入しようとする。実際には卸売業者が小売業者のところへ配達するのが一般的と思われるが、その場合でも輸送コストの最小化は望ましい。中心地シス

第1章　ゲートウェイ概念と交通，産業，都市の地理学研究

テムの中で階層レベルが高い中心地に卸売業が立地すれば，輸送コストは最小になる。クリスタラーは意図しなかったが，中心地システムはゲートウェイのシステムとして代用することができる。

　いくつかの了解事項はあるが，ゲートウェイは中心地モデルの枠の中で考えることができる。しかしゲートウェイの本質でもある出入口，関門性はどこへいったのであろうか。この点に関しては，中心地システムを内側の世界と考え，その中へ卸売業が外側の世界から商品を運び入れているとすることで説明がつく。中心地システムは日常的に商品やサービスを消費者に販売するシステムである。しかし一定期間たとえば1週間で商品やサービスは売りつくしてしまうため補充する必要がある。小売業やサービス業に対して商品やサービスを毎日補充するのは非効率であり，またその必要もない。理論的には週に一度まとめて補充すればよい。卸売業も補充に支障が生じないように商品をまとめて外側の生産者から仕入れる。仕入れる頻度はその量と関係しており，まとめて大量に仕入れるなら回数は少なくインターバルは長くなる。

　卸売業が外側の世界から商品を仕入れるのは，そのような商品が内部では手に入らないからである。卸売業やゲートウェイが長距離交易と結びついているのは，まさしくこの点にある（Vance, Jr., 1970）。内側と外側の2つの世界の境目すなわち中心地システムの境界は，現実世界では谷間の出入口や大

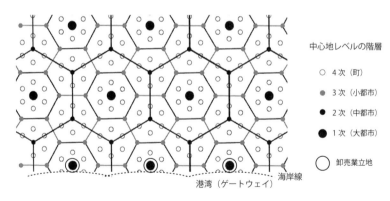

中心地レベルの階層

○　4次（町）

●　3次（小都市）

●　2次（中都市）

●　1次（大都市）

◯　卸売業立地

港湾（ゲートウェイ）　　　海岸線

図1-5　大都市港湾（ゲートウェイ）と中心地システム

河の渡河地点，あるいは港湾であったりする。そのような境界それ自体を出入口や関門と呼ぶ場合もあるし，そのような場所を経由して卸売業のところまで商品を輸送する機能をゲートウェイ機能と呼ぶこともある。港湾が背後圏をかかえながら成り立っている地域なら，卸売業は中心地システムの中心でありゲートウェイでもある場所で活動しているといえる（図1-5）。そのような場所では，日常的に販売を行う中心地機能と，一定の時間間隔（インターバル）を置きながら商品を仕入れたり卸売したりするゲートウェイ機能が並立している。

3．ハブ，結節点とゲートウェイの相違点

　ハブ（hub）という用語も，ゲートウェイと似た文脈で使われることが多い。ハブは自転車の車輪（ホイール）の中心にあって多数のスポークを固定する部分のことである。その形状が四方から集まってくる交通路の結節点と似ているため，このような場所をハブと呼ぶようになった。ゲートウェイが扉（ゲート）を開け閉めして通行をコントロールする関門に似ているため，そのように呼ばれるようになったのと事情は類似している。では，ハブとゲートウェイはどのような関係にあるのだろうか。ハブという用語が主に使われるのは，ハブ空港やハブ港湾のように，航空や港湾といった交通分野においてである。1980年代のアメリカで航空分野での規制緩和が進み，特定の空港にローカルな空港からの便を集め，そこで乗り換えた多数の乗客を遠方へ輸送しようという動きが強まった（東北産業活性化センター編，1995）。主要空港と地方空港を結ぶ航路をスポークとすれば，スポークを束ねる空港はハブの役割を果たしているといえる。アメリカでのこうした事例が国際的に広まっていき，やがて世界各地にハブ空港が誕生していった。

　事情は港湾の場合も同じで，地方の小港湾から主要港に運ばれてきた貨物がその港にいったん集結し，より大きな船舶にまとめて積み替えられ遠方まで運ばれていく。航空の場合と同様，スケールメリットを追求した結果，港湾の選別が行われ，特定の港湾が多くの貨物を集めて輸送するシステムが生まれた。航空や港湾に共通しているのは，局地的な空路や海路が一箇所に結びつけられ，そこから国際的な空路，海路へと引き継がれているという点で

ある。局地的にしろ国際的にしろ，これらはいずれも同じ種類の航路すなわち交通路をつなぎ合わせたものである。経済的効率性の観点から特定の空港や港湾がハブとして選ばれているが，ネットワークの改変など事情が変化すればハブは別の場所に移されるかもしれない。交通ネットワーク上の結節状況がたまたま集中的であるため，ハブの役割を果たしているように見える場合もある。実際には航空政策や港湾政策にもとづいて主要空港や主要港湾は選定されているためハブの位置は簡単には変わらないが，固定的とは言い切れない。

　すでに幾度も述べたように，ゲートウェイは谷間の出入口や大河の渡河地点，あるいは港湾など，2つの異なる世界の境目に位置することが多い。その規模には幅があり，時代によって位置づけにも違いがある。このことはたとえば港湾に地方の小港湾から国際的な大規模港湾まで，さまざまなスケールの港湾のあることからもわかる。湊や津などと呼ばれた小さな港がやがて近代港湾へと発展していったことから，港湾の置かれている状況が時代に応じて変化していくことも明らかである。こうした事例と比べると，ハブ空港やハブ港湾は比較的新しい現象であり，政策的な意図や制度によって方向づけられたという印象が強い。ゲートウェイとしての港湾の中から有力なものを選んでハブ港湾としているように，複数あるゲートウェイの中で要になるものをハブと呼んでいる。これは，ゲートウェイを都市に置き換えて考えた場合，都市システムの中心に階層レベルの高い大都市を位置づけるのに似ている。ゲートウェイとハブの関係はこのように考えることはできないだろうか。

　空港や港湾は，本来，局地的か国際的かを問わず，ゲートウェイとしての性格をもっている。それは，空港や港湾まで自動車や鉄道を使って人や貨物が集められ，そこからまとまった大きさで航空機や船舶によって運ばれていくという点に現れている。ほとんどの場合，自動車，鉄道から航空機，船舶へというように異なる交通手段をつなぐように機能している。異種交通手段の連結，この点こそが同じ種類の交通手段を中継的に結ぶだけというハブとの相違点である（図1-6）。繰り返しになるが，ゲートウェイとしての空港や港湾において，他のローカルな空港や港湾から人やモノを集めているのがハ

ゲートウェイの地理学

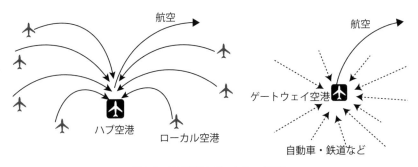

図1-6　ハブ空港とゲートウェイ空港

ブである。ただし，地元はもとより他の空港や港湾からも人やモノを集める
ところをゲートウェイと呼ぶなら，それはハブとほとんど同じ意味で使って
いるといえる。一般社会ではゲートウェイとハブをあまり厳密に区別せず，
あいまいなままイメージを先行させて使っている場合が少なくない。

　結節点，ノードという用語もハブと同じように使われることがある。英語
の node は結び目を意味しており，通常は複数の交通路が連絡しあっている
場所のことである。交通手段の違いを問わなければ，同種の交通手段同士が，
あるいは異なる交通手段が互いにつながっている場所はすべて結節点といえ
る。結節点には大きさに違いがあり，より多くの交通路が集まっていれば，
それは交通ハブというようにハブという用語で表されるであろう。つまり結
節点はハブに近い概念であるが，ハブと比べるとより一般的な交通手段の連
絡地点全般を意味する。ゲートウェイもまた人やモノが交通手段を使って集
まり，さらにその先へ交通手段を使って移動していく場所という意味では，
結節点の一種といえる。ただしゲートウェイにはその結節点を境にして異な
る世界へ向かっていくという意味がある。単純な交通の結び目である結節点
とはニュアンスに違いがある。

第3節　交通，産業，都市の地理学におけるゲートウェイ概念

1. 交通地理学の研究対象としてのゲートウェイ

　ここまでゲートウェイとはどのようなものなのかについて論じてきた。字

義通りに解釈すれば，人やモノが集まって通っていく出入口（gate）であり，その先に進んでいく道（way）のようなものがある場所のことである。出入口を境にして状況が空間的に変わる，すなわち性格の異なる世界が背中合わせのように接しているというイメージもある。こうしたやや抽象的イメージは，地表上に展開する自然的要素や人文的要素に落とし込むことで具体的な姿を見せるようになる。地理学はそのような姿に着目し，ゲートウェイとしての機能がどのように働いているかに関心を寄せる。移動，交通，通過，経路といったキーワードは，さしずめ地理学的意味でのゲートウェイを考えるさいに重要な手掛かりとなる。

　現代のように機械的な交通手段が存在しなかった時代，陸上では人や馬・牛・ロバなどの動物が通りやすいところが道路になった。障害物のない平地なら直線的な経路が道路として踏みかためられ，街道の名前なども付けられるようになった。しかし山脈や河川など直線的に進めないところでは，迂回可能な経路を探すなど限られた通過地点が探索された。ヨーロッパアルプスの峠道，アパラチア山脈のカンバーランドギャップ（図1-7），中国東海岸の山海関など，障害となる地形を避け見つけられたルートが通り道となった事

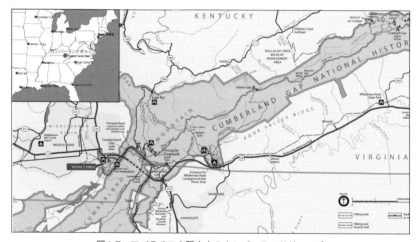

図1-7　アパラチア山脈山中のカンバーランドギャップ
出典：National Park Mapsのウェブ掲載資料（http://npmaps.com/wp-content/uploads/cumberland-gap-map.pdf）をもとに作成。

ゲートウェイの地理学

例は世界各地にある。古代の日本でも，三関と呼ばれる愛発関，不破関，鈴鹿関が山地・山脈を越える通過地点として選ばれた。これらの多くは分水嶺にあるため，手前と向こう側では世界が異なる。山地や山脈は川の流れの向きを変えるだけでなく，風向きや降雨・降雪など気象条件の異なる世界を生むからである。気象や気候が違えば植生にも差異が生じ，動植物を含む生態系全般が違ってくる。

　同じ障害物でも河川の場合は，舟を使うことによってむしろ移動が容易になるという側面がある。しかしそのような場合でも，流れや岩場などの条件で移動しやすい場所とそうでない場所に違いがあるため，渡河地点は自ずと限られる。パリ市内を流れるセーヌ川ではシテ島という中洲があって渡りやすかったため，古代ローマ時代にはオランダ方面に向かう軍道の渡河地点として選ばれた。山地・山脈や河川あるいは湖などの自然地形は，人やモノが移動する経路を限定させる。通りやすい場所を求めて人やモノは自然に集まり，そこを通ってその先へ移動していく。この場合のゲートウェイは長距離移動の中継地としての役割を果たしており，移動や交通がキーワードになっている。地理学には交通地理学という研究分野があり，交通現象全般を空間的視点から研究している（奥野，1991；青木，2008；林，2004）。ゲートウェイは研究対象の一部であり，多くはないが研究が積み重ねられてきた（Bird，1977）。

　ゲートウェイを交通地理学の観点からとらえるとするなら，港湾や空港は格好の研究対象である。このうち港湾は水上交通と陸上交通という異なる交通手段が結びつく場所であり，ここを通って人やモノは移動していく。陸上交通はおおむね分散的で人やモノは港湾に集められ，それらはまとめて水上交通によってその先へと送り出される。逆方向もほぼ同じようなパターンであり，集中と分散というゲートウェイの特徴が典型的に現れている。空港も港湾とほぼ同じ空間的パターンを示す。かつて船舶は人を遠くまで輸送する役割を果たしてきたが，現在は航空機に完全に代替されてしまった。航空機はモノの輸送でも重要性を増しており，航空輸送は国際的な人やモノの移動に関心をもつ地理学の研究対象である。現代という時代において，空港は典型的なゲートウェイのひとつといえる。

第1章　ゲートウェイ概念と交通，産業，都市の地理学研究

2．産業としてのゲートウェイの立地

　ゲートウェイのゲートとは門扉や扉のことであり，開けたり閉じたりして
通行するのをコントロールする。ここで問題になるのが，通行は一方向なの
か双方向なのかという点である。灌漑用水路に設けられている水門の多くは
一方向である。しかし中には運河の水門（閘門）のように，必要に応じて水
が双方向に流れるように調整しているものもある。水のように重力の法則を
利用して流れをコントロールする場合を除けば，大概の場合，ゲートウェイ
は双方向である。港湾における輸出と輸入，空港における出発と到着はわか
りやすい。鉄道駅の場合，自動改札ゲートは入場と退出を分けて乗り降りを
コントロールしている。埠頭，ターミナルビル，駅舎など呼び名は違うが，
いずれも同じ場所において出と入の両方がある。駅舎や空港は近現代になっ
て現れた。ゲートウェイを歴史的に考えれば，波止場，倉庫，問屋などが
関門のイメージに結びつく施設であった。しかし近代以降は交通手段の変革
にともなって種々の施設が設けられるようになり，可視的イメージも増えて
いった。

　港湾，空港，鉄道は広い意味での運輸業，交通業である。これらは人やモ
ノを一箇所に集めてまとめて送り出したり，逆にまとめて運ばれてきた人や
モノを分散させたりする施設としての業務もこなしている。この業務それ自
体が価値を生んでおり，産業として成り立っている。ゲートウェイ産業とい
う用語はないかもしれないが，いずれもこうした業務を遂行することで社会，
経済，文化などの活動が円滑に行われるように産業として存在する。歴史の
古い港湾に加えて鉄道，自動車，航空機が交通手段として登場し，それらが
人やモノの空間的移動を支える産業として果たす役割が明確になってきた。
このように考えると，当初はとても産業とはいえなかったゲートウェイ機能
が産業として認知されるのにともない，ゲートウェイのあり方も変わってき
たといえる。

　巨大港湾や大規模な空港が登場してきたのは，世界において大量の人やモ
ノが長距離を移動するようになったからである。鉄道においても，速度が遅
く輸送量も限られていた在来線に代わって新幹線が各地に建設されていった

のは，多くの人々がより遠くまで短時間で移動したいという欲望をもつようになったからである。国際的，全国的なスケールで移動の需要が高まり，これを実現するために大規模な港湾，空港，駅舎が設けられていった。移動のボリュームは大きくなり，スピードも高まった。当然，輸送経路のパイプは太くなり，逆にこれまで機能していた経路は消えていった。もっとも，海や空の上には物理的，可視的な経路は存在しない。しかし，大型船舶や大型ジェット機が移動する空間は慎重に設定されており，その管理・維持にも多くの注意が払われている。鉄道の場合は大規模なインフラを建設する必要があり，これも管理・維持には多くの努力を必要とする。

　こうした輸送業，交通業とは別に，ゲートウェイ機能を担う存在として卸売業がある。移動と集散の組み合わせからなるゲートウェイ機能にあって，卸売業はモノの集散を業務として担う。モノの移動すなわち物流は，しばしば川の流れにたとえられる。川上の生産者から中流の卸売業を通り，さらに川下の小売業・サービス業へと高い方から低い方へとモノは移動していく（小林，2016）。地理学は空間や場所を問題にするので，この点を卸売業について考えると，販売の相手先である小売業・サービス業へのアクセスに恵まれた場所が卸売業の立地点として適しているといえる。この点については，クリスタラーの中心地システムにおいて，その最大中心地である大都市や地域中心都市に卸売業が立地しやすいことを，すでに述べた。しかしそこでも触れたが，小売業・サービス業に比べて卸売業は相対的に広い敷地を必要とする。商品の整理・管理・保管のためにスペースを必要とするからである。それゆえ，大都市立地を志向するといっても，実際には都心部ではなく，そこからやや離れた場所に敷地を確保せざるをえない。

　生産者から製品をまとめて輸送し，大都市の都心近くで卸売販売するという形態は，大量輸送の先で小分けの分散販売を行うという空間的パターンに近い。しかしこれは消費地立地型の卸売業のパターンであり，卸売業にはこれとは別に生産地志向的な形態もある。その典型的事例は地場産業地の近くに集まっている卸売業である。もともと卸売業は，多数の生産者と多数の小売業・サービス業者の中間にあって，製品取引を仲介する必要性から生まれた。地場産業のように産地が全国にあり，しかも産地内に数多くの生産者が

31

いて多種類の製品を生産している場合，消費地の卸売業者がすべての生産者に接触することは困難である。このため地場産業地の近くに，多くの生産者との間で取引を行い製品を揃える卸売業者が現れる。要するに，生産者→産地卸売業→消費地卸売業→小売業・サービス業という流通経路が現れてくる（図1-8）。

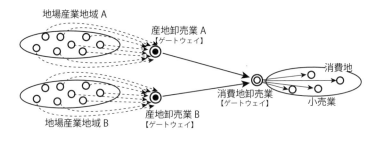

図1-8　産地，卸売，小売を結ぶ流通経路

　産地卸売業者は多数の生産者から製品を仕入れ，それをまとめて消費地の卸売業者に送り届ける。空間的パターンでいえば，分散的地点からの集中とその先へのまとまった輸送というパターンである。これは消費地卸売業者が小売業者へ商品を送り出すのとは逆のパターンである。いずれにしても，製品が流れる方向は一方向であり，反対方向に向かうことはない。ここで気づくのは，卸売業者の業務を港湾や空港での活動にたとえるなら，産地卸売業者は輸出や出国に相当する業務を行っており，消費地卸売業者は輸入や入国に当たる業務を行っているという点である。双方向移動が当たり前の輸送業，交通業では出と入は相対的な違いでしかない。こうした点から考えると，同じゲートウェイ機能でも双方向の輸送業，交通業と片方向の卸売業では流れの方向に違いがあるといえる。

３．関門（ゲートウェイ）機能を果たす交通都市の立地

　これまで述べてきた港湾，空港，駅舎などの輸送業，交通業，あるいは卸売業，小売業，サービス業などは，いずれも都市の中の重要な産業である。より正確にいうなら，これらの産業が集まっている場所を都市とわれわれは

呼んでいる。つまり都市と呼ばれる空間が地球上の各地に存在しており，それは人やモノの移動を支える輸送業，交通業あるいは製品の取引流通に関わる卸売業や小売業などによって維持されている。ただし注意すべきは，すべての都市がこれらの産業を有しているのではないという点である。都市は歴史的に形成されてきた産物であるが，その過程で必要とされる機能が産業として生まれた。必要なければ産業としては育たず，また必要性がなくなれば消えていく。輸送，交通，卸売，小売，サービスは，その時代に必要とされたモノを求められる場所に移動させ需要を満たすように機能した。

　輸送，交通，卸売は比較的長い距離を移動するモノに関わる機能である。人の場合も距離が長くなれば，かつては港湾が，現在は空港が輸送の役割を果たす。ゲートウェイという概念は特定の対象に限って当てはめられるものではない。応用範囲は広く，これまで述べてきた輸送業，交通業，卸売業などが集積する都市としてゲートウェイ・シティといったものを考えることができる。それは，港湾，空港，卸売などの機能がとくに重要な働きをしている都市のことである。空港は例外として，歴史的には港町，街道集落，市場町，港湾都市，商業都市など，港や卸売などのゲートウェイ機能をもつ都市が存在してきた。ゲートウェイ・シティでは表現が冗長なため，日本語としては関門都市ということもできる。関門都市はその時代の状況に応じて地表上に生まれ，あるものは残り，あるものは消えていった。古代や中世において，長距離交易の起終点として栄えた都市は少なからずあった。近世から近代にかけて海上交通の発展にともない，貿易の窓口として港湾都市は栄えた。植民地支配の拠点や新大陸の開発拠点として人やモノを遠距離輸送する役割を果たす都市も現れた。そして空港が登場するようになった現代，これまでとは比べ物にならないほどの規模をもつゲートウェイ・シティが誕生した。

　都市地理学の分野では，都市の空間的な立地パターンを，中心地立地，交通立地，資源（加工）立地の３つの類型でとらえる見方が定説である（図1-9）。なかには異論もあろうが，都市立地を簡潔に整理して考えるのにはわかりやすく，多くの支持を得てきた。ただしそれぞれのパターンには解釈に幅があり，状況に応じて柔軟にとらえることも重要である。都市発展の歴史的事実から導き出されたこれら３つのパターンは，時代状況が変わればさら

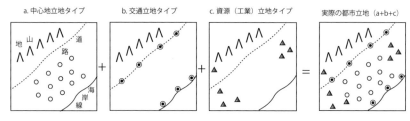

図1-9　都市の立地パターン

に変わる可能性がある。あくまで空間的概念のもとでのパターン理解として
おさえる必要がある。この中で交通立地とされるパターンが，これまで述べ
てきたゲートウェイに近い。この都市立地パターンを最初に提唱したチャン
シー・ハリスとエドワード・アルマンは，交通立地の都市は街道沿いや海岸
沿いに分布していると論文中で図示している（Harris and Ullman, 1945）。この
タイプの都市の本質は，道路交通で果たされる中継機能や水陸交通の連絡機
能にある。

　中心地立地との違いは，交通立地が遠方から送られてくるモノを受け入れ
るのに対し，中心地立地はごく近くの消費者に対してモノを供給するという
点にある。これは取引の広がりが広域的か局地的かの違いでもある。交通立
地はモノを受け入れるだけでなく，地元に集められたモノをまとめて遠方へ
送り出すことも行っている。モノだけでなく人も対象で，遠来の客人や旅人
を迎え入れたり，反対に送り出したりしている。まさにこの点がゲートウェ
イとしての機能である。中心地立地の都市あるいは都市になるまえの町や村
などの集落は，かなり古い時代に各地で生まれた。自家消費できない農産物
などの余剰品をどこかで交換したいという欲求は自然に生まれる。交換場所
すなわち市場が生まれ，それが村や町から都市へと発展していった。

　これに対し，交通立地の都市は比較的距離の長い交易活動が行われるよう
になって生まれた。シルクロードのイメージがすぐに思い浮かぶかもしれな
い。シルクロードは陸上と海上の2つがある。その時代に利用できた交通手
段を使い，遠距離を運ぶことで利益が生まれた。地域間の価格差がモノを運
んで利益を得ようとする行動のモチベーションである。陸上，海上ともに交
通手段は発展していき，また運ばれるモノも変わっていった。やがて人も大

規模に運ばれるようになり，今日の全国的あるいは国際的スケールでの旅行へと発展した。歴史上のどの時代においても，移動の発着地に相当する集落や都市が存在した。都市の呼び名が港湾都市，鉄道結節都市，空港都市などのように違うのは，担っているゲートウェイ機能の種類が異なるからである。産業面に注目すれば，卸売業都市，物流都市などの名前が上がってくるが，そのいずれにおいても，基本にあるのはゲートウェイ機能である。

コラム1 空間の科学，距離の科学としての地理学の性格

「地理学は空間の科学である」とよくいわれる。これを否定する地理学研究者はいないと思われるが，空間という抽象的な用語にいくぶん違和感を抱く人もいるかもしれない。空間より地域の方がすわりがよく，「地理学は地域の科学である」という言い方の方が支持されそうな気もする。空間の中に自然や人文の要素を詰め込んで広げたものが地域である。容器としての空間と中身の詰まった地域，いずれも地理学が関心を寄せる対象である。抽象性と具体性，普遍性と特殊性の関係はどのような対象を取り上げても，必ずついてくる。地理学の場合でいえば，対象を抽象的に扱えば，暗に空間という入れ物を前提とした議論になる。対象が具体的であれば，地域を特徴づける地形や気候などの自然現象あるいは社会や経済などの人文現象を相手に議論することになる。

さて，それでは抽象的存在としての空間を取り扱う場合，その大きさを示す手掛かりはないだろうか。すぐに思いつくのは距離である。距離の長短で空間は伸び縮みする。手近なところでいえば短い距離すなわち短距離の移動で目的が達せられる現象が目にとまる。たとえば商店街やスーパーなどでの買い物である。消費者行動という言葉があるが，地理学は消費者が日常的に行っている買物行動の空間的な広がりに注目する。距離が短いので移動手段の多くは徒歩や自転車であろう。かなり頻繁に出かけるのは，購入する商品たとえば食品などの賞味期限が短いからである。できるだけ新鮮なものを食べたいと思うのは自然な気持ちである。

賞味期限とは別に消費する頻度と量の問題もある。普通，一日の食事は三度であり，食品は他の商品に比べると消費の頻度と量が多い。冷蔵庫が普及した今日，食品は保存がきくようになったが，それでも限界がある。結構な量を何回も消費する食品を手に入れるには，結局，頻繁に買い物に行くしかない。移動には苦痛

がともなうため，できるだけ短い距離で済ませたいという気になる。食品の売り手と買い手の関係は古今東西さまざまなバリエーションがあるが，できるだけ短い距離で済ませたいという双方の思いは，昔の定期市も現代のコンビニも変わらない。もっとも近年はネットや電話などを使って食品を注文することもある。しかしその場合でも送料や配達費は無視できず，距離の縛りから逃れることはできない。

　短距離移動，短い賞味期限，多頻度購入，これらがセットになって食品などの購買行動を規定している。地理学は，こうした食品の供給側と購入側の双方の行動を距離すなわち空間を意識しながら研究してきた。これは地理学研究の一例であるが，ジャンルとしては小売業経営や消費者行動の地理学研究に含まれる。こうした研究を行う場合，いわゆる「経済人」を想定し，経済人である売り手と買い手が抽象空間の中でいかに効率的に行動するかを見極めようとすると，中心地モデルのような研究になる。これに対し，具体的な市場地域における小売業や消費者の行動に目が向けば，商店街，スーパー，コンビニの経営や購買の実態が明らかになる。

　身近な食品の購入から始まり，それを販売する小売業，その小売業に商品を供給する卸売業，さらに卸売業に商品を売り渡す企業，事業所，農家など，さまざまな主体を追いかけていくと，商品の取引をめぐる膨大な活動が思い浮かんでくる。それらすべてを一度に知ることはとても難しい。このため便宜的に部分，部分を切り離して明らかにしようとする。これが地理学では消費の地理学，生産の地理学，流通の地理学などと呼ばれる研究分野である。経済地理学や産業地理学という言い方もある。むろん消費，生産，流通は一連の流れであり，互いにつながっている。つながるためのキーワードは取引であり，自然界に存在する何らかの資源に着目し，それを生物学的，化学的，物理的に手を加えて有用な商品にする。その商品を次から次へと手渡し，最終的に消費者の手元に届ける。無数ともいえる取引が間にあり，そのたびに価値が加わる。

　本書の主要テーマであるゲートウェイは，無数に続く取引のうち，生産者と小売業者の間にあって両者を仲介する卸売業に相当する。小売の世界では短い距離がポイントであった。ゲートウェイすなわち卸売の世界では距離はより長くなる。生産者は世界各地にあり，そこから商品を手に入れなければならないからである。しかしその場合でも，できるだけ距離は短くしたいという思いは変わらない。やむをえず輸送距離が長くなれば，一度にできるだけ多く運びたいという気になる。回数が減れば輸送に要する総費用が抑えられるからである。

　多頻度・短距離の小売業に対し，頻度の少ない長距離輸送が卸売業の特徴である。

その卸売業では，絶対的には昔と変わらない長距離を輸送技術の進化・発展によって相対的に短くしようという取り組みが行われてきた。そのかいがあり，今日ではたとえば世界各地で水揚げされた魚介類や栽培された農産物が，日常的頻度で輸入されている。アパレルなど「鮮度が命」のファッション製品は，国内で生産されたかのような感覚で税関を通って入ってくる。輸送手段の際限のない圧縮が卸売流通と小売流通の垣根を取り払うかのように作用している。産業分野ごとの縦割り的な研究から，資源採掘から末端の消費までの一連の流れをシステムとしてとらえる研究へと地理学は変わりつつある。グローバル・サプライチェーンは単なる言葉だけの世界ではない。

第1章　ゲートウェイ概念と交通，産業，都市の地理学研究

アジア・ヨーロッパ旧大陸における歴史的交易路

第1節　アジア大陸の東西を結ぶ陸のシルクロード

1．アジア大陸の東西を結ぶ陸上交易路

　ゲートウェイの大きな特徴は長距離交易（交流）である。地元では手に入らない高価なモノをはるばる遠い異国から取り寄せるために，古代の人々は多くの代償を払った。長距離を苦労して輸送するのに値するモノしか対象にはならない。小さくてあまり嵩張らない，あるいは軽くて大きな負担にならないモノが選ばれた。しかしこれは主に陸上において動物を使って輸送する場合であり，海上交通や河川を利用した舟運では陶磁器のように重くて壊れやすいモノも運ばれた。長距離を最初から最後まで連続して輸送するのは困難であり，途中で荷を降ろし中継を繰り返しながら運ぶのが実際的である。たとえ中継地に特産品がなくても，中継業務をこなすことで利益を得ることができる。陸上の中継地や海上の寄港地を広い意味でのゲートウェイとみなせば，ひとつの移動が複数のゲートウェイを結んで完結していたと考えることができる。ゲートウェイは異なる性格の国や地域を結びつける位置にあり，全体としてひとつの交易路を構成していたといえる。

　ゲートウェイの実際のルートを旧大陸のアジアに求めると，古代の中国とヨーロッパの間を東西方向で結ぶもの，あるいはインド大陸をやはり東西方向に走るものが代表例としてあがってくる。このうち中国とヨーロッパとの間の交易は，北緯50度付近を通る「草原の道」，同じく北緯40度付近の東西交通路である「オアシスの道」，そして中国南部からインド洋沿岸を経由して紅海・アラビア海に至る「海の道」の以上3つのルートを使って行われた(図2-1)。有名なシルクロードはこのうちの2番目すなわち「オアシスの道」である(王, 2002)。ただし東西交易路として最も古いのは「草原の道」であり，スキタイ，鮮卑（せんぴ），フン，アヴァール，マジャール，突厥（とっけつ），ウイグル，モンゴ

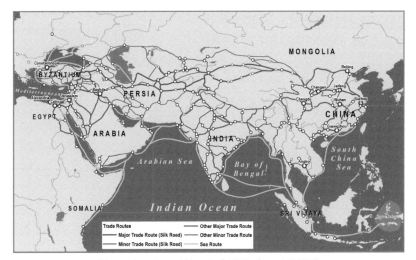

図2-1　シルクロードとアラブの海路（11,12世紀頃）
出典：The Geography of Transport Systems のウェブ掲載資料（https://transportgeography.org/wp-content/uploads/Map_Silkroad.pdf）による。

ルなどの遊牧騎馬民族が主役として活動した。

　騎馬という強力な移動手段をもつこれらの民族は東や西に移動して支配権を争う一方，中継貿易にも従事した。概して情報収集に熱心であった騎馬民族は，新しい文化を取り入れることにも積極的であった。紀元前8世紀から紀元前3世紀にかけてウクライナを中心に栄えたスキタイ民族から金属器文化を取り入れて東アジアに伝えたのはその一例である。紀元前4〜3世紀にモンゴル高原で生まれた匈奴や丁零の文化は，「草原の道」を経て伝えられたスキタイ文化の影響を受けたものである。こうした文化はさらに東に向かい，華北や中国東北部，朝鮮半島にも及んだ。

　2番目の東西ルートである「オアシスの道」は，中国の古都・長安（現・陝西省西安）を出発して中央アジアの砂漠を通り，パミール高原を越えて西トルキスタン，イランの砂漠を経由し，最後は地中海岸に達する（図2-2）。ここから先はアナトリアを通るか，あるいは地中海経由でイスタンブールまたはローマへと向かう。このルートがシルクロードと呼ばれるようになったのは，ドイツの地理学者であり冒険家でもあるフェルディナント・フォン・

図2-2　オアシスの道
出典：美遊人（Viewt）のウェブ掲載資料（http://www.iokikai.or.jp/kaigairyokou.silkroad2.html）
をもとに作成。

リヒトホーフェンが1868年から1872年にかけて実施した中国での調査にさ
いして，ドイツ語の「ザイデンシュトラーセン（Seidenstrassen)」という言
葉を使ったためである。これが英語に訳されシルクロードすなわち「絹の道」
となった。

　ではなぜ絹なのか。それは，中国から特産の絹が西方に送られ，反対に東
トルキスタン特産の玉が甘粛省西部の月氏（禺氏）の手を経由して中国側に
もたらされたからである。絹は古代ローマ帝国においてインドからの海上
ルートで入手されていたが，それは野生蚕からとった絹であった。紀元前6
世紀頃には飼育した蚕からの絹が珍重されるようになり，中国に到達する陸
上ルートの開拓が試みられた。中国側から見てこのルートが公式に使われる
ようになったのは，漢の武帝の命によって張騫が中央アジアに派遣されて以
降のことである。時代でいえば，紀元前139年から紀元前126年にかけての
ことである。張騫の旅行を契機に西域と呼ばれる中央アジアやその西方の
国々との間で交易が始まり，西側から訪れた使節団や商人が中国側にとって
珍しい文物をもたらすようになった（塚本，2002)。シルクロードというと中
国からの絹の輸出というイメージが強いが，西方諸国や北方アジアからは遊

ゲートウェイの地理学

牧民が常用してきた毛皮，氈（フェルト），絨毯などが中国へ運ばれてきた。

　リヒトホーフェンが当初，名付けたザイデンシュトラーセンは，実際には
のちに一般的にシルクロードと呼ばれるようになる交易路の一部分にすぎな
い。彼に続いて探検を行ったスウェーデンのスウェン・ヘディンやイギリス
のオーレル・スタインらは，この交易路が西域のオアシス地帯だけでなく，
さらに西側にあるイラン高原からイラク，シリアを経て，最終的には海路や
陸路でローマに至るルート全体に注目する必要があるとした（金子，1989）。
リヒトホーフェンが注目したシルクロードは，彼の弟子であるヘディンらに
よってより長く，広がりの大きな東西交易路と考えられるようになった。こ
の交易路の東側つまり中国側の起点をどこと考えるかについては，長安説と
洛陽説の2つがある。同様に西側の起点についても，シリアのアンティオキ
アかローマか，2つの見方がある。このように東西の両端をどことするか見
解は種々あるが，実は経由する途中のルートもひとつではない。交易路全体
をめぐってさまざまな見解がある。

　前漢の歴史を記した漢書によれば，当時，中国の西の関門であった玉門関
とその南にあった同じく関門の陽関を起点とし，そこから西に向かう道は2
つあった。第1は，玉門関の南東90kmにある敦煌を出発し楼蘭とクチャ（庫
車）を経てカシュガルに至る経路であり，タリム盆地（大半はタクラマカン砂漠）
の北側を通る西域北道である。第2は，敦煌の南西70kmにある陽関を出てチャ
ルクリク（若羌），チェルチェン（且末），ホータン（和田）を経てヤルカン
ドに至る西域南道であり，これはタリム盆地の南側を通る。これら2つのルー
トは天山山脈の南側を通るため大きくいえば天山南路であり，北ルートを天
山南路北道，南ルートを天山南路南道と呼ぶこともある。

　時代は移り唐代になると，タクラマカン砂漠北東部のロプノール一帯の乾
燥化が進んだため西域南道はあまり使われなくなった（石井，1988）。代わ
りに敦煌から北に向かいハミ（哈密）を経て天山山脈の北側を通る天山北路
が利用されるようになった。7世紀頃にタリム盆地全域を制圧した唐は，ク
チャに設置した安西都護府を拠点に定め，東西交流を盛んに進めた。そこで
はソグディアナ（西トルキスタン）を本拠地とするソグド商人が活躍したが，
唐の衰退とともに北アジアからのウイグル人や西から進出したイスラム商人

が，次第にこの地域で勢力を強めていった。

2．シルクロード東端・長安の都市構造

現在，中国陝西省の省都である西安はかつて長安と呼ばれた。陸のシルクロードの東の起点とされる長安の都市構造とはどのようなものであったのだろうか。これを知ることにより，ゲートウェイ機能を果たす都市がどのようなところに設けられたかを理解する手掛かりが得られる。隋の時代に大興城と呼ばれた都市集落を継承し，より大規模につくりかえられたのが唐代の長安城である（佐藤，2004）。その規模は南北が約8km，東西が約10kmの長方形をしており，北辺の中央付近に大極殿を中心とする宮城があった（図2-3）。道路は東西南北方向の碁盤目状で，城壁が都市全体を囲っていた。城壁の出入口には城門があり，日暮れから夜明けまで城門は閉じられた。

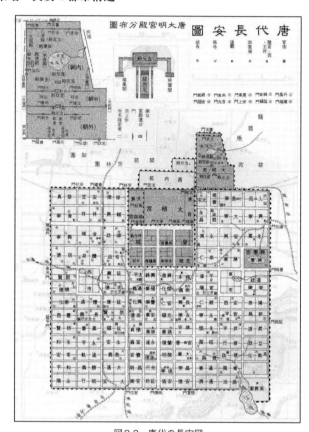

図2-3　唐代の長安図
出典：中国金橋国際旅行会社西安支社のウェブ掲載資料（http://goods568.xsrv.jp/ryokousyajp/map/tangchangan.jpg）をもとに作成。

宮城の周辺は三省六部からなる官庁街で，城内の西と東に商業地区があっ

た。なお三省は政治の中枢で皇帝に直属する三機関のことで，中書省，門下省，尚書省をいう。六部は尚書省の管轄下にある行政機関で，吏部・戸部・礼部・兵部・刑部・工部の六部門からなっていた。商業地区の市場は公認の交易・取引の場であり，このような公認市場は市制と呼ばれた。市場では営業時間や取扱品目が定められていた。こうした公認市場とは違う自由取引の市場が唐代後期頃から城外に自然発生的に現れるようになった。唐末から宋末にかけて多く生まれた自由市場は草市と呼ばれた。規模が小さく粗末という意味から草市と呼ばれた定期市場は，宋末以降，各地に誕生しやがて小都市へと発展していった。東西交易路を経て運ばれてきた品々がこうした市場の店頭に並べられた。

　唐代における商業活動は基本的に国家管理のもとで行われた。先に国による公認市場は市制と呼ばれたと述べたが，市制には国による市場管理という意味もある。この場合の市制は，市場の配置，度量衡の管理，価格の統制など幅広い範囲にまで及んでいた（佐藤，1966）。たとえば市場の配置では，「行」と呼ばれる小売業種ごとに標識が立てられ，市場全体を監視するために物見の施設も置かれていた。度量衡の管理はとくに重要で，商人が勝手な判断で重さや長さを決めないように取り締まる必要があった。価格の統制も必要で，売り手が都合のよいように恣意的に価格を決めて市場に混乱が生じるのを防いだ。しかし農産物のように気象や天候の条件次第で価格が変わる場合もあるため，10日単位で価格は見直された。価格は上中下の3段階で設定され，品質に応じて標準的な価格が決められた。これら以外に，手工業品は国が定めた基準を守ってつくること，奴婢牛馬の売買契約は慎重に行うこと，市場の営業時間は正確に守ることなど，種々の決まりがあった。商業者は市場の独占を求めて国家による管理体制に協力する一方，宗教的つながりによる自治的活動も行っていた。

　隋や唐の都となる長安の歴史は古く，隋・唐の都になる以前からここには都が築かれていた。ここに古くから都が築かれてきた背景要因として，関中原と呼ばれるこの地域一帯にそなわる地理的条件を挙げることができる。この地域には黄河の支流のひとつである渭河と呼ばれる河川が西から東へ流れており，そのすぐ南側には中国という大国を南北に分ける秦嶺山脈がある。

この山脈を境に南側は稲作条件に恵まれた湿潤気候であり，北側は畑作の多い乾燥気候である。それだけなら気候条件による境界にすぎないが，いまひとつ見落とせない地形条件がある。それは，渭河流域を北側と南側の両方からあたかも守るように広がる台地・丘陵地である。防衛を意識すれば，こうした地形条件を利用しない手はない。

　渭河の上流には乾燥地帯が広がっており，そこは中国にとっては敵対的存在ともいえる異民族が生活する空間である。中国歴代の王朝は，中国国内のライバルから襲われにくい谷間（関中）の地理的性格を重視した。そのうえで，強力な王朝は乾燥地域の勢力に対して積極的態度を示す意味から内陸奥に長安のような都を築いた。これに対し乾燥地域からの攻撃を恐れる王朝は，東寄りの平野部に洛陽のような都を築いた。平野であるため交通や産業の条件には恵まれていたが，国内のライバルから都を守るという面では弱点があった。内外の政治勢力に対する構えを意識しながら都が築かれていった。

　関中原に巨大な都を築いた隋の初代皇帝・文帝は，戦火で混乱した中国を統一するために，そのシンボルとして新たな政治拠点を設けることを決意した。シルクロードの西の端に位置するローマは，神殿を中心に半ば自然発生的につくられた都市である。対する長安はほぼ平坦な土地に計画的に構築された人工的な都市であった。ローマが螺旋状の円形構造を特徴とする都市であったのに対し，長安は四角形構造を特徴としていた。この特徴はのちに日本を含む中国周辺の国々において都づくりの手本となるほど強い構成力を秘めていた。

　碁盤目状の整然とした都市計画を提案したのは文帝の依頼を受けた若干28歳の宇文愷であった。風水思想と陰陽五行にもとづきながら，宇文愷は当時の階級制度を意識し，宮廷，内城，外城の3つの地区からなる計画案を提示した。宮廷が他の地区から見上げる存在になるように，高い位置に設けられたのは当然として，とくに注目されるのは風水の教えにしたがい水の流れに工夫をこらした点である。基本的には路面に水たまりができないように，主要な通りの両側には排水溝が設けられた。水路がゴミでつまらないように鉄網製の防止装置まで付けるという徹底ぶりであった。

　こうして文帝が国の統一と国力の増強を誇示するために建設した都市は，

隋の二代目皇帝に当たる煬帝によってさらに強固なものへと発展した（宮崎，
2003）。本来なら兄の楊諒が父・文帝の跡を引き継ぐところ，強引に継承者
としての地位を手に入れた煬帝はかなりの野心家であった。若き日の煬帝は
南朝の陳を倒すために自軍を率いて南方に遠征したさい，冬でも緑の広がる
沃野に大層驚いた。この経験はのちに中国を南北に結ぶ大運河の建設へとつ
ながっていく。煬帝による大運河の建設構想はつぎに述べるように経済発展
のためであったが，それ以外に軍事物資を運ぶなど軍事的目的もあった。国
外遠征に積極的であった煬帝の性格を示すものといえる。

　西が高く，東が低い中国では，大河は基本的に西から東に向かって流れて
いる。そうした自然の摂理に逆らうかのように，南北方向に運河を開削して
主要河川を結びつける。これによって農業生産に恵まれた南方の地域から北
方へ農産物を運び，地域格差をおさえようというのが煬帝が描いた国家戦略
であった。南の杭州を起点として北に向かう大運河は途中の長江（揚子江），
淮河，黄河をつなぎながら北端の北京に至る。全長2,500kmにも及ぶ文字通
りの大運河である。黄河の流れが南流から東流へと大きく屈曲する地点の西
に位置する長安へは広通渠と呼ばれる運河が引き込まれた。長安は，水上交
通によって全国的に他地域とつながることができたのである。

3．中央アジアの交易中心地・タシケント・サマルカンド・ブハラ

　タシケントは中国とヨーロッパを結ぶシルクロードの真ん中あたりに位置
しており，現在はウズベキスタンの首都として栄えている（図2-4）。実際，
西安～タシケントは3,528km，タシケント～イスタンブールは3,344kmであり，
距離的に中間に位置する。東西交易を中継するオアシス都市として繁栄して
いた隋や唐の時代，タシケントは中央アジアに君臨していた西突厥の領内に
あった。中国では者舌国，拓使国，石国などと呼ばれていた。アラブ人はチャ
チと呼んだが，9～12世紀になるとトルコ語で「石の都市」を意味するタ
シケントという名前で呼ばれるようになった。中国での呼び名である石国は，
このトルコ語を翻訳したものである。1809年からはフェルガナ地方に興っ
たコーカンド・ハン国に属するようになるが，その後，ロシアが中央アジア
に進出するようになり，1867年にはロシアのトルキスタン総督府が置かれ

図2-4　ウズベキスタンの行政地図
出典：maps Uzbekistanのウェブ掲載資料（https://maps-uzbekistan.com/uzbekistan-political-map）
をもとに作成。

た。なおハン国とは，モンゴルから中央アジアにかけて登場する君主国のこ
とであり，ハンは皇帝より格下の王を意味した。

　オアシス都市のタシケントは，東に天山山脈，タクラマカン砂漠など，西
にはキジルクム砂漠やカラクム砂漠など，いずれも厳しい自然地形に挟まれ
た位置にある。オアシス都市とは，周囲が砂漠などの乾燥地域にある中で，
河川や湖など水の得られやすい自然条件に恵まれたところに生まれた都市の
ことである。実際，タシケントの西側には天山山脈を水源とするシルダリア
川が蛇行しながら流れており，この川の支流であるチルチク川の流域にタシ
ケントは位置する。ウズベキスタンにはタシケントと並んでシルクロードの
オアシス都市として栄えてきたサマルカンドやブハラもあるが，これらの都
市はパミール高原に源を発するザラフシャン川のほとりに栄えた。東方から
来た道はタシケントから南西のサマルカンドに向かい，さらに北西のブラハ
を経て西方へと続いている。

これら3つの都市を結ぶ街道はひとつではない。街道に沿って多くの小集落が並んでおり，そのうちのいくつかは周辺に所領をもつ有力な集落である。さらにこれらの集落とは別に，砂漠に近い地域には隊商が休息をとるためのキャラバンサイトが設けられていた。隊商とは，商品を安全に運ぶために複数の商人や輸送を営む者が共同出資して契約を結ぶことによって組織された一団である（Rostovzeff, 1971）。商売の駆け引きや金融・信用・危険保証などさまざまな要素をもつオアシス民であり，オアシス都市は専門的技能をそなえた隊商による中継貿易によって経済的に支えられた。中央アジアを東西に結ぶシルクロードというと，一本の細長い街道が延々と続いているイメージがもたれやすい。しかし実際はウズベキスタンのこの事例のように，複数のオアシス都市が群れをなして広い意味での中継地域を構成していた。

　タシケントの南西263kmに位置するサマルカンドは，かつてアムダリア川の支流であったザラフシャン川の南岸標高700mほどの地で栄えてきた。紀元前4世紀頃はソグディアナ（イラン系ソグド人の居住地域）の中心都市として，当時はマラカンダと呼ばれていた。しかし紀元前329年にアレクサンドロス3世によって征服されてしまった。その後，6世紀に突厥，8世紀にアラブ，9〜10世紀にはサーマン朝によってそれぞれ支配を受けることになる。それ以降も支配王朝は目まぐるしく変わり，1220年にはチンギスハンの率いるモンゴル軍によって都市は破壊された。しかし14世紀末から15世紀初めにかけてティムール朝の首都として復活し，さらにシャイバーニー朝の支配下やブハラ・ハン国の領土となるが，1868年にロシア領となるまで，中央アジア最大の経済中心地として繁栄した。

　モンゴル軍の攻撃を受けたサマルカンドの市街地は，ザラフシャン川南岸に広がるアフラシャブの丘の上に築かれていた。ここは東西交易の要衝にあるため「文明の十字路」とも呼ばれるが，別名「青の都」としても広く知られてきた（胡口，2009）。これは，モンゴル軍による破壊から都市を復活させたティムールがトルコ石色の青を好んだためで，旧市街地のレギスタン広場周辺には建物の青色が際立つメドレッセ（イスラム教の神学校）やモスクが集まっている（図2-5）。絹織物や綿織物以外にサマルカンドを特徴づけているのは紙の生産であり，中国から伝えられた製紙法をもとに製紙工場が設け

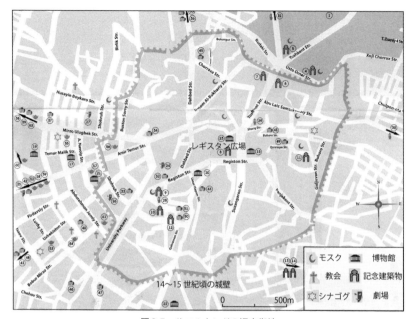

図2-5　サマルカンドの旧市街地

出典：pinterest.comのウェブ掲載資料（https://www.pinterest.jp/pin/9781324164922101/?nic=1）
をもとに作成。

られて以降，イスラムにおける製紙業の一大中心地となった。サマルカンド
に製紙法を伝えたのは，751年のタラス河畔の戦いでアッバース朝イスラム
帝国に敗れ捕虜となった唐軍の紙漉工である。それまでイスラム世界で使わ
れてきたパピルス紙，羊皮紙は，亜麻，リンネル，大麻などからつくられる
紙へと置き換えられていった。

　1500年にサマルカンドに侵入してティムール朝を滅ぼしたシャイバー
ニー朝は，サマルカンドからその北西217kmのブハラに都を移した。サマル
カンドと同様，ブハラもザラフシャン川のほとりに位置しており，市街地の
周囲には広大な三角州が広がっている。運河もあり，中央アジアの定住文化
の中心地として栄えてきた。都市としての起源は1世紀頃といわれており，
とくにサーマン朝の時代（875 ～ 999年）は，中央アジアのみならずイラン・
イスラム文明を代表する都市として繁栄した。サーマン朝の大きな功績は，
古来のイラン文化とイスラム文化が融合したイラン・イスラム文化を創出し

ゲートウェイの地理学

たことである。これまでのソグド文字などに代わってアラブ文字を用いた新しいペルシャ語が発達し，多くの詩人が輩出した。

さまざまな勢力が興亡を繰り返す中にあって，ブハラの主要な建物は9世紀以降，大きく位置を変えることはなかった。それは，都市の中心部に強固な壁が築かれていたためで，都を定めた各王朝は外敵による侵入をこの壁を盾にして防衛した。8世紀頃，シャフリスタンと呼ばれた都市の中心部は四角形状の壁の中にあり，7つの門によって外部と連絡していた。16世紀には一回り大きな壁が築かれ，さらにそれ以降も壁の拡大は続いた。都市の北にはキジルクム砂漠が広がっているが，ザラフシャン川が幾世紀にもわたって都市を潤し，商業や工業の発展を促した。市街地には多くの市場，工芸工房，隊商宿のほか，モスク，メドレッセ，ハナカ（修道院），ミナレット（塔），イスラム記念碑もある。

第2節　海のシルクロードによって結ばれる都市・地域

1．海のシルクロードにおけるインドの存在感

海のシルクロードと呼ばれるルートは，西側から出発すると，紅海・アラビア海・インド洋沿岸を経由し，マライ・スマトラ・インドシナ半島沿岸を経て中国南部に至る海上ルートである。船は安全性を優先して海岸沿いに航行したが危険度は高く，内陸に比べると利用度は高くなかった。海上を行くルートの利用が活発になったのは，唐とイスラムの双方の文化圏が成立して以降である。15世紀末に始まった新航路の発見を契機に，東西交流のメインルートとしての地位を占めるようになった。海の道において貿易の中心になったのは南インドであり，東側のマラッカ海峡・インドシナ半島東南部は航海の要衝であった。ここでのゲートウェイは主として海沿いの港であり，港湾同士のつながりを互いに結び合うようにして，「海の道」が形成されていった（長沢，1989）。

海のシルクロードが10世紀以後に栄えるようになった背景には，北方民族の勢力拡大によって陸上交易路が妨げられるようになったことがある。中国は宋の時代であり，南方産の象牙・犀角（サイの角で漢方薬になる）・香辛

料（とくに胡椒）などが中国やヨーロッパに運ばれた。中国からは絹・陶磁器・銅銭などが大量に南方諸国に輸出された。東南アジアにインドから仏教・ヒンドゥー教が伝わり，おくれてイスラム教が広まったのも，海のシルクロードを経由してである。輸送手段として船は優れているが危険性も大きかった。技術の発展で危険性が乗り越えられるようになり，次第に海上輸送が陸上輸送を上回るようになった。注意すべきは，このことは陸のシルクロードが完全に廃絶されたことを意味するものではないということである。仮に船が利用できなければ昔ながらの陸上輸送に頼るしかない。しかし歴史の流れに逆らうことはできず，陸の交易路は14世紀頃から次第に衰退への道を歩み始めた。もっとも皮肉なことに，古代の街道遺跡群は現代では観光対象として脚光を浴びている。世界遺産の指定まで受け，多くの観光客が押し寄せているのは周知のとおりである。

　陸のシルクロードでは，西域・中央アジアを経由しながら，東の中国と西の地中海・ヨーロッパとの間で交易が行われた。これに対し海の道では中央にインドがあり，その西側にペルシャ，ローマが，また東側には東南アジア，中国が位置していた（辛島，2000）。西側ではすでに西暦以前から，ペルシャとインドとの間で海上交易が盛んに行われており，ローマ帝国へはペルシャを経由してインドから大量の香料，宝石，綿織物がもたらされていた。ローマは流入品に対して自国の特産品だけで対価を支払うことはできず，大量の金貨で支払った。こうしてローマからインドにもたらされた金貨が国内で流通するようになり，マウリア王朝時代にインドで鋳造された金貨はローマの金貨と等価とされた。つまりローマ帝国とインドは同じ通貨圏を形成していた。インドとローマ帝国の間で活動したアラブ商人やペルシャ商人はインドを最大の取引相手とし，インドとの間を行き来して大いに利益を得た。

　金貨が流通したインドでは経済発展とともに金貨の流通量が増加し，不足する金の取得先として東南アジアが注目されるようになった。インド商人は瑪瑙のビーズ玉や綿織物を携えてマレー半島，スマトラ島，ビルマ（現在のミャンマー），タイなどに進出した。瑪瑙はインドの中・西部一帯に広がる溶岩台地（デカン・トラップ）から産出する準貴石や珪質岩であり，古来からストンヒーリングや護符として珍重されてきた。インドは東南アジアにと

ゲートウェイの地理学

どまらず，豊かな先進文化圏を築いていた中国にも進出して交易で利益を得ようとした。しかしインドと中国の間にはマレー半島という大きな障害物がある。このため当初はマラッカ海峡を通るのではなく，陸路を使いビルマとタイを経由して中国に向かうルートが模索された。

　マレー半島が障害となった理由は，季節風を利用してマレー半島北部に到達しても，そこから南下しようとすると季節風が逆風になり航行が容易でなかったからである。またマラッカ海峡は海賊が出没する海域でもあり，通行には危険がともなった（坂本，2001）。陸路に向かうインド商人の内陸ルート利用の歴史は古く，紀元前5・6世紀の文化遺跡がベトナム北部の紅河（ソンホン）流域で見つかっている。物資の輸送ルートとしては，まずビルマのダウェー（ダウェー川河口の港町）で海から陸へ荷揚げを行う。その後，スリーパゴダ峠（ビルマとタイの国境）を通ってカンチャナブリー（クウェー川沿いの都市）まで運び，さらにウートーン・ナコーンサワンを経由してシーテープに至る。さらにその後はチー川やムー川を使ってメコン川まで輸送するというルートである（図2-6）。

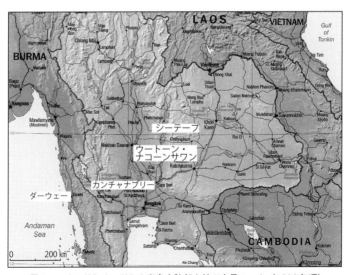

図2-6　インドとインドシナ半島内陸部を結ぶ交易ルート（1300年頃）
出典：ja.wikipedia.org のウェブ掲載資料（https://ja.wikipedia.org/wiki/ ファイル:Map-of-southeast-asia_1300_CE.png）をもとに作成。

第2章　アジア・ヨーロッパ旧大陸における歴史的交易路

インド商人による東南アジア，中国への交易路に海上ルートが加わるようになるのは，紀元前後のことである。ローマとの交易が盛んになり，東側との交流を増やして商品を仕入れる必要性が高まってきた。モンスーンを利用した航海術の発達，遠洋航海ができるジャンク（木造帆船）の建造，それに仏教が東側で広まっていったことが，さらなる進出を後押しした。こうしたインド商人による東南アジアへの進出にともない，各地に交易の拠点が形成されていった。インドからの航路に沿うように，ビルマ南部のモン族の国タトゥン，マレー半島の西岸と東岸，チャオプラヤ川下流域，シャム湾に面した扶南のオケオ，インドシナ東岸のチャンパ（林邑^{りんゆう}）などに拠点が生まれた。

　先にも述べたように，マレー半島は当初，インドから東南アジア，中国への航行にとって障害物と思われた。やむなくインドシナ半島の内陸を東に向かって進もうとするインドにとっていまひとつ障害になったのが，半島の東側に連なる山脈である。中国の雲南・四川からアンナン山脈西のモイ高原にかけて横たわる山脈が，実質的にインド文化圏と東側の中国文化圏の境界線であった。アンナンとは外国人がベトナム中部をいうときの名称であり，モイはベトナム山地部のことである。この地形的境界を挟んでインドはアラカン平野からインドシナ半島に向けて影響力を及ぼした。対して中国の影響はインドシナ半島東側の海岸沿いに広がった。ゲートウェイは異なる文化圏が接する場所に生まれやすく，この当時，山脈は境界線の役割を果たしていた。

　陸上ルートから海上ルートへと東西交易の方向が移り変わっていくのにともない，外部からの影響は海岸線や河川流域に沿って広がっていった。当初，中国は東南アジア方面との交易に積極的ではなかった。三国時代（広義には184年から280年まで）になり呉が対立する蜀や魏に対抗するため扶南国に遣使して以降，この地域に関する知識が増えていった。扶南国とは，1世紀から7世紀にかけてメコン川下流域（現在のカンボジア，ベトナム南部）からチャオプラヤ・デルタにかけて栄えたヒンドゥー教・仏教（5世紀以降）の古代国家である（鈴木, 2016）。南朝時代（439〜589年）の中国では西域が閉ざされたこともあって海上交易に力を入れざるを得なくなり，中国商人は南方の奢侈品を買い付けるようになった。とりわけ梁^{りょう}の武帝の時代は交易が活発で，南方産品の消費市場の中心は華北から華南に移転した。

中国商人が奢侈品を買い付けた扶南国は，東南アジアにおいて歴史的に見て優秀な国家であったといわれる。それはこの国がインドから移住してきた高い文化を身につけた人々の支配と指導のもとで国を発展させたからである。首都ビヤーダプラは現在のカンボジア，プノンペン州バ・プノム山付近にあったと考えられている。6世紀中葉に同じクメール族系国家による襲撃を受けて領土の大半を失い，都を南方のナラバラナガラに移したものの7世紀中葉には完全に滅亡した。ナラバラナガラの外港として繁栄したオケオの港市遺跡からはローマ皇帝の肖像メダルやガンダーラ様式と中国南北朝の影響を受けた仏像などが出土している。ビシュヌ神，シバ神が記された護符なども見つかっており，インド方面から強い影響を受けた文化があったことを物語っている。

2．マラッカ海峡周辺の覇権をめぐる勢力争い

　海のシルクロードの中にあって，マラッカはマレー半島の南西部にある海港としてインド洋と南シナ海を結ぶ航海上の要衝であった（図2-7）。そのマラッカを拠点とするマラッカ王国は，1400年にスマトラ島の王子パラメスワラがこの地に漂着したのが建国の始まりといわれる。建国後，イスラム教を積極的に受け入れ，インド，中国，アラブ，ヨーロッパ諸国との間で行われる貿易活動を中継する地点として繁栄した。王国の主な財源はマラッカに来港する外国商人が支払う関税であった。中継貿易による繁栄ばかりでなく，イスラム教の研究拠点として内外に知られるようになり，東南アジアにおけるマラッカの地位はしだいに高まっていった。マラッカ王国繁栄の歴史は，1984年にかつての王宮の建物を再現した文化博物館「マラッカ・スルタン・パレス」で知ることができる（中村，2012）。

　マラッカは南シナ海からインド洋へ抜けるマラッカ海峡に面している。マレー半島とスマトラ島の間にあるマラッカ海峡は，世界的にも珍しい風が強くなく波の立たない海域として知られる。かつてこの海峡を大量の貿易品を積んだ大船がゆっくり進んでいく光景が見られた。船は帆と櫂の力で航行するため速度は遅く，海賊から襲撃を受けることもめずらしくなかった。海のシルクロードの中では海賊被害に遭いやすい海の難所であった。マラッカ王

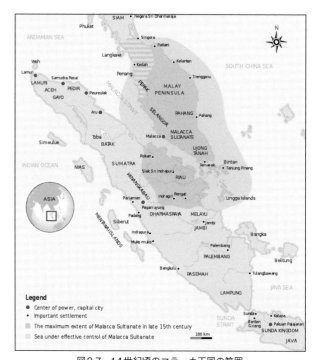

国は，対岸のスマトラ島の東部とマレー半島西部の海岸一帯を支配する王国として，海峡に出没する海賊の撲滅に努めた。しかし，海のシルクロードの貿易活動の維持を保証するには，マラッカ王国の力だけでは十分とはいえなかった。このため中国の影響力の下で東南アジアの諸地域をネットワークで結ぶ体制づくりが試みられた。こう

図2-7　14世紀頃のマラッカ王国の範囲
出典：Wikipediaのウェブ掲載資料（https://en.wikipedia.org/wiki/History_of_Malaysia#/media/File:Malacca_Sultanate_en.svg）をもとに作成。

した試みは，のちに実現されていったシンガポールを中心とする近代東南アジアの政治経済ネットワークづくりの原型となった。

　貿易品として中国からは絹，陶磁器，茶などがヨーロッパに向けて送られた。東南アジアは胡椒を主力品として送り出した。もとは南インドが原産の胡椒は，ヨーロッパでの消費需要の拡大で不足するようになった。このため東南アジアが新たな供給先として求められるようになったのである。胡椒は，12世紀頃からヨーロッパで食用が一般化した塩漬け肉の臭みを消すために欠かせなかった（稲垣，2018）。このためスマトラ産の胡椒が注目され，グローブ，ナツメグなどインドネシア東部で産する香辛料が送り出されるようになった。マラッカを中継港として往き交う貿易船は，この時代の国際的情勢を背景に動いていた。15世紀初頭，中国の明は鄭和が率いる船団を南シ

ゲートウェイの地理学

ナ海からインド洋にかけて7回にわたって派遣した（宮崎，1997）。中国に対して朝貢貿易をするようになったマラッカの国王は自ら明に出向き，貴重な品々を積んで帰国した。「宝物の旅」と称されたゆえんである。朝貢は，明の力を借りてベトナムからの攻撃をかわすのに効果があった。

　1509年にポルトガルがマラッカに進出して以降，マラッカの情勢は一変する。当初，ポルトガルの要求を受け入れて商館の建設を認めた。ところが，ポルトガルと対立的関係にあったイスラムの助言にしたがってポルトガルを追い出そうとしたため逆に攻撃を受け，1511年にマラッカは陥落した。国王は再起を期していったん国を離れ，その後，奪還を図ろうとしたが失敗した。イスラム商人は，マラッカ海峡の制海権がポルトガルに奪われたため海峡通過を諦め，スマトラ島の西海岸を南下してスンダ海峡を通るルートを使うようになった。このため，これまでマラッカに集中していた商業活動は，ジョホールやアチェなど複数の小規模な港湾都市で分散的に行われるようになった。とくにスマトラ島のアチェに逃れたイスラム商人は，政治的に分裂していたスマトラ島沿岸部の統一に貢献した。

　ポルトガルの後を追うようにアジアに進出してきたオランダは，マラッカ海峡の制海権をポルトガルから奪うため，1606年，本国から11隻の船舶で到来した。マレー半島南西部にあるラチャド岬の海戦でポルトガルと交戦し，勝つことはできなかったが，ゴアに拠点を置くポルトガルの船隊に大きな被害を与えた。1641年にオランダはジョホールに遷都していたマラッカ王国と同盟して再びポルトガルを襲撃し，ポルトガルをマラッカから追い出すことに成功した。しかしオランダはバダヴィア（現在のジャカルタ）に東インド会社の拠点を置いて貿易を行うことに関心があり，マラッカ王国に対して政治的に深く介入することはなかった。オランダは，本国でナポレオン戦争のため混乱状態に陥る一方，フランスと敵対していたイギリスによってオランダ領東インドを一時的に占領された。しかしそれらを除けばマラッカでは比較的平和な時代が続いた。ただし，この地域における有力な港湾活動はマラッカ王国を引き継いだジョホール王国に移ったため，マラッカの勢いは弱まった。このことは，この地域の中心がマレー半島の中央部から東端のマラッカ海峡入口に移動したことを意味する。

3．海のシルクロードの東の玄関・広州

　海のシルクロードの東の起点は広州である。広州は珠江（チュー川）が広州湾に流れ込む河口部に形成された都市であり，華南地方最大の貿易港として歴史を刻んできた（安部，2000）。唐代には陸路のシルクロードに代わって海路による交易が盛んになり，広州に交易を管理する市船司が設けられた。イスラム教徒であるアラビア商人が多数広州にやってきて交易に携わるようになり，商人たちは蕃坊と呼ばれる外国人居住区に住んだ。中国では大食（タージー）と呼ばれたアラビア人が住む蕃坊は，唐代のみならず宋代においても広州だけでなく泉州，温州，明州，杭州など交易都市には市船司とともに設置された。ただし宋代になると，貿易の中心は治安が悪化した広州から北の沿海部に位置する泉州や福州へと移動した。唐代，広州にはイスラム教の信者だけでなく，ヒンドゥー教，仏教の信者もおり，町中にモスクやヒンドゥー教，仏教の寺院が建立された。

　広州の都市としての起源は紀元前9世紀の周代まで遡ることができる。当初は中華文明とは性格の異なる楚や百越の人々によって楚定という都市が築かれた。秦の始皇帝はこの地を平定して南海郡を置き，番禺城を修築した。当時，珠江河口の川幅は1.5kmと広く城は川水で洗われていた。都市を守る城壁は市壁と呼ばれ，全長6kmにも及ぶものであったが，紀元前111年に武帝（前漢第7代の皇帝）によって破壊された。その後，三国時代の呉によって広州という名前が都市に与えられ，市壁は拡張され市域は北方へと広がっていった。唐代になって海のシルクロードの玄関口として交易活動が活発になるにしたがい，商業地区は市壁の外側にも広がった。唐末の黄巣の乱（875〜884年の大農民反乱）で街は大きな損害を被るが，続く五代十国時代（唐の滅亡から北宋成立までの907〜960年）になり，南漢の首都である興王府となって栄えた。

　図2-8は，1913年時点における広州の中心市街地を示したものである。宋代まで3つに分かれていた市街地が明代になって統合され，5回目になる城壁の拡張が行われた。これで周の長さが12kmにも及ぶ城壁が生まれた。過去に増設された城壁が川沿いに延びていることが図にも示されている。壁の増設はその後も続けられ，1563年には60万人を超える人口を収容するため

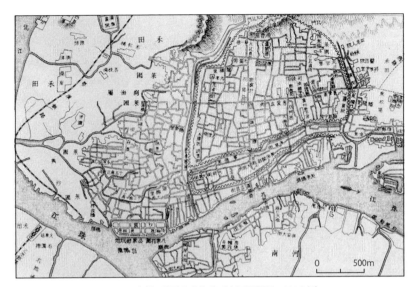

図2-8　広州の城壁と市街地（中国新興図：1913年）
出典：世界の市壁・城壁のウェブ掲載資料（https://citywall.hatenadiary.org/category/中国）をもとに作成。

に，古い城壁の南方に別の大きな城壁が築かれた。以後，北側の古い市街地
は老城，南側の市街地は新城と呼ばれるようになった。珠江の河口に浮かぶ
ようにして形成された広州の市街地は，川や濠と城壁の両方によって守られ
ている。濠を浚渫した土砂が城壁と濠の間に埋め立てられたため，その部分
の地盤はほかよりも高い。こうして歴史を経ながら建設されてきた城壁も，
民国初期に環状の道路建設のため取り壊された。近代中国における都市計画
は広州から始まった（田中，2005）。

　さて，明代末から清代始めにかけて，それまで広州に出入りしていたアラ
ブ人にかわりヨーロッパ人が交易を求めて訪れるようになった。最初に訪れ
たのはポルトガル人で，その後はオランダ人，イギリス人が続いた。影響力
が大きかったのはイギリス人で，イギリスの東インド会社が1685年に広州
に外国貿易業者の居住地と事業所からなるファクトリーを設けた。恒常的な
貿易活動は1699年から始められた。1685年に清の康煕帝は広州に粤海関と
いう監督機関を設け，この下で貨物の集散や関税の徴収を行うようにした。
翌年，仲買商として広州十三行を指定し貿易活動を許可した。これが行商制

度の始まりであるが，十三は商人の数のことではなく，倉庫などの建築物の数を意味した。明末から清初にかけて珠江の沿岸に並ぶ倉庫や店舗をこのように呼ぶ習わしがあった。清朝は関税収入を確実なものにするため特定の業者に貿易を許し，業者の責任で営業を行わせる政策をとった。当初は16の有力な仲買商を選んで待遇に差をつけたが，多くの同業者の反対にあったため取りやめた。その後，再び特定の仲買商6名（これを保商と呼んだ）を選び，保商が他の仲買商を取りまとめて貿易業務を担った。

　1685年に清朝が貿易の管理を行わせる監督機関を設けたさい，設置対象になったのは広州だけではなかった。広州の粤海関に相当する機関が廈門（閩海関），寧波（浙海関），上海（江海関）にも設置された。このうち寧波は背後に広大な農業地域をもち，生糸や茶などを広い範囲から集めることができた。加えて取引高の多い日本との交易を取り仕切っていたため，交易が許されていた4つの港の中では優位な立場にあった。イギリス商人は，茶や絹の産地に近く取扱手数料が広州よりも安い寧波の停泊港・定海に船を向かわせるようになった。こうした中，寧波をライバル視する広州の貿易に利権をもつ満州旗人（清の支配層の満州人）や官僚などが朝廷に働きかけ，ヨーロッパ人との交易窓口を広州に限るように仕向けた。

　こうして対外交易を独占することになった広州では，仲買商（牙行と呼ばれた）はヨーロッパ船を担当する外洋行，タイ船担当の本港行，それに広東省東部の潮州や福建省の福建方面を担当する福潮行に分けられた。外洋行は関税や貿易に連帯責任をもち，外交交渉まで担当するようになった。ヨーロッパからの商人はポルトガルが居住権を得ていたマカオに滞在したのち，貿易シーズンの10月から翌年の1月に限り，広州港に設置された夷館区域に移った。ここをヨーロッパ人は広東ファクトリー（外国人居留区域）と呼んだ。ヨーロッパ商人の活動は夷館区域内に限定され，国内商人と直接取引を行うことはできなかった。仲買商との間で取引を行うさい，商品価格には関税のほかにはしけや倉庫の使用料も含まれていた。しかしその内訳は明らかにされないなど満足できるものではなかった。仲買商の中から選ばれた保商と呼ばれる有力商人が納税や清朝当局との連絡などを一切取り仕切ったため，外国人商人は清朝政府との間で直接交渉することはできなかった。

ゲートウェイの地理学

第3節　ヨーロッパにおける歴史的交易路

1. 遠隔地交易の「復活」とのその条件

　中国やインドから見て西に位置するヨーロッパで長距離貿易あるいは遠隔地交易の歴史をたどるとき，中世の商業史・都市史の研究で有名なベルギーの中世史家アンリ・ピレンヌの唱えた学説（Pirenne, 1936）を無視することはできない。この学説は，メロヴィング朝の時代まで存続していた地中海を舞台とする遠隔地交易は8世紀初頭以降におけるイスラムによる地中海征服によって消滅したが，カロリング朝末期の10世紀以降，農業生産の増大，社会的分業の進展，自由な職業商人の登場を背景として復活したというものである。ちなみにメロヴィング朝とは，481年から始まるフランク王国の最初の王朝である。751年から987年まではカロリング朝によって継承された。

　ピレンヌによるこの説に対しては，交易は断続したのではなく古典経済の中世に向けて連続的に発展していったとする意見もある。しかし論争はともかく，11，12世紀以降，遠隔地交易がヨーロッパにおいて著しく活発化したことは間違いない。ピレンヌの説にしたがえば「商業の復活」（Renaissance du commerce）が起こり，局地的な流通や周辺農村との有機的関係をもちながら，新たに登場した商工業者の手によって遠隔地交易は担われるようになった，といえる。この場合も交易の拠点をなしたのは海洋に面する港湾であり，その背後に広がる広大な地域から集められた産物を別の港湾にまで運び，そこでまた背後圏に向けて送り出すという活動が行われた。港湾の奥には物資の集散や中継を担う陸上の都市や集落があり，これらはネットワークによって結びついていた。

　ではヨーロッパにおいて，遠隔地交易の「復活」を可能にした条件は何であったのだろうか。これには大きくいって，以下の3つの条件があったと考えられる。第1は農業生産力の増大と余剰の蓄積である。農業生産の技術が発展して農村が「集村化」し，これが農村共同体，さらに「領主制」へとつながった（Guy, 1970）。余剰生産物を農民に納めさせた封建領主はこれを交換に回し，一部を遠隔地交易の交易品とした。農村の集村化は単に集落規模

が大きくなったということではなく，社会的，政治的な意味で拠点性を帯び
た集落が生まれたことを意味する。

　第2の条件は社会的分業にともなって商人層が出現し，商人たちの都市集
住が進んだことである。仲間意識を共有する商人層は，しだいにギルド組織
を形成して交易拠点を築くようになった。さらに第3の条件として，地中海
や北海・バルト海において海事全般に関わる法的慣行が整備されていったこ
とが指摘できる。地中海全域に及ぶ「コンソラート・デル・マーレ海法」，北海・
バルト海地域の「ヴィスビュ海法」，地中海から大西洋沿岸へと続く海域の「オ
レロン海法」などが整備されたことにより，遠隔地商人は海洋で幅広く活躍
できるようになった。余剰生産物，それらを取り扱う商人層，海洋輸送の制
度整備，こうした条件が揃うことにより，遠隔地交易の復活条件は整えられ
た。

　中世のヨーロッパの遠隔地交易は，中国やインドを中心とする大陸的なス
ケールと比べるとその範囲は広くない。地理上の発見あるいは大航海時代と
いわれるヨーロッパ人による新旧両大陸をまたぐ交易の開始よりまえの時代
である。それゆえ遠隔地と称しても交易の地理的範囲は限られており，ヨー
ロッパの南側の地中海，北側の北海・バルト海をそれぞれ中心とするもので
あった。しかし相対的に狭かったとはいえ，それ以前は局地的に限られてい
た交易がローカルな市場圏をまたいで行われるようになったという意義は大
きかった。

　これによって海岸や河口付近で物資を積み降ろす港町や港湾都市が各地に
生まれた。こうした町や都市の中には海側だけでなく内陸に向けて開かれて
いるものもあった。ここからは物資がアルプスを越えて北上したり，北側か
らドイツの平野を南下して内陸奥地にまで運ばれたりした。それゆえヨー
ロッパ中世の遠隔地交易は，海路と陸路の両方を通して行われたといえる（図
2-9）。どちらが重要であったかという議論もあるが，少なくとも初期におい
ては，陸路が南北方向の交易で大きな役割を果たした。地中海や北海・バル
ト海など海側では，海路による交易が主であった。しかし航海技術の発展に
ともなってより遠くまで輸送できるようになり，やがて南北方向においても
海路のウエートが増していった。

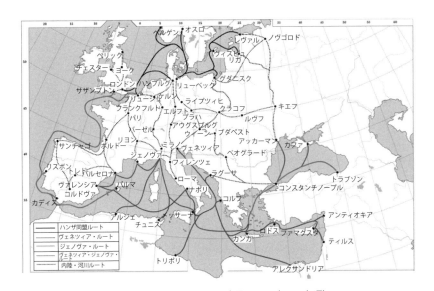

図2-9　ヨーロッパにおける交易ルート（1500年頃）
出典：Clinton High Schoolのウェブ掲載資料（https://chs.clintonokschools.org/264469_3）をもとに作成。

２．地中海交易を担ったイタリアの３都市

　10世紀頃までの地中海では，イタリア半島の東側ではヴェネツィア，西側ではジェノヴァを中心とする海洋交易圏が形成されていた。時代的に早かったのは東側で，ヴェネツィアはすでに６世紀にアドリア海の制海権を掌握しレヴァント貿易（東方交易）を活発に行なっていた。一方，西側ではリグリア海沿岸部のジェノヴァとピサが11世紀初頭にサルディニアからイスラム勢力を一掃し，ティレニア海の制海権を掌握した。これにともない，南イタリア，シチリア，コルシカ，サルディニア，南フランス，イベリア半島北東部，北アフリカ西部を含む交易圏が形成された。その後，11世紀末から13世紀後半にかけて行われた十字軍の遠征が契機となってヴェネツィアとジェノヴァによる東方交易は大いに進んだ。最初に進出したのはジェノヴァであったが，第４次十字軍遠征に参加したヴェネツィアはビザンツ帝国の首都コンスタンチノープル（現在のイスタンブール）を占拠した。13世紀後半以降に繰り広げられたジェノヴァとの抗争で勝利したヴェネツィアは，

東方交易による富を独占するようになった。

　ヴェネツィアとの抗争に敗れたジェノヴァは東方交易での失点を取り返すために，地中海の西側に目を向けるようになる（亀長，2001）。まず13世紀末にピサとの抗争を制し，南フランスからイベリア半島の地中海沿岸部にかけて支配勢力を延ばした。そうした動きのもと，南フランスのマルセイユやイベリア半島南部カタルーニャのバルセロナが，ヴェネツィア商人に主導されながら西地中海での交易活動に加わった（岡部，2010）。14世紀初頭になると，毛織物工業と金融業で力を蓄えたトスカーナ内陸部のフィレンツェがピサを制した。フィレンツェはさらにジェノヴァから地中海に面したリヴォルノを購入し，この港町を拠点に地中海交易を開設するようになった。ジェノヴァやフィレンツェとの抗争に負けたかつての名門ピサは，15世紀以降，商人が大挙して街を離れたため衰退の一途をたどった。

　地中海を基盤とする遠隔地交易で覇者となったヴェネツィア，ジェノヴァ，フィレンツェによる交易の方法にはそれぞれ特徴があった。ヴェネツィアとジェノヴァは，交易相手から得た物資を自都市まで運び入れて保管し，それをイタリアの諸都市やアルプス以北の諸都市に海路あるいは陸路で送り出した。逆に背後地域から集めた物資を海路を使って交易相手に届けた。

図2-10　ヴェネツィアとそれを取り囲むラグーン
出典：Wikipediaのウェブ掲載資料（https://en.wikipedia.org/wiki/Venetian_Lagoon#/media/File:Venedig-lagune.png）をもとに作成。

これに対し15世紀初頭にカタルーニャとフランドルとの間に航路を開設したフィレンツェは，羊毛や毛織物を交易品として取り扱った（斉藤，2002）。すなわち地元産の毛織物の搬出，イベリア半島やイングランドからの羊毛仕入れ，それにフランドル産の毛織半製品の買い付けが主な交易活動であった。

　地中海東部を制したヴェネツィアへの到来品は，エジプト・黒海沿岸部の小麦，キプロス島の銅，イスラム商人が黒海沿岸に持ち込んだ胡椒，絹糸，絹織物，宝石，象牙，それにギリシャ産の皮革，金属製品，絹織物などであった。東方への対価はヴェネツィア産の織物，ガラス製品，イベリア半島や南ドイツ産の銀，それに14世紀前後からはフランドルやフィレンツェで生産された毛織物が加わった。入荷品は総じて奢侈品が多かった。一方，ジェノヴァには，イベリア半島産の銀，イングランド産の鉄，錫，羊毛，南ドイツ産の銅，麻織物，シチリア産の小麦，エーゲ海のキオス島で産する染色原料用の明礬などが持ち込まれた。これらに対する対価としてイタリア産のぶどう酒やオリーブ油などが送り出された。ほかにヴェネツィア経由で持ち込まれる東方からの物産も交易品として取り扱われた。

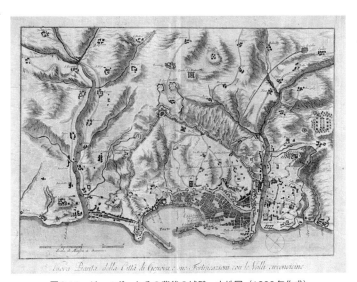

図2-11　ジェノヴァとその背後の城壁・山地図（1800年作成）
出典：Wikipediaのウェブ掲載資料（https://it.wikipedia.org/wiki/File:1800_Bardi_Map_of_Genoa_(Genova),_Italy_-_Geographicus_-_Genoa-bardi-1800.jpg）をもとに作成。

ヴェネツィア，ジェノヴァ，フィレンツェを比較すると，港湾条件として最も恵まれていたのはヴェネツィアである（図2-10）。ラグーナ・ヴェーネタと呼ばれるラグーンの中の島状の都市であり，防御条件にも恵まれていた。前面の海と背後の山地に挟まれるような位置にあるジェノヴァは山側に城壁を築いた（図2-11）。平地には恵まれなかったが，山地を削る河川が谷をつくり，それに沿って街道が北側へと延びていた。山地を越えればロンバルディア平野の上方に至り，トリノやミラノへと続く。さらにアルプスにも近く，スイス，ドイツ方面から地中海へ出たり，あるいは海側からこれらの方面に向かったりするときのゲートウェイである。ロンバルディア平野の下方に位置するヴェネツィアの背後には広大な平地が広がっており，直近に背後圏の乏しいジェノヴァより好条件である。これら2都市に比べると，フィレンツェは外港のリヴォルノから90kmも内陸側に離れた位置にあり，海洋交易条件では恵まれていなかった。しかしイタリア半島全体から見れば，や

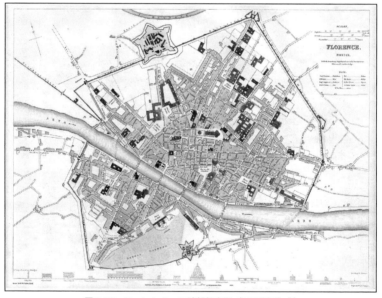

図2-12　フィレンツェの城郭都市図（1835年作成）
出典：Wikipediaのウェブ掲載資料（https://ro.wikipedia.org/wiki/Centrul_istoric_al_Florenţei#/media/Fişier:1835_S.D.U.K._City_Map_or_Plan_of_Florence_or_Firenze,_Italy_-_Geographicus_-_Florence-SDUK-1835.jpg）をもとに作成。

や北寄りとはいえほぼ中央に位置しており，幾筋もの陸路が交差する交通の要衝であった。フィレンツェもまた都市を守るために堅牢な城壁を築いてきた（図2-12）。

　こうして地中海交易を担ってきた3都市ではあったが，16世紀以降，大きな状況変化に直面していく。トルコ勢力の西進や，ポルトガルによる喜望峰廻りの東方官営貿易のあおりを受け，まずヴェネツィアが東方交易で勢いを失った（永井，2004）。ポルトガルと同様にスペインが官営貿易に乗り出してきたため，ジェノヴァもまた西地中海交易圏での主導権を失っていった。ただしジェノヴァの勢いは一気に失われたのではなく，マルセイユ，バルセロナ，ヴァレンシアの商人とともにスペイン支配のもとで一定限の役割は果たした。しかしそれも，重商主義的なスペインの寄生的な海外交易がその後衰退してくのにともない，決定的没落へと追い込まれていった。もともと領土が広くなかったフィレンツェではメディチ家に権力が集中するようになり，同家の衰退とともに都市もまた勢いを失っていった。

3．ハンザ同盟諸都市が担った北海・バルト海の交易

　地中海がイタリア半島によって西と東に分けられるように，ヨーロッパの北の海域はスカンディナヴィア半島とユトランド半島によって西側の北海と東側のバルト海に分けられる。そのユトランド半島の東の付け根付近にあるリューベックを中心に，北海とバルト海にまたがるハンザ同盟が13世紀中頃に自生的に生まれた（高橋，2013）。ハンザ同盟は最盛期には220の都市が参加する都市同盟であり，以下の3つのタイプの都市によって構成されていた。

　第1は交易活動に直接携わった商人の出身都市で，バルト海に沿って西からロストク，グダニスク（ダンツィヒ），リガ（現在のラトヴィアの首都）などドイツが建設した都市である。第2は主に中継機能を果たした都市であり，スウェーデンと現在のラトヴィアの中間にあたるバルト海上に浮かぶゴトランドのヴィスビュをはじめ，ハンブルグ，ブレーメン，ブラウンシュヴァイク，マグデブルグなどドイツ中北部の都市である。最後に第3は，北海・バルト海交易圏において重要な役割を果たしたブリュージュ，ケルンなどであ

る。ブリュージュはフランドル地方の中心都市であり，ケルンはライン川中流域における内陸交易の拠点であった。

　以上の主要同盟都市以外に，イングランドのロンドン，ノルウェーのベルゲン，ロシアのノブゴロド，ブリュージュに同盟の在外商館が置かれていた。このうち毛織物生産が盛んに行われたブルージュは，西ヨーロッパ北部で商業が復活する契機となった「経済情報センター」としての役割を演じた。またロンドンはイングランド産の羊毛，ベルゲンはノルウェー産のニシン，ノブゴロドはロシア産の木材，鉱物資源，毛皮，琥珀などを供給する同盟の出先地として位置づけられた。これらの産物はいったんリューベックに集められ，そこから需要先へ送り出された。対価として流通したのはフランドル産の毛織物が中心であったが，それ以外にザクセン地方のリューネブルクで産する岩塩や，同じくフランス西部のガスコーミュ湾でとれる塩も使われた。塩は日常生活に欠かせない素材であり，料理以外に海産物の保存にも用いられた。

　ハンザ同盟が確立する以前，バルト海域における対ロシア交易ではゴトランドの商人がその役割を担っていた。ノブゴロドに同盟の商館が設けられる以前のことで，ゴトランドはスウェーデン，デンマーク，ドイツなどが微妙な関係をもつバルト海上の島であった。この島は，13世紀末にリューベックのハンザ商人がロシアに進出して以降，交易で劣勢に立たされるようになり，ついにはハンザ同盟に組み込まれていった。

　ハンザ同盟の盟主リューベックは当初，ユトランド半島の付け根に位置するという地理的条件を生かし，北海とバルト海を陸路で結ぶゲートウェイとしての地位にあった（図2-13）。しかし，その後，デンマークとスウェーデンの間を横切るエーアソン海峡を通る航海が船舶技術の発展で可能になった。このためそれ以降はオランダ商人の活躍が目立つようになり，北海とバルト海を結ぶリューベックの優位性は弱まった。これは，海洋交通の発展でゲートウェイ都市の地理的優位性が変化するという事例である。

　リューベックが「海のドイツ」といわれたのに対し，ケルンは「陸のドイツ」と呼ばれた。ケルンは内陸の都市であり，北海に面する港湾都市アントウェルペンから200km以上も離れている。しかし水上交通で重要な役割を果

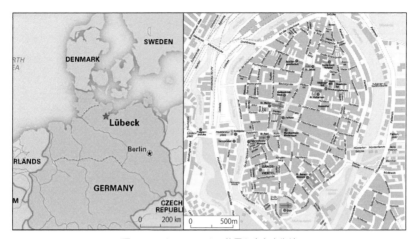

図2-13　リューベックの位置と中心市街地
出典：Orange Smileのウェブ掲載資料（http://www.orangesmile.com/travelguide/lubeck/high-resolution-maps.html）をもとに作成。

たしたライン川の河畔にあるため，ベルギーやその西にあるイングランドからの交易物資を中央ヨーロッパや東ヨーロッパに向けて輸送する中継地として発展した（谷澤，2011）。ケルンは力を蓄えながらやがて北海からバルト海へと進出先を広げていく。ケルンが有力都市であったことは，1258年にライン都市同盟が結成されたさいに下ライン・ウェストファーレン都市群の本部が置かれたほか，14世紀中葉の中部ライン都市同盟でも指導的役割を果たしたことからも明らかである。

　ハンザ同盟は14世紀中頃，その独占的貿易がデンマークによって脅かされるようになるとデンマークに対して戦争を仕掛け，これを制圧するほどの勢いがあった。しかし同盟としてはこの頃が最盛期であり，15世紀以降になるとイングランドやオランダで外来商人の排斥運動が起こり，ドイツ人による独占的な貿易体制は崩壊の道を歩み始める。加盟都市間の利害衝突や常設統治機関をもたない組織としての弱さが，衰退を加速させた。地中海交易圏の場合と同様，17世紀以降，オランダ，イギリスが絶対主義体制のもとで遠隔地交易を活発化させるようになったため，北海・バルト海におけるハンザ同盟諸都市による交易圏は消滅していった。

4．ヨーロッパの内陸を南北に結ぶ交易路

ヨーロッパで遠隔地交易が地中海の沿岸と北海・バルト海沿岸でそれぞれ始まったのは，いわば自然の成り行きであった。それまでよりも遠い地域の間，すなわち南側の地中海と北側の北海・バルト海の間で交易が始まるのは14世紀初頭のことである。イベリア半島を大きく回って航海できるようになるまでには，まだ時間を要した。それまでの間，地中海とアルプス以北の間を結ぶ交易は陸路を使って行われた（図2-14）。地中海側のゲートウェイとなったのは，すでに述べたように，地中海交易圏を主に担ったヴェネツィア，ジェノヴァ，フィレンツェであった。東方交易を盛んに行ったヴェネツィアは，ロンバルディア平野を流れるポー川を利用して物資をイタリアの諸都市やアルプス以北に運んだ。海路と河川路をたくみに組み合わせた交易網で，東方からの物資とヴェネツィア産の高級工業品を主に扱った。北からはアルプス以北で産する物資がヴェネツィアに送られてきた。

一方，地中海西側のジェノヴァを起点とする陸路による交易は，11世紀に開通したアッペンニーニ山脈を越えるジョーヴィ峠を通ってロンバルディ

図2-14　ヨーロッパ・アルプスとイタリア・アッペンニーニ山脈
出典：ENCYCLOPAEDIA BRITANNICAのウェブ掲載資料（https://www.britannica.com/place/Alps/Physical-features）をもとに作成。

ア平野に至るルートで行われた。ジェノヴァに集められた銀，明礬，毛織物，さらに東方からもたらされた物資がラバ隊によって輸送された。ロンバルディア方面からは，イングランド産の羊毛や帆布の原料として欠かせない南ドイツ産の麻布がジェノヴァに送られた。ジェノヴァからヴェネツィアへ銀や毛織物が陸路で運ばれるなど，14世紀初頭まで重要な役割を果たした。アッペンニーニ山脈を越えてロンバルディア平野に出るという点では，フィレンツェはジェノヴァと似ていた。山脈を越えてボローニャに出てからは，古代以来のエミリア街道を進むか，東進してヴェネツィアに向かうか2通りのルートがあった。

　以上がヴェネツィア，ジェノヴァ，フィレンツェを地中海側のゲートウェイとする交易路の入口部分である。アルプスを挟んで大陸スケールで交易を行うには，さらに奥へと進んでいかなければならない。南北横断ルートは大きくは4つあり，うち西側の3ルートはジェノヴァ商人の指揮のもとにあった。西側3ルートの中でも一番西にあったのは，イタリアからフランスに向かうものである。河川交通の利用に特徴があり，ローヌ川，ソーヌ川，セーヌ川を経由して最後はルーアンから北海に至る。途中にリヨンの中継地があり，さらにシャンパーニュ，ブルゴーニュ，パリへと続く。ローヌ＝ソーヌの河川路はマルセイユ，リヨンの商人が担ったが，交易それ自体はジェノヴァの商人が掌握していた。のちにはフィレンツェの商人もこのルートの交易に加わるようになった。

　2番目のルートはロンバルディアのパドヴァを起点とし，イタリア最北西端のサン・ベルナルド峠でアルプスを越え，ジュネーブ，リヨンに向かう。峠からは別ルートもあり，イザール川を下ってヴァランスを経由しシャンパーニュに至る。このルートは南北交易路としては古く，やはりジェノヴァの商人によって掌握されていた。パドヴァを起点としたが，ここに集められたのはジェノヴァやヴェネツィアから来たイタリアの手工業品や東方由来の品々で，反対方向にイングランド産の羊毛，鉱物資源，それにフランドルの毛織物がジェノヴァに送られた。

　イタリア側の起点がパドヴァからミラノに移り，再開されたサン・ゴタール峠を通って交易されたのが3番目のルートである。サン・ゴタール峠を越

えると一方はライン川の支流を経てバーゼルに至り，さらにケルンを中継地として北海に向かう。いまひとつはライン川の源流を下り，ボーデン湖を横断したのち，アウグスブルグ，ニュルンベルグに至るルートである。このルートの交易品は2番目のルートと似ていたが，南ドイツから麻糸や麻布がジェノヴァに輸送された点に特徴があった。

　以上の3ルートがジェノヴァ商人によるイタリア側からのアプローチであったのに対し，北のドイツ側からイタリアへ南下する交通路が第4のルートとしてあった。北の起点は南ドイツのニュルンベルグ，アウグスブルグであり，南の終点はヴェネツィアである。オーストリアのインスブルックを経てアルプスはブレンナー峠を越える。イタリアに入るとドロミティの山岳地帯を抜けトレヴィゾを経由し終点ヴェネツィアに到達する。ブレンナー峠は「王の道」として古くから利用され，ドイツからイタリアに向かうのに最も適したルートであったため，イタリア交易の「自然の道」とも呼ばれた。主導権を握っていたのがニュルンベルグとアウグスブルグの商人であったのは，地元で産する銀をイタリアへ運び東方の物産とヴェネツィアで交換するためであった。ほかにヴェネツィア産の高級手工業品を持ち帰り，南ドイツの諸都市で売り捌くことも行われた。

コラム2　文化を切り口に経済活動を説明する地理学

　われわれが日々なにげなく行っている買い物やショッピングは，少し改まった言い方をすればすべて取引行動である。手元にないものをどこかで手に入れるが，そのさい対価として貨幣を支払っている。貨幣との交換でモノを手に入れる取引はどこまでも続き，最終的にはモノの起源である資源調達の段階にまで至る。その資源はというと，地球の上では空間的に偏って存在する。金や銀，石油や石炭などの鉱物資源はもとより，特定の気候のもとで育つ農産物や特定の海域に生息する魚介類なども，その分布範囲は限られる。限られた場所でしか手に入らない資源をもとに取引が始まり，ときには加工や合成，組立などを間に挟みながら取引が繰り返される。取引のたびにモノは移動するため，輸送手段や交通手段が欠

ゲートウェイの地理学

かせない。

　スーパーやコンビニで購入した商品が手元に届くまでに繰り返された取引の過程を想像すると，気が遠くなる。モノが取引されるのは，そのモノに価値があると見込まれるからである。未完成な状態ならそれを手に入れ，手を加えて価値を増やそうとする。そしてさらにその先にいる取引相手に手渡す。取引のたびに価値が鎖のように連なっていくことから，価値の連鎖，すなわちバリュー・チェーンと呼ばれることもある。企業や事業所は，バリュー・チェーンの一端を担うことで収益を得ている。その企業や事業所で働く従業員や従業員の家族は，価値の一部である収入を得て命を永らえている。想像を絶する巨大なバリュー・チェーンが地球上を網の目のように覆っている。バリュー・チェーンのすべてを知ることは到底不可能であるが，その一端を明らかにしようと地理学者は挑んできた。地理学者はバリュー・チェーンの空間的広がりに対して強い関心をもつ。モノがどこで生産され，どのように輸送され，どこの消費者の手元に届くかを明らかにしようとする。

　資源の採取地から消費地まで，地球表面上の自然条件や人文条件は多種多様である。自然条件は大きく変わらないとしても，人文条件は時代によって大きく変化していく。社会，経済，文化などの仕組みや考え方，それらを支える交通・通信などのインフラが進化・発展していくからである。結果的に自然の一部も変えられる。こうして変化していく環境の中で，基本的に変わることのないバリュー・チェーンは環境条件に合わせながら，その時々にふさわしいものへと再編されていく。小売業分野で車輪が進むように販売形態が移り変わっていったのはその一例である。戦前，栄えた商店街とデパートから，戦後はスーパー，大型店，ショッピングセンター，コンビニ，大型小売専門店へと，店舗形態は目まぐるしく変化してきた。

　変化してやまない小売店舗の立地や経営，消費者の購買行動などを追いかけながら，地理学は研究を積み重ねてきた。こうした移り変わりはどのようにしたらうまく説明できるか，知恵を絞った。試行錯誤の結果たどり着いた答えのひとつは，先に述べたバリュー・チェーンに注目しながら，価値の評価に影響を与える制度的要因を手掛かりに説明するというスタイルである。制度的要因とはやや聞き慣れない言葉であるが，平たくいえば人々の日々の行動を規定している約束事や決まりのことである。必ずしも明文化されているわけではない。半ば暗黙の了解として，その時代の社会の中で人々の行動をコントロールしているものである。

　社会，文化，政治など幅広い分野にわたって行動をコントロールする暗黙的了

解は，当然，経済分野にも入り込む。企業の理念，製品の機能やデザイン，生産方法，商品の展示・販売スタイル，広告・宣伝の仕方に至るまで，およそ経済活動といわれるものは，すべてこうした決まりごとに則って具体的なかたちをとる。ただし，地表上で場所が変われば暗黙的了解も異なり，また時代が変われば変化する可能性がある。とらえどころがないようにも思われるが，どこでも行われている一般的な経済活動に個性を与えているのが暗黙的了解すなわち制度的要因である。こうした要因は一般には文化という言葉で表現される。しかしひとつの言葉では表しきれない内容をもつ。地理学では1980年代に「文化論的転回」（cultural turn）という学問的運動があり，産業分野別の地理学ではなく文化的側面を切り口に経済活動を明らかにしようという動きが現れてきた。

　文化はもともとその語源であるcultureすなわち耕作が意味するように，土着的なところから始まった。そこから都市や工業社会が生まれ，細分化され複雑になった。性差，年齢，職業，学歴，趣味・嗜好などさらに多様な要素が絡んでいったが，その一方でグローバリゼーションや世界同時市場化による生活スタイルの画一化も進んでいる。新しく生まれる文化は古い文化に重なり，人々の行動を規制する。幾重にも重なって束になったような文化，それ自体が特定の個人を表しているといってもよい。こうしてとらえた個人は，個性のない中立的な経済人ではない。合理的に行動する経済人を想定して経済活動を説明するこれまでの地理学は終わった。ポストモダンと形容される現代，機械的，単色的ではない多様な文化性を視野に入れた人間や企業に注目しなければならない。現実がそのような方向に向かっている以上，学問研究もそれにしたがわざるをえない。

ポルトガル，スペイン，オランダによる海外拠点の開発

第1節　ポルトガルの海洋進出と海外に築いた支配拠点

1．ジェノヴァ商人を利用したポルトガルの海洋進出

　地中海を舞台に交易活動で重要な役割を果たしてきたジェノヴァとヴェネツィアの商人は，オスマントルコの台頭によってこれまでのようには交易ができなくなった。1463年から17年間ヴェネツィアはオスマントルコと戦い，1479年に和睦したとはいえ，ネグロポンテ，レスノムを失い，オスマン領内で交易を続ける場合は毎年，多額の貢納をしなければならなくなった。またジェノヴァは，1359年にモンゴル帝国の継承政権のひとつであるティムールによるタナ破壊によって黒海沿岸地方から追い出された。タナは，黒海につながるアゾフ海にドン川が流れ込む河口の都市で現在のアゾフにあたる。こうした状況変化をふまえ，ヴェネツィアは北アフリカに目を向けて交易を行うようになり，フランドルにも船団を送った。対するジェノヴァは，イスラム商人を介してアフリカの金に手を伸ばす戦略をとった。モロッコのフェズ，マラケシュ，チュニジアのカイルワン，チュニスを出発した隊商が砂漠を越えニジェール川流域まで行って持ち帰った黄金を，ジェノヴァ商人がマグレブ地方の港で買い付けた。マグレブは，ジェノヴァにとって地中海を挟んで対岸に当たるアフリカ北部地方である。黄金の対価は，北アフリカの岩塩とジェノヴァ商人が仕入れた毛織物であった。

　地中海で対立関係にあったヴェネツィアに1350年から1355年の戦いで負けたジェノヴァでは，経済力の低下が進み資本や海洋技術がイベリア半島に流出した。これら2つの都市は1256年から1381年にかけて断続的に覇権争いの戦いを繰り返したが，これは3度目の戦いに当たる。こうした動きをいち早く利用しようとしたポルトガルは，ジェノヴァ商人の手を借りながら大

西洋への進出を試みた。造船,航海,貿易資金・技術に関する協定をジェノヴァ商人との間で結び,それまでに所有権を得ていた大西洋の島々や西アフリカとの間で交易を始めた。これらの地域では,アフリカ人の奴隷を使ったサトウキビの栽培と砂糖生産がジェノヴァ商人の指導のもとで行われた。ジェノヴァ商人の手を借りて海洋交易を試みたのはポルトガルだけではなかった。イベリア半島のスペインもまた同じで,借金の担保としてジェノヴァ人とユダヤ人に徴税権を与えた。クリストファー・コロンブスが西廻りでインドに向かう航海のための資金を用意したのはジェノヴァ商人であった(大野,1990)。新大陸発見以後も,ジェノヴァ商人はアメリカ大陸の通商や鉱山開発に出資して利益を得た。

　周知のように,ポルトガルのヴァスコ・ダ・ガマはアフリカ南端の喜望峰を廻り,1498年5月にインドのカレクー(カリカット)に到着した(生田,1992)。いわゆるガマによるインド航路の発見である(図3-1)。しかしここに

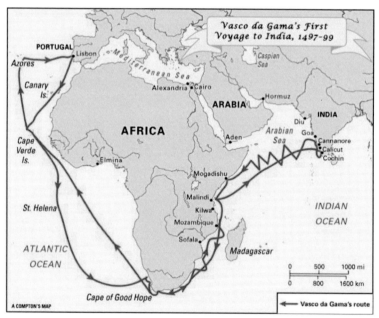

図3-1　ヴァスコ・ダ・ガマのインド航路
出典:reddit.com のウェブ掲載資料(https://www.reddit.com/r/MapPorn/comments/6j4nd4/vasco_de_gamas_first_voyage_to_india_14971499/)をもとに作成。

至るまでには，ガマ以前の冒険家による試行錯誤の試みがあった。もともとポルトガルが狙いを定めていたのは，西アフリカから黄金，香料，象牙，奴隷などをイスラム商人の手を経ることなく入手することであった。ポルトガル人はアフリカの奥地にキリスト教徒の王（プレステ・ジョアン王）がいるという言い伝えを信じており，その発見も目的に含まれていた。1482年，西アフリカ黄金海岸（現在のガーナ）にサン・ジョルジェ・ダ・ミナ砦を築くことに成功し，当初の目的は達せられた。ポルトガル王は第2の目的であるプレステ・ジョアン王を探索するためにアフリカ南西岸と北東部すなわちエチオピア方面を，海路と陸路の両方向から探検するように命じた。このうち海路による探検が喜望峰の発見につながるが，海路によってポルトガルからインドに到達できるという情報は，陸路からの探検によってもたらされた。

こうしてポルトガルは，西アフリカとの間で交易を行うという当初の目的を一部変更し，1488年以降，インド洋到達を意識した探検を続けた。ところがその4年後に，イベリア半島のライバルであるスペインが行わせた航海でコロンブスがインディアス（アジア）に到達したという知らせがポルトガル王の耳に入った。当時，ヨーロッパ人は，世界はヨーロッパとアジアとアフリカによって成り立っていると信じていた。コロンブスが発見した未知の土地もインディアスの一部であり，それは一番東側に位置すると考えた。ポルトガル王は嵐に遭ってリスボン港に避難してきたコロンブスに会い，発見の経緯を聞き出した。それによると，発見した土地はインドや香料諸島のように重要な地域ではないということであった。コロンブスはその後3回も航海を行ったが，発見する土地はいずれもインディアスの一部と考えた。ポルトガル王は，陸路でインドを目指す魅力も感じていたといわれるが，喜望峰の発見を手掛かりにヴァスコ・ダ・ガマを派遣し，ついにインド到達を成し遂げた。

2．ポルトガルが資源を持ち出すために築いた海外拠点

15世紀前半のポルトガルは人口が110万人程度の小国であった。しかしこのように小さな国がヨーロッパで初めて海洋進出を果たせたのは，アフリカに近接していたという地理的条件だけではない。ジェノヴァ商人による投

資のもとですでに遠隔地交易の経験があったこと，ヨーロッパ各地で争いがあった中でポルトガルは比較的安定しており企業家が安心して経済活動に専念できる素地があった。こうした状況下でポルトガルが進出していったインドでは王国間に対立があった。インドとアフリカ東部との間に広がるアラビア海の制海権は，カイロに都を置くマムルーク朝が掌握していた。これより先15世紀前半には明の鄭和艦隊がインド南部のカリカット（現在のコジコード）に来ており，さらにアラビア海にも進出しようとしていた（寺田，2017）。

こうした状況を考えると，ポルトガルが簡単にインド方面に進出できるような状況ではなかったといえる。しかしポルトガルは1510年にゴアを強制的に占領することに成功し，ここをインド洋交易の拠点とした。ゴアはその後，「小リスボン」「黄金のゴア」と称されるほど繁栄することになる。交易拠点となったゴアに大量の交易品が集められ，ここからポルトガルに向けて送り出されていったからである。最盛期にはヨーロッパ全体で消費される胡椒の7割にも相当する2,000トンの胡椒がゴアから送り出された。このほかインドネシア北東部のモルッカ諸島からマラッカ海峡を経て輸送されてきた丁子や肉ずく（ナツメグ），それにセイロン（現在のスリランカ）の肉桂（シナモン）なども送られた。リスボン港で荷揚げされた物資はアントウェルペンやロンドンに送られ，さらにヨーロッパ各地に届けられた。リスボンにはドイツをはじめ各地から商人が集まり，国家的事業である船団に出資して利益を得た。

ポルトガルはゴアをアジア進出の最初の拠点とし，以後，つぎつぎに拠点を東側に築いていった（鈴木，2006）。1511年にマラッカ海峡にまたがる王国を滅ぼし，1521年には香料諸島として知られるモルッカ諸島に城塞を築いた。この年に西廻りでやってきたスペインと激しく争い，1529年のサラゴサ条約でアジアにおけるスペインとの植民地境界（子午線）を決めてモルッカ諸島を手中にした。図3-2は，ポルトガルとスペインとの間で植民地領土の境界を取り決めるために設けられた子午線を示したものである。1493年の子午線は教皇子午線とも呼ばれるように，スペイン出身の教皇が自国に有利なように定めた。しかしポルトガルは教皇の回勅（インテル・チュテラ）

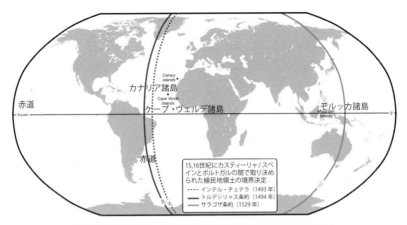

図3-2　トルデシリャス条約とサラゴザ条約で定められた子午線
出典：Wikipedia のウェブ掲載資料（https://upload.wikimedia.org/wikipedia/commons/2/21/Spain_and_Portugal.png）をもとに作成。

に納得せず，両国は交渉の末1494年にトルデシリャス条約を結び少し西側にずらすことになった。一方，アジアにおける境界線は，上述のようにサラゴサ条約で定められ，西経142度を挟んで西側はポルトガル，東側はスペインがそれぞれ所有することになった。

　さて，アジアでの勢力拡大を図るポルトガルは，1517年に中国・広州において明王朝と通商することを取り決め，1557年にマカオに居住する権利を獲得した。ポルトガルの進出はさらに東へと向けられており，ついに日本に到達する。これが，1543年に種子島に到着した中国人が操るジャンク船にポルトガル商人が乗っていたというよく知られる通説である（宇田川，2013）。ポルトガルはまず平戸に商館を設置することを企て，その後，九州の諸大名との間で通商を開始した。ポルトガルは，商人が中国で仕入れた生糸を日本に売っただけでなく，宣教師を通して火薬や鉄砲を大名に売りつけた。大名の間ではキリスト教を受け入れる有力者も現れた。

　ポルトガルの海外進出はアフリカやアジアにとどまらなかった。1500年にペドロ・アルヴァレス・カブラル率いるインド派遣隊がブラジルを発見したのをきっかけに，南アメリカにも開発の拠点を設けた。カブラルの航海は，イスラム商人の妨害で十分な成果を挙げられなかったヴァスコ・ダ・ガマの

インド派遣のあとに行われたものである。カブラルは航海途中の暴風雨で仲間を失いながらも未知の土地に漂着した。カブラルが発見した土地は現在のブラジルの東端に当たっており，テラ・ダ・ヴェラ・クルス（真実の十字架の地）と名付けられた。ブラジルを植民地にしたポルトガルは，17世紀半ばまでアフリカから連れてきた奴隷を使って砂糖栽培に力を入れた（Freyre, 1980）。

　1690年代にブラジルの内陸部で金やダイヤモンドが発見されると，ポルトガルはトルデシリャス条約の境界を越えてさらに西へと進んでいった。領有権の境界に関してスペインとの間で結んだこの条約は1750年には破棄された。ポルトガルがブラジルで産出した金は，18世紀の世界における総産出量の8割以上を占めた。金が採掘されたミナスジェライスはブラジルの東海岸に近く，金の輸出港となったリオデジャネイロは大いに栄えた。こうしてブラジルから大西洋を越えてポルトガルに運ばれた金は金貨に鋳造されたが，国内産業の育成ではなく王宮や教会の造営などのために支出された。イギリスとの間でワインを輸出し毛織物を輸入していたが大きな赤字を出しており，金貨はイギリスにも流れた。

3．ゴアとマカオを拠点とするポルトガルの遠隔地交易

　インドのゴアは，アラビア海に面したマラバール海岸にある。マンドビ川とズワリ川の河口に浮かぶ島を中心とした地域であり，インド洋交易圏の主要な港湾都市であった（図3-3）。15世紀にはヒンドゥー教のヴィジャヤナガルが支配していたが，1469年にバフマン朝によって征服された。ヴィジャヤナガルはインドでイスラム化が進められていた頃，1336年に南インドで成立した王国である。またバフマン朝は14世紀にデカン高原北部に成立したイスラム教国であり，ゴアの王国と長年争っていたが，上述のように1469年にゴアを勢力下に収めた。そのゴアの南東500kmに位置するカリカット（現在のコジコード）にポルトガルの艦船がヴァスコ・ダ・ガマに率いられて1498年にやってきた。目的はインド周辺で産する香辛料を貿易品として取り扱い利益を得るためである。ポルトガルは，それまで香辛料貿易を取り仕切っていたイスラム商人を追い出すため，カイロを拠点とするマムルー

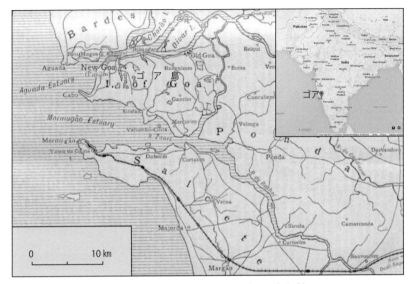

図3-3　インド西海岸のゴアの図（1924年作成）
出典：Travel Encyclopedia のウェブ掲載資料（https://wiki--travel.com/img/map-of-curtorim-goa-10.html）をもとに作成。

ク朝の海軍を撃破した。ポルトガルの初代インド総督を引き継いだフランシスコ・デ・アルメイダは，マラバール海岸の拠点としてカリカットよりゴアの方が適していると考えた。そこで1510年にバフマン朝の拠点ゴアに対して攻撃を仕掛け，激戦の末ムスリムを殺害し，モスクも焼き払った。その跡地にポルトガル領ゴアを建設し，軍事基地と商港を兼ねる都市の建設に取り掛かった。

　ポルトガルによる本格的な拠点建設は1530年以降のことで，アジアの植民地全体を統治する目的でインド総督，インド副王をゴアに駐在させた。「海洋帝国」と称されたポルトガルがアフリカ東岸からマカオのあるアジアにかけて築いていった要塞は30を優に超えており，加えて15近くの砦も築いた。このうちゴアには要塞と砦が合わせて7，ゴアの北のグジャラートに7，そこからアフリカのオマーンにかけての海域に11，さらに南のセイロンに8，それぞれ配置した。こうした軍事拠点を束ねる役割を果たしたのがゴアであり，リスボンをモデルに建設されたゴアは，「東洋のローマ」と呼ばれるほ

どの繁栄ぶりを示した。ゴアは交易機能はもとより，アジアにキリスト教を広めるための宗教的拠点としても機能した。1534年にローマ教会の大司教座が置かれ，全アジアを対象にローマ教会がこれを管轄した。1562年から1619年にかけては，ローマ教会の象徴でもあるサンタ・カタリナ大聖堂が建設された。大聖堂を中心に修道院や総督の宮殿なども配置された。

　インド北西部が出自のグジャラート人が担っていたイスラム・アラブとの交易に割り込むかたちでポルトガルは活動を開始した。東アフリカからアジアまで広い範囲を海側から抑えるのがポルトガルの交易戦略であった。マラバール海岸の中央に位置するゴアはその全域を見渡すのに適した位置にあると判断された。ポルトガルはゴアを拠点にインド内陸部との間でも交易を行った。ヒンドゥー帝国のヴィジャヤナガルにアラブ産の馬を持ち込み，その見返りとして香辛料，コーヒー，紅茶などの嗜好品を手に入れた。ポルトガルの最初の総督はキリスト教への改宗をとくには望まず，ポルトガル人と

図3-4　ブラジルの歴史地図
出典：ENCYCLOPEADIA BRITANNICA のウェブ掲載資料（https://www.britannica.com/place/Brazil）をもとに作成。

現地人との結婚を奨励した。当初，ポルトガルが占拠したのはゴアの中心部であり，18世紀末にその周辺が新たな征服地に加わった。このためキリスト教の信者は旧征服地に多く，新征服地はヒンドゥー教徒が多かった。

　ゴアを拠点とするポルトガルの遠隔地交易は，香辛料に代表される熱帯地方で産する嗜好品を独占的に入手してヨーロッパへ送り込む点にその特徴があった。しかし同時にキリスト教の布教という目的も掲げられており，経済と宗教が混在していた。のちに登場するスペイン，イギリス，フランスなどとは異なり，植民地化を内陸部にまで広げようという意図は乏しかった。ただし例外もあり，ブラジルでは内陸部に進出して農業を広めていった。海岸沿いに多くの要塞や砦を築くことによって広大な交易圏を確保しようとしたため，港湾都市の発展が促された（図3-4）。

　海洋帝国を目指すポルトガルにとって，ゴアと並んで中国のマカオも重要な活動拠点となっていく（東光，1999）。そのきっかけは，東シナ海を跳梁していた倭寇に頭を悩ませていた明を手助けしたことであった。ポルトガルは倭寇討伐の助成の代償として，明からマカオでの永住権を認められた。それは1557年のことで，その結果，マカオはゴアにいるインド副王の治めるポルトガル領インディアの一部として取り込まれた。ちなみにポルトガル領インディアとは，インドと東南アジアにおいてポルトガルが獲得していった領土のことである。ただしマカオの領土主権は中国側にあり，朝廷が明から清へと移行したあとも引き継がれた。中国側はマカオに海関（税関）を設け，ポルトガルはカトリック教会の拠点を築いた。

　明が倭寇（後期倭寇）の活動に手を焼いたのは，1523年に明が海禁策をとったため，それまで日本や東南アジアとの交易を行ってきた沿岸地域の商人たちが不満を募らせたことがその背景にある（鄭，2013）。陸上での交易が禁じられたため海上で密貿易をする者が現れるようになり，そこに日本から銀を所持して南下してきた者が合流した。こうした集団が中国側から倭寇と呼ばれるようになったのである。浙江省を拠点に密貿易を働いてきた倭寇は，明側から攻撃を受けると拠点を日本に移し，その後も中国沿岸に出没して寇掠活動を繰り返した。長大な海岸線を倭寇の攻撃から守るのは困難であり，明はしだいに海禁政策を緩和する方向へと向かっていく。

第3章　ポルトガル，スペイン，オランダによる海外拠点の開発

ポルトガルがマカオでの永住権を得た1557年の14年前，すなわち1543年に3人のポルトガル人が乗った船が種子島に漂着した。この件についてはすでに述べたが，持参していた鉄砲がその後の日本で戦術思想を大きく変えていったことは，よく知られている。この船は平戸に居を構えていた倭寇のリーダーで中国人の王直のものであった。シャム（現在のタイ）から香港南西の島・長州に向けて航行中，暴風に遭って種子島に流れ着いたのである。この事件の7年後の1550年にポルトガル船が平戸に到着し，ポルトガル人は貿易相手と布教の受け入れ先を求めて動いた。しかし日本側との貿易交渉や船の入港条件で思い通りにことは運ばず，最終的に深い入江に恵まれた長崎を落ち着き先とすることになった。

　明が海禁策を緩めた1554年までマカオを通じてポルトガルが行った貿易は密貿易であった。その相手は日本であり，日本では豊臣秀吉によって国内統一が図られようとしていた頃である。この時期，日本では石見銀山をはじめ鉱山開発が進められており，通貨として銀を必要とした中国に向けて大量の銀がポルトガル人の手を介して送り出された。ポルトガルはナウと呼ばれる大型船やガレウタという小型船でゴアやマカオから長崎に毎年のように来港し，鉄砲，火薬のほかにヨーロッパ産の毛織物，中国産の生糸，南海産の香料などを持ち込んだ。このうち生糸は，幕府から特許を得た日本の商人がポルトガル商人を経由して一括購入する糸割符制度のもとで輸入された（太田，2000）。

第2節　スペインの新大陸進出とアルゼンチン，メキシコ

1．スペインの南米進出と銀山開発・銀の流通

　8世紀初頭にイスラム教徒によってイベリア半島を支配されたスペインでは，カスティリア王国のイサベル1世とアラゴン王国のフェルナンド2世が一緒になって統一国家を誕生させたのち，1492年にイスラム最後の拠点グラナダを陥落させたことで国土回復運動（レコンキスタ）が完了した。この年，イサベル女王の後援を受けて西廻りでインド到達を目指したのが，ジェノヴァ出身の冒険家コロンブスであった。地球球体説を信じて航海を続けた

コロンブスの艦隊は，大西洋を横断してサン・サルバドル島に到達した。彼は発見した土地はインディアスの一部と考えたが，その後，アメリゴ・ヴェスプッチの探検によりヨーロッパ人が知らなかった新大陸であることがわかり，アメリカと命名された（色魔，1993）。コロンブスがインディアスと信じていたアメリカ大陸は，その後フェルディナンド・マゼランによって横断されることになる。

　1519年にマゼランはスペイン国王の援助を得てインドネシア北東部のモルッカ諸島を目指して出航した。彼は当初，航海のための援助をポルトガル王に求めたが，拒絶されてしまった。マゼランによる西廻り航海は，当時，ローマ教皇の裁定（トルデシリャス条約）により世界の東半分はポルトガル，西半分はスペインと定められていたことと関係がある（図3-2）。ヨーロッパで珍重される香料をモルッカ諸島からアラブ商人の手を経ることなく直接入手するには，スペインとしては西廻りで行くしかなかった。マゼランによる航海の公式的目的は，スペインとポルトガルの間で定められていた分界線を作成することであった。その途中，マゼランは南米のパタゴニアでマゼラン海峡を発見し，苦労の末フィリピンに辿り着いた。フィリピンではセブ王をキリスト教に改宗させることに成功したが，マクタン島の王には拒絶されてしまい，この地の戦闘で命を落とした。しかし彼の部下たちは3年後にスペインに無事帰還し，世界で初めて地球を一周する航海を成し遂げた（増田，1993）。

　インド方面に進出したポルトガルに対し，スペインはその反対側の新大陸アメリカに向けて進出していった。その方法はかなり手荒いもので，先住民がその存在を知らない騎馬や鉄砲を使って入り込んでいった。1521年にエルナン・コルテスがアステカ王国を滅ぼし，1533年にはフランシスコ・ピサロがインカ帝国を征服して植民地にした。スペイン人による植民化の手法はエンコミエンダ制といわれるものである。エンコミエンダ制は，先住民に対するキリスト教の教化と保護を条件に現地での統治を任せる制度であった。委任された入植者は，ヨーロッパから持ち込んだ小麦や，アジア原産のサトウキビなどを栽培する農園を経営したり，銀山を開発したりした。労働力である先住民の扱い方は強圧的で，キリスト教によって魂を救済し保護す

るという制度の趣旨を大きく逸脱していた。エンコミエンダ制の源流はイベリア半島における国土回復運動にあった。この運動においてキリスト教の騎士団は，イスラム教徒の土地を征服しても奪った土地は一時的に下賜した。本来は先住民のキリスト教の教化と保護を目的とするものであったが，実際には入植者が労働者を酷使して富を築く隠れ蓑の役割を果たした。

　スペイン入植者による銀山の開発は，1545年に先住民がペルーのポトシ（現在はボリビア）で発見した銀鉱床の採掘権をスペイン人が取得したことから始まった（青木，2000）。銀山発見の知らせを受けて，1547年にはスペイン人の2,000人，インディオの1万2,000人が鉱石掘りに従事した。当初はラプラタ（後のアルゼンチン）に属していたが，フィリッペ2世から「帝国の町ポトシ」の認定を受けて以降は，独自に市会を誕生させるなど鉱山都市は発展した（図3-5）。最盛期の1650年にはマドリッドの人口（15.5万人）にも匹敵する16万人の都市にまで膨れ上がった。ポトシで先住民を働かせる方法は強制的で，その結果，インディオの人口は減少し銀の産出量も落ち込んだ。このため，水銀を使って銀を効率的に採取する銀抽出方法（水銀アマルガム法）が採用され打開が図られた。加えて，成人男子の一部を1年交代で働かせるミタ労働という制度が導入され，不足する労働力を補った。しかし，それにもかかわらず強制労働で命を落とすインディオは多かった。この

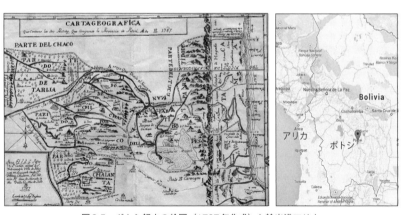

図3-5　ポトシ銀山の絵図（1787年作成）と輸出港アリカ
出典：Wikipediaのウェブ掲載資料（https://es.wikipedia.org/wiki/Departamento_de_Potos%C3%AD#/media/Archivo:Potosi_1787_cañete.png）をもとに作成。

ため反乱も起きたが制度はすぐには改められず，250年後の1819年になってようやく廃止された。

ポトシの銀山で採掘された銀は，標高400m余りの山地から太平洋岸のアリカ（現在はチリ領）まで運ばれ，この港町から船で北に向けパナマへ送り出された。パナマで地峡を越えた銀は，さらに大西洋岸から本国のスペインへと向かった。セビリアの外港カディスがスペイン側の受け入れ港である。セビリアからは当時，スペイン領であったアントウェルペン（現在のベルギーのアントワープ）まで運ばれた。こうして遠路運ばれてきた銀を，スペイン王国は戦費の支出に充てた。オランダの独立戦争やイギリスとの戦争で無敵艦隊が敗北するなど，スペインは多くの銀を必要としたからである（岩根，2015）。スペインを経由してヨーロッパに流れた大量の銀が，物価上昇の引き金になった。「価格革命」と呼ばれるこの動きは，地代収入に依存する領主階級の没落を促した。封建社会の崩壊を早める原因になったともいわれる。しかしこのときの物価上昇は，主にヨーロッパの人口が急激に増加したためであったという説がのちに有力になった。ロシアを除くヨーロッパの総人口は16世紀に8,500万人にも膨れ上がった。このため食料不足から物価が上昇し，ドイツ東部やポーランド，ハンガリーなどで穀物生産量を増やす動きが強まった。穀物生産の増加は，ようやく生まれた農奴制廃止の動きを中世の領主制度に逆戻りさせることにつながった。

ポトシで産出した銀のいまひとつの流通経路は，メキシコのアカプルコを経由してアジアに向かうルートである。このルートで流通した銀はメキシコ銀と呼ばれ，フィリピンとメキシコの間で行われたガレオン貿易において決済手段として使われた。スペインはフィリピン経由で入手した中国からの陶磁器や絹製品に対して銀貨で支払った（宮田，2017）。ガレオン貿易のガレオンとは当時航海に使用された船種のことであるが，スペインは1565年に初代フィリピン総督になるミゲル・ロペス・デ・レガスピをフィリピン統治のために派遣した。これに対しフィリピン側は激しく抵抗したが，1571年にルソン島の支配拠点がマニラと命名され，本格的な統治が始められた。

スペインが統治の拠点に定めたイントラムロスと呼ばれる旧マニラ地区は，スペインがフィリピンから撤退したあともアメリカ，日本によって支配

の拠点とされた。ちなみにイントラムロス（Intramuros）とはスペイン語で「壁に囲まれた都市」を意味しており，度重なる火災や震災，外部からの攻撃を受けて石造りの建物や高い城壁が建設されるようになった。城塞都市イントラムロスは，現在のマニラの原型ともいえる。ガレオン貿易では，中国から運ばれてきた絹織物や陶磁器などがマニラ経由でメキシコ，スペインへと送られていった。フィリピンを経て中国にまで及んだメキシコ銀は，清朝の税制を地丁銀制へと転換させるのに効果があった。中国では明代以降，租税は銀納となり，土地税と人頭税の二本立てであった。ところがその後，人口増加で徴税が煩雑化したため人頭税をやめ，清朝以降は土地税のみすなわち地丁銀制で納めるようになった。

2．スペインから独立したアルゼンチンの歩み

　ペルーやメキシコと比べるとアルゼンチンに対するスペインの経済的関心は強くなかった。期待した銀が産出する見込みがなかったからである。1776年にブエノスアイレスに副王庁が設置され，ようやくスペインは開発に着手したが，すでに新大陸におけるスペインの力は低下に向かっていた。ラプラタ川の河口に位置し海洋へ出る地形的条件に恵まれていたブエノスアイレスは，その名の通り自由（ブエノ）な気候・雰囲気（アイレス）の港町である。ラプラタ川流域はパンパと呼ばれる広大な草原であり，銀の採掘といった鉱業よりもむしろ農牧畜に適した土地であった。ブエノスアイレス港は南米近隣諸国との貿易で栄えた。しかし入港する船はイギリス船籍が多く，これを快く思わないスペインは本国以外との貿易を禁止した。加えて課税の強化や産業制限，さらにスペイン人とクリオーリョ（スペイン人を親として現地で生まれた人）との間に身分制度を持ち込むなどしたため，現地では不満が高まっていった。1810年，クリオーリョは副王庁の廃止と自治委員会の結成を宣言し，6年にわたる激しい戦いの末，独立を果たした。

　貿易港ブエノスアイレスからは全国に向けて鉄道が放射状に延びている（図3-6）。農畜産物は港へ，港からはヨーロッパから送られてきた工業製品と燃料それに移民が列車に乗せられていった。こうした貿易構造は，スペインからの独立後にとられた経済政策によるものである。この経済思想をリー

ドしたのが自由開放経済を主張したファン・バウチスタ・アルベルティである。彼はスペインによる植民地政策を強く批判し，移民の積極的な受け入れと入植地開発を主導した。移民はイギリス，フランス，スイス，ドイツからが望ましいとしたのは，労働蔑視と怠惰を蔓延させたスペインの植民地経営を評価しなかったからである。移民を導入するにはヨーロッパ

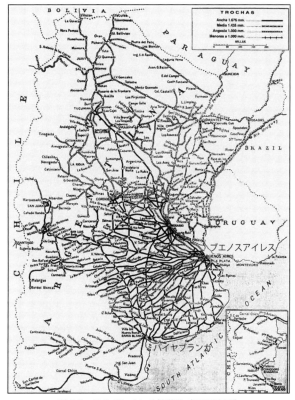

図3-6　アルゼンチンの鉄道網（1960年頃）
出典：Wikipedia のウェブ掲載資料（https://en.wikipedia.org/wiki/Rail_transport_in_Argentina#/media/File:Red_Ferro_Arg.jpg）をもとに作成。

からの投資が不可欠であり，商業部門やインフラへの投資が期待された。収益性が低いという理由で工業に対する投資は制限し，また農民との軋轢をおそれて農業部門への投資も歓迎しなかった。その結果，アルゼンチンは農畜産品を輸出し，工業製品を輸入する国へと移行していった。ブエノスアイレスと全国を結ぶ鉄道網は，こうした産業・貿易構造を支えるインフラとして機能した（今井，1985）。

　アルベルティの自由解放経済政策は，国の介入を抑制して民間活力を引き出す政策であった。海外からの投資はイギリスが主体で，フランス，ドイツがこれについだ。金額的にはイギリスが圧倒的に多く，ラテンアメリカに対

第3章　ポルトガル，スペイン，オランダによる海外拠点の開発

するイギリスからの投資額の42％（1914年）はアルゼンチン向けであった。投資先の60％近くは鉄道建設に充てられ，主要路線はイギリスの民間会社が建設した。鉄道建設ブームは移民の流入増加と重なり，パンパでの農牧畜業は大いに発展した。しかし移民の出身国はアルベルティの希望に反して，スペインやイタリアが多かった。農村の土地開発も1880年代になると公有地売却制度による大土地所有者の土地買い増しが顕著になり，新移民による土地所有は困難になった。

　当初のもくろみ通りには進まなかったが，小麦やとうもろこしの耕地面積は確実に広がり，収穫量も増加していった。牧畜業の発展もめざましく，とくに冷凍船の開発と品種改良によって輸出量が増えた。冷凍船以前は皮革，獣脂，塩漬け肉が中心で，ヨーロッパで人気のない塩漬け肉はブラジルの奴隷向けに輸出された。当初は牧畜先進国のイギリスから家畜を輸入して品種改良を行い，国内資本によって冷凍肉を生産していた。ところが外資の流入によって冷凍肉生産は外資系企業が行うようになり，国内資本は行き場を失った。「パンパ革命」と呼ばれる自由で近代的な農牧畜業の発展は，大土地所有者と一部の有力貿易商の出現という結果を生み出した。その一方で，零細農家や労働者は十分な恩恵を受けることができず，政情不安要因になった（篠沢，1967）。国はようやく工業化の重要性に気づいて施策を講じたが，農牧業者の理解は得られず，熟練労働力は十分とはいえない。政情不安が軍部の台頭を許して混迷が深まるなど，先進国への仲間入りにはまだ時間がかかりそうなアルゼンチンである。

3．ベラクルス，アカプルコを中継地とする交易

　メキシコ最大の港湾都市であるベラクルスにスペイン人が初めてやってきたのは1518年のことで，上陸した島はサンファン島と名付けられた。この島は現在は陸続きであるが，島の周辺で金が出ることがわかり，翌年，エルナン・コルテスが島の対岸に上陸した。コンキスタドール（征服者）として知られるコルテスは，1511年のディエゴ・ベラスケス・デ・クエリャルが率いたキューバ制服で活躍し，ベラスケスの秘書官に抜擢された。その後，彼は単独で500名の兵士や帆船・馬などを率いてメキシコ湾岸沿いに進

み，上陸を目指した。コルテスはメキシコ征服の拠点を確保するために，現在のベラクルスに相当する場所にメキシコ最初のスペイン植民都市を建設した（安村，2016）。聖十字架を意味するベラクルスはそれ以降，大西洋側の貿易港として栄えていくことになる。他のラテンアメリカの地域と同様，スペイン人の到来で伝染病がもたらされたため人口が減少した。このためアフリカから奴隷が労働力として連れてこられ，サトウキビ農園で働かされた。苦役に不満を抱く奴隷による反乱を抑えるためにスペイン側は交渉の機会を設け，自由な地域社会が現地に生まれることを保証した。

　大西洋に面したベラクルスは平地でとりたてて地形的障害はなく，海側からの攻撃に対して強くなかった。このため16世紀から17世紀にかけて海賊の襲撃を受けたのも一度や二度ではなかった。このため港湾を守るためにサンファン要塞が建設された。ベラクルスにはヨーロッパのオリーブ油，水銀，織物，その他の工業製品が持ち込まれ，対価として金，銀，農産物が送り出された。ベラクルスの商業はフランス，イギリス，オランダの無法者に荒らされることが多かったが，加えてスペインによる独占的な貿易にも支配され，地元の商業者は抑圧された。しかし1795年に商工会議所が誕生したのをきっかけに，人口も増えていった。1821年にメキシコはスペインからの独立を果たした。しかしスペインはサンファン要塞を拠点にベラクルスの貿易に対して制約を加えた。その後，フランスが一時的にこの地を支配したり，アメリカが港湾を攻撃したりした。1858〜1860年にはメキシコの首都になったこともあり，1873年にはメキシコシティとの間を結ぶ鉄道が建設された。

　ベラクルスの港湾としての重要性は，太平洋側のアカプルコとの間で交易品を取り交わすという点に見い出すことができる。1914年にパナマ運河が完成する以前，2つの大洋は陸上交通によってしか結ぶことができなかった。もっとも1520年のマゼラン海峡の発見以降は，南米を大きく迂回すれば海上輸送も可能であった。しかし航海の距離と時間を考えると移動は容易ではなく，スペインは1565年から1815年までの250年間，フィリピンとメキシコの間を年間1回の割合でガレオン船を就航させた（図3-7）。フィリピンのマニラからは北緯42度まで北上して大圏コースをとり3か月半でアカプルコに到着した。アカプルコからは北緯10度付近を通る航海で東行きに

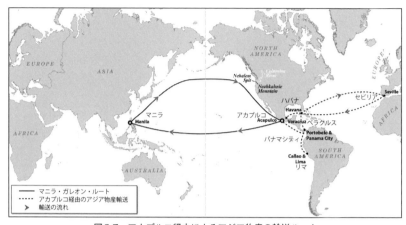

図3-7　アカプルコ経由によるアジア物産の輸送ルート
出典：The Ocean Encyclopedia のウェブ掲載資料（https://oregonencyclopedia.org/articles/manila-galleon-wreck-on-the-oregon-coast/#.XW_FTy3ANSM）をもとに作成。

比べると比較的安全であった。しかしそれでも積載過剰が原因で沈没した船が30隻以上もあり，危険をともなう貿易であった。ガレオン貿易によるメキシコ向け産品は，中国製の絹，玉，家具，陶磁器をはじめシナモン，胡椒，ナツメグなどのスパイス類，綿製品，象牙，ダイヤモンド，ルビー，サファイヤなど多種類にわたっていた。フィリピンに向けては銀と製造品が主なもので，とくにポトシからの銀が大量に送られていった。

　アカプルコとベラクルスの距離は660kmで，途中の南マドレ山脈を越えていく。標高1,360 mのチルパンシンゴは1813 年にメキシコ独立運動で最初に議会が開かれたところである。メキシコシティとアカプルコを結ぶ鉄道の経由地でもあるが，まだ鉄道が敷設されていなかった頃は，ロバの背に頼る原始的な交通であった。出発地のアカプルコ，到着地のベラクルスともにスペインによる交易の物資中継地点にすぎず，そこでとくに生産が行われることはなかった。ベラクルスに比べるとアカプルコの中継地としての重要性は大きくなかった。それは，メキシコの中心部から北部にかけて銀鉱山が多く，スペイン人はメキシコシティに銀を集めそれをベラクルスに運び出すのに熱心だったからである。メキシコシティとベラクルスの間には「王の道」という幹線道路が走っていた（阿部，2015）。対してアカプルコはフィリピンから

1～2年に1回程度，ガレオン船が到着するとそのときだけ開かれる「フェリア」と呼ばれる物産市に内陸部から商人がやってくる程度であった。

第3節　オランダによる東インド・セイロン・台湾の支配

1．オランダの東インド会社の拠点バタヴィア

　スペインからの独立を目指して戦った戦争に勝利し1581年に独立宣言を行ったオランダ（ネーデルランド連邦共和国）は，アジアとの貿易に乗り出した。先行するスペイン，ポルトガルに対抗し，1602年には東インド会社を設けた（永積，2000）。これは2年前のイギリスによる東インド会社に次ぐもので，略称のV・O・Cは，正式にはVerenigde Oost-Indische Compagnieつまり連合東インド会社を意味する。オランダの貿易独占権は喜望峰からマゼラン海峡に至る広大な範囲に及んでおり，1619年に東インド総督の拠点をジャワ島のバタヴィア（現在のジャカルタ）に置いた。ここを中心に東南アジアの香辛料貿易でポルトガル，イギリスの勢力を排除し，台湾，セイロン，マラッカなども占拠していった。バタヴィアはスンダ海峡に面するジャワ島西端にあり，オランダが倒したバンテン王国の拠点バンテンに近い内湾条件に恵まれた土地であった。スマトラ，ジャワ両島を抑えるのに絶好の場所であり，ここに強固な城塞を築くことは戦略的観点から見て理にかなっていた。ただし最初からバタヴィアに拠点があったのではなく，1618年にバンテンから拠点を移して商館を要塞化したというのが実際に近い。それはイギリスの勢力とジャカルタ領主を排撃したあとのことで，いわば廃墟となった土地に新たにバタヴィアを築いたのである。

　バタヴィアは広い臨海平野の上にあり，チリウン川の河口部に城塞が築かれた（図3-8）。城塞の中には東インド会社の倉庫，事務所，上級職員の居住区，守備隊の兵舎，教会などがあった。町は南北1,150m，東西1,500mの長方形をしており，町の中央を南北方向にチリウン川が流れていた。町の両側には南北方向の運河があり，それらをつなぐ東西方向の運河もあった。ほかに道路が東西，南北に4本あり，道幅は30フィートほどであった。町全体は堀と壁によって守られており，町への出入りは4つの門を通して行われた。

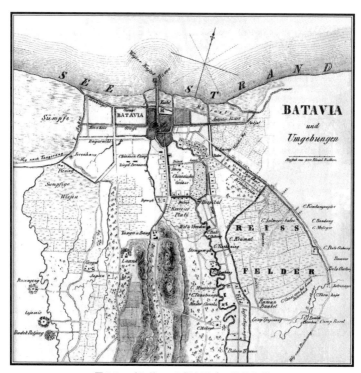

図3-8　バタヴィアの都市図（17世紀作成）
出典：Triptipedia のウェブ掲載資料（https://www.triptipedia.com/tip/img/1BkS6tf5Y.jpg）をもとに作成。

　町の中に住んだのはヨーロッパ人，混血人，中国人，若干のアジア系少数民族であり，アンボン人，ジャワ人，バリ人などは町の外のカンポンに住んだ。町を守る防衛線が二重に設けられており，内側の農地では市場用の野菜が栽培された。外側の防衛線との間には輸出用の砂糖をつくるためのサトウキビ畑が広がっていた。

　バタヴィアの行政権はオランダ本国に本部を置く「十七人会」と称される組織が握っていた。会社は現地に住む東インド会社の社員によって運営された。これ以外にオランダ人自由市民と呼ばれる人々がいた。自由市民は総督や会社に対して市民的権利や経済的自立性を求めたが，受け入れられなかった。その理由は，東インド会社による貿易の独占はオランダ議会による特許状発給が条件であり，市民による私的な貿易は認められなかったからである。

ゲートウェイの地理学

これは，アジアのポルトガル植民地が経済的自立性をもち，本国から切り離されても経済的持久力が維持できたのとは対照的である。市民不在の会社至上的な風土が植え付けられたのは，オランダが東インド会社の事業に徹底的に取り組み，輸出用作物の生産を促進するためであった。

　東インド会社が取り組んだのは，サトウキビを栽培して砂糖を生産することであった。生産地はバタヴィア周辺にあり，オンメランデンと呼ばれた。米作を除いてほかはすべてサトウキビ畑に変えられた。砂糖の生産工程で必要になる燃料用木材を確保するため，一帯の林はことごとく伐採された。当初，東インド会社は高い買い入れ価格を保証し，豊富な前渡金を使って生産を奨励した。しかし生産量が過剰になると購入量の割当や価格引き下げを行うようになり，生産に励む農民たちは押さえつけられた。こうした政策は砂糖にかぎらず，コーヒー，スパイス，藍などの栽培でもとられた，ある意味では植民地に一般的な政策であった。

　オンメランデンでの砂糖生産は1720年代に終焉を迎えた。購入量の割当以外に，土地の消耗や燃料である薪の不足などもその原因であった。砂糖の過剰生産が環境破壊を招くことは，他の植民地でも一般的に見られる現象である。オンメランデンにおいても製糖所近くの河川がひどく汚染され，下流部のバタヴィアは非衛生的な町になってしまった。バタヴィアで水不足が頻発したのは，オンメランデンの森林が一掃され保水能力が低下したためである。やがてオランダの東インド会社はイギリスの力に押されて衰退していくが，その象徴はバタヴィアの都市荒廃に現れた。環境破壊や汚染に疾病が加わり，やがて見捨てられてしまった。制海権をイギリスに奪われた上に本国から兵士も補充されなくなり，拠点はバタヴィアよりも標高の高いウェストフレーデンへと移された。オランダの東インド会社は1799年に幕を閉じた（河島，2001）。

２．目まぐるしく変わっていったセイロンの支配者

　1500年以前のインド洋ではアラブ人，インド人，マレー人，中国人が小はスパイスから大は象に至るまでさまざまな物資を運んで交易を行っていた。交易は比較的自由に行われてきたが，ポルトガルがセイロンに進出して

以降，こうした状況は統制的なものへと変化していく。1505年にコロンボに漂着したポルトガルの艦隊は現地の王から歓待を受け，交易の許しを得てコロンボに砦を築いた。この要塞をはじめとして，その後セイロン全体で8つの要塞がつくられていく。現地の王国の内紛と関わりをもったポルトガルは，防衛と引き換えにシナモン取引の独占権を得ることに成功する。ポルトガルはキリスト教の教化にも熱心で王国の心をつかみ，中央高地と東海岸を除くセイロン島を掌握した。ポルトガルはポルトガル語の普及も推し進め，キリスト教の教会や学校を全国に広めていった。

　こうして一時はセイロンに対して大きな影響力をもったポルトガルであったが，1638年にセイロンのカンディー朝の王と連携したオランダがポルトガルを攻撃し始めた。1656年にはポルトガルの拠点であったコロンボを攻略し，1658年には手中に収めることに成功した。連携相手のカンディー王家を内陸に追いやったオランダは，海岸部を支配下に押さえた。オランダが拠点として選んだのはポルトガルと同様，コロンボであった。コロンボという地名は，ポルトガルがクリストファー・コロンブスに因んで命名したものである。それ以前は「マンゴーの樹の茂る海岸」を意味する Kola-amba-thota という名前

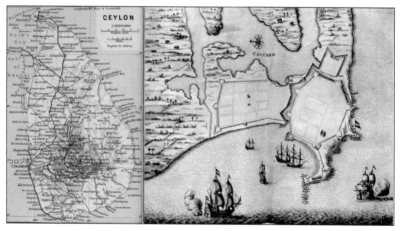

図3-9　セイロンとコロンボの要塞（1672年作成）

出典：Sri Lanka Holidays のウェブ掲載資料（http://www.mysrilankaholidays.com/ancient-glory.html）および Colombo City: The Commercial Heart of Sri Lanka のウェブ掲載資料（http://colombofort.com/photos/cats4.jpg）をもとに作成。

であった。セイロン島の西海岸に位置するコロンボは，海側のフォート地区とそれを囲むベター地区からなる（図3-9）。前者はその名のように要塞で固められており，後者は要塞に守られた商業地区であった。ベター地区を貿易拠点としたオランダは，シナモン，宝石，真珠などを主に取り扱った。シナモンはセイロン，インドのマラバール海岸，ビルマが原産とされる常緑の月桂樹の一種であり，食品や飲料品として幅広く用いられた。宝石はセイロン島の内陸部で産出し，真珠は同じく北西部の沿岸で採取された。

　貿易品として取り扱われたこれらの物資を生産するには多くの労働力を必要とする。シナモンの加工のために熟練労働者がインドから来た。宝石の採掘には地元の労働者が従事し，真珠採取はインド南部から働きに来た労働者が当たった。こうした代表的な貿易品に加えて，スパイス，ラッカー（塗料），ココナッツオイル，ココナッツ繊維のロープ，カウリー（宝貝）や巻き貝の殻などの海産物も取り扱われた。象はこの時期，重要な貿易品で，とくにインド南部のゴルコンダでは戦争用の手段として需要が多かった。オランダの東インド会社はタバコとコーヒーの増産にも力を入れた（永積，2000）。タバコはインド南部，東南アジアとくにスマトラ島北部のアチェやマレー半島に主要な市場があった。セイロン島全土で栽培されたコーヒーは18世紀前半に急激に増加するようになり，ヨーロッパ，中東，インドの需要に応えた。

　オランダは貿易品を確保するために，セイロンの伝統的な地域構造と行政サービスをよく理解して実践した。この点はポルトガルも同じであったが，ポルトガルよりも洗練された方法で多くの利益を得ようとした。ただしオランダによるインドとの貿易には制約が多く，このためセイロンが必要とする米や織物は十分得られなかった。このため貿易の仕組みを緩和してインド人が貿易に携わるようになったが，オランダ流の貿易は特権的かつ管理的であり，価格決定にさえ介入しようとした。オランダが主導して進めた貿易品の生産は，島内に3つの運河を開削することで盛んになっていった。このうち複雑につくられたのが，コロンボと北のカルビティア，南のベントータを結ぶ運河であった。ほかに島の東部と南部にも運河が設けられ，港と内陸部との間を結ぶ輸送路として機能した。これらの運河建設はオランダ人が優れた土木技術をもっていたことをよく物語っている。

オランダによるセイロン島の支配は，フランス革命により終りを迎える。本国のオランダがフランスの支配下に入り，オランダに代わってイギリスの東インド会社がセイロンに進出してきたからである。オランダは抵抗を試みたが及ばず，イギリスにセイロン島を引き渡した。イギリスは当初，一時的な支配を考えていたため，インドのマドラス（現在のチェンナイ）から間接的にコントロールしようとした。しかしフランスとの戦いでセイロンの戦略的重要性を悟ったイギリスは永久的支配を決意し，1802年にセイロンを植民地に組み入れた。イギリスは，フランスとの間で結んだアミアン条約でセイロンの制海権を自分のものにした。イギリスによる支配は地元の貴族たちの手を借りて進められ，1815年に王国を引き継ぐことに成功した。貴族に対しては伝統的な法律，制度，宗教などが存続することを認めた。しかしその一方で給与の現金支払いを進めたり，強制的就業を緩和したりするなど制度改革にもつとめた。これにより，シナモン，胡椒，サトウキビ，コーヒー，綿花などの増産が進んだ。

　イギリスは所有する土地を耕作者に売り渡し，プランテーション農業の振興にも力を入れた。これによってコーヒー農園は拡大し，新たな道路建設が生産性の向上に寄与した。不足する労働力を補うためにインドから労働者を流入させることも行った。しかし1870年代にコーヒーが葉の疾病でダメージを受けるようになったため，代わりに茶の栽培が始められた。茶は丘陵地での栽培に適しており，利益率はコーヒー栽培を上回った（清田，2013）。同時期に導入されたゴム，ココナッツもプランテーションで栽培されるようになった。こうして拡大した新たな資本主義的農業は，インドからの労働力にも助けられながら順調に発展していった。貿易品が集められたコロンボでは港湾，鉄道，道路などのインフラの建設が進み，それを担う事業家も育った。ただし，コロンボを中心に近代的な産業地域が発展する一方で，地方には自給自足的な農業から抜け出せない農民層もいた。しかしやがて道路建設は地方でも進むようになり，近代的な貨幣経済圏が広がっていった。

3．オランダによる台湾の支配

　17世紀初頭，ポルトガルがマカオに進出したのに刺激されたオランダは，

1622年にマカオを攻撃した。しかし明とポルトガルの連合軍によって上陸を阻まれた。そこでオランダは台湾海峡に浮かぶ澎湖島を占領し，ここを東アジアの貿易拠点にしようとした。しかし明によって退去を求められたため，対岸のタイオワン（台湾）に転進し簡易な城砦を築いた。その後，明軍との間で衝突が繰り返されたが，澎湖の城砦と砲台を破棄する代わりに台湾進出を認めさせた。オランダは，台湾南西部に位置する台南の外港・安平にゼーランディア城（Fort Zeelandia）を築いた（図3-10）。名前は本国のゼーランド州に因んでおり，最初は奥倫治城と呼んでいたが，のちに熱蘭遮城すなわちゼーランディア城と呼ばれるようになった。以後，この城はオランダによる東アジアの貿易・行政の拠点としての役割を果たすようになる。のちにオランダが日本の平戸に商館を置いて始めた貿易も，ここを拠点とする中継貿易であった（永積，1990）。ゼーランディア城を拠点とするオランダの活動は，1662年に大陸を追われた明の遺臣・鄭成功から攻撃を受けるまで続けられた。最終的にオランダは台湾から撤退し，ゼーランディア城は安平城と改名された。

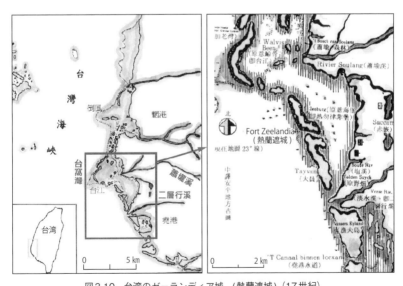

図3-10　台湾のゼーランディア城　（熱蘭遮城）（17世紀）
出典：東濃地震科学研究所　防災研究委員会 2016 年度報告「微動観測に基づく台南市の地盤震動特性について」のウェブ掲載資料（http://www.tries.jp/research/doc/2018031409512829_45.pdf）をもとに作成。

第3章　ポルトガル，スペイン，オランダによる海外拠点の開発

オランダが安平を拠点として行ったのは，基本的には中継貿易である。対象とされたのは中国，日本，ジャワ，シャムなどである。ジャワ島のバタヴィアに東インド会社の拠点を置いたオランダは，バタヴィアで必要とする米をシャムから安価に輸入するようになった。バタヴィアで米が不足したのは，ジャワ島が政情不安定で米が思うように生産できなかったからである。1646年にジャワ島東部のマタラム王国との間で平和条約を結んでからは米の生産・供給も安定するようになった。それまでの間，バタヴィアは米や胡椒を東南アジアの各地から受け入れた。オランダはマカオ攻撃に失敗したため，中国との間で直接，貿易をすることはできなかった。バタヴィアにある東インド会社は，やむなく台湾を中継地として中国と間接的に商取引する方法を選ばざるを得なかった。1630年代，オランダは安平に来る中国人商人から生糸を買い付け，それを日本に輸出した。

　安平にあるオランダ商館で中継された中国産生糸の日本への輸出は，1635年に幕府が日本の奉書船による交易を禁止して以降，増加していった。見返りとして日本から台湾へは米と銀が輸出された。その増加ぶりはめざましく，米の輸出は1634年から翌年にかけて倍増し，銀も1636年は前年の2倍以上が輸出された。日本から台湾へ多くの米が輸出されたのは，オランダ商館関係者や雇用人の食糧として米が必要とされたのに加えて，米が給与の一部として支払われためである。当時の台湾では砂糖の生産と少量の陸稲，大麦，小麦の生産くらいしかできず，オランダ商館は米の地元での生産を奨励した。台湾に米が運ばれてくるルートは，日本以外に中国，シャム，ジャワなどであった。日本からの米輸出はオランダ船と中国人によるジャンク船によって行われた。中国からは福建省のジャンク船が米の輸送に当たった。さらにシャムやジャワからの米輸送はオランダ船や中国船が行った。

　こうして各地から台湾へ送られてきた米の輸送は，1650年代末をもって減少に転ずる。日本からオランダ船による米の輸出は1665年をもって終了した。それは先にも述べたように，明の遺臣である鄭成功が清朝と戦う一方，南シナ海を舞台とする交易活動でオランダとライバル関係になり，1661年に台湾のオランダ商館を攻撃したからである（奈良，2016）。オランダは鄭成功からの攻撃に備えて食糧の備蓄や船舶の補充に努めたが努力虚しく，1662

ゲートウェイの地理学

年に台湾からの撤退を余儀なくされた。台湾からオランダの東インド会社を駆逐した鄭成功は台湾を東都と改名し，現在の台南市周辺を根拠地として島の開発に乗り出した。しかし彼は1662年に志半ばで病没してしまった。「反清復明」の旗印を受け継いだ息子の鄭経たちは清への抵抗を試みたが，攻撃を受け1683年に降伏する。結局，鄭氏一族による台湾統治は3代で終了するところとなった。しかし鄭成功が台湾で独自の政権を築いたことは事実であり，現代に続く台湾人の精神的支柱とみなされている。

コラム3　国家間競争と企業集積地間競争の地理学

　優勝劣敗は世の習いである。当初は優勢であっても，やがては後から登場してきたものに打ち負かされ，歴史の舞台から去っていったという事例は無数にある。初期に優勢であったのはなぜか，なぜそれを保つことができなかったのか，このあたりを歴史学研究者は関心をもって研究する。地理学的に関心があるとすれば，初期に有利に働いた地理的条件とはいったい何だったのか，そしてまた，その条件が効かなくなったのはなぜかということである。ヨーロッパ人によるいわゆる地理上の発見が続いた時代，スペインやポルトガルが先行し，やがてオランダ，フランス，イギリスが後を追いかけるように進出していった。地理学的にいえば，南ヨーロッパが先に出て，西ヨーロッパがこれに続いたということになる。アフリカやアジアに相対的に近い南ヨーロッパの地理的条件が，新大陸の発見に有利に働いたのであろうか。

　おそらくそれほど単純な理由だけでは説明できないであろう。だがしかし，位置や距離などの地理的概念が現象や出来事の説明に有効であるのは明らかである。たとえば，世界的スケールから民族，文化，宗教，政治，経済などの分布を見れば，地理的な近さがこうした分布をいかに規定しているかがわかる。移動が今日のように簡単ではなかった時代，距離が障害となって分布が広がるのを妨げた。結果的に地理的に近いところは似たような特徴をもった。特徴が似ていれば産出するものも似ており，お互いに交換しようという気は起こらない。近くにはない珍しいものを手に入れたいという気持ちが交易の動機となり，とくに水上交通の発展によって交易の範囲が広がっていった。交易の根底には地理的多様性があり，「ところ変われば品変わる」の言よろしく，変わった品物を手に入れたくて人々は海

に漕ぎ出していった。

　時代は一気に飛んで国家資本主義，企業資本主義の現代，距離の制約は大幅に低下した。たとえば中国や東南アジアに進出した日系企業は，国内に準ずるスタイルで生産した製品を日本に向けて送り出している。現地資本の企業が生産した製品もほとんど距離を意識することなく，国内に流入している。距離をやすやすと越えて来られるのは，コンテナ貨物による国際複合一貫輸送システムが確立したことが大きい。それと同時に，海外生産の品質が向上し，国内の消費者が抵抗なく受け入れるようになったことも見逃せない。かつてのような「安かろう悪かろう」の時代ではなくなりつつある。新興工業国の実力が高まり，国際的な商品として十分対抗できるレベルに近づきつつある。気がつけば中国は「世界の工場」として世界市場で大きな存在感を示すようになった。シンガポールが一人あたりGDPで日本を追い越してからすでにかなり時間が経つ。

　GDPで中国に追い抜かれた日本が再び以前の地位に戻るのは難しい。日本と中国の間の順位の逆転現象については，それ自体学問的に明らかにすべきテーマである。その一方で，中国国内における生産や所得の地域間格差が気になる。似たことは日本についてもいえるが，中国の方が事態はより深刻である。この現象においても距離は深く関わっており，豊かな沿海部に対して内陸部は経済的恩恵が十分には及んでいない。程度の差はあれ，日本でも地域間の所得格差は存在する。格差の発生に絡む集積の経済はまさしく距離の問題である。距離が近ければ近いほど交渉・会合・輸送・連絡など，広い意味でのコミュニケーションが有利である。有利さに惹かれて集まってきた企業や事業所や人間が，さらに新しい価値を生む。こうした累積的発展がつぎの発展につながるという回路の成立が決め手になっている。

　欧米の列強が世界進出を競って領土を広げた過去の歴史を振り返ると，国家としての影響が進出先に及んだことは確かである。宗主国-植民地の関係が解消されたあとも，影響がなお残っている場合さえある。現代の企業進出では領土の拡大はともなわないが，マーケットの拡大は企業進出が成功するための必須条件である。企業はマーケットリサーチを慎重に行い，いかに進出先に受け入れられるか試行錯誤を繰り返す。結果は市場占有率というかたちで返され，失敗すれば捲土重来を期して潔く撤退する。

　進出先で成功するか否かはひとえに企業自身の努力にかかっている。しかし進出先でゼロからビジネスを立ち上げるのは困難であり，何か足掛かりになるものがあった方がよい。きっかけはケースバイケースであるが，一般的にはまったく

何もないところに進出するより，企業や事業所が集積しているところの方がよい。集積の経済がどの業種に対してもメリットを与えるからである。多国籍企業はそのようなビジネス環境を探し求めて進出していく。しかしハイテク産業などの場合，生産や研究・開発の拠点になるところは限られる。シリコンバレーに代表される一般的にはテクノポールと呼ばれる場所は多くない。テクノポールは，以前はアメリカを中心に欧米に多かったが，近年はアジアでも育ってきた。国家レベルの生産・研究・開発競争は，かつての植民地時代のイメージを思い起こさせる。しかし実際に競争しているのは，先端企業が集積する都市や都市圏である。経済学や政治学では見落とされがちな都市や地域の競争を，地理学は論じるべきであろう。

アメリカの国土開発で生まれた海と陸の ゲートウェイ都市

第1節　アメリカの東海岸と内陸部に生まれたゲートウェイ都市

1．北アメリカの港湾都市と内陸交易拠点

　イギリスから北アメリカにやってきた移民者は，1607年のヴァージニアから1732年のジョージアまで120年ほどの間に13の植民地をつくっていった（図4-1）。植民地の形態は，①国王が総督・議員を直接任命する王侯植民地，②特許状を有する貴族がその任に当たる領主植民地，③入植者が総督と議員を選出する自治植民地の3タイプであった。そのいずれにおいても一定の自治は認められていたが，最終的には本国政府が権限をもっていた。当時，イギリスはフランスと対立関係にあり，戦費を賄うため植民地に対して課税を強化していた。折しも，植民地での茶市場を東インド会社に独占させる目的で1773年にイギリスが定めた茶条例に対して反発が高まり，これがきっかけとなって独立戦争が始まった。1774年にフィラデルフィアで開かれた大陸会議では独立を求める愛国派は全体の3分の1にとどまった。しかし翌年の第2回大陸会議では13の植民地代表者がすべて武力による抵抗の意思を表明し，ワシントンを総司令官に任命した。翌年7月には「独立宣言」も採択されたが本国イギリスとの戦争はさらに続いた。1777年になり，それまでアメリカ側にとって苦しかった戦局が好転し始め，フランス，スペイン，オランダがアメリカ側を支援するようになった。1781年のヨークタウンの戦いでアメリカ側の勝利は決定的となり，1783年の講和条約でついに独立が認められた（Armitage, 2007）。

　独立戦争以前，アメリカ東海岸には人口が2.5万人を超える港町は存在しなかった。町の規模はいまだ大きくはなかったが，それでも背後圏を控えて交易機能を果たしていた。ここでの交易は大西洋を越えて運ばれてくる物資

や人の受け入れ，あるいは大西洋沿岸の港町同士を結ぶというものであった。港町は港湾業，卸売業，貿易代理業に携わる事業者や労働者とその家族によって構成されていた。人種，民族，社会経済的地位はまちまちで居住地域も多様であった。こうした港町の中にはボストン，ニューヨーク，フィラデルフィアなどのように港湾都市と呼べる程度の規模と機能をもつものもあった。ボストンはマサチューセッツ州の主要港であり，ニューヨークはハドソン川河口の湾岸に位置する貿易港であった。

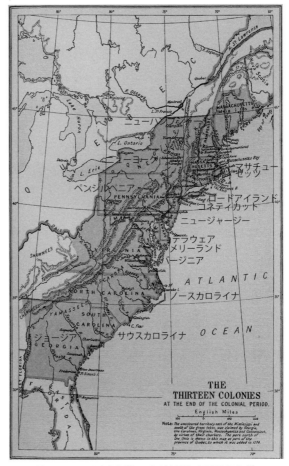

図4-1　アメリカ東海岸の13の植民地（1775年作成）
出典：Emerson Kentのウェブ掲載資料（http://www.emersonkent.com/map_archive/american_colonies_1775.htm）をもとに作成。

フィラデルフィアはデラウェアー川流域を背後圏として海洋交易を行っていた。ほかにチェサピーク湾の奥にはボルチモアがあり，さらに南部ではチャールストンが交易機能を果たしていた。このように，これらの港湾都市は海洋交易の拠点として貨客の積み降ろしや造船などの役割を担っていた。

　北アメリカ大陸の東海岸に並行するように連なるアパラチア山脈は，ヨー

第4章　アメリカの国土開発で生まれた海と陸のゲートウェイ都市

ロッパからアメリカ西部の開拓を目指して移住してきた人々にとって行く手を阻む大きな障害であった。アパラチア山脈が越えられなかった時代，アメリカの西と東の連絡はミシシッピー川と大西洋を船を使って連絡する方法で行われていた。しかし何分にも距離が長く，やはりアパラチア山脈を陸路で越えていくルートを確保することが望まれた。こうした期待は，1750年にヴァージニアの探検家・測量家がカンバーランドギャップを発見したことで糸口が見つかった（図1-7）。このルートは，バッファロー狩りのときに通るけものみちとして先住民の間では知られていた。発見したのはヴァージニア出身のトーマス・ウォーカーで，通過した谷間をカンバーランド渓谷と命名したのは，1746年にスコットランドであったカロデンの戦いで有名になったカンバーランド公爵に因んでのことである。先住民はワトノ川，フランス人商人はショーヴァノン川と呼んでいた。

　こうして白人入植者がアパラチア越えの通り道を発見したことにより，東海岸からケンタッキー方面に向かうルートが確保できた。その後はカンバーランドギャップ以外にもアパラチア山脈を越えるルートが切り開かれ，道路や鉄道も建設されていく。移動手段も幌馬車から蒸気機関車へと変わっていった。大陸の東部から西部に向かって入植が進むにつれて，開拓前線ともいえる地点は空間的に移動していく。その移動は先住民の土地を奪い取りながら農牧地を広げていくという西進運動であり，各地で土地をめぐる争いが繰り広げられた。開拓前線の後方では定住した入植者による生産や生活の拠点として集落が形成されていった。

　こうした開拓地では，農牧業や鉱山採掘などの鉱業が基本的な生産活動である。開拓民が日常的に必要とする生活物資は，大陸の東側から送られてきた。アメリカの独立以前は植民地での製造業は禁止されていたため，こうした物資は大西洋を越えて運ばれてきていた。アメリカで産業革命が起こってからは，国内の先進工業地域から農村部へ向けて生活用品が送り込まれるようになった。大陸を東西方向に走る交通路の各所に，そうした物資を荷降ろしして周辺の農業地域に供給する拠点が設けられていった。これは東海岸の港町が海と陸との間の結節点であったのに対し，陸上交通の途中で物資を積み降ろししたり中継したりする「陸の港町」であった。入植地の西側から東

側に向かって送り出されたのは，農産物，畜産物，鉱物などである。つまり陸の港町は，農牧業や鉱業に従事する人々が必要とする生活物資の受け入れと，そこで生産された資源物資の送り出しという二方向の輸送機能をともに果たした。

　アパラチア山脈の西側に広がる平地は地形学的には構造平野と呼ばれる。この平野は，東から順に中央大平原，プレーリー，グレートプレーンズに分けられる。中央大平原は南北方向に流れる大河・ミシシッピー川の周辺に広がっており，低い。西に向かうにつれて標高は高くなり，450 m付近がプレーリーとグレートプレーンズの境界である。標高差は地形だけでなく植生にも現れており，プレーリーの丈の長い草とグレートプレーンズの丈の短い草は区別される。これは降水量とも関係しており，プレーリーとグレートプレーンズの境は年間降水量が20インチ

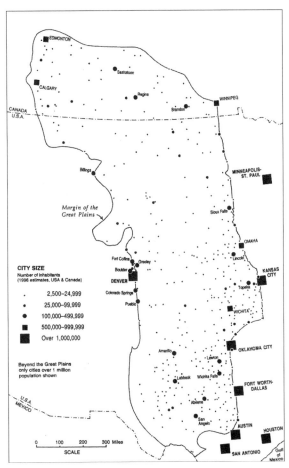

図4-2　グレートプレーンズにある都市（1880年代）
出典：Encyclopedia of the Great Plains のウェブ掲載資料（http://plainshumanities.unl.edu/encyclopedia/images/egp.ct.001.01）をもとに作成。

第4章　アメリカの国土開発で生まれた海と陸のゲートウェイ都市

（510mm）である。両者の境界線は，ダラス・フォートワースとカナダのウィニペグを結ぶ直線に近い（図4-2）。この直線に沿って南から順に，ダラス・フォートワース，オクラホマシティ，ウイチタ，カンザスシティ，オマハ，ウィニペグなどの都市が分布している。この境界線からはやや離れるが，プレーリーにはヒューストン，オースチン，ミネアポリス・セントポールなどもある。

　プレーリーとグレートプレーンズの境界はゲートウェイが生まれる条件すなわち異なる生態系や経済活動の接触条件に一致する。境界付近に生まれた集落が発展して現在の姿を示すようになった（Eaton, 1989）。集落発展を支えた要因として，物資の積み降ろしや中継などの交通機能があった。グレートプレーンズはさらに西側にあって南北に連なるロッキー山脈まで続いている。これらの集落とロッキー山脈の麓までの間に有力な集落はない。つまり，グレートプレーンズの東端からロッキー山脈まで広がる背後圏を市場圏や供給圏として集落は発展し，ゲートウェイ都市になった。グレートプレーンズの東側のプレーリーや中央大平原には，ミシシッピー川の河川交通都市や肥沃な農村地域を背景として中心地的な機能を果たす都市が多い。これらも水上交通や陸上交通の結節点としての役割を果たしてきたという意味で，やはりゲートウェイ都市といえる。

2．中西部のゲートウェイになったシカゴ

　シカゴはアメリカ合衆国の国土発展の歴史において，ゲートウェイとしての特徴をよく示した都市のひとつといえる（Cronon, 1991）。それは，ニューヨーク，ボストン，フィラデルフィアのように外洋と陸の結節点としてのゲートウェイではない。大陸の中にあって物資を集散する機能としてのゲートウェイである。この機能は現在でもかたちを変えて維持されているが，その起源はどのようなものだっただろうか。五大湖の中で中西部の大平原に近く南北に長いミシガン湖は，水上交通が有力な輸送手段であった時代，潜在的ポテンシャルをもっていた。このことに気づいていた人々は，1824年に完成したエリー運河を利用すればニューヨークからシカゴへ水上交通で行けるメリットをよく理解していた。逆にシカゴからこの運河を利用して農産物をニューヨークへ輸送すれば，ニューイングランドや海外から多くに収入が

得られると考えた。しかし1830年代初頭のシカゴは，人口わずか350人の小さな集落にすぎなかった。

　シカゴの人口は1840年に4,000人に増加する。それはシカゴの背後に広がる平地での農業生産に胸膨らませた人々がこの地に大挙して押し寄せたからである。その多くはエリー運河を使ってニューヨーク方面からやってきた移民たちである。シカゴの不動産関係者はシカゴ中心部から西と南へ向けて道路を敷き，ミシガン湖畔に港を設けた。入植者が生産した農産物は穀物エレベーターに集められ，最終的にミシガン湖畔の港からニューヨークに向けて送り出されていった。シカゴから西に向かう道路を毎日，多くの移民を乗せた馬車が通り過ぎていった。

　1848年はシカゴの交通の歴史において記念すべき年であった。シカゴを介して五大湖とミシシッピー川流域を連絡する運河とシカゴを起終点とする最初の鉄道が開業したからである。新たに生まれたイリノイ・ミシガン運河は，これまでエリー運河によってニューヨークと連絡していたのに加えて，ミシシッピー川を下りメキシコ湾岸とも結びつくことを可能にした。またシカゴ・ガリーナ鉄道は，シカゴとその西側にある鉱産資源地ガリーナとの間を連絡した。この鉄道は，のちにノースウェスタン鉄道やユニオンパシフィック鉄道と合併していく。

　こうしてシカゴは道路，運河，鉄道によって他地域と幅広く結びつくようになった。その結果，モンゴメリーワードやシアーズ・ローバックなど有力な小売業がシカゴに本社を置いて活動するようになる。東海岸のニューヨークとは別に，やや北寄りではあるが国土の中央に近いところに交通ハブを基盤とする都市が形成されたのである。シカゴの小売業は，シカゴの西や南北に広がる広大な農村を背景として成り立っていた。農村では小麦をはじめとする穀物生産ばかりでなく，林産物も生産された。北のウィスコンシン州では製材業や製粉業が発展した。西のアイオワ州や南のイリノイ州では小麦の大量生産だけでなく，牧畜も盛んであった。シカゴに集められた家畜は屠殺されて精肉となり，塩漬けの状態で東部市場へ送られた。1870年代に冷凍技術が導入されると，冷凍車両に乗せて各地へ輸送されるようになった。

　ミシガン湖畔に形成されたシカゴは，低湿地という地形条件を克服して発

展を続けていく。市街地で下水溝がまだ整備されていなかった当時，春先になると街中が泥だらけになり，馬車も満足に走れなかった。度重なる洪水にも悩まされた。このため，建物を嵩上げして水害に遭わないための事業が実施されることになった。2,000 トン以上もあるビルが営業しながらジャッキアップされる光景は，こうした経験のないヨーロッパからの旅行者を驚かせた。それほどまでして都市の大改造に力を入れて開催された象徴的イベントが，1893 年のシカゴ国際博覧会である。会場はミシガン湖畔の湿地帯を改良して生まれた造成地であった。会期中に 2,750 万もの人が訪れた博覧会は，たとえ湿地帯であっても土木的技術によって高層ビルが建設できることを証明した。シカゴは，その高層建築物が全国的モデルになるほど，近代建築の発祥地として広く知られるようになった。

　20 世紀に入ると，シカゴの商業はますます発展した。物資を集散する卸売業や小売業だけでなく，製造業の分野でも企業は生産を伸ばしていった。石炭，鉄鋼，木材などの資源が各地から集められ，さまざまな工業製品が生み出された。背後圏で必要とされる農機具の生産はその代表例であろう。作

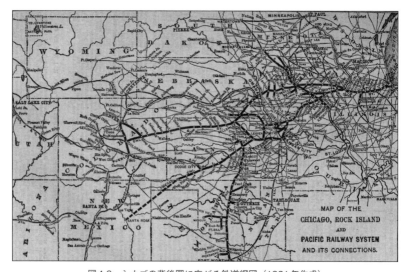

図4-3　シカゴの背後圏に広がる鉄道網図（1901 年作成）
出典：Wikipedia のウェブ掲載資料（https://upload.wikimedia.org/wikipedia/commons/5/51/1901_
Poor%27s_Chicago%2C_Rock_Island_and_Pacific_Railway.jpg）をもとに作成。

ゲートウェイの地理学

業を分業化し，ベルトコンベヤー方式で大量に捌いていく精肉業は，シカゴの東側に位置するミシガン州のデトロイトで始められた大量生産方式による自動車工業に影響を与えた。図4-3は，20世紀はじめのシカゴの背後圏に広がる鉄道網を示したものである。西や南から運ばれてくる人の乗り換えや物資の積み替えのほかに，物資の加工・流通においても結節点として機能した。鉄道会社の本社や車両製造会社もシカゴに集まり，シカゴのゲートウェイ的性格はますます強まった。

　こうしたシカゴの発展は，穀物取引所，証券取引所など経済活動の拠点的機能を象徴するセンターがシカゴに誕生していくことにつながっていった。シカゴでは大恐慌のさなかの1933〜1934年に再び国際博覧会が開催された。見学者は前回をはるかに超える4,000万人であった。巨大化した都市・シカゴは世界各地から集まってきた移民たちがつくりあげていった都市でもある。ただし多様性の裏側で種々の都市問題や社会問題も現れるようになり，その課題解決が強く求められる都市にもなった。民族的セグリゲーションが社会学の重要なテーマになるとき，必ずといってよいほどシカゴの事例が取り上げられる。こうしてシカゴは，人間や産業が交通手段の集中で急激に増加していった近現代のゲートウェイの代表例となった。

3．西部開拓の拠点となったセントルイス

　ミシシッピー川とミズーリ川の合流地点に形成されたセントルイスは，ロッキー山脈を越えてアメリカ合衆国の北西部へ向かうオレゴン・トレイルのゲートウェイとして知られる。実際，セントルイスにはゲートウェイタワーと呼ばれる巨大なアーチ状のモニュメントが建っており，訪れる人々にここがかつて多くの開拓者が幌馬車に乗って未開の地に向けて通り過ぎていった，まさにその場所であることを教えている。アメリカ大陸を大西洋から太平洋まで貫くルートのほぼ中間に位置しており，残り3,500kmの旅への出発地点として，セントルイスはさまざまな物語の舞台となった。しかし，水上交通優勢の時代から鉄道の時代へと時代が移り変わるのにともない，セントルイスは中西部のゲートウェイとしての地位を維持するのが困難になっていく（Thomas, 1949）。交通手段の変化は，ここでも都市の発展と深く関わっ

ている。

　ヨーロッパ人とセントルイスとの関係は，都市の名前からも想像されるように，フランス王ルイ9世（1214 ～ 1270年）の時代から始まった。フランスは当時，ルイジアナもしくはニューフランスと呼ばれる広大な影響圏をアメリカの北東部から南部にかけて広げていた。当初は毛皮交易が主な活動で，ミシシッピー川とミズーリ川という2つの大きな河川の合流地点は水上交通利用の点で申し分なかった。フランスがこの地域を入手したのは，1682年にフランス人探検家シュール・ド・ラ・サールがミシシッピー川流域を探検し，この地をルイジアナと名付け国王ルイ14世に献上したことによる。しかしフランスはルイジアナを維持することができなかった。イギリスとの間で戦った七年戦争と連動して起こった北アメリカでのフレンチ・インディアン戦争で敗れたため，手放さざるを得なかった。戦後，パリ条約（1763年）によりミシシッピー川以西とニューオーリンズをスペインに，ミシシッピー川以東をイギリスに譲渡した。セントルイスのそばを流れるミシシッピー川の西はスペイン，東はイギリスの領土となった。

　その後，イギリス領のミシシッピー川以東はイギリスからの独立を果たしたアメリカの領土となり，さらにミシシッピー，アラバマ，ケンタッキー，イリノイなどの州に分かれていった。一方，ミシシッピー川以西を所有したスペインはナポレオン一世の征服を受けたため，これをフランスに移譲せざるを得なくなった。ルイジアナが再びフランス領になったことに危機感を抱いたアメリカ合衆国大統領のトーマス・ジェファーソンは，ニューオーリンズと北緯31度から南のメキシコ湾一帯（ウェストフロリダ）を購入する交渉を始めた。当時，フランスはハイチでの反乱やイギリスの脅威もありルイジアナを維持するのは困難と考えたので，1803年に8,000万フラン（1,500万ドル）で領有権をアメリカに売却した。

　こうした経緯を経てルイジアナを手に入れたアメリカは，ミシシッピー川以西の情報を手に入れるために陸軍大尉のメリウェザー・ルイスと同じく少尉のウィリアム・クラークを探検隊として派遣した。その出発地はセントルイスであり，48名からなる探検隊は地形，動植物，インディアンなどについて調査を実施した。そのさい一行は，先住民であるレミ・ショニ族の少女

サカジャウェアを通訳兼案内役として随行させ，ミズーリ川の源流にまで到達した。さらにロッキー山脈を越えてコロンビア川河口に到達し太平洋に至るルートの発見に成功した。一行は21か月の探検を無事終えセントルイスに戻ってきた。一般にはルイス・クラーク探検隊として知られるこの西部探検は「発見の探検隊」（The Corps of Discovery）としてアメリカ国軍による建国神話の一部になっている。探検隊に随行した少女サカジャウェアはその重要なキャラクターとみなされている。

　かくしてセントルイスは西部開拓の起点というイメージがもたれるようになった。ところが，その後に始まる西部への開拓の道は，そのすべてがセントルイスを起点としたものではない。西部を通り抜けロッキー山脈を越えるトレイルの出発点は，セントルイスよりもむしろその西側に多い。ミシシッピー川に最も近い地点を起点としているのがモルモン・トレイルである。1846年にミシシッピー川の西7マイルに位置するアイオワのシュガークリークを発ち，500両の幌馬車に分乗した総勢3,000名が一路西を目指した。彼らがのちにユタ州のソルトレークシティを拠点にモルモン教の普及活動を始めることになるのは，よく知られている。トレイルの起点が複数で途中の経路も多かったのがカリフォルニア・トレイルである。インディペンデンス，カンザスシティ，トピカ，カウンシルブラフス，オマハなどを起点としており，1834〜1867年の間に25万人ほどの人々が移動した。モルモン・トレイルはこの4分の1ほどであった。

　インディペンデンスを起点とするオレゴン・トレイルは，マニフェスト・デスティニーすなわちアメリカ合衆国を大西洋から太平洋まで拡げるという精神的目標を掲げて行われた。のちにミズーリ州，カンザス州，ネブラスカ州など6つの州になる地域を経由したこのトレイルでは，1834〜1867年に8万人が移動した。ロッキー越えを最初に達成したのは，先にも述べたようにルイス・クラーク探検隊であった。しかしこのときに通ったロロ・パスは幌馬車隊が通過するのには難しかった。このためロロ・パスより南側の峠を経てコロンビア川に至る道が利用されるようになった。オレゴン・トレイルはいくつもの隊によって切り開かれていった。ワイオミングでロッキー山脈を越えるサウス・パスルートは，そうした試みの結果見つかったものである。

少し変わったトレイルとして，1860年から翌年にかけて利用されたポニー・エクスプレス・トレイルがある。これはその名のように，速達郵便を届けるために開発されたルートである。東のセント・ジョセフから西のサクラメントまでロッキー山脈の最も南側を越えるルートであったが，短命で終わった。

　このように見てくると，ロッキー山脈を越えて太平洋に至る西部への道の実際の起点が必ずしもセントルイスではなかったことがわかる。しかしセントルイスがミシシッピー川を東から西へ向けて渡る地点であり，またミシシッピー川を水上交通で来るのに便利であったことは間違いない。セントルイスに到着した開拓者はここで旅行に必要な物資を準備し，そこからやや西側に位置するいくつかの出発点から旅を始めた。西部への玄関口を象徴するゲートウェイタワーがセントルイスにあることに異議を唱え，実際にはさらに西側のカンザスシティこそが出発地にふさわしいと考える人もいる。西部の起点の本家争いとも受け止められるが，実際，特定の場所や都市を出発点とするのは難しく，特定化することにあまり意味があるとも思われない。

　さて，そのセントルイスは1823年に町から都市になり，フランス人が多く住む重要な商業・交易の中心地になった。すでにこの時期に大陸の東と西を結びつける結節点としての役割を担うようになった点は注目される。こうした拠点的性格は，南北戦争時（1861〜1865年）に北軍の戦略拠点となったことからもわかる。現在はセントルイス大学のキャンパスになっているあたりで，有名な「キャンプジャクソンの戦い（1861年）」が繰り広げられた。南北戦争後はフランス人のほかに，イタリア人，セルビア人，レバノン人，シリア人，ギリシャ人などが入植した。

　南北戦争が終わると，セントルイスは本格的な都市発展を開始した。水上交通の利便性に加えて，鉄道交通でも大きく発展する機会を得た。とくに1874年にミズーリ川とミシシッピー川の合流地点の南にイーズ橋（Eads Bridge）が架けられたことが大きかった。これによりこれまで東部方面からセントルイスへ来るさいに障害となっていた渡河が，鉄道と道路の両面で容易になった（図4-4）。交通手段の改善により西方へ向かうゲートウェイ機能に拍車がかかるように思われたが，残念ながら完成した時期がやや遅く，すでに西方への玄関口として名乗りを上げていたシカゴの後塵を拝することに

なった。とはいえシカゴよりも南にあって，ミズーリ，カンザス，コロラドの各州により近いセントルイスのゲートウェイとしての地位はかろうじて保証された。しかし，1890年代に全米で第4位であったセントルイスの人口順位は現在（2010年）は58位であり，シカゴ（3位）はもちろんカンザスシティ（37位）にも及ばない。

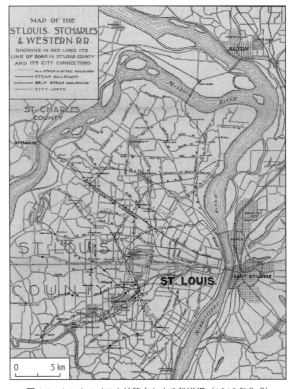

図4-4　セントルイスを結節点とする鉄道網（1910年作成）
出典：WIKIMEDIA COMMONS のウェブ掲載資料（https://upload.wikimedia.org/wikipedia/commons/4/4a/St._Louis%2C_St._Charles_%26_Western_Railroad.jpg）をもとに作成。

　西部開拓の起点となったセントルイスは，1904年に万国博覧会とオリンピックを同時に開催するほど，都市としての力を示すようになった。工業部門では自動車生産も始められ，デトロイトについで多くの自動車を生産した。1920年代に普及した自動車の波で都心部では交通渋滞が見られるようになったが，対策はあまり真剣には考えられなかった。戦間期に南部からアフリカ系アメリカ人が大挙押し寄せ，都市周辺部に住宅地が広がった。セントルイスは全米で最初にホーム・ルール・シティ，すなわち自治権が発揮できる都市になった。このため周辺のカウンティとは行政的に切り離されていた。これが災いし，人口が増えても都市の内部で収容することができず，人口増は周辺のカウンティで多かった。

第4章　アメリカの国土開発で生まれた海と陸のゲートウェイ都市

モータリゼーションが人口の郊外化に拍車をかけ，セントルイスの人口は一時は半減するほど落ち込んだ。その後，都市中心部の再開発事業が進められたが，人口停滞が長く続いて今日に至っている。

第2節　アメリカ南部のゲートウェイ都市

1. 南部の交通ハブ機能を担ってきたアトランタ

　アトランタは，アメリカ合衆国南部にある交通の要衝とりわけ空港ネットワークのハブとして知られる（Goetz and Sutton, 1997）。古くは南北戦争の激戦地としても有名であるが，交通や戦争の拠点という地理的条件はゲートウェイと深く結びついている。まだヨーロッパ人が入植を始める以前，クリークやチェロキーなどの先住民は，ピーチツリークリークとチャタフーチ川が合流する付近を部族同士が接触する地点としていた。この場所は，現在のアトランタ中心部の北西に位置する。このことが示すように，アトランタ付近はアメリカ南部の地理的中心地になる可能性をもともと秘めていた。河川の合流地点が出会いの場になりやすいことは理解できる。河川は流域の中では低いところを流れており，丘や丘陵の上から降りてきたところで川が合流していれば，なおさら出会いの機会は増す。現在のアトランタはそうした河川合流地の近くに位置するが，市内には大きな河川は見当たらない。むしろアトランタは丘の上にある。これはどうしたことであろうか。

　図4-5は，アトランタが北アメリカ大陸の上にある6つの分水嶺のひとつである東部分水嶺（Eastern Continental Divide）のまさにその上に位置することを示している。東部分水嶺はアパラチア山脈がつくる嶺におおむね相当するといってよい。アパラチア山脈には，ノースカロライナ州にある最高峰のミッチェル山（2,037 m）のように標高の高い山もあるが，平均標高は1,000 m程度である。アパラチア山脈の南西部からフロリダ方面に向かうと標高はしだいに低くなり，アトランタは320 mである。しかしそれでも，アトランタはミシシッピー川より東側にある主要都市の中では標高が高い方に属する。この分水嶺を境に東側に降った雨はすべて大西洋に向かって流れていく。一方，西側に降った雨はチャタフーチ川に流れ込み，その下流のアパラチコ

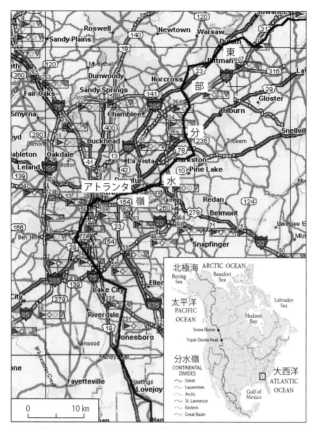

図4-5　北アメリカの東部分水嶺の上に位置するアトランタ
出典：Eastern Continental Divide in Georgia のウェブ掲載資料（https://www.gpsinformation.org/jack/Divide/DV.jpg）をもとに作成。

ラ川からメキシコ湾の一部であるアパラチコラ湾に排出される。

　分水嶺の上に位置するアトランタは，2つの流域圏にまたがっている。北部および西部は先に述べたチャタフーチ川とその支流のフリント川，それに下流のアパラチコラ川がつくる南北方向の流域であり，これは3つの川の頭文字をとってCFA流域と呼ばれる。一方，南部および東部はオクモルギ川流域である。この流域もオクモルギ川を主流としていくつかの河川を集めながら，最終的には大西洋側へ流れ出る。このようにアトランタは複数の流域圏にまたがっているが，分水嶺や流域圏の境となる地形は全体的に緩やかで

第4章　アメリカの国土開発で生まれた海と陸のゲートウェイ都市

ある。鉄道や自動車が登場する以前は地形的境界は意識されたであろうが、現在はその存在はあまり意識されない。アトランタが現在のような姿になっていく歴史的過程を考えるさいには、こうした地形条件の違いに気を配る必要がある。

　アメリカ独立後の1836年に、ジョージア州議会は大西洋岸の港町サバンナと中西部地方を鉄道で結ぶ計画を決議した。つまりこの時点ですでに、大西洋側と北西内陸部を連絡する交通の中継地としてアトランタが構想されていた。そのためにまずテネシー州のチャタヌーガとチャタフーチ川東岸までの鉄道、つまり内陸側に鉄道を建設することが計画された。チャタフーチ川は、ジョージア州とその西のアラバマ州の境界付近を南北方向に流れている。これにつづいてオーガスタを起点としてアトランタに至るジョージア鉄道と、サバンナとメーコンの間を結ぶ鉄道がそれぞれ計画された。こうして幾本かの鉄道建設が計画されたが、それらを互いに結びつける結節地点は未定のままであった。そこで国土の地勢に詳しい陸軍に依頼して適切なポイントを決めてもらうことになり、調査の結果、現在、ファイブポイントと呼ばれるアトランタの都心部が適地として選ばれた。

　こうして出揃った鉄道の建設計画は、1845年から1854年にかけて実現していく。最初は東のオーガスタからアトランタに向かうジョージア鉄道であり、1845年に開通した。つづいて1846年には南東部のメーコン、サバンナ方面からメーコン・ウエスタン鉄道がアトランタに到来した。駅前にホテルが建ち、新聞社も生まれ人口は2,500人を数えた。さらに1851年になると、ウエスタン・アトランティック鉄道が完成した。この鉄道はアトランタと西側のチャタヌーガの一体化を進めただけでなく、テネシー川やオハイオ川の流域一帯をアトランタが背後圏として取り込むのに貢献した。これまで空白であったアトランタの南西部から1854年にラグレンジ鉄道がやってきた。この頃までに人口は6,000人を超え、銀行、日刊紙の新聞社、税務署、工場などが生まれた。

　四方向に向けて走る鉄道の結節点として、アトランタは産業を発展させる可能性を大いに秘めていた。林野を背景に製材所が生まれ、小麦生産から製粉工場が、さらに機械製造の工場も興された。日用雑貨品として革製品、靴、

石鹸，衣料品などを製造する工場が生まれ，製品は鉄道によって各地に運ばれていった。南部で盛んな綿栽培のプランテーション農場からは綿花が運ばれ，貨車で工場へ送られた。1859 年，ジョージア鉄道は綿花を 3,000 両の貨車を使って輸送した。こうして始まった工業生産も，1861 年に勃発した南北戦争によって大きな影響を受けることになる。アトランタは南軍の拠点になったため，北軍から攻撃の対象とされた。線路が爆破されアトランタへの物資輸送は妨害された。戦争が 1865 年に終了すると，アトランタの都市の復興が始まった。奴隷制度から開放された人々が大量に流入し，アトランタを含むフルトン郡の黒人人口比率は 1860 年の 20.5％から 1870 年の 45.7％へと倍増した。この間，アトランタの人口も 14,427 人から 33,446 人へと大幅に増加した。

　アメリカ合衆国の南部一帯を背後圏として，都市誕生とともにアトランタは中心性を発揮してきた。当初，鉄道は大西洋岸と中西部を結ぶ目的で計画された。このことが示すように，アトランタには東と西を中継する役割が期待された。ところが実際にはそれ以外の方向に向けても鉄道が建設され，多面的な鉄道網が誕生した。こうした点をふまえて考えると，アトランタはゲートウェイよりもむしろハブすなわち乗り継ぎや中継の機能を果たす都市としての性格が強いように思われる。その後，主要な交通手段は自動車や航空機へと移り変わっていったが，アトランタをターミナルとする交通ネットワークは昔と変わらない。

　アトランタが交通のハブとしての性格を強めるきっかけになった大きな要因としてデルタ航空の存在を挙げることができる（Burghouwt and Veldhuis, 2006）。現在，デルタは世界的な航空会社として国際的な航空網を展開しているが，その拠点はアトランタに置かれている。この会社は 1924 年にハフ・ダーランドという名の農薬会社からスタートした。当時，本社はルイジアナ州のモンローにあった。1928 年に社名をデルタ・エアーサービスに変え 730 km 東にあるアトランタへ航空機による輸送を始めた。1934 年にサウスカロライナ州のチャールストンとテキサス州のフォートワースの間を結ぶ認定書（エアーメイル・ルート 24）を得た。この飛行ルートの途中にアトランタがあり，アトランタは中継地として重要な位置にあった。デルタは将来のことを

考え，発祥地のモンローからアトランタへ活動拠点を移すことにした。アトランタの空港に航空事業の本部と整備施設を設けたのは，アトランタからさらに東部方面へ活動の場を広げていくためであった。

　1940年，デルタは新型機としてダグラスDC-2，DC-3を投入した。ともにこれまでより輸送能力が大きく，快適な乗り心地を誇った。新機種投入にはリスクもあったが，競争を勝ち抜くには是非とも必要であった。これが正しかったことは，1940年までには世界中の輸送の80％がDC-3によって行われるようになったことからもわかる。以前のデルタなら新機種投入の資金は会社発祥地のモンローで調達していたであろう。しかしこのときはアトランタの金融資本に頼った。当時のデルタ経営者は，航空事業に強い関心を抱くアトランタの金融業界なら資金調達もしやすいと判断した。航空会社と金融業界の利害が一致し，デルタはますますアトランタとの結びつきを強めた。こうした絆を強めるのに貢献したのが，のちにアトランタ市長になるウィリアム・B・ハーツフィールドであった。当時アトランタ市議会のメンバーであったハーツフィールドは，キャンダー・フィールド空港の規模の拡張と整備を後押しした。その成果は1941年にデルタ航空がアトランタを拠点として16の都市と結ぶ航空路を就航させたことに現れた。

2．ミシシッピー川河口に位置するニューオーリンズ

　ニューオーリンズはアメリカ合衆国南部のメキシコ湾岸に近い位置にある。この都市の名前がフランスのオルレアンに由来することはよく知られており，新大陸に生まれた新しいフランス領のオルレアン（Orléans），すなわちニューオーリンズ（New Orleans）と命名された。ちなみにオルレアンとはフランスのブルボン家の一族であるオルレアン家のことでもあり，有力王族と都市の名前が重なっている事例である。それはともかくニューオーリンズは，フランス人がヨーロッパ人として最初に開発を手掛けニューフランスあるいはルイジアナと呼ばれた領地の拠点として歴史上に登場する（Guenin-Lelle，2016）。ただし，ルイジアナがフランスの支配下にあったのは1718～1763年と1800～1803年（1763～1800年はスペイン領）の間であり，独立後のアメリカ合衆国の買収により，フランスの手から離れた。

フランスの支配下にあった1803年のニューオーリンズの人口は8,000人であった。アメリカ領になった1810年の人口は1万人で，さらに1861年になると17万人を数えるまでになった。こうした人口の増加は，それまでの水運業に新たな産業が加わったことで説明できる。フランス領時代，ニューオーリンズはミシシッピー川の河口近くにあって大西洋側に向かう貨物や人を積み替えたり，逆に海側から内陸に向けて積み替えを行ったりしていた。水運業に関連して船の修理や建造に携わる人々もいた。広大な国土の各方面から支流を集めて流れ下るミシシッピー川は，広域的な水上交通として機能した。その河口付近に位置するニューオーリンズは，内陸や海洋から多数の船が集まるのに適していた（図4-6）。

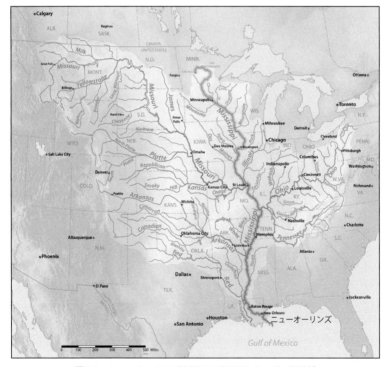

図4-6　ニューオーリンズを河口とするミシシッピー川流域
出典：Wikipediaのウェブ掲載資料（https://en.wikipedia.org/wiki/Mississippi_River#/media/File:Mississippiriver-new-01.png）をもとに作成。

ミシシッピー川は河口部に鳥趾状の三角州を発達させていることで有名である。ニューオーリンズがミシシッピー川の河口都市であることから，この都市がメキシコ湾の海岸に面しているように思われているかもしれない。しかしそれは正しくない。ミシシッピー川の三角州上の流路は非常に長く，先端部からニューオーリンズまで130km近くもある。このためミシシッピー川を最後までつまり鳥趾状三角州の先端まで下ると，そこまでの距離は長くなる。先端に達するまでの途中でメキシコ湾に出られる近道を探した方が合理的である。実際，ニューオーリンズは，蛇行するミシシッピー川とポンチャートレイン湖に挟まれるような位置にある。湖であるため波は静かであり，横断すればすぐにメキシコ湾に出られる。

　1812年にニューオーリンズに蒸気船が導入されると輸送能力は一気に高まった。蒸気船の数は年々増加し，1821年の287隻が1826年には700隻となり，1850年代には3,000隻を数えるようになった。ただし，この頃からミシシッピー川上流の内陸部で鉄道建設の動きが活発になり，ニューオーリンズはその影響を受けるようになる。1857年の報告として，これまでニューオーリンズ経由でフィラデルフィアへ送られていた貨物が鉄道利用に変わったという記録が残されている。しかし綿花の輸送は依然として水上交通で行われ，イギリス，フランス，アメリカ東部へ向けてニューオーリンズの港から送り出された。プランテーション作物として砂糖の出荷量も多く，1856年は8,000ポンドが送り出された。このほかタバコ，ウィスキーなども出荷された。

　1840年代，ニューオーリンズは世界で4番目に港湾活動が盛んな港といわれた。しかし造船業には見るべきものがなく，河川用の船の建造は流域全体の中心に近いセントルイスやミアネアポリスの方が盛んであった。内陸部で続く鉄道網の拡大はニューオーリンズにとって脅威であった。それでも第二次世界大戦が終了する頃まで，貨物輸送量でニューオーリンズは全米で第2位の地位を維持した。戦後は石油化学など新しい産業が港に展開するようになり，以前と比べると雰囲気は大きく変化した。

　ニューオーリンズは，海洋に流れ込む巨大な河川の河口付近に位置している。流域一帯から水上交通で運ばれてくる貨客を一手に集め，さらに海上交

通で国内の主要地域や海外に送り出す機能を果たしてきた。貨客の集散はまさしくゲートウェイ機能である。ただし，当然のことながら，河川が直接利用できない地域は背後圏には含められない。河川交通を利用しようとすれば，河畔と内陸との間を別の交通手段を使って結ばねばならない。鉄道や自動車はこの点で融通性があり，河川交通が避けられない傾斜地形を克服することができる。とくに自動車にはその力が備わっており，やがて水上交通，さらに鉄道交通を凌駕していくことになる。

　ニューオーリンズの場合，ミシシッピー川上流域で鉄道が東西方向を走るようになり，貨客の移動が南北方向の水上交通から東西方向の鉄道，自動車へと変わっていった。さすがのニューオーリンズも，その影響が背後圏にも及ぶようになった。そして自動車や航空機の登場である。大洋に面した海岸部に立地しているという点では，ニューヨーク，ロサンゼルス，サンフランシスコと同じ条件下にある。20世紀後半になると，アメリカでは国内産業が北東部のフロストベルトから南部のサンベルトへ移行する動きを見せるようになる（Bernard and Rice, 1983）。しかしその中心はダラス・フォートワースやヒューストンなどであり，ニューオーリンズではない。綿花栽培や砂糖生産など古い時代の産業が終わり，歴史的建造物や文化に対する関心が高まっている今日，ニューオーリンズは新たな都市発展の方向を模索している。

3．テキサス地域のゲートウェイ・ヒューストン

　アメリカ南部の都市ヒューストンは，アメリカ航空宇宙局（NASA）の宇宙センターのある場所として知られている。正式名称はリンドン・B・ジョンソン宇宙センターであり，テキサス州出身の元アメリカ合衆国大統領に敬意を表してこのように呼ばれるようになった。1973年に旧称である有人宇宙センターから名称が変更されたこの施設は，ヒューストンとガルベストンのほぼ中間に位置している。660haの敷地内部に100棟の建物があり，数多くの宇宙計画を実現する役割を果たしてきた。ヒューストンに宇宙センターがあるのは，フロリダのロケット発射基地であるケネディ宇宙センターの近くに飛行管制業務と有人飛行関連技術の拠点を探していたとき，ヒューストンのライス大学が土地の寄付を申し出たためである。NASAの施設はここ以

外に，ワシントン D.C. の本庁，メリーランド州・グリーンベルト（衛星の通信管制），カリフォルニア州・パサディアナ（惑星探査機の通信）など，ほかにもある。

　さて，ヒューストンは内陸部に位置しているというイメージがあるかもしれないが，立派な港湾があり，ゲートウェイ機能をもっている（Barnett, 2007）。内陸部にあるように見えるのは，近くにメキシコ湾に面してガルベストンという港湾都市があり，ヒューストンはここから 90km も内陸側にあるからである。しかし実際にはガルベストン湾，トリニティ湾などがメキシコ湾から北に向かって続いており，最終的にはブルーネット湾にヒューストンの町中を流れるバッファロー・バイユーと呼ばれる河川が流れ込んでいる。つまりヒューストンはいくつかの湾を経由するが，メキシコ湾とつながっているのである。

　ヒューストンの都市としての歴史は浅く，1837 年に都市となって発展を開始した。テキサス共和国の首都としてスタートしたが，1839 年に首都はオースチンに移転した。当時，流行していた黄熱病のために人口が減少したとはいえ，商業センターとしての地位は維持した。ヒューストンの商人は農民から収穫物を買い取り，それをメキシコ湾岸のガルベストンへ取り次いで利益を得ていた。港としてはガルベストンの方が古かったが，やがてヒューストンが追い抜いていく。ヒューストン一帯はもともとメキシコ湾すなわち大西洋へと続く低地や湿地帯であり，2 つの大きな水域（湖）が交わるところが都市発祥地に相当する。南北戦争までは多くの黒人奴隷が都市の周辺に住んでいた。奴隷交易の拠点はニューオーリンズであったが，奴隷商人はむしろヒューストンに多くいた。奴隷は綿や砂糖の生産に従事したり，白人家庭の家事労働に従事したりした。

　ヒューストンがゲートウェイ機能を発揮するようになったのは，1860 年代に鉄道が背後圏から集まるようになって以降である。テキサスにおける鉄道のハブとしてヒューストンは綿花や穀物などを背後圏から集め，これをガルベストンやボーモントへ送った。ヒューストンとガルベストンの間を結ぶ鉄道の建設は 1853 年に始まり，1859 年に完成した。この鉄道はガルベストンからヒューストンを経由してヘンダーソンに至る鉄道であったが，のちに

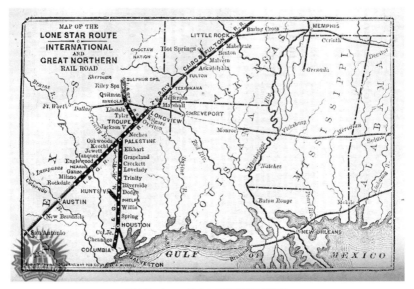

図4-7　ヒューストンの背後圏の鉄道網
出典：Trains to Texasのウェブ掲載資料（https://sanjacinto-museum.smugmug.com/OnlineExhibits/
Trains-to-Texas/）をもとに作成。

さらに内陸部へと延びていく鉄道の一部になった（図4-7）。一方，ヒュース
トンの東130kmの同じテキサス州内にあるボーモントと連絡する鉄道は1903
年にボーモント・ソアレイク・アンド・ウエスターン鉄道として建設された。
ボーモントもヒューストンと地形が似ており，メキシコ湾につながるサービ
ン湖に流入するネチズ川に沿って港があり，ここから大西洋側へ貨物を送り
出すことができた。

　南北戦争（1861〜65年）のとき，ジョン・マグルーダー率いる南軍がヒュー
ストンを占拠していた北軍を追い出したガルベストンの戦い（1863年）がこ
の地であった。この戦いは正確には第二次ガルベストンの戦いであり，前年
に北軍がガルベストン港を占拠（第一次ガルベストンの戦い）して封鎖したの
を跳ね返したのである。戦争終了とともにヒューストンの都市発展はガルベ
ストン方面に向けて広がっていく。1900年にガルベストンがハリケーンに
よって大きな被害を受けると，それをきっかけにヒューストン港の水深を深
くして整備する事業が始められた。低湿地帯特有の浅い水域では大きな船が

第4章　アメリカの国土開発で生まれた海と陸のゲートウェイ都市

入港できなかったからである。1901年，先に述べたボーモントで石油採掘事業が始まり，石油化学工業の芽が生まれた。こうした動きも加わってヒューストンでは港湾整備事業が加速され，連邦政府は100万ドルの支出を決めた。この頃，ヒューストンの人口は78,800人にまで増加し，うち3分の1をアフリカ系アメリカ人が占めるようになった。

　1907年から始められた港湾の浚渫事業は1914年に完了し，ヒューストン港は深い水深をもつ港湾になった。第二次世界大戦中，港湾の貨物取扱は停滞気味であったが，軍需産業が必要とする石油製品や化学製品が港湾の近くで生産された。ヒューストンは現在，全米で4番目に大きな都市である。港湾統計の種類によって若干の違いはあるが，取扱額全体で見れば全米第2位の港湾である。世界全体の中で考えても16番目に大きな港湾である。2世紀足らずの間にこれほどまでに都市も港も大きく成長したことには驚かざるを得ない。ヒューストンは背後圏で生産される豊富な穀物や，近くの地下から取り出される石油資源を国際的スケールで送り出してきた（Melosi and Pratt, 2014）。また逆に種々の工業製品を世界中から受け入れるアメリカ南部のゲートウェイとして，なお発展の途中にある。未来へ向けて発展目覚ましいヒューストンに，宇宙への道につながる重要な施設が立地しているのは，あながち偶然とは思えない。

第3節　アメリカ西海岸のゲートウェイ都市

1．東西の鉄道を集め港に結びつけるロサンゼルス

　ロサンゼルスといえば，現在では太平洋を越えてアジア方面から多くの人の流れを集めているというイメージが強い。それは航空機全盛の今日的イメージであり，ロサンゼルスがまだ小さな都市にすぎなかった頃のそれとは異なる。ロサンゼルスには国際的な港湾が2つある。ほとんど隣り合う位置関係にあるが，ロサンゼルス港とロングビーチ港は運営主体が異なる。陸側に目を向けると，鉄道網や高速道路網が縦横無尽に張り巡らされており，この大都市が国内諸地域と交通ネットワークで固く結ばれていることがわかる。航空網しかりであり，海，陸，空の交通を連絡するゲートウェイとして

重要な役割を果たしている。しかし現在のような姿になるまでには，かなりの時間を要した。アメリカの国土開発とりわけ東から西に向かう開発の波が最終的に到達した最後のフロンティアとして，ロサンゼルスがどのように位置づけられてきたかは歴史的に興味深いものがある。

　東西方向に距離が長いアメリカ大陸をいかに効率的に短時間で結ぶか，まさにこれこそがアメリカにおける交通発展上における最大の課題であった（Brynt Jr., 2007）。海上交通の歴史は新大陸発見以前の昔からあり，南アメリカの先端を回れば東西の海岸の間を連絡することはできた。しかしそのルートは距離が余りにも長く，所要日数も多い。このため当初は中米のパナマ地峡が注目され，大西洋岸と太平洋岸を鉄道で結ぶことが考えられた。1855年に完成したパナマ地峡鉄道（パナマ〜コロン間，77km）は，それまで陸路の難所を移動するのに1週間もかかった地峡をわずか1日で横断できるようにした。両端の港を海上輸送の起終点にすれば，東海岸と西海岸は以前に比べて短い日数で移動できる。実際，当時ブームであったカリフォルニアの金山で採掘された金鉱が船と鉄道を使って東海岸へ運ばれていった。船も蒸気船に変わっていたため，所要時間は帆船時代の頃とは比べ物にならなかった。

　パナマ地峡を経由して東と西の間で貨客の移動が行われていた時代，パナマ地峡の両端はゲートウェイとして機能した。ここに船舶が集散して貨客の積み替えをしていたからである。ただしパナマやコロンには直接的な背後圏はなかったため中継地という性格が強かった。ところがこの中継機能も1914年にパナマ運河が建設されたため失われてしまう。貨客を積み替えることもなく，ただそのまま通すだけの役割へと変化した。当初，スエズ運河を手掛けたフランスのフェルディナン・ド・レセップスがパナパでも運河建設に取り組んだが，資金不足や伝染病のため挫折した。このため，アメリカ合衆国大統領フランクリン・D・ルーズベルトがあとを受け継いでリーダーシップを発揮し，運河完成へと導いた。これによりロサンゼルスをはじめとする西海岸の港湾は，南アメリカの先端を迂回することなく，東海岸の港と直接結ばれるようになった。

　ロサンゼルスは，サンペドロ湾に設けられた貨客の積み替え拠点として発展していく。一方，ロサンゼルスの陸上側では，マナマ運河が完成する半世

紀ほどどまえに，港湾と町中を結ぶロサンゼルス・サンペドロ鉄道が建設されていた。1868 年から翌年にかけて建設されたこの鉄道はカリフォルニアで最初の鉄道というわけではなく，1856 年のサクラメント・バリー鉄道に先を越されていた。こうしたローカルな鉄道よりずっと重要だったのは，ロサンゼルス・サンペドロ鉄道の完成翌年に最初の大陸横断鉄道が建設されたことである。これは西海岸から建設が進められたセントラルパシフィック鉄道と，内陸側から延びてきたユニオンパシフィック鉄道が，ユタ州のプロモントリーサミットでつながることで実現した。オマハを拠点とするユニオンパシフィック鉄道がサンフランシスコ方面へ進出することで，大陸の東西を連絡するルートが誕生した。このことは，南北に細長いカリフォルニア州の北側において最初の大陸横断の鉄道ルートが生まれたことを意味する。

　それから 10 年余が過ぎて 1880 年代に入ると，ロサンゼルスを西の起点とする長距離鉄道があいついで開通していく。まず 1881 年にサクラメント・バリー鉄道を起源とするサザンパシフィック鉄道がロサンゼルスとカンザス州のアチソンを結ぶルートを完成させた。これはニューメキシコ州のデミングにおいて，東西双方向から建設が進められてきた鉄道路線が結びつくことで生まれた。同じ年に，サザンパシフィック鉄道がロサンゼルスとテキサス州東部を結ぶ鉄道を完成させた。これは，テキサス州のシエラブランカでテキサスパシフィック鉄道と連絡した結果，生まれた。さらに 1883 年になると，やはりサザンパシフィック鉄道が，テキサス州のペコリバーで子会社の鉄道と連結することで，ロサンゼルスとニューオーリンズの間を結ぶ鉄道を完成させた。こうした矢継ぎ早の鉄道建設により，ロサンゼルスは鉄道交通でも貨客を集めるゲートウェイになった。とくにサンセットルートと呼ばれたロサンゼルス・ニューオーリンズ線は，南部の黒人を大量にカリフォルニアへ寄せ集める役割を果たした。これによりロサンゼルス南部には黒人の多いコミュニティーが生まれ，ロサンゼルスの民族的多様性が高まった。

　1860 年代から 1880 年代にかけて鉄道が建設され，ロサンゼルスは内陸部の都市との間で鉄道による交流ができるようになった。つぎなるステップは本格的な港湾づくりであり，1907 年にロサンゼルス市は港湾委員会を立ち上げて港の整備に取り組むようになった。それ以来，今日に至るまで内外

の港湾との間に航路を開き貨物の移出入あるいは輸出入に力を注いできた（Marquez, 1975）。とくにアジア太平洋地域との貿易では西海岸を代表する港湾として発展の歴史を積み重ねてきた。コンテナの取扱量はロサンゼルス港・ロングビーチ港を合わせると国内第1位であり，全体の35％をも占める（2015年）。輸出より輸入の方が多い消費地型港湾で，主な輸入品は家具，自動車部品，アパレル，輸出は古紙，動物性肥料，鉄くずである。主要な貿易相手国は，金額の多い順に中国，日本，韓国，台湾，ベトナムである。

　国土面積が広大な大陸国家の場合，港湾の背後圏は海岸から遠く離れた内陸奥地にまで広がっていることが少なくない。図4-8は，ロサンゼルス，ニューヨーク・ニュージャージー，ヒューストン，シアトルの背後圏を示している。一般的にいって，貨物の出入りが多いのは港湾に比較的近い地域である。しかしロサンゼルス港はメキシコ湾岸に近い南部との間で多くの貨物取引を行っている。ニューヨーク・ニュージャージー港も南部やカリフォルニアとの間で貨物のやりとりを行っている。こうした貨物取引のため，毎日1,000〜2,000台のトラックが大陸横断ルートを走行している。ロサンゼル

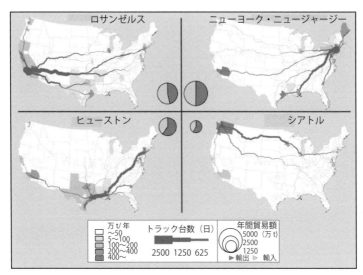

図4-8　アメリカ4大港湾の背後圏貨物量
出典：Global Change.gov のウェブ掲載資料（https://www.globalchange.gov/browse/multimedia/coast-inland-economic-connections）をもとに作成。

ス港は，他の3大港湾のほかにシカゴ方面にもトラックを走らせており，その背後圏は大陸全体のうちのかなりの範囲にまで及んでいる。ロサンゼルスの港湾を結節点として国際的な海上交通と大陸スケールの陸上交通が緊密につながっている姿を見ることができる。

2．ゴールドラッシュから始まったサンフランシスコの発展

　アメリカ合衆国西海岸にあるサンフランシスコのゲートウェイとしての性格は，港湾を拠点とする貿易や金融取引センターなど経済面によく現れている。とくに金融の分野ではニューヨークについで国内第2位の地位にあり，西海岸ではロサンゼルスより上位に位置する。サンフランシスコ湾の奥にはシリコンバレーの新興企業群が集積しており，国際的に重要な役割を果たしていることでも知られる。しかし対岸のオークランドを含めたベイエリアすなわち湾岸地域の人口規模は全米で第6位にとどまっており，金融分野ほどの存在感はない。ロサンゼルスと同様，アジア太平洋に目が向いており，太平洋の波間の向こうに広がる経済圏との結びつきが強い。つまりこの大都市は，アジアとアメリカを結びつける結節点としてゲートウェイ機能を発揮している。

　サンフランシスコの都市としての始まりは，1849年のゴールドラッシュである（Herold, 2006）。ロッキー山脈の西麓に位置するサッターズミルで金が発見されたというニュースが世界各地に広まり，それを聞きつけた野心家たちが1年間に650隻もの船を連ね国内外からやってきた。1848年に1,000人足らずだった人口は翌年には2万5,000人に急増し，当時ライバルで1853〜1854年にはカリフォルニアの州都にもなるベニシアの人口を上回った。一度にこれだけの人口がサンフランシスコに集まると，それだけで消費市場が生まれる。パナマに敷かれた鉄道を使って大西洋と太平洋をつなぐ航路が生まれ，貨客が移動するようになった影響もあった。1850年にカリフォルニアが州として認められたのを受け，連邦政府はサンフランシスコの出入口であるゴールデンゲート海峡に防衛目的で砦を築いた。海峡奥の大きな湾は波静かな天然の良港としてこの上ない条件を備えている（図4-9）。湾には州内最長のサクラメント川が流れ込んでおり，400km上流のレッドブラフまで

航行可能である。
1859年にはカリ
フォルニア州に隣
接するネバダ州の
カムストック鉱脈
をはじめ銀山があ
いついで発見され
たため，サンフラ
ンシスコの人口増
はさらに加速され
た。

　これほど多くの
場所で金や銀が採
掘されれば，いや
がうえでも都市は
経済的に潤う。た
だし経済的に大き
な成功を収める者
が現れれば，逆に
失敗する者も生ま

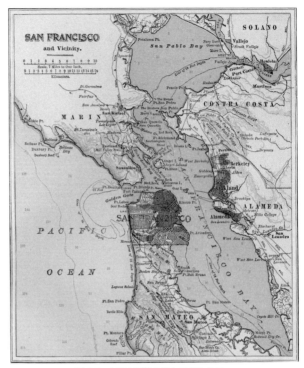

図4-9　1900年頃のサンフランシスコ
出典：Enclopeadia Britanica のウェブ掲載資料（https://www.britannica.
com/place/San-Francisco-California/Industry-and-tourism）をもとに作成。

れる。とくに後者は犯罪，売春，ギャンブルといったお決まりの道をたどり，
都市の中の巣窟に入り込む。成功者の中には西部を地盤に巨大な金融網を築
いたウェルズ・ファーゴ，アパレル業で富を築いたリーバイ・ストラウス，チョ
コレートで大儲けをしたドミンゴ・ギラーデリーなどが含まれる。このうち
ウェルズ・ファーゴは，ゴールドラッシュの頃，ヘンリー・ウェルズとウィ
リアム・ファーゴが共同で創設した企業である。出発点はカリフォルニアで
の駅馬車による貨物と郵便の輸送，銀行業であった。時流に乗り，カリフォ
ルニアで金融の牙城を築き，西海岸を代表する銀行として成長した。2人は
カリフォルニアで銀行業を始めるまえ，ニューヨーク州のバッファローで運
送事業を始めている。その延長線でアメリカン・エキスプレスのクレジット

第4章　アメリカの国土開発で生まれた海と陸のゲートウェイ都市

カード事業にも取り組んだ。アメリカン・エキスプレスすなわちアメックスは，その名のように駅馬車による急行便サービスが出発点だったのである。

　L. ストラウスといっても馴染みがないかもしれないが，リーバイ・ストラウスと書けば，あのジーンズ・ブランドのリーバイス（Levi's）のことかと合点がいくかもしれない。この会社の始まりは，1853年にサンフランシスコのベイエリアで一軒の雑貨商・生地商「リーバイ・ストラウス社」が設立されたときにまで遡る。もともと幌や帆の材料として使われていたキャンバス生地を主に港湾労働者向けの作業用パンツに仕立てて売り出した。これが現在のジーンズの原型になった。この店を始めたリーヴァイ・ストラウスはドイツ系のユダヤ人移民で，子供の頃アメリカに移住し24歳になってアメリカの市民権を得た。正式の名前はレープ・ストラウスであるがレープ（Löb）の発音が普通のアメリカ人はできないので，レヴィ・ストラウスと名乗った。レヴィ（Levi）の英語読みがリーヴァイなのである。生地がキャンバス帆布のデニムが好評だった理由のひとつは，金属ボタンを使用したことである。しかも，作業用ズボンのポケットを銅製の鋲で強化するために特許を取得した。これが当たって売り上げを伸ばし，サンフランシスコを拠点とする世界的なジーンズ・メーカーにまで発展した。

　チョコレート・メーカーとして成功したギラーデリーも，ゴールドラッシュで湧くサンフランシスコにやってきて事業を始めた人物である。生まれはイタリアで，10代でペルーのリマに渡りチョコレート生産に携わった経験があった。近所の知り合いに誘われてサンフランシスコに行き，金採掘の労働者を相手にキャンディーなど甘いものを売る商売を始めた。その後，チョコレートの製造を手掛けるようになるが，成功のきっかけは1865年頃，工場の従業員がココナッツビーンからココナッツバターを抽出する技法を発見したことであった。ブローマ・プロセス（Broma process）と呼ばれるこの製法はその後，チョコレート製造の主流となり，ギラーデリーの会社は大いに発展した。創業の地は現在，サンフランシスコのランドマークであるギラーデリースクエアとなっている。

　このように，ゴールドラッシュがサンフランシスコに世界中から一攫千金をもくろむ人々を呼び寄せたことは明らかである（Brands, 2003）。しかも，

金が掘り尽くされてあちこちにゴーストタウンが放棄されても，鉱山労働者に生活物資を供給したサンフランシスコの商業機能は残された。鉱山採掘や関連の事業を支援した金融業も残り，新たなビジネスのチャンスを求めネットワークを張り巡らせていった。1864年に創業したカリフォルニア銀行も，そのような事例に入る。この銀行はウィリアム・C・ラストンを中心として設立され，サンフランシスコ湾のエンジェル・アイランドの近くに本店があった。その格好の良さが評判になるほどのビルであった。支店をネヴァダ州のゴールドミルに置いたのは，この近くにいくつかの有望な銀の鉱山があったからである。国内にあって本格的に銀の採掘が望める産地であり，カリフォルニア銀行は鉱山会社に融資するだけでなく，自らもいくつかの鉱山事業に投資した。次第に有力な銀行として大きくなり，独占的な力をもつまでに発展していった。

　太平洋に面するサンフランシスコはアメリカを極東・アジア方面から防衛する拠点でもあるため，軍事基地をはじめ防衛施設の建設も進められた。こうしてサンフランシスコは，経済，社会，軍事など多方面において全国的に知られる都市となっていく。忘れてならないのは文化や芸術の分野でサンフランシスコが果たしてきた役割である。近年は初期のマルチメディア勃興期に主導的役割を担ったことでも知られる。都心部に近いかつての卸売・倉庫街に入り込んだベンチャーがマルチメディアガルチと呼ばれる情報産業集積地の基礎を築いた。ともすれば既成概念に縛られやすい伝統的な東海岸とは異なり，大陸の西の端に位置する自由な雰囲気が新しいことに挑戦する人々を引きつけ，そこでの実験的活動の成果が実を結んで都市成長を押し上げた。サンフランシスコ湾奥のシリコンバレーにも通ずる革新的な雰囲気や風土的環境がここにはある。

　恵まれた港湾条件を備えたサンフランシスコではあるが，太平洋火山帯に属する都市の宿命として地震災害から逃れられないという歴史がある。1906年のサンフランシスコ地震では建物の倒壊や火事の発生で大きな被害が生じた。1989年のロマ・プリータ地震では大規模な液状化現象をともなう建物被害が甚大であった。これらはいずれもサンアンドレアス断層とサンフェルナンド断層が市域の近くを走っているためで，地震のたびに動いて被害をも

たらす。こうした自然災害にもかかわらず，サンフランシスコは災害からの立ち直りが早いことでも知られており，その都度都市の再建に取り組んできた。1915年の国際博覧会の開催はその象徴である。加えて1939年から翌年にかけて2度目の国際博覧会を開催し，その3年前に完成したゴールデンゲートブリッジとともに世界中にサンフランシスコの名を知らしめた。橋の名前はゲートウェイのゲートを含んでおり，このインフラそれ自体がサンフランシスコの性格や役割を内外に十分示している。

3．世界的なゲートウェイに駆け上がったシアトル

　北アメリカの歴史はヨーロッパ人による入植以降のものとして語られることが多い。しかしそれより数千年もまえから人は住んでおり，本来ならそれらも含めて語られるべきであろう。アメリカ合衆国の北西端に位置し現在はワシントン州に相当する地域でも，1775年頃までシヌーク族，ピュアラップ族，クララム族などおよそ50のアメリカン・ネイティブが住んでいた。州名こそアメリカ独立の立役者の名前に因むが，州内にはアメリカン・ネイティブが付けた地名がそのまま使われているところが少なくない。州内随一の大都市シアトルも，ヨーロッパ人が入植した当時，地域を統治していた有力な酋長の名前シールスに由来する。そのシアトルに初めて白人が訪れたのは1792年頃のことで，イギリスがシアトル周辺の海域を調査するために軍艦を派遣した。軍艦を率いたのはジョージ・ヴァンクーヴァーで，彼はシアトルに面する湾を部下のピーター・ピュージットに因んでピュージット・サウンド（ピュージット湾）と命名した。ちなみにsoundには音という意味のほかに，入江や小湾という意味もある。イギリス海軍による海域調査は約50年後の1841年にも行われた。そのとき調査を行ったチャールズ・ウィルケス艦長は，前回に倣いシアトルのウォーターフロントを部下の名前をとってエリオット・ベイと名付けた。

　イギリスによる2度目の海域調査から10年が経過した1851年，今度はシアトルの南のポートランドからに率いられたグループがやってきた。目的は未開地への入植で，イリノイ州出身の彼はオレゴン・トレイルを経由してポートランドに入り，さらに船でウエスト・シアトルのアルカイ・ポイントに上

陸した。彼と行動をともにした他の4家族がシアトルにおける白人による入植の始まりとされる。デニーらは，海風などの影響を受けにくいエリオット湾の東側を入植適地として選び暮らし始めた。この場所はいまはパイオニア・スクエアと呼ばれており，1900年代初期に建てられた建物が残されている。国土の北西端に位置し背後にロッキー山脈を控えるシアトルの周辺では，農業よりも林業の方が産業としては適している。カリフォルニアの暖流が流れる太平洋に面しているため，漁業資源にも恵まれている。このため林業や漁業が労働人口をシアトルに集めたが，1896年から1899年までのクロンダイクにおけるゴールドラッシュが一攫千金を目指す人々を引きつけた。クロンダイクはカナダのユーコン準州にありシアトルからは遠い。しかし当時はシアトルを経由して北上するのが一般的であった。

　第一次産業の資源には恵まれているが，それを除けばとりたてて産業立地の条件が優れているとはいえない。しかし20世紀に入ると，ボーイング社を中心とする軍需産業が発展する機会を得るようになる（Roger, 1976）。第一次，第二次世界大戦で軍用機に対する需要が増加し，とくにアジアが戦場になった太平洋戦争は西海岸での航空機生産に好都合であった。戦後も朝鮮戦争やベトナム戦争など需要が減ることはなかった。さらに民間の航空機需要が産業を支えた。太平洋からの湿潤な風が山脈にぶつかって雨を降らせるため，山間部は降水資源に恵まれている。戦間期の大不況を乗り切るために建設が進められたダムが電力を生み，アルミ精錬工業の進出を促した。ダムによる貯水と結びつく灌漑農業も盛んになり，地域の所得増に貢献した点も見逃せない。しかし1970年代に入ると経済不況で航空機産業に特化した産業構造の脆さが表面化するようになった。このためシアトルは産業多角化へ向けて舵を切り替え，製造業以外の産業振興にも力を入れて乗り切っていった。

　産業の方向転換の伏線は，1962年にシアトルで開催された万国博覧会においてすでに敷かれていた。「センチュリー21」と銘打った万博の成功を契機に，シアトルは文化，観光，スポーツなどのサービス業を産業構造の一部として重視していく方向を表明した。万博の跡地に建てられたシアトルセンターは，新しい産業集積の可能性を象徴している。不況から立ち直ったボー

イング社やアラスカ航空などの航空機産業，新たに情報通信産業を牽引するようになったマイクロソフト社，リアルネットワーク社，アマゾン・ドット・コム社など名だたる IT 産業の本部がシアトルに本部を構えている。IT 以外ではパルプ産業のウェアハウザー社，1983 年にシアトルの倉庫を元に創業したコストコ社，シアトルを中心に全米に展開する百貨店のノードストロム社など，著名な企業がシアトルをベースに成長を遂げた。急成長著しいコーヒーチェーンのスターバックス社を加えれば，2 世紀も経たないうちにアメリカ北西端の一集落から地球規模のゲートウェイへと成長していったシアトルの都市発展は，まさにひとつの奇跡であったといえる。

　シアトル港は国内で第 4 位とはいえ，大陸内部にまで背後圏を広げている（図4-8）。シアトル港は 1911 年にキング・カウンティの住民が経営主体となってシアトル港湾局を設立したのが歴史の始まりである。ワシントン州はもとよりシアトル市とも無関係の独立した組織であり，課税や土地所有に関する権限ももっている。設立後は漁港の整備や倉庫施設の充実に力を入れ，1949 年にはシアトル・タコマ空港の整備にも取り組んだ。シアトル港湾局はキング・カウンティの住民による選挙で選ばれた委員によって構成されており，地元主体の民主的組織によって運営されてきた。現在は港湾関係だけでも 13 万人，関連分野を加えると 22 万人もの雇用を創出しており，いかにシアトル地域の経済に大きな影響力をもっているかがわかる。シアトル港はデュワーミッシュ川がエリオット湾に流れ込む河口付近にあり，氷食地形による深水条件に恵まれている。特徴的なのは港湾とともに空港の経営も合わせて行っていることである。シアトルとその南 40kmほど離れたところにあるタコマとの中間付近にシアトル・タコマ空港がある。

　シアトルとタコマは空港は共有するが，港湾ではライバルとして競争してきた。タコマ港はシアトル港のあとを追うように 1918 年，ピアス・カウンティの住民が港湾局を立ち上げて発足した。いずれの港湾もコンテナ，一般雑貨，ドライバルク，リキッドバルクなど似たような性格をもっている。コンテナ貨物の取扱量は 2000 年頃までシアトル港がタコマ港を上回ってきたが，その後はほぼ拮抗状態が続いている（図4-10）。両港が恐れているのは，国境の北にあるカナダのヴァンクーヴァー港やプリンスルパート港が近年，コン

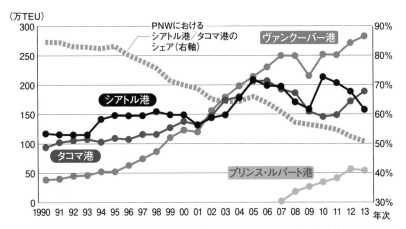

（万TEU）

図4-10　北アメリカ北西部（PNW）の港湾のコンテナ取扱量の推移
出典：World Watching 199 のウェブ掲載資料（https://www.phaj.or.jp/distribution/lib/world_watching/North_America/199.pdf）をもとに作成。

テナ取扱量を急増させている点である。やはり 2000 年頃，ヴァンクーヴァー港はシアトル港，タコマ港を抜いて北アメリカ北西部で第 1 位を占めるようになった。シアトル港とタコマ港が 2015 年にコンテナ取扱業務を共同化したのは，こうした国際競争に対抗するためである。港湾ゲートウェイ間の競争は国境を越えて行われている。

コラム4 日本の地理学へのヨーロッパの影響とアメリカの存在

　ほかの学問と同じように，地理学には地理学史という学問領域がある。専門的に研究している人は多くないが，現在に至るまで地理学という学問がどのような経過をたどりながら発展してきたかを明らかにする。日本の地理学のルーツをどこに求めるか，これにはいろいろな考え方がある。近代以降に限っていえば，やはり欧米の地理学の影響を受けたことが大きい。とりわけドイツやフランスの地理学思想が取り入れられ，それらを参考にしながら日本の地理学が打ち立てられてきた。

　どこの国の地理学がその時代において世界的影響力をもつか，これは微妙な問

第 4 章　アメリカの国土開発で生まれた海と陸のゲートウェイ都市

題である。地理学は理系的性格の自然地理学と文系的性格の人文地理学の両方を
カバーしている。自然現象はさまざまなかたちで現れるが，発生のメカニズムに
は共通性や普遍性がある。台風，サイクロン，ハリケーン，呼び名は違うが基本
的に同じ気象現象である。対する人文現象は社会，経済，文化などの要素が複雑
に絡み合うため地域差が大きい。同じ力が加えられても反応は多様で，災害の現
れ方も地域によって異なる。これと似たことは地理学とりわけ人文地理学が国や
地域によってその性格が異なることに現れている。ドイツやフランスから流入し
た地理学をそのまま日本の風土の中に取り込むには違和感がある。ヨーロッパで
互いに国境を接するドイツとフランスでさえ，地理的には非常に近い関係にある
にもかかわらず，考え方には大きな違いがある。自然地理的性格の強いドイツに
対し，フランスは人文地理的多様性を特徴とする。

　このことが示唆するように，ある国や地域で有力な考え方も，相対化して咀嚼
したほうが無難である。むろん考え方の原理・原則に関わる部分は大いに参考に
なる。地理学の基礎やバックグラウンドともいえる哲学的な思想や理念に関わる
部分である。それをふまえた上で，その国や地域の実情に即したテーマが取り上
げられ研究が進められていく。しかしいうまでもなく，過去に提唱された哲学や
思想は固定的ではない。地理学も例外ではなく，時代に合わなければ変えられて
いく。地理学研究の根底に位置づけられる哲学や思想が歴史的にいかに変遷して
きたか，これを究明するのが地理学史である。

　ドイツ，フランスから伝えられた地理学の基本的な思想は，やがてアメリカを
中心とするものへと変わっていった。背景にこの間の世界情勢の変化があること
は明らかである。すでに第一次世界大戦以降，ヨーロッパからアメリカへ世界経
済の中心は移動しつつあったが，第二次世界大戦の結果でこの動きはより明確に
なった。戦後の冷戦体制が固まっていく過程で，地理学においてもアメリカの存
在感が高まった。敗戦国の旧西ドイツや日本では国家再建が喫緊の課題になるが，
復興の過程で受けた戦勝国アメリカの影響は大きかった。同じ英語圏のイギリス
は科学や教育などの分野で伝統的な強みがあり，戦後の地理学界でも重要な役割
を果たした。海外文献の講読はドイツ語かフランス語かという時代ではなくなり，
英語が主流の時代になった。これは単にアメリカやイギリスの地理学を取り入れ
るためだけではない。非英語圏でも英語で論文や書物が出版されるようになった
からである。スウェーデンやオランダで発表された地理学の英語論文に容易にア
クセスできるようになった。

　AAAG（Annals of the Association of American Geographers）と略されるア
メリカ地理学会の学会誌は，その影響力がとくに大きかった。人口の多いアメリ

カの中心的な地理学会であるため，もともと会員数は多い。それに海外の会員を加えれば膨大な数になる。そのような会員がそれぞれの国や地域で研究した成果をAAAGに投稿して掲載されれば，当然，多くの読者の目に触れる。論文の研究対象はアメリカに限らない。とはいえアメリカの国土や地域を対象としたものが多く，この雑誌を読めばアメリカの地理的実情を幅広い分野にわたって知ることができる。現象の実態にとどまらず，研究を進めるさいの視点，手法，表現方法なども幅広く知ることができる。アメリカにはAAAG以外に，経済，社会，文化など個別の分野ごとに地理学論文を掲載する専門誌もある。いずれも英語論文でアクセスしやすく，したがってその影響は大きい。

　戦前から戦後，そして現代へと至る時代の流れの中で，日本の地理学が国際的にいかなる影響を受けてきたか，それはざっと以上のようである。近年は中国，韓国，台湾など東アジアとの間の学問的交流もある。その場合も英語を介しての交流が多く，どこかにアメリカやイギリスの存在を意識しての交流である。こうした現状は，単に地理学分野における使用言語や学会誌の問題だけではない。社会，経済，文化など幅広い分野にわたって進んできたグローバリゼーションに，根本的な背景要因がある。その中心には常にアメリカがあった。地理学の研究対象の中には，アメリカが起源でその後日本で受容され定着していったものが少なくない。一例を挙げればショッピングセンターである。日本では商店街や都心のデパートが主流であった時代，アメリカではすでにハイウェー沿いに大規模なショッピングセンターが誕生していた。日本の10年先を行くといわれるアメリカの小売業スタイルが，その後，怒涛の勢いで広まっていったのは周知のとおりである。

　モータリゼーションの浸透とともに進んだ郊外化は，何十年か遅れて日本でも起こった。アメリカの都市の中心部周辺は移民などマイノリティが多く，いわゆるインナーシティ問題の発生源であった。ところが経済のグローバル化が進み，多国籍企業就業者は早朝や夜も働くため都心部周辺は職住近接で便利である。このため，低所得者が多く住んでいたインナーシティをリノベーションして高級住宅地化する動きが現れた。これがいわゆるジェントリフィケーションである。東京をはじめ日本の大都市でも似たような現象が見られるようになった。移民やマイノリティは以前の日本ではあまり縁がなかった。しかしこれもグローバリゼーションの影響で徐々に日常化しつつある。モータリゼーション，インナーシティ，グローバリゼーション等々，いずれもアメリカ発の現象が時間をおいて日本でも生じている。ドイツ，フランスから取り入れられた地理学は，研究の方法も対象もアメリカ的色彩に染められてすでに長い時間が経過した。

カナダ，オーストラリアのゲートウェイ都市の形成と発展

第1節　カナダ東部から西進していったゲートウェイ都市

1．カナダ入植の玄関口となったケベックシティ

　カナダのケベックという地名を使うとき，それが州としてのケベックのことか都市としてのケベックのことか，明確にさせる必要がある。両者を区別するために都市の場合はケベックシティと表すのが一般的である。そのケベックシティは，ヨーロッパ人がカナダという広大な土地に上陸したさいに，最初に足を踏み入れた場所である（Gossage and Little, 2013）。セントローレンス川というカナダの内陸に向けて進んでいくのにまたとない水上交通のまさに入口がケベックシティであった（図5-1）。フランス人のジャック・カルティエが1535年に人口1,000人足らずのスタダコナという名の漁業・農業・狩猟業集落を見つけたのが最初である。カルティエは複数回にわたって探検を行い，さらに彼のあとを受けて別の探検家も入り込んで調査を行った。

　1608年にサミュエル・ドゥ・シャンプランがこの地に足を踏み入れたとき，スタダコナという集落はなくなっており，別にモンターネ・ナスカピという農業集落を見つけた。シャンプランはここに交易の拠点を築いた。この拠点は1629年にイギリスの冒険家デヴィット・カークによって占拠されるが1632年のサンジェルマン条約によってフランス側に返された。しかし1759年のアブラハム平原の戦いでフランスが敗れたため，再びイギリス側に渡ることになった。アメリカ独立戦争のときはアメリカ軍の侵入を受けたが，イギリス軍がよく持ちこたえて阻止をした。

　セントローレンス川の河口に位置するという地理的条件が，ケベックシティをゲートウェイ都市にした最大の要因である（Hamilton, 2007）。セントローレンス川を使って運ばれてきた毛皮や木材を海洋船に積み替えて輸出し

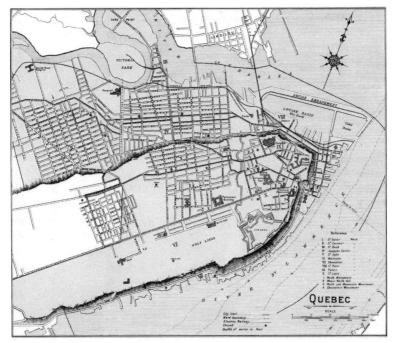

図5-1　ケベックシティ（1906年）
出典：Orange Smile のウェブ掲載資料（http://www.orangesmile.com/common/img_city_maps/quebec-map-1.jpg）をもとに作成。

　たり，あるいは海外からの移民を受け入れたりした。物資の積み替えや人の乗り降りといった機能だけでなく，軍事的，政治的，さらに宗教的な中心地としての役割を担った点も強調しなければならない。軍事面ではセントローレンスという大河川が大西洋と結びつく枢要な地点であったことから当然といえよう。政治や宗教の面ではヨーロッパ人がカナダに足を踏み入れた最初の地点であったということから，自ずとその役割を担うようになった。

　ところがその後の歴史はケベックシティにとってあまり良いものではなかった。とくに経済面ではその傾向が明瞭であった。理由はケベックシティと連絡する鉄道の建設が遅れたことと，セントローレンス川が航行できる大型船が現れたことである。流入する移民はセントローレンス川の上流を目指し，ケベックシティには関心を示さなかった。結局，ケベックシティに残さ

第5章　カナダ，オーストラリアのゲートウェイ都市の形成と発展

れたのは軍事，行政，宗教機能であり，主要な経済機能はセントローレンス川を遡ったところにあるモントリオールに持っていかれてしまった。こうしたことはやはり海洋から内陸に進んでいける河川が存在したことが大きい。大西洋側のケベックシティに対して太平洋側にはヴァンクーヴァーがあるが，フレーザー川を内陸に向けて船で上っていくことはできなかった。河口のヴァンクーヴァーは港湾都市としての地位を維持して今日に至っている。

　ケベックシティは海岸段丘の上に建設された都市である。当初すなわち17世紀頃は，海洋に面した低地の岬から港に至る細長い場所が市街地であった。しかしそこでは都市発展が見込めないため，砦と宗教施設が段丘の上部に新たに建設された。これがきっかけとなり，その後の都市発展は段丘上で進んだが，要塞や宗教地区が広く住宅地の建設は制約を受けた。19世紀になると，要塞の重要性も低下して住宅建設が進み，段丘上の北側に向けて広がっていった。河口部でセントローレンス川と出会うサンシャルル川に沿うように住宅地は広がっていった。しかし大半は木造建築であったため火災に弱く，幾度も市街地は消失した。19世紀だけで7度も大火を経験した。こうした教訓は上水道の整備や防火設備の設置に生かされていくことになる。

　初期のゲートウェイ都市として地位は，もっぱら丸太材，毛皮，穀物の輸出と工業製品の輸入によって維持された。しかしそれも18世紀中頃までのことで，その後はセントローレンス川上流に位置するモントリオールによってその地位を奪われていく。ケベックシティが衰退の道を歩んだ原因はいくつかある。まず丸太から材木へ輸出の形態が変わったことである。最終的に廃棄する部分をわざわざ輸送するのは経済的ではなく，林産地の近くで丸太状態を材木に変えて運び出されるようになった。これまでのように，丸太をケベックシティまで運ぶのではなく，上流部で製材されて運び出されるようになった。ケベックシティでワンクッションを置く必要がなくなったのである。

　鉄道開通の遅れとセントローレンス川が上流へ遡上可能になったことはすでに述べた。実は最初に開業したグランド・トランク・パシフィック鉄道は，セントローレンス河口の北側すなわち左岸側にあるケベックシティとは反対側の右岸地域（アメリカとの国境に近い側）の経済発展に対して寄与した面が

強い。アメリカとの経済的な結びつきが重要になったことも，ケベックシティにとっては不利に働いた。アメリカ東部の中心地から距離的に離れているケベックシティは，経済的交流の機会が限られたからである。さらにいえば，ヨーロッパ人による内陸部での入植によって市場となる潜在的な背後圏が広がったが，これもケベックシティよりもモントリオールの方が近いため手に入れることができなかった。結局のところ，製靴業から始まったケベックシティの産業はやがて衰退に向かい，途中で造船業，醸造業，タバコ産業，製紙業も生まれたが，産業構造が多様化することはなかった。

2．毛皮交易拠点から始まったモントリオール

　ケベックシティからセントローレンス川を260km遡るとモントリオールに至る。モントリオールはセントローレンス川の大きな中洲にあり，この地形的条件が遡上してくる人々が休息をとる場所として選ばれた。1535年にフランスのジャック・カルティエがここに到着したとき，人口1,500人ほどの集落オシュラガがモンロワイヤルの麓にあった。モンロワイヤルとはモントリオールの市街地の背後に控える丘のことで，現在も市民は散策の場として利用している。オシュラガの人々は農業，漁業，狩猟業を生業としていたが，ヨーロッパ人が持ち込んだ伝染病のためまもなく滅亡してしまった。その後，1642年にフランス人がヴィルマリエという拠点を築いた。この拠点は，キリスト教を広めるためのミッション・コロニーの基礎になった。しかし宗教的拠点としてだけで町を維持するのは容易ではなく，まもなく毛皮交易の拠点となる。ヨーロッパで需要の多い毛皮を採取して輸出するのは，初期の植民地経済にとっては妥当な選択である。重量の割に値の張る資源は輸送手段が未熟な段階では交易品として適していたからである。

　フランス人は，北アメリカ北部に暮らす先住民に毛皮を捕獲させ，それを酒類，鉄砲，日用品などと交換して手に入れた（Innis and Ray, 1999）。毛皮を求めて探検者や商人たちはメキシコ湾岸から北上し，先住民との間で取引を行うポストを築いていった。毛皮交易のためのネットワークが次第に形成され，集めた毛皮を最終的に輸出する拠点としてモントリオールが選ばれた。毛皮の採取は先住民が行うため，毛皮の最終集荷地点であるモントリ

オールでは人手はほとんどいらない。モントリオール周辺では農業も行われなかったため，17世紀末の人口は1,000人程度にすぎず，それから1世紀後の1789年でさえ5,500人でしかなかった。1760年代は七年戦争を経てフランスがイギリスの勢力に押され，モントリオールがイギリスの支配下になっていく時期である。フランス系商人はイギリス系商人にその地位を譲り，その過程で毛皮取引を行う北西会社が生まれた。社名の北西とは，カナダの北西部つまり毛皮が採取できる地域のことである。この会社はイギリスの特許会社でやはり毛皮交易を行っていたハドソン湾会社に対抗するために設立された（図5-2）。ハドソン湾はカナダ北部の大きな湾であり，イギリス国王は，この会社に対してハドソン湾に流入する河川の流域すべてを利用する権利を与えた（Morenus，1956）。

　毛皮という広大な地域でしか手に入らない資源を採取し，最終的に集めて

図5-2　イギリスとフランスの毛皮取引地域（1670～1760年）
出典：Class Website のウェブ掲載資料（https://sites.google.com/a/btps.ca/social-studies-7/home/unit-1/the-fur-trade/phase-3--rival-networks）をもとに作成。

輸出する拠点としてモントリオールは発展していった。ただしそれだけの機能ではゲートウェイ都市とは呼べない。背後圏に人が住み着き，そこで生産された産物を集荷して輸出したり，海外から背後圏のために種々の物資を供給したりするようになって，はじめてゲートウェイの機能を果たすようになったといえる。18世紀末以降のモントリオールは，アッパー・カナダと呼ばれるモントリオールより西側の平野部に入植した人々を背後圏とする都市になっていく。1815年から始まるアイルランドからの大量移民の入植が背後圏での経済発展を後押しした。そして1820年代に入ると，モントリオールは人口数でケベックシティを上回るようになり，1825年は22,540人，1844年には44,591人を数えるようになった。この頃になると単に毛皮交易に依存するだけの都市ではなく，勃興した造船業，金融業，鉄道業などが都市を支えた。イギリスからの移民が増え1831年には英語住民がフランス語住民を上回るようになった。この頃から英語住民とフランス語住民の間で対立が目立つようになった。騒然とした雰囲気の中でそれまでモントリオールにあった連合カナダの行政中心はトロント，ケベックシティへ移され，最終的にオタワに落ち着いた。

　20世紀以降のモントリオールは経済の浮き沈みが大きかった。長期的に見ると，西のトロントに国内最大都市としての地位を譲り渡していく時代であったといえる。第一次世界大戦によって工業活動が刺激を受けてモントリオールは大いに発展したが，戦後は大不況に見舞われ大量の失業者を抱えた。連邦政府から生活支援を受ける人が溢れ，自律的な都市運営が困難な状態に追い込まれるほどであった。それでも第二次世界大戦が始まると再び工業生産が刺激され，その勢いで戦後の経済も成長した。しかし1970年代の不況で再び経済は低迷状態に陥る。こうした状況を脱するために1976年には夏季オリンピックを開催し，ほかにも国際的なイベントを開いて産業構造を再編成しようとした。しかし英語とフランス語の言語の違いに起因する民族的，政治的対立は解消せず，対立的雰囲気に嫌気を感じた企業はトロントに本社を移した。

　軽工業主体の伝統的な産業構造のモントリオールに対し，アメリカの製造業地帯に近いトロントは，より現代的な産業構造である。金融，情報，サー

第5章　カナダ，オーストラリアのゲートウェイ都市の形成と発展

ビスでもトロントはモントリオールの上をいっている。産業発展の時期がより新しかっただけに，産業構造の現代化もより進んだといえる。結局のところ，カナダ東部におけるゲートウェイ機能はケベックシティから始まり，セントローレンス川を遡っていくように，途中のモントリオールを経てさらに西側のトロントへと移っていった。しかしこのことは，ケベックシティやモントリオールからゲートウェイ機能がなくなったことを意味するものではない。たとえば歴史観光の面では，ケベックシティは内外から多くの観光客を集めている。モントリオールも歴史観光，芸術，文化など幅広い分野で存在感を失っていない。いずれも，バイリンガルから多文化へと推移してきたカナダを代表する国際都市として歴史を積み重ねてきた。

3．カナダの経済的ゲートウェイ都市・トロント

　オンタリオ湖の北岸に広がるトロントは，オンタリオ州の州都であるばかりでなく，国内最大の人口・産業集積を誇る大都市である。しかし建国時期それ自体が新しいカナダの他都市と同じように，歴史は新しい。むろんヨーロッパ人がこの地に至る以前からの先住民の歴史はある。歴史を大きく遡れば北米大陸の北部を覆っていた氷河が退いた時期にまで至るが，ヨーロッパ人と先住民が接触をもつようになったのは 17 世紀中頃のことである。その頃トロントの北部にいたワイアンドット族は外来の伝染病で滅亡し，代わりにニューヨーク方面から北上してきたイロコイ族がトロント周辺に集落を築いた。前後して北のカナダ楯状地からアルゴンキン語族がトロントにやってきてイロコイ族と交わるようになった。一方，まえからいたイロコイ族はニューヨーク方面に移動していった。アルゴンキン語族の一部はその後ミシサガ族と呼ばれるようになり，18 世紀末までトロントを勢力下においていた。ちなみにトロントという名称は，モホーク族の言葉で「木の茂っている水辺」を意味する tkaronto に由来する。これが転じて Toronto になるが，この水辺は現在のミシサガの北方のオーリアあたりのことで，魚が集まる堰に多くの種族が引き寄せられてきた場所である。

　アメリカの独立に反対したため独立後，追われる立場に立たされたロイヤリストは北上してカナダに逃げ込んだ。イギリス王に忠誠を誓うロイヤリス

トは 1791 年にトロントをアッパー・カナダの拠点に定め，アメリカからの攻撃に備えた。1796 年にはアッパー・カナダの議会が設立され，トロントから北に向かう道路が開かれていった。この道路こそ，現在，トロント最大の繁華街を南北に貫くヤングストリートであり，当時のイギリスの陸軍大臣ジョージ・ヤング卿に因んで命名された。これもイギリス国王ジョージ 3 世の息子ヨーク公に因んで名付けられたヨークは，オンタリオ湖畔の小さな港町であった。しかし最初に湖畔に生まれ北へ向かう道路と結びついたことが，ヨークすなわち後のトロントに有利に働いた。トロントがゲートウェイ機能を備えた瞬間である。しかし港の背後圏は十分確保されておらず，これは 1780 年代から始まった先住民からの土地の買い上げによって実現されていく。荒れ地で耕作が始まり，現在のトロント市街地に相当する地域で人々が暮らすようになった（Taylor, 2016）。

　トロントの町は 1812 年にアメリカとの間で行われた戦争で破壊され，これを機に反米意識が人々の間に刷り込まれた。戦争後，イギリスからの移民が流入したため 1834 年には人口は 9,000 人を数えた。1840 年代から 1850 年代にかけてモントリオールはもとよりニューヨーク，デトロイト，シカゴなどとの間にも鉄道が開通した。電気や下水などの都市インフラの整備に加え，農機具，繊維，出版，金属加工などの産業も興された。人口は 1831 年から 1891 年にかけて倍増し，1867 年のカナダ建国にともないオンタリオ州の州都に選ばれた。カナダは基本的に天然資源の産出によって経済成長を実現してきたという歴史をもつ。このため，国土の北や西からトロントに送られてきた木材，鉱物，農産物などが経済的恩恵をもたらした。トロントを経由してモントリオールやニューヨークへ出荷する物流業が盛んになったからである。ゲートウェイとしてのトロントの性格は 1890 年代から 1910 年代にかけて定まっていった。

　現在も続くイートン百貨店が通信販売でカナダ西部を商圏の中に取り込んでいったのは，トロントのゲートウェイ機能の一面を表している。これは同業のシアーズ・ローバックがシカゴを拠点に西部に向けて通信販売を行ったのと同じである。さらにトロントには西に広がる未開の資源産出地を対象に投資を行う企業家や金融業，保険業を生業とする人々が集まってきた。国内

におけるトロントの経済的地位がトップになるのは，第一次世界大戦後である。それまではモントリオールの下に位置していた。戦争にともなう産業への投資と製造業の発展がトロントの経済力を押し上げ，大規模な食肉加工業から弾薬製造業に至るまで多彩な製品を生産する企業が輩出した。

　こうした経済発展をバネにトロントの市街地は郊外にまで広がっていった。しかし，やがて1930年代の大不況に見舞われ失業率は跳ね上がった。それも長くは続かず，再度始まった世界大戦で企業は息を吹き返し，電気製品，航空機，精密機械など新たな産業が生まれた。戦後は他の先進国と同様，ベビーブームや住宅建設の好況で経済は成長を続け，人口も100万人を超えた。大都市としての風格は，周辺の自治体との合併で市域を広げることで次第に現れてきた。1998年のメガシティの誕生は，トロントが金融，情報，専門サービス業の一大集積地であることを内外に知らしめた。このことは，政治はオタワに任せながらも，経済部門でカナダを代表する国際的なゲートウェイ都市になったことを告げるものでもあった（Murphy, 1994）。

　ケベックシティから始まり，モントリオール，トロントと続いてきたリーディング都市の歴史は，カナダの自然条件がその背景にある。世界で2番目に広い国土をもつカナダは高緯度に位置しており，農業条件にはあまり恵まれていない。平坦な地形は多いが，カナダ楯状地のように痩せた土地であったり，降水量の少ない寒冷地であったりする。山岳地や北極に近いところは，もともと居住に適さない。こうした限られた条件の中で，唯一といってよいほど農業に恵まれた地域が，セントローレンス川に沿う帯状の地溝帯である。つまり，ケベックシティ―モントリオール―トロントはこの地溝帯の上にあり，水上交通が唯一の大量輸送手段であった開拓時代は，この地溝帯に集落が生まれるのは，なかば当然であった。ただし，これは国土開拓の初期の頃のことであり，内陸に向けて入植が進むにつれて，新たなゲートウェイが奥地に生まれていくことになる。

　初期の水上交通から鉄道を経て自動車へと交通手段は移り変わってきた。現代は航空機であり，とくに国土面積の大きなカナダでは航空機による都市間の連絡が欠かせない。図5-3は，トロントのピアソン国際空港と直航便で結ばれている相手先空港を示したものである。全部で216の都市と直航便で

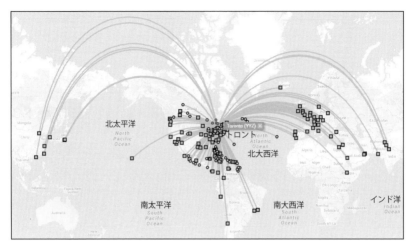

図5-3　トロントのピアソン国際空港と直航便で結ばれている空港
出典：timtom.chのウェブ掲載資料（https://timtom.ch/tag/toronto/）をもとに作成。

結ばれており，むろん国内では最も多い。第2位はモントリオールで153，第3位はヴァンクーヴァーで116，以下，カルガリー（86），ウィニペグ（63），エドモントン（53），ハリファックス（48）の順で多い。ちなみに直航便数216は，アメリカのロサンゼルスの211とほぼ同じであり，ロサンゼルス並みの航空結節点といえる。なおピアソンとは1960年代に首相を務めたレスター・B・ピアソンのことであり，20世紀後半のカナダで最も偉大な政治家と評価の高い首相の名前に因んで命名された。

第2節　カナダ西部のゲートウェイ都市の勢力関係

1. アジア太平洋の玄関口・ヴァンクーヴァー

　ヴァンクーヴァーはしばしばカナダの西の玄関と呼ばれる。西すなわち太平洋側に面しているため，アジア方面からモノや人を受け入れたり，反対に送り出したりする役割を果たしてきた。主なルーツがヨーロッパにあり隣国アメリカ合衆国とは長い国境線で接するカナダの貿易相手は，基本的にヨーロッパとアメリカであった。ところが近年，日本や中国などアジア太平洋地

第5章　カナダ，オーストラリアのゲートウェイ都市の形成と発展

域の経済発展とともに，これらの地域との経済的な結びつきが飛躍的に高まってきた。その連絡口としての役割を一手に引き受けてきたのがヴァンクーヴァーである。国土の西の端の小さな集落から現在では大都市圏を形成するまでに発展し（Morley, 1969），「住みやすい都市」の国際的ランキングで上位に位置するヴァンクーヴァーは，地形・気候などの自然環境と多文化社会・港湾経済などの人文環境が織りなす魅力的なゲートウェイとして多くの人々を魅了してきた。

　ヴァンクーヴァーが都市として成立したのは1886年で，これはカナダ建国から19年後のことである。その前年に大陸横断鉄道（カナダ太平洋鉄道）によってヴァンクーヴァーは東部の諸都市と結ばれるようになった。大陸横断鉄道がヴァンクーヴァーに来ることを条件に，1871年にイギリスの植民地下にあったブリティッシュコロンビアはカナダ連邦に加わった。ヴァンクーヴァーはカナダ太平洋鉄道の西側のターミナルになることにより，アジア太平洋とカナダ本土を中継するゲートウェイとしての役割を確かなものにした。現在でこそヴァンクーヴァー大都市圏に含まれるが，ヴァンクーヴァーの東郊外に位置するニューウエストミンスターやポートムーディの方が，集落としての形成時期はより早かった。これらの集落よりも海側に近いヴァンクーヴァーを鉄道ターミナルにすることで，貿易をはじめとするゲートウェイ機能がより発揮できるようになった。ただし，アジア太平洋とカナダとの間の東西交流が始まるまえに，ヴァンクーヴァーに先住民による生活の歴史があったことはいうまでもない。先住民の歴史は現代化したヴァンクーヴァーの都市生活においても，文化的背景として語られることがある。

　カナダの太平洋岸に沿うようにして生計を営んできたサリッシュ族は，食料資源として鮭に依存する割合が大きかった。天日干しにしたり燻製にしたりすれば長持ちするため，鮭は保存食として優れている。鮭以外の魚や貝類，あるいは陸上の動物，植物，いちごなども貴重な食料資源であった。この地域に元から暮らしてきた人々は，その後，ヨーロッパからやってきた人々といかに共生していくか選択を迫られるようになる。カナダの他の地域では先住民が条約締結で土地を手放していったのとは異なり，ここでは条約が結ばれることなく一方的にクラウンすなわち総督の管理下に置かれることになっ

た。総督はカナダ政府の長である首相とは別の存在であり，形式的とはいえ，イギリス国王の名代である総督がこの地域のトップに立つことになった。

　ヴァンクーヴァーという地名がイギリス船の船長に由来することからも明らかなように，この都市の成り立ちの歴史においてイギリスの影響は大きかった。実際には，ジョージ・ヴァンクーヴァー船長が2人のスペイン人とともにこの地を訪れた1792年の前年に，すでにスペインの海軍士官ホセ・マリア・ナルバエスがこの地に足を踏み入れ，現地人と接触していた。しかし当時は毛皮交易が盛んに行われていたカナダ北部から見れば，そこから遠く離れた土地にしかすぎなかった。北部にはハドソン湾会社が管轄する地域が広がっており，太平洋側よりむしろ進んでいた。この時点で，ヴァンクーヴァーで交易が始められることはなかった。

　ナルバエスが指揮する軍艦は1791年にジョージア海峡を通ってバラード入江に入っていった。ジョージア海峡はブリティッシュコロンビアの大陸側と西にあるヴァンクーヴァー島の間に位置するため，これに続くバラード入江は太平洋に直接は面していない。奥深いバラード入江はフィヨルド地形であり，それゆえ波も静かで船の係留に適した場所である。ナルバエスの1年後に訪れたヴァンクーヴァー船長がこの入江を港湾の適地として選んだことも納得できる。ただし，バラード入江の南にはファルスクリークという小さな入江があり，2つの入り江に挟まれた土地は半島状をしている。この半島こそヴァンクーヴァー発祥の地である（Armitage, 2001）。

　ヴァンクーヴァーの港湾活動が小規模であった頃は，半島上の市街地にも余裕があった。しかしやがて半島の上だけでは土地が足らなくなり，ファルスクリークを越えて市街地は広がっていった。カナダの西の玄関としてゲートウェイ機能を一手に引き受けるヴァンクーヴァーの港湾は，カナダ経済の発展とともに面的拡大が求められるようになったからである。市街地だけでなく，港湾地区それ自体も広げる必要性が生じてきた。このため，バラード入江の対岸側のノースヴァンクーヴァーも港湾地区に組み込まれることになった。しかしこれだけでは港湾施設をすべて収容することはできず，近年はバラード入江から50km も離れたジョージア海峡に面したところに新港が建設された。ここはアメリカとの国境に近く，オレゴン州から石炭などを集

第5章　カナダ，オーストラリアのゲートウェイ都市の形成と発展

めている。

　カナダは広大な国土面積をもつだけに，一見すると港湾用地に不自由はないように思われる。しかしブリティッシュコロンビア州は山地部分が多く，ヴァンクーヴァーの都市圏はフレーザー川が形成したデルタ地形上に限られているのが現状である。アジア太平洋地域との交流が増えて移住者も増加し，住宅事情は厳しさを増している。山地やフィヨルドなど複雑な地形環境に適応しながら，ヴァンクーヴァーのゲートウェイ機能は維持されてきた。港湾で取り扱われるコンテナ貨物の多くはロッキー山脈のはるか東に広がる背後圏をベースとしている。日本の港湾などとは比較にならないほど遠距離かつ広大な背後圏をベースとして港湾機能が果たされてきた。

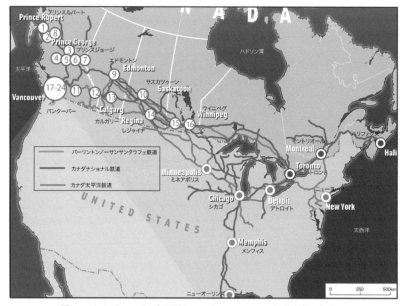

図5-4　カナダ・アジア太平洋ゲートウェイコリドー整備事業と鉄道網

注：①Prince Rupert Port Container Security Program（2,800万ドル）②Road, Rail and Utility Corridor, Prince Rupert（1,500万ドル）③Highway Improvements near Vanderhoof（100万ドル）④Ashcroft Terminal（500万ドル）⑤River Road, Prince George（280万ドル）⑥Twinning of Simon Fraser Bridge（1,610万ドル）⑦Highway 97 Upgrade near Prince George（690万ドル）⑧Grade Separations, British Columbia（240万ドル）⑨Highway 2 and 41 Avenue Intermodal Access, Edmonton（7,500万ドル）⑩Freeway Interchanges and South River Crossing Bridge（9,500万ドル）⑪Trans Canada Highway Upgrade（720万ドル）⑫Trans Canada Highway Upgrade（2.67億ドル）⑬52nd Street SE, CPR Grade Separation and Western Headwaters, Calgary（3,450万ドル）⑭Global Transportation Hub（2,700万ドル）⑮Highway Interchange and Grade Separation, Portage la Prairie（2,100万ドル）⑯Centreport Way, Winnipeg（3,330万ドル）

出典：Asia-Pacific Gatewayand Corridor Initiative のホームページに掲載されている資料（http://www.asiapacificgateway.gc.ca/investments.html）をもとに作成。

図5-4は，カナダ政府が進めてきたアジア太平洋ゲートウェイコリドーの整備事業と鉄道網を示したものである。カナダにとって，対外的なゲートウェイは隣国アメリカ，歴史的つながりのあるヨーロッパ，それに経済発展で勢いのあるアジア太平洋の，以上3つの方向に開かれている。このうちアジア太平洋の玄関口になるのはヴァンクーヴァーであり，この港と内陸部をいかに効率的に連絡するかが大きな課題である。NAFTA（北アメリカ自由貿易協定）体制の下，アメリカ南部をも射程に入れた背後圏との間を鉄道で連絡するプロジェクトが進められている。国土の東側のゲートウェイ諸都市に比べると歴史の新しいヴァンクーヴァーに対する期待の大きさが理解できる。

2．大平原の中継地から資源供給・産業都市に変貌したカルガリー

　ヴァンクーヴァーをカナダの西の玄関口とみなす見方は納得しやすい。そこから道路距離で1,000km近く東に離れた位置にあるカルガリーは，カナディアンロッキーを越えるときのベースキャンプのような地点といえる。同じ玄関口でもカナダの東から西へ向け，太平洋を目指して山脈を越えるさいに通過する拠点である。カルガリーはまたカナディアンロッキーの東側に南北に広がるグレートプレーンズの中にあり，背後圏はきわめて広い。グレートプレーンズの北側をアルバータ州の州都であるエドモントンがカバーし，カルガリーは南側の拠点としての役割を果たす（図5-5）。しかし人やモノの流れのメインは南北ではなく東西であるため，カルガリーは西の玄関口であるヴァンクーヴァーとカナダ中央部をカバーするウィニペグをつなぐような位置にある。実際，大陸横断鉄道のカナダ太平洋鉄道の本部はカルガリーにあり，東西，南北の鉄道網を束ねる役割を果たしてきた（Fred，1994）。

　カルガリーのこうした役割は歴史的に定まったものであり，最初から決まっていたわけではない。当初はカナダ東部から毛皮を求めてやってきた白人業者が，先住民と交易するために拠点を設けた。アメリカとの国境までは200km足らずであり，南からは野生のバイソンを追い求めて狩猟者がやってきた。地域の治安維持のためにマウンテンポリス（山岳騎馬隊）が誕生した話はよく知られている。馬にまたがってならず者を追いかける風情は，カルガリーがカナディアンロッキー東麓の岩の多い地域であることを思い起こ

させる。アルバータ州の東隣りのサスカチュワン州やさらに東のマニトバ州とは違い，標高が高く穀物栽培にはあまり適さない。このため牧畜が盛んに行われるようになり，肉牛を育てることに力が入れられた。当初は自然状態に近い放牧であったが，やがて囲い込んで肉牛を商業的に飼育するスタイルへと変わっていった。ヨーロッパからの移民が入植して小麦が生産されるようになり，農村は活気に満ちていった。しかし移民ブームも一段落したうえに，厳しい冷害（1906～1907年）にも見舞われるようになり，カ

図5-5　カルガリー，エドモントンとその周辺の都市
出典：Wikipediaのウェブ掲載資料（https://en.wikipedia.org/wiki/Calgary-Edmonton_Corridor#/media/File:Alberta's_Cities.png）をもとに作成。

ルガリー経済は低迷状態に入っていった。

　そんな折に起こったのが石油・天然ガスの発見である。最初の発見は1914年にカルガリーの南西に近いターナーバレーであり，その33年後の1947年にレダックで大規模な発見があった。当初は地元民による事業とし

ゲートウェイの地理学

て行われたが，やがて各地から石油・天然ガスの採掘を目指して多くの人々がカルガリーに集まってきた。カルガリーは一気にその名が世界的に知られるようになった。石油・天然ガスは資源として各地に供給されるようになった。しかし，単にエネルギー資源の採掘・供給地にとどまるだけであったら，今日のカルガリーは生まれなかったであろう。エネルギーに直接関連する産業はもとより，化学工業や生化学産業などの研究開発がカルガリーで盛んに行われるようになった。やがて情報産業，電子産業などのハイテク産業や金融業の集積も進み，カナダで成長が最も著しい都市といわれるようになった。これにカナディアンロッキーの観光拠点としての性格も加わり，大陸横断鉄道の中継地・牧畜業の町というイメージは大きく塗り替えられた（MacFadyen and Watkins, 2014）。

　トロント大学で長年，教鞭をとった経済史家のハロルド・イニスは，カナダは資源の開発とともに歴史を歩んできた国であり，ステープル・エコノミーこそがカナダを説明できるキーワードであるとした。大西洋側でのニシン・タラ漁から始まり，石炭，木材，鉄鉱石・ニッケルなどの鉱物，さらに小麦というように資源がカナダの経済発展を支えた。石油・天然ガスの発見は新しいが，ロッキー山脈という観光資源の発見はもっと新しい。こうして続いてきた資源の発見や生産が各地に集落や都市が生まれる背景となった。とくにカルガリーは，いくつかの資源開発と関わることで成長の糧を得てきた。最初は小麦生産・牧畜，つぎに石油・天然ガス，さらにロッキー観光と続く。これらが重なり合い，カルガリーに多様なイメージを与えている。石油メジャーの高層ビルと牛飼いのカウボーイが共存する独特の風景が展開する都市である。毎年開かれる荒馬乗り競技会，カルガリー・スタンピードは，平原の大都市・カルガリーを大いに盛り上げる。

　カルガリーの急激な都市発展は現在も続いている。ポイントは，かつてカナダの国土発展に寄与した天然資源の場合とは異なり，石油・天然ガスの採掘から発展した化学産業はもとより，電子産業をはじめ一見石油・天然ガスとは無縁に思われる各種産業が興ってきた点にある。研究開発型の産業集積が若い人材をカルガリーに引き寄せており，結果的に給与水準を押し上げてもいる。カルガリー国際空港の直航便数はヴァンクーヴァーについで国内第

4位であり，国内外から多くの人がカルガリーを訪れている。衰退した漁村やゴーストタウンになった鉱山町が歴史的にたどった道とは異なる都市の発展モデルをそこに見ることができる。

3. 毛皮交易のポストからスタートしたエドモントン

　アルバータ州の州都エドモントンは，しばしばカナダ北部のゲートウェイといわれる（Gilpin, 1984）。それはこの都市が同じアルバータ州のカルガリーはもとより，サスカチュワン州のレジャイナやマニトバ州のウィニペグよりも緯度上で北方にあり，カナダ北部へ向かうときには必ず通っていく位置にあるからにほかならない。エドモントンのこうした戦略的位置としての性格は，毛皮などの資源が交易品として取引されていた時代にすでにあった。毛皮のように軽くて高価なものは，長距離の移動コストが高かった時代に交易品として最適であった。カナダ北部のハドソン湾に流入する河川の全流域を自由に利用できる権利をイギリス国王によって認められたハドソン湾会社は，ライバル関係にあった北西会社と1821年に合併した。これら2つの交易会社は，合併以前からエドモントンに交易拠点を設けて活動していた。先住民が捕獲した毛皮をウィスキーや銃などと交換したヨーロッパからの商人は，毛皮需要の多かったヨーロッパに送って利益を得た。

　毛皮の交易拠点として最初に選ばれたのは，フォート・アウグストゥスであった。合併後，ハドソン湾会社は拠点をフォート・エドモントンに移した。移転理由は水害に遭うリスクを減らすためであり，移転先は現在，エドモントンの州議会場が建っている場所である。フォート・エドモントンは毛皮商人に肉などの食料を供給したり，ハドソン湾で使うボートを製造したりする拠点でもあった。1860年代に入ると毛皮交易の勢いは弱まり，1915年に最期の時を迎えた。毛皮交易と入れ替わるように，南からやってきた入植者が最初の集落を設けた。場所はノースサスカチュワン川のほとりである。エドモントンに最初の鉄道が入ってきたのは1903年のことで，南のカルガリー方面から鉄路が延ばされた。その翌年，エドモントンは人口がわずか5,000人程度であったが町から市へと昇格した。それもアルバータ州の州都としての市であり，いかに政治的拠点性に恵まれていたかを物語る。その後，エド

モントンは周辺の都市を合併するなどして大きくなり，第二次世界大戦を契機にさらに社会経済的に発展していくことになる。

　1929年にブラッチフォード飛行場の運用が開始されたことは，エドモントンのカナダ北部に対するゲートウェイ機能が本格化したことを物語る。エドモントン市長を務めたブラッチフォードに因んで名付けられたこの飛行場から，カナダ北部方面に向けて郵便物，食料品，医薬品などが送り届けられるようになった。いずれも極地に近い過酷な地域に暮らす人々にとっては欠かせないものばかりである。こうしてエドモントンは北国カナダの中にあって，その最も北側に位置する地域と南側を結ぶゲートウェイの役割を果たすようになった。ただし，ここでいう北側と南側には，カナダだけでなくアメリカも含まれる。第二次世界大戦を契機に，カナダとアメリカつまり北アメリカ大陸全体を地政学的観点から見ると，カナダ北部とアラスカ一帯が重要な意味をもつようになったと考えられたからである。アラスカ・ハイウェイの建設がエドモントンを主要な拠点として1942年から始められたのは，そのような文脈においてである。第二次世界大戦中にアルバータ州，ブリティッシュコロンビア州，アラスカ州，ユーコンにまたがって広大な航空網やラジオ放送網が構築されたが，エドモントンはその重要な拠点になった。こうしてエドモントンは，社会経済的な役割に加え政治的・軍事的役割も担うゲートウェイになったのである。

　第二次世界大戦後にエドモントンが経験した大きなイベントは，南のライバル都市カルガリーのそれと同じである。すなわち石油・天然ガスが近くで発見され，これがきっかけとなって資源エネルギー産業が急激に大きくなっていった。当初はアルバータ州南部のカルガリー周辺が注目されたが，その後の資源発見はむしろ州内北側で進んだ。州の地理的中心に近いエドモントンは，中部から北部にかけて分布する石油・天然ガスを採掘・供給する企業の集積地になった。1970年代に起こった二度の石油ショックは世界的不況の原因になった。しかし国際的な石油価格の高騰は，エドモントンにとってはむしろ都市発展の追い風となった。しかしそれも石油にあまり依存しない省資源経済の浸透により，風向きが変わった。資源価格低下の影響を受けるようになったからである。カルガリーと同様，エネルギー価格の国際的変動

に脆弱な体質にならないようにするには，産業の多様化を進めなければならない。

　ハドソン湾会社がイギリス王の許しを得てハドソン湾に流入する河川の流域全体を支配するようになって以降，エドモントンは毛皮交易の重要な取引所として発展を始めた。毛皮という当時の資源は石油・天然ガス・オイルシェルへと変わったが，ノースサスカチュワン川の河畔に生まれた都市は現在も変わらず地域中心地としての地位を保っている（Cashman, 2002）。1970年代には，当時としては世界で最も大きな売り場面積をもつウエストエドモントン・モールを建設するような経済力があった。アルバータ州の州都として政治機能は現在も保持されており，文化・教育面でも存在感がある。カルガリーで最初に設立された大学も，当初はエドモントンにある大学の分校というかたちで生まれた。いまは資源・エネルギーをベースに産業・人口の集積がめざましいカルガリーに押され気味であるが，準州を除けばカナダで最も北に位置する州都として，政治，教育，観光の分野に力を入れながら新たなゲートウェイ都市への発展が模索されている。

4．カナダにおける西部開拓の玄関口であったウィニペグ

　19世紀末から20世紀にかけて，カナダでは西部地域での入植が進んで小麦などの穀物生産が盛んに行われるようになった。その中心になったのがマニトバ州，サスカチュワン州，アルバータ州である。このうち一番東側のマニトバ州ではウィニペグが西部への入口としてゲートウェイ機能を発揮した。農業に不向きなカナダ東部の楯状地が終わり，それに続くグレートプレーンズがまさに始まろうとする地点に位置したことが，ウィニペグが農産物集荷と生活物資供給の機能を担うようになった背景にある（Bower, 2011）。ヨーロッパ人が到来する以前から，レッド川とアッシナボイン川の合流地点は先住民にとって狩猟や漁労の拠点として好まれていた。初期の交易活動で取引された毛皮の集荷地点としてこの地が選ばれたのも，2つの河川とその支流を輸送ルートとするのに都合がよかったからである（図5-6）。しかし1873年にウィニペグが市になるまえは，この地域一帯はレッド・リバー・コロニーすなわちイギリスの植民地のひとつにすぎなかった。翌年に

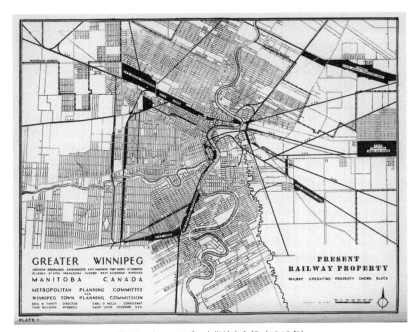

図5-6　ウィニペグの市街地中心部（1946年）
出典：Fiveprime のウェブ掲載資料（https://hiveminer.com/Tags/manitoba%2Cmaps）をもとに作成。

市議会が開かれたとはいえ，人口は3,700人程度でしかなく都市としての条件を備えているとはいえなかった。

　ウィニペグがカナダ中央部のゲートウェイとして機能を発揮していくきっかけは，1885年にカナダ太平洋鉄道が建設されたことである。カナダ政府は西部にできるだけ早く移民を送り込み，入植の既成事実をつくりたかった。そうしなければ，アメリカがカナダ西部の領土保有を目指して北上してくるのを阻止できなかったからである。イギリスからの資金を当てにカナダ西部へ向かう鉄道の建設を進めた結果，1885年にモントリオールからウィニペグを経由してポートムーディ（ヴァンクーヴァー東郊）に至る大陸横断鉄道が開通した。アルバータ州のカルガリーが開拓前線として浮上してくるまでは，マニトバ州のウィニペグが西部カナダのゲートウェイとして機能した。入植者の受け入れ口，国際価格が上昇傾向にあった小麦の集荷拠点，カナダ東部から届く日用品の卸売拠点として，ウィニペグは十分に機能した。カナ

ダ東部から遠く離れているウィニペグは農業生産のための機械などを地元で生産したため，1911年の時点で工業生産は国内で第4位の地位にあった。

こうして都市を発展させてきたウィニペグであったが，背後圏で始まった新たな経済活動によって発展の勢いに陰りが見られるようになった。理由のひとつは1914年に開通したパナマ運河の影響である。これまでカナダ西部一帯で生産された小麦はウィニペグに集められて東部へ送られていった。小麦は外貨を稼ぐ貴重な輸出品であった。ところがパナマ運河開通後は太平洋側のヴァンクーヴァーに送り，運河を経由して東部へ出す方が安く運べることが明らかになった。やがてウィニペグは小麦の収荷力を弱めていく。ヴァンクーヴァーはアジア方面からの移民の受け入れ口であり，貿易の窓口でもある。小麦の集荷と出荷をめぐる陸と海のゲートウェイ同士の競争が繰り広げられるようになった。

いまひとつは，1940年代にロッキー山脈に近いアルバータ州で石油・天然ガスが発見されたことである。その中心はカルガリーであり，石油採掘企業が各地から集まり，急激に都市規模が拡大していった。アルバータ州ではカルガリーの北にあるエドモントンが毛皮交易時代の主要なポストであったことはすでに述べた。こうしたポストもまた，毛皮を広い範囲から集める一方，先住民に銃やアルコールなどの日用品を供給したという意味で，ゲートウェイである。1980年代中頃にカルガリーはウィニペグの人口を上回るようになり，石油開発だけでなく関連産業や商業・サービス業も集積した。その影響はウィニペグの背後圏にも及ぶようになったため，結果的にウィニペグは勢力圏を侵食されたといえる。石油・天然ガスという自然の恵みに預かって発展のきっかけをつかんだカルガリーはまだしも，ウィニペグと同じように農業地域の商業中心地という性格のレジャイナやサスカトゥーンがウィニペグのヒンターランドを侵蝕したことは痛かった。

現在，ウィニペグにはカナダ全体で970か所を数える歴史遺産地区の11％に相当する107か所の古い地区がある。このこと自体が全体としては歴史の浅いカナダという国の中にあってウィニペグが比較的歴史の古い都市であることを物語る。小麦や日用生活物資の集散を中心にかつて栄えた卸売・倉庫地区をはじめ，市内には歴史の風格を感じさせる地区が残されている。

これらは歴史的観光資源としてビジネスに結びつけることができる。こうした観光資源とも親和性のあるオーケストラ，バレエ，美術など芸術分野でも知名度を高めてきた。天然資源のように大きな規模ではないが，国内外から人を集めることでは成功している。近年開発が進められているウィニペグ駅前の鉄道地区（12エーカー）のザ・フォークは，文化的背景の異なる人々が一堂に会して飲食が楽しめるように倉庫跡地を活用した施設である。歴史的役目を終えた鉄道地区は，都心部に新たな交流空間を提供することでウィニペグの復活に寄与するであろう（Newman and Levine, 2014）。

　ウィニペグのこれからを考えるとき，その位置の意義を再考することは重要である。西部開拓が始まった頃は「北のシカゴ」と呼ばれ，開発ポテンシャルの大きな広大な背後圏のゲートウェイとして大きな期待が寄せられた。その後，労働者の社会経済的格差や生活不安が原因の大規模なストライキが1919年に起こり，ウィニペグは「北のデトロイト」とも呼ばれるようになった。社会や経済は混乱状態にあったが，ウィニペグに活気があったことを物語る出来事ではあった。しかし，西部の開拓前線が西に向かって移動していくにつれ，ウィニペグが当初期待されていたような道を歩めなかったことは，すでに述べたとおりである。ひるがえってウィニペグの地理的位置を確認すると，この都市は大陸国家カナダのほぼ中心に位置する。国民国家の視点に立てば，国土の地理的中心とはいえ，東部の大都市圏からは遠い。国際貿易や資源開発で勢いのあるブリティッシュコロンビア州やアルバータ州の都市からも離れている。しかし，南北方向に目をやれば，グレートプレーンズの東の縁辺部に沿ってアメリカの主要都市が並んでいる。遠くはメキシコにまで至る南北方向での都市連携という選択肢も，今後は大いに考えられる。都市の立ち位置は，見方を変えれば変わるものである。

第3節　オーストラリア南東部のゲートウェイ都市

1．植民地建設で先陣を切ったシドニー

　イギリス人が最初にオーストラリアに来たとき，現在のシドニー盆地にはエオラ族のアボリジニが生活していた。エオラは「ここ」あるいは「ここか

ら」という意味であるが，彼らと接触したイギリス人はこの部族をそのように呼んだ。また現在のシドニーの中心部あたりにはカディガルというアボリジニが暮らしており，エオラと同様，オーストラリアで最初に土地を奪われることになる部族となった。探検と調査を目的にイギリスから初めてオーストラリアを訪れたのは ジェームス・クック（通称キャプテン・クック）である。イギリス王室の軍艦エンデバー号で1770年4月にオーストラリア東海岸に近づき，現在のボタニー湾の海岸に上陸した。ボタニーすなわち植物という名は，エンデバー号に乗っていた博物学者ジョセフ・バンクスが浜辺に繁茂する多様な植物に驚いたため，クック船長がこの湾をそのように命名したとされる。クックとバンクスは，ボタニー湾を足掛かりにこの地に植民地を築くことは可能であるという報告書をイギリス本国に送った。

　クックの探検から18年後の1788年に，アーサー・フィリップが率いる11隻の船が植民地・ニューサウスウェールズにやってきた。総勢1,000人のうち778人は囚人であった。当初はクックが適地として選んだボタニー湾に向かったが，より好ましい場所を探すことになり，現在のシドニーへ移動した。南側のボタニー湾とは背中合わせの位置関係になる北側の入江である。1788年1月26日にフィリップ一行がシドニー・コーブに到着したことを記念し，この日はオーストラリアのナショナルデーになった。シドニー・コーブは，ポート・ジャクソンと呼ばれる現在のシドニー港の南に位置する小さな湾であり，まさにここがイギリス人によって建設されていく植民地の出発の地となった（Karskens, 2010）。植民地建設の指揮をとることになったフィリップはアボリジニに対しては融和的に振る舞い，囚人の更生にも配慮した。しかし植民地の建設は簡単には進まず，病気や食料不足に悩まされた。イギリスから第二陣が1790年に到着するが，4分の1は航海中に病没するというありさまだった。1791年に第三陣が到着して以降，ようやく植民地の孤立感が薄れ，交易を始める準備が整えられていった。

　シドニー・コーブは港湾として重視されたが，農耕により適した場所を求めて西へ西へと向かっていった結果，植民地の行政中心はシドニーから西に23kmのパラマタに置かれることになった。農業に従事したのは囚人の中でも土地を与えられた者，あるいは兵役を除隊した元軍人などであった。農地の

拡大はアボリジニの土地を奪うことであり，これに反感を抱いた先住民が家を焼いたり家畜を殺したりしたこともあった。アボリジニにとって不幸だったのは，土地を取り上げられたことのほかに，持ち込まれた天然痘に罹って多くの死者を出したことであった。天然痘がどのように入り込んだのか原因については諸説あるが，抵抗力のないアボリジニにとっては厄災以外のなにものでもなかった。植民地建設の初期段階にあっては，苦しさも多く混乱も少なくなかった。第一陣とともに来ていた義勇軍と植民地の総督との間で争いがあり，総督がその座を追われるという出来事もあった。1810 〜 1821 年に総督の地位にあった ラックラン・マッコリーはシドニーの基盤整備を推し進め，囚人中心の植民地から自由な植民地への移行にも腐心した。

　イギリスからの囚人を含む移民によって建設が始められたシドニーは，1851 年にシドニーの西 150km のバサーストで金が発見されたことでその様相が一変していく。一攫千金を夢見る人々が海の向こうから押し寄せてくる一方，集めた金塊をシドニーから海外へ送り出す手立てを考えなければならなくなった。シドニーは入と出の双方向のゲートウェイになった。ゴールドラッシュが続いた 20 年間で人口は 3.6 万人から 20 万人へと 5 倍近くも増加した。人やモノを運ぶ交通手段として鉄道も建設された。ゴールドラッシュはシドニー周辺以外に，ニューサウスウェールズの南のヴィクトリアでも起こり，新たな金鉱を目指してシドニーから人々が移動していった。ヴィクトリアではメルボルンで集落形成が始まり，以後，シドニーとメルボルンはライバル関係の都市としてしのぎを削っていくことになる。両者の主導権争いは連邦制樹立の運動へと進んでいき，さらにその政治中心を両者の地理的中間に当たるキャンベラに定めるという結果にも結びついていった。

　シドニーの港湾はいくつかの小さな半島で区切られた小湾の集まりからなる（図 5-7）。このうちダーリングハーバーは 19 世紀初頭に産業革命がオーストラリアに持ち込まれて以降，国内で最初に蒸気機関車や鋼鉄製の蒸気船が建造されたり，これも国内最初のガス灯会社が設けられたりするなど，中心的な役割を果たした。1870 年頃まで小麦，羊毛，石炭，木材などが埠頭から輸出されていたが，1870 年代以降はもっぱら羊毛の輸出港になった（Andrews, 1986）。大きな鋼鉄製の埠頭はパリのエッフェル塔が生まれるま

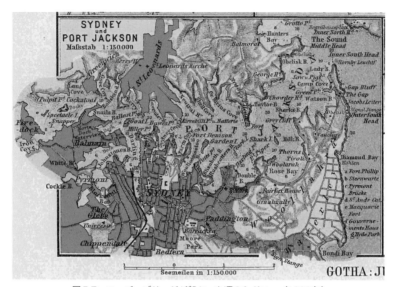

図5-7　ハーバーブリッジが架かった頃のシドニー（1906年）
出典：esauboeck のウェブ掲載資料（http://www.esauboeck.com/guide-sydney）をもとに作成。

で,世界で最も大きな鋼鉄製の構造物といわれたほどである。ダーリングハーバーと並んでシドニー港の中で重要な働きをしたのがウールルームールーである。この少し変わった地名は，アボリジニの言葉で「若い黒いカンガルーが多くいる場所」を意味する。入植当初，ウールルームールー・ハウスと名付けられた住宅があったことからこのように呼ばれたが，ここは多くの移民を受け入れたり，世界大戦に従軍する兵士を送り出したりした場所である。港湾のコンテナリゼーションの進展にともない,ダーリングハーバーと同様,歴史を活かした再生化事業によって息を吹き返した。

　6つの州と1つの準州からなるオーストラリアの各州の中心地すなわち州都は,すべて海に面している。厳密にいえば,西オーストラリア州の州都パースは外港のフリマントルの奥にあるが，面するスワン川はすぐにインド洋に流れ込むため，ほとんど海に面しているといってもよいであろう。いずれにしても州都が港湾都市であるということは，この国の国土開発が海側から始まり，内陸部に大きな都市を生むところまで達していないことを物語る。その中で先陣を切って開発に取り組んだのがシドニーであった。カナダと同

ゲートウェイの地理学

様，資源開発と国際貿易に大きく依存するオーストラリアは，カナダとは異なり陸続きの国をもたない。孤立性の色濃い大陸国家であり，地政学的位置づけでは複雑な側面ももっている。シドニーは国家的な政治機能こそないが，メルボルンとともにオーストラリア経済を牽引する役割を果たしてきた。20世紀に建国された歴史の浅いオーストラリアの中にあって国を代表する都市として発展を続けている。

2．先行するシドニーを追い上げていったメルボルン

　ヴィクトリア州の州都メルボルンはシドニーの南西 880kmにあり，南へ510km行くとタスマニア島の北岸に達する。こうした位置関係は，この都市がオーストラリアの最初の植民拠点であるシドニーと，南方のタスマニアの双方と何らかの関係をもちながら生まれたことを示唆する。最初の関係は南のタスマニア方面からもたらされた。1820年代にタスマニアの北部で放牧業を営んでいた ジョン・バットマンが，1835年5月にポートフィリップ湾のインデンティッドヘッドに上陸した。ポートフィリップとは，現在のメルボルンを擁する湾のことである。ポートフィリップ湾の周辺はすでに幾人かの探検家たちが調査を試みていたが，必ずしも定住地を見つけるというふうではなかった。バットマンは当初，現在のメルボルンの南西75kmに位置するジーロングに行き，その後，ヤラ川，マリビアノング川を遡り現在のメルボルン郊外一帯を探索した。そこで出会ったアボリジニのウルンディエリとの間で土地売買の契約を交わした。彼はそのあたり一帯が集落を設けるのに適した場所であると判断した。

　バットマンがタスマニアに戻り，オーストラリア本土への入植計画を練っていた頃，同じタスマニアのローンセストンに住む商人 ジョン・フォークナーもまた入植を考えていた。1835年9月にバットマンが本土の入植予定地に着くと，フォークナーの姿がそこにあったので驚いた。両人は土地は十分あるので入植希望者に分譲することに同意した。どちらが先に入植予定地に来たかは争わないことにも同意した。しかし商人たちによるこうした行為をシドニーにいる総督は認めず，アボリジニとの間で結んだ土地売買の契約を無効とした。植民地を預かる総督として商人らによる勝手な行為を認める

わけにはいかなかったからである。しかし最終的にはこの件は既成事実として黙認された。1836年にニューサウスウェールズの一部としてポートフィリップ地区が認定されたのは，この地域で入植の動きが始まってしまったからである。シドニーから治安責任者が派遣され，ポートフィリップ地区はシドニーに次ぐ入植地として位置づけられた。メルボルンは，シドニーを拠点とするニューサウスウェールズの一部として出発したのである。

シドニーで総督の任を果たしていたリチャード・バークは，ポートフィリップ地区の都市計画をロバート・ホッデルに命じた。ホッデルは，のちにホッデル・グリッドと呼ばれる1.6km×0.8kmの長方形格子状に道路を敷くプランを採用し，各区画は公開のオークションで分譲された（図5-8）。1837年4月にこの地を訪れたバーク総督はイギリス首相の名前に因み，ここをメルボルンと命名した。バークの後を受け1838年に総督に就任したジョージ・ギップスは，チャールズ・ラ・トルーベをメルボルンの監督に命じた。トルーベ

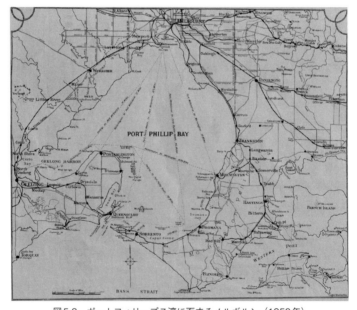

図5-8　ポートフィリップス湾に面するメルボルン（1950年）
出典：Melbourne University Library のウェブ掲載資料（https://digitised-collections.unimelb.edu.au/handle/11343/54921）をもとに作成。

はメルボルンの都市整備に尽力し，とくにトレッジャリーガーデンをはじめいくつかの公園の建設に取り組んだ。都市としての条件が揃った1842年，メルボルンは都市として認められ議会も設けられた。メルボルンを中心とするポートフィリップ地区がニューサウスウェールズから離れてヴィクトリア州になったのは1851年である。州誕生時の州人口は7.7万人，うち2.3万人がメルボルンに住んでいた。

　メルボルンが当初果たした経済機能は，羊毛の輸出と定住者に対する生活物資の供給であった。当時はヤラ川に沿って粗末な木造住宅が密集し，汚染された川の水を洗濯や飲料に利用したため病死者が出るようなありさまだった。土地投機を目的とした資金流入とその反動で，メルボルンは混乱状態にあった。しかし羊毛の輸出が軌道に乗るようになり，メルボルンは羊毛輸出の中心地として発展し始めた（U'Ren and Turnbull, 1983）。ヴィクトリア州になった数カ月後に州内のバララットとベンディゴで金が発見された。ゴールドラッシュによる都市人口の急増は，すでにシドニーで経験済みである。多数の人々が金目当てに海側からメルボルンに上陸した結果，1852年のわずか1年間で人口は7.5万人に増加した。しかしゴールドラッシュは長続きせず，失業者がメルボルンに滞留した。その一方で都市の周辺で農業を始める人もおり，メルボルンは着実に大きくなっていった。

　1880年代から1890年代にかけてメルボルンの経済は好調で大英帝国の中ではロンドンについで大きな都市になった。市街地は郊外に向けて急速に広がり，近代的な郊外地域が出現していった（Lewis, 1995）。しかし土地投機がらみのバブルはまもなく終焉し，沈滞の時代を迎える。金鉱は底をついたため，新たなゴールドラッシュを求めて西オーストラリアや南アフリカへ向かう人も多かった。しかしオーストラリア建国の1901年から1927年までの間，暫定的ではあったがメルボルンがオーストラリアの首都であったという事実は，経済のみならず政治の分野でもシドニーに十分対抗できる地位にあったことを意味する。第一次世界大戦では従軍した兵士の中から少なからぬ犠牲者がでた。第二次世界大戦中，首都はキャンベラに移されていたが，軍事，行政分野での重要機能はメルボルンにあった。このため軍需景気で経済も順調であった。戦後は羊毛の国際価格が高値で推移したため，成功を求

めて新たに流入する移民も多かった。戦前とは異なり移民の出身地は多様化した。当初はユダヤ系が，のちになると東ヨーロッパやアジアなどイギリス以外からの移民が主流となった。

　現在，メルボルンとシドニーの人口の差は2万人ほどでしかなく，このままいけば21世紀の半ばにはメルボルンがシドニーを追い越すのではないかと予想されている。その根拠のひとつとして地形条件を挙げる意見がある。シドニーは入り組んだ複雑な小さな湾に面しており，東側と南側は海であるため市街地は西に向かって広がっていくしかない。都市圏全体から見ると都心が東に偏っており，現時点では郊外からの通勤には時間がかかる。将来，西の郊外にあたるパラマタあたりに副都心が生まれれば通勤問題は解消されるかもしれないが，湾をまたぐ交通難から逃れられないシドニーの住宅地不足は価格高騰の原因になっている。実際，こうした住宅難を嫌ってメルボルンやブリスベンに移住する人も少なくない。こうしたシドニーと対照的なのがメルボルンの地形環境である。同じ湾でもポートフィリップ湾は規模が大きく，交通障害を生むこともない。都心の周辺から郊外にかけて平地が広がっており，地形が市街地発展の障害になることはない。ただし将来的には郊外南東部のボックスヒルやタンデノンなどを副都心として都心集積を補完する必要性が生じてくるかもしれない。都市形成の初期段階では想像もつかなかった状況への対処に迫られることは，どこの都市においても同じである。

3．大きく蛇行する川沿いに形成されたブリスベン

　クイーンズランド州の州都ブリスベンにヨーロッパ人が入植していく過程でシドニーが深く関わっていたことは，メルボルンの場合と同じである。これは，オーストラリアの最初の入植がシドニーから始まり，そこに拠点を定めて植民地のことがすべて決められていったことを考えれば，当然のことかもしれない。1823年のニューサウスウェールズにおいて，自由移民としてオーストラリアにやってきた人々が，質の悪い囚人たちをどこか別の場所に移してほしいと総督に請願した。願いを受けたトーマス・ブリスベン総督は，シドニーの940km北に位置する現在のブリスベンに囚人を送り込むことにした。総督の名前に因んでブリスベンと命名される以前，この地域一帯には他

のオーストラリアの諸地域と同じように，アボリジニが狩猟，漁労，農業を
して暮らしていた。太平洋に注ぎ込むブリスベン川は水路として利用できる
ため，アボリジニは季節ごとに水上を移動して必要なものを手に入れていた。
1823 年 10 月，総督の命を受けた ジョン・オクスリーは，囚人を伴いシドニー
から北上してモートン湾を通り過ぎポートカーティスに向かった。当時ポー
トカーティスと呼ばれていた現在のグラッドストンは，しかしながら着いて
みると維持するのが困難そうで入植地には適さないと判断された。

　行きに通り過ぎたモートン湾に引き返したオクスリーは，近くで難破して
シドニーに帰りたがっている船乗りに出会った。彼は 7 か月間現地のアボリ
ジニと暮らしていたため，周辺の地理にも精通していた。オクスリーはその
情報をもとにブリスベン川を遡上し，現在のブリスベン中心地からさらに
20kmほど上流に行ったところに到着した。しかし最初の入植地はそこではな
く，ブリスベン中心部から北東28kmのレッドクリフに決まった。ただしこ
の場所も一時的で，オクスリーはさらに水を求めて探検を続けた結果，現在
のブリスベン中心部に当たるノースケを最終的な入植地に選んだ。1825 年
の 12 月，ブリスベンに腰を落ち着けた入植者は男 45 人，女 2 人にすぎなかっ
た。植民当初，この地域一帯はモートンベイと呼ばれていたが，最初の囚人
移民者をシドニーから送り込んだ総督の名に因みブリスベンと呼ばれるよう
になった。

　入植当初，ブリスベンは囚人入植地の中でも最も条件の厳しい入植地とい
われた。常習犯が連れてこられ，過酷な環境のもとで働かされた。あまりの
厳しさに耐えかねて逃亡を図る者もいたが，多くは失敗して藪の中で死んで
いった。こうした悪い評判もあり，あまり多くの囚人は送り込まれてこなかっ
たため，人口は増えなかった。そのうちにイギリス本国でブリズベンをこの
まま囚人の植民地とすることの意味が問われるようになった。羊毛の国際価
格が上昇傾向にある中，牧畜業を営みたいという希望者が多かった。ブリス
ベンの植民地を維持するにはシドニーからの移動コストが大きかった。こう
したことが理由となり，ブリスベンを囚人の植民地から自由民による植民地
へ転換する決定が下された。この決定を待っていたかのように，ドイツから
の移民を含め自由移民がブリスベンに入植していった。しかし入植が進むに

つれてアボリジニとの争いが目立つようになった。アボリジニは農家の納屋を襲撃するなどして抵抗した。銃で撃たれて死亡する者がでるなど，いさかいが何度も繰り返された。ただし1840年代から1860年代にかけて，入植者たちがアボリジニに経済的に大きく依存していたのも事実である。燃料用の木材や魚介類の入手，森林の伐採，生け垣づくりなどでアボリジニの助けを必要としたからである。

　ブリスベンが市になったのは，ニューサウスウェールズから分離してクイーンズランド州が誕生した1859年のことである。州都としてイプスウィッチを推す考えもあったが，内陸に入りすぎていることが敬遠されブリスベンに決まった。ブリスベンの北では金も発見されたが，ゴールドラッシュ騒ぎは南方のシドニーやメルボルンが主な舞台であった。1879年に鉄道が敷かれるが，それもイプスウィッチから線路が延伸された結果である。大きく蛇行を繰り返すブリスベン川に面するため，洪水対策はブリスベンには不可欠である（Cook, 2019）。1893年の大洪水では市街地が広範囲にわたって水没するなど，大きな被害を被った。図5-9は，1906年当

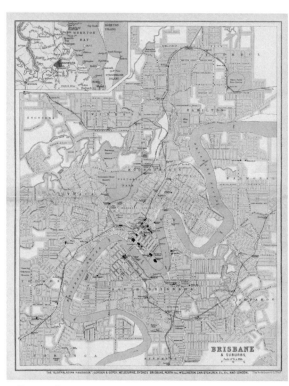

図5-9　ブリスベン川に沿って発展したのブリスベン（1906年）
出典：City of Brisbane のウェブ掲載資料（https://library-brisbane.ent.
sirsidynix.net.au/client/en_AU/search/asset/24697/0）をもとに作成。

時のブルスベンの市街地を示したものである。当時の人口は男女ともに5.5万人で合わせて11万人であった。市内を走っていた駅馬車は電車に取って代わられ，都心と郊外を結ぶ重要な交通手段として機能した。1909年にクイーンズランド大学が創立され，1924年には都心部の商業地区にブリスベン・アーケードが建設された。大きく蛇行する河川で市街地が二分されるという制約をかかえつつも，クイーンズランド州の州都としてブリスベンは発展してきた。

　市街地の中央を蛇行しながら流れる川が，水害の危険性だけでなく日常的な移動にとっても障害になっているような都市はオーストラリアではブリスベンくらいである。市街地はブリスベン川に沿って東側と西側に広がっており，市街地と郊外との境目は都心部から川を下っていくとおよそ8kmくらい，上流側では10kmあたりにある。ただしこの距離は直線距離であり，実際はもっと長い距離を川は曲がりくねって流れている。この間に15もの橋が架かっており，夜になるとライトアップされる橋はブリスベンの観光名所である。このうち鉄道橋は2本，歩行可能な橋は10本である。最も下流側に架かっているのはサー・レオ・ヒールシャー・ブリッジ（1,670 m）で，名前は地元ブリスベンの有力者に因んでいる。2010年5月に完成したこの現代的な橋梁は，実は以前はゲートウェイ・ブリッジと呼ばれていた。1986年1月の竣工以来，多くの市民に親しまれてきたが，増大する交通量に対処するため2列並行型の橋梁が新たに設けられた。橋の名前の変更はそのためである。入植地を探しながら1823年にオクスリーがブリスベン川を遡ってきたとき，その適地の玄関口と考えたであろうまさにその入り口付近に架かる橋として，ゲートウェイ・ブリッジという名前は最もふさわしかった。ブリスベンのチャンネル・ナインの調査によれば，この歴史的な橋の名前を変えることに97％の人が反対したという。至極当然の反応であろう。

第4節　オーストラリア南部，西部のゲートウェイ都市

1．自由民の入植を想定して建設されたアデレード

　ヨーロッパ人が現在の南オーストラリア州の州都アデレード付近にやって

きた頃，そこにはカウマと呼ばれるアボリジニが300〜1,000人ほど暮らしていた。カウマはイェルタという家族集団で生活しており，その居住地はタルンダンヤと呼ばれていた。それは彼らの言葉で，「赤い牝のカンガルーのいる岩」という意味であった。人口が多くなかったのは，すでに入り込んでいたヨーロッパ人が持ち込んだ天然痘がマレー川の上流部から広がり，それに罹った人々が死んでしまったからである。マレー川は2,508kmもの長さをもつ国内で最長の河川であり，オーストラリア東部の高地から南西方向に内陸部を流れ，最後はアデレードの東にあるエンカウンター湾に注ぎ込んでいる。長大なマレー川の下流部右岸側には南西〜北東方向に丘陵地（アデレードヒル）が横たわっている。その丘陵の北側をアデレードにとって欠くことのできないトレンズ川が流れている。マレー川の中流部・下流部は乾燥地域が多いが，アデレードヒルからトレンズ川流域は緑に恵まれた地域である。

　ニューサウスウェールズのシドニーとは乾燥地域で隔てられ，ヴィクトリアのメルボルンからも離れているところで1836年から入植が始められた。囚人労働力を頼りに入植が行われた他の都市とは異なり，アデレードは自由移民の手によって都市づくりが行われた。これは1834年にイギリス本国で制定された「南オーストラリア植民地法」にもとづくもので，当初から囚人ではなく自由民に限って入植を行わせる意図で制定された。ロンドンに設立された南オーストラリア会社が植民地での土地購入と事業で中心的役割を果たした。この会社は1949年まで存続し，アデレードでの都市基盤整備や南オーストラリア銀行の設立などにも深く関わった。

　さて，アデレードの都市づくりのもとになる土地測量と都市設計は，南オーストラリアの初代測量長官であったウィリアム・ライト大佐が担当した。図5-10は，アデレードに入植者が到着する間際の2か月間にライトが調査を実施して描いた都市プランである。ライトは，2,400kmもの海岸線を調査し，360km²の入植予定地を耕作予定地と市街地に分けた。市街地に当たるのがこの図の範囲であり，ここを1,042の区画に分けた。段丘を挟んで北側に342区画，南側に700区画が設定された。南側の分譲予定地には公園用地が5か所設定されており，後にアデレードが公園都市として有名になっていく素地が当初から用意されていたことがわかる。なおこの図は，ライトのプランを

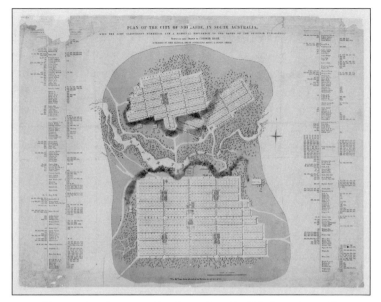

図5-10　ウィリアム・ライトによるアデレードの都市プラン（1840年）
出典：ADELAIDIAのウェブ掲載資料（http://adelaidia.sa.gov.au/sites/default/files/images/maps/
b1831757.png）をもとに作成。

もとに分譲が行われたあとの状態を示しており，両側にアルファベット順に
区画の購入者名が記載されている。基本的には個人による購入であるが，中
には先に述べた南オーストラリア会社のように，数多くの区画をまとめて購
入している例もある。

　シドニーやメルボルンでは海岸の直近に都市発展の拠点が設けられた。こ
れに対しアデレードではセントヴィンセット湾に面した海岸線から内陸へ6
kmほど離れた台地上に都市の中心が定められた。むろん港も置かれたが，そ
れは海岸沿いではなく，トーレンズ島を囲むように流れるポートアデレード
川の河口付近に設けられた。こうしたことから，アデレードは交易を念頭に
置いた港町ではなく，耕作地を背後に控えた台地上を流れるトレンズ川の河
畔の町として設計されていたといえる。ライト大佐の都市プランに対しては
反対者もいたが，理想的なガーデン都市の実現を願う大佐の理念は理解さ
れ，アデレードは都市建設の当初から明確な格子状道路と余裕ある公園緑地

をもった都市として生まれた。

　アデレードという地名は，イギリス国王ウィリアム4世の王妃アデレードに因んでいる。しかし偶然にもアデレードはドイツ語で貴婦人という意味でもある。優雅なイメージを喚起させる都市は，実際，ドイツ系の移民が入植に深く関わっている。宗教的迫害から逃れるようにオーストラリアに移住したドイツ系の人々は，入植地にブドウの木を持ち込んだ。これがその後ワイナリーの一大生産地であるバロッサバレーが形成されるきっかけとなった（Jupp, 1988）。ドイツ系に限らず，イタリア，ギリシャ，オランダ，ポーランドからの移民も加わり，未開の土地での新たな生活が始まった。その後もヨーロッパからの入植者が続いたが，ベトナム戦争以後はアジアからの移民が新たに加わった。文字通り国際色豊かなコスモポリタン的な都市へと発展していった。

　バロッサバレーのワイナリーは，産業としては農業と食品加工業の中間あたりに相当する（Peter, 1984）。現在（2018年）のアデレードにおいて，農業部門が就業者数で引き受けている割合は全体の1.2％にすぎない。社会福祉（15.8％），小売業（10.8％），教育・トレーニング（8.9％）のように広義のサービス業就業者が多いのは，他のオーストラリアの主要都市と同じである。製造業は7.6％で，自動車工業（ホールデン，三菱自動車工業），タイヤ工業（ブリジストン）などがある。観光サービスに相当する宿泊・食料サービスが6.7％，企業サービスに相当する専門・科学・技術サービスが6.4％であるのは，アデレードが芸術・文化の国際イベントに力を入れたり，軍事研究所・空軍基地を抱えたりしていることを反映している。国土面積が広大であるがゆえに，キャピタル・シティを中核とする独立的・孤立的な経済圏が生まれやすい。オーストラリアに特徴的なゲートウェイ都市としての性格が，こうした産業構成に現れている

2．パースの植民地建設とフリマントルの交易

　1962年2月，アメリカの宇宙飛行士ジョン・グレンは，地球を回る宇宙船から，漆黒のオーストラリア大陸西部に一か所明かりが灯されているところを見つけた。それは，地上に暮らす人々が家の明かりと街灯の明かりをで

きるだけ多く灯し，上空を通過する衛星に合図を送ったものであった。暗闇の中の光は印象的で，このことはすぐにマスコミが伝えるところとなった。話題になった明かりを灯したのは，西オーストラリアの州都パースの人々である。広大な暗黒の世界に一点の光，オーストラリア最西端のパースならではの「演出」である。大陸の西の端に取り残されたかのように生きるパースの人々は，1998年にグレン飛行士がスペースシャトルで再度宇宙飛行をしたときも，地上からライトを照らした。以来，パースは「光の都市」（City of Light）と呼ばれるようになった（Gregory，2003）。

さて，「光の都市」パースがイギリス人によって入植地として公式に認知されたのは，1829年のことである。それ以前，この地域ではオーストラリアの先住民が狩猟や農業などで生活していた。現在より海水準が低かった頃，パースの沖合にあるロットネス島との間を人々は徒歩で行き来していた。イギリス人が到来する以前にはオランダ人が立ち寄ったこともあった。しかし一帯は入植には適さない場所とみなされたため，手が付けられることはなかった。イギリスは当初，フランスがこの地に入り込むことを恐れ，オーストラリア南西端のキングジョージサウンド（現アルバニー）に基地を築いて警戒した。その後イギリス人はスワン川流域に入り込み，植民拠点としてパースを選んだ。なおスワンという川の名は，この流域に繁殖していたブラックスワン（黒鳥）に由来する。またパースという地名は，初代入植長官の出身地であるスコットランドのパースシャイヤーに因んで名付けられた。

イギリスからの植民者は原野を切り開いて農地につくり変え，集落を形成していった。当初，この地はニューサウスウェールズ州によって管理されたが，ほどなく1831年には準州になった。開拓を推し進めるには安い労働力を増やす必要があり，1885年以降，囚人をイギリスから連れてきて労働に就かせるようになった。1890年代になると内陸部で金鉱があいついで発見されたためゴールドラッシュが起こり，パースもその繁栄に与った。農業や鉱業の発展とともに準州の経済的地位が向上したのを受けて，1900年に住民投票が実施された。連邦に加盟するか否かを問う投票である。東部の先進地域からは距離的に離れており，そこと連帯しようという意識はパース側には希薄であった。

連携を拒否されたかたちの東部地域は，鉄道を西へ向けて延伸するという条件を示して連携を再度迫った。この提案を受けたパースの人々は連邦加盟に同意することにした。これと似たような事例はカナダでもあった。大陸の東側で生まれたカナダ連邦が国土を西に向けて広げていくさい，まだイギリスの植民地であったブリティッシュコロンビアを引き入れようとした（den Otter, 1977）。このときに条件に出されたのが鉄道の延伸であり，ヴァンクーヴァーまで鉄道を延ばすという条件と引き換えにブリティッシュコロンビアは連邦に加盟した。国は違うが状況はよく似ている。国土の西の端に位置するパースの地理的孤立感は，その後も折に触れて顔を出す。1931年にはオーストラリアからの分離独立運動が起こったが，イギリス議会がこれを拒否するという一幕もあった。

パースの都市的中心は，スワン川の川幅が広くなっている低地部の北側にある。このような地形はここが盆地状に窪んでいることを物語る。

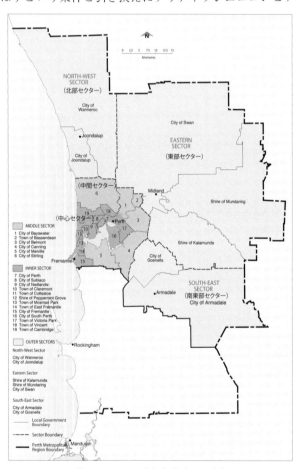

図5-11　パース大都市圏（2012年）
出典：Perth Area Consultative Committee (ACC)の資料による。

実際，この窪地状の地域が大都市圏のインナーエリアをかたちづくっており，これを取り囲むように環状のリングエリアがある。アウターエリアは外側の郊外部であり，インナーエリアから東方向におよそ50km行った先に境界線がある。北と南の郊外は都市中心部からいずれも70kmほど離れると境界線にいたる。大都市圏はインド洋と東部の丘陵に挟まれるように，長方形のかたちをしている（図5-11）。東側の丘陵はパースヒルと呼ばれており，地質学的にはダーリング崖という一種の断層地形である。この断層は，内陸部の安定塊とその西側の低地の境界付近を南北方向に1,000kmにわたって延びている。当初は山脈と考えられていたが，実際には断層によってできた崖であることが後になって明らかにされた。

　イギリス人がこの地に植民地を築き始めた頃，地中海式気候のもとでの農業生産と，内陸で産する金鉱石の採掘が人々の生活を支えた。農民は野生の大地を切り開いて耕地に変え，そこでヨーロッパから持ち込んだ農業を試した。道路が不十分だったため河川が交通手段として利用された。このため初期の頃は，川辺へのアクセスを重視した細長く区割りした土地区画が採用された。移民の増加とともに内陸部の開発が進み，やがて人口が集まった地域にタウンシップが生まれた。農業は小麦を中心とする穀物栽培と羊や牛などの家畜飼育を主体とするものであった。20世紀に入ると羊毛が国際的商品として取引されるようになり，農業経営の方向性を決定づけた。その後は食用を目的とした牧畜や酪農が加わって農業の生産スタイルが決まっていったのは，オーストラリアの他の地域と同じである。

　一方，金鉱石をはじめとする鉱物資源の採掘に関しては，1890年代にパースから600kmほど東にあるカルグーリ付近で鉱脈が発見されたのが，鉱業開発の始まりである。海外から多くの労働者が金の採掘を夢見て集まってきた。1896年には狭軌鉄道がパースからカルグーリにまで敷かれた。しかし金鉱石をオーストラリア南部の港ポートオーガスタまで運び出す標準軌道の鉄道が開通するまで，さらに20年ほど待たねばならなかった。ポートオーガスタまでの2,000kmの大半は砂漠地帯である。カルグーリとパースの間が標準軌道の鉄道として完成したのは1968年のことであり，これ以降，パースはオーストラリア東部の諸地域と鉄道で結ばれることになった。

パースはその外港としてフリマントルをもっている。行政単位としては別の都市であるが，フリマントルはパース都市圏に組み込まれており，パースとその背後圏を背に貿易活動を行っている（Dowson, 2011）。フリマントルはスワン川の河口に位置しており，浅瀬状の河床を深くすることで港湾機能を高めてきた歴史がある。オーストラリアの南西端に位置するため，オーストラリアの港に寄港しながら貨物を積み降ろししていく船は，フリマントルには最初かあるいは最後に立ち寄る。たとえばインド洋方面からやってくる船（輸入）は最初にフリマントルに寄港し，逆にその方面に向かう船（輸出）は最後に寄港する。ファーストポートの場合は，他港に先んじて貨物を陸揚げするメリットがあり，ラストポートの場合は最後に荷物を積み込むので，時間稼ぎができる。あくまでこれは相対的であり，輸出，輸入が逆であればメリット・デメリットは違ってくる。

3．絶妙な地理的位置にあるタスマニア州の州都・ホバート

オーストラリアで最も面積の小さなタスマニア州の州都ホバートも，他の州都と同じようにイギリスから連れてこられた囚人たちの手によって生まれた都市である（Harman, 2018）。その始まりは1803年で，イギリス人は当初は現在のホバートの北7kmにあるリスドン・コーブに上陸した。ここはダーウェント川の東岸にあり，イギリスはフランスの勢力がこの地域一帯に及ぶのを警戒し防衛拠点とした。しかしわずか1年後にこれより川下のサリヴァン・コーブに拠点は変更された。サリヴァン・コーブは現在のホバートの中心部に当たっており，市街地はこのあたりからダーウェント川の両岸に沿って南北方向に広がっていった（図5-12）。市街地の北の端はダーウェント川が入江に入り込むあたりに当たっており，ブリッジウォーターにはその名もブリッジウォーターという橋が架かっている。

イギリスがタスマニアを植民地にする以前，1643年にオランダのアベル・タスマンがヨーロッパ人として初めてタスマニアを訪れている。彼はこの島をヴァン・ディーメンズランドと名付けた。ヴァン・ディーメンズはオランダの東インド会社の総督の名である。その後，フランス人がタスマニアに来て，ヨーロッパにタスマニアのことを伝えた。タスマニアはそのままヴァン・

ディーメンズランドと呼ばれてきたが，最初に来島したタスマンの名前に因み1901年からはタスマニアと呼ばれるようになった。この間の経緯はいささか複雑であるが，19世紀におけるイギリスによる植民地化は正確にはタスマニアではなくヴァン・ディーメンズランドにおいて行われた。イギリスから連れてこられた囚人たちは都市づくりの労働に従事したが，なかには逃亡を図る者もいた。しかしたとえ運良く逃げられても，

図5-12　タスマニア州の州都ホバート(1858年)
出典：Parliament of Tasmaniaのウェブ掲載資料（http://www.parliament.tas.gov.au/history/map.htm）をもとに作成。

厳しい自然条件の中で生きながらえることは難しかった。やがて規制もゆるくなり，模範囚は苦役から解き放たれ自由民として入植に励むようになった。現在，残されているタスマニアの歴史的建物の多くは自由民によるものであり，観光資源になっている。

　ホバートのゲートウェイとしての機能は，その地理的位置と地形的条件によって十分果たされてきた。オーストラリアの中では南極に一番近い主要都

第5章　カナダ，オーストラリアのゲートウェイ都市の形成と発展

市であり，各国の探検隊が必ず立ち寄る中継地である（Hudspeth and Scripps, 2000）。19世紀は国際的に捕鯨が盛んで，ホバートはその拠点としてまた造船業の町として栄えた。ホバートが位置するサリヴァン・コーブすなわちタスマニア港の水深は深く，これも各国の船舶を呼び寄せる条件として作用した。とくに第二次世界大戦中は軍艦の寄港地として重要な役割を果たした。現在でも中東地域から母国に向かうアメリカ海軍の船舶は補給のためホバートに寄港することが多い。

　ホバートのゲートウェイとしてのいまひとつの側面は，資源移出に現れている。この点は他のオーストラリアの州都との共通点でもある。農牧業や鉱業などの第一次産品が港から運び出されている。以前は漁業資源として鯨もこの中に含まれていた。こうした産業を担う人々のルーツはイギリスからの囚人であり，これも他の都市と共通する。その後は海外からの移民が産業労働力としてタスマニアの経済を支えた。しかしホバートの経済発展のスピードは，オーストラリア本土に比べると遅かった。背後には本土から離れた位置にあるというタスマニアの地理的条件がある。ホバートへの人口流入は海外からばかりではない。オーストラリア本土から移り住む人も多く，本土に比べて物価が安く，自然にも恵まれた静かな生活を求めて移ってくる。

　20世紀後半になると，アジア系の人々が流入するようになった。以前はイギリス系以外ではイタリア，ギリシャ，ユーゴスラビア，ポーランドなど南ヨーロッパや東ヨーロッパからの移民が多かった。ただし現在の人口に占める割合でいえば，イギリス系移民とオーストラリア生まれの割合がやはり多い。本土の諸都市に比べると人口動静が比較的穏やかに推移してきた点に，本土のキャピタル・シティの影に隠れがちな島嶼州タスマニアの性格が現れている。広大な面積をもつオーストラリア本土の州のキャピタル・シティとは異なり，ホバートは68,400km²という限られた大きさの島の中心地にすぎない。しかし歴史の古さからいえばシドニーについで2番目に古く，メルボルンやアデレードがいまだ植民地として始まったばかりの頃，これらに対して穀物，木材，羊毛などを送る役割を果たした。オーストラリア本土でゴールドラッシュが起こったときは，輸送用の木造船を供給した。つまりホバートは，本土の植民地の発展を手助けしたのである。ヨーロッパからシドニーに

向かう途中に必ず寄港するという絶妙な地理的位置が歴史的に果たしてきた
役割は小さくなかった。

カナダとオーストラリアのアイデンティティ

　カナダとオーストラリアが自然や人文で互いに似ていることは，建国以前から
の歴史をひもとけばよくわかる。カナダは当初，フランスの影響を受けた時期が
あったが，その後はもっぱらイギリスの影響力のもとで国づくりが進められた。
オーストラリアは最初からイギリスの力で国土が開かれ，その後もその延長線上
で今日にまで至ったという印象が強い。両国とも面積が広い割に人口は少ない。
カナダは高緯度に位置し，寒冷地が多いという厳しい自然条件をもつ。対するオー
ストラリアは乾燥気候が内陸部を広く覆っており，生産や生活に適した地域は海
岸付近に限られる。ともに歴史が新しいことと厳しい自然条件が，現在の少ない
人口を説明する。

　ただし，両国を歴史の新しい国と考えるには注意が必要である。なぜなら，と
もにヨーロッパ人が到来する以前から生活してきた先住民がいるからである。カ
ナダでは，かつてはエスキモーと呼ばれ現在はイヌイットと称される先住民のほ
かに，インディアンも古くから暮らしてきた。近年はインディアンという呼称を
やめてファースト・ネーションと呼ぶのが一般的になりつつある。オーストラリ
ではアボリジニが先住民であるが，これも差別的呼び名をやめてオーストラリア
先住民（Indigenous Australians）やアボリジナル・オーストラリアン（Aboriginal
Australians）という言い方へと変わってきた。両国ともに先住民の伝統的文化を
尊重する姿勢を示しており，多文化主義の中に溶け込んでいる。

　ともに多文化主義を標榜するカナダとオーストラリアは，社会的統合の必要性
から多文化共生という考え方を打ち出さねばならないという側面がある。カナダ
では歴史的な経緯から英語と仏語を公用語とするバイリンガル政策がとられてき
た。実際，民族的ルーツがフランスという人々の多いケベック州が存在する。そ
れも含めてカナダという国の統一性を保とうとすれば，やはり多文化主義を根底
に置かざるをえない。未来の地球のあるべき姿をカナダは先取りしていると評さ
れることもある。コスモポリタン社会はどうあるべきか意見は分かれるが，ひと
つのモデルであることは間違いない。

　地理学の視点からカナダのアイデンティティを考えると，アメリカとの関係を
問題にせざるをえない。アイデンティティはその性格上，国土の自然条件と深い

関係がある。いかなる地形や気候のもとで国がつくられてきたか，その歴史がアイデンティティと深く関わっているからである。そのような視点から見ると，カナダとアメリカは緯度の高低という違いはあるが，地形条件には類似性が多い。東から西に向けて海岸，山脈，平原，山脈，海岸という南北方向の地形がまずあり，それをかなり人為的な意図で北と南に分けて国が生まれたという歴史的経緯がある。東西に分けるならまだ違いがあったと思われるが，南北に分かれたことで，ともに似たような地形をもつことになった。

　むろん地形条件だけでアイデンティティが決まるわけではない。しかし似たような地形の上に形成された国の中で暮らす人々の意識下に類似の要素があったとしても不思議ではない。カナダとアメリカを取り違えることはないと思われるが，カナダの地形を学ぶとき，アメリカの地形とどこが違うのか疑問に思う学生がいても不思議ではない。こうした意識はアイデンティティに敏感なカナダ人自身の中にもある。アメリカとの違いを主張するために，カナダが高緯度すなわち寒冷地にあることをあえて強調する人もいる。アイス・アンド・ファイアーという言葉があるが，これはカナダを氷にたとえ，アメリカを火にたとえた表現である。氷に覆われた北の大地をカナダのシンボルとし，幾分，血の気の多いアメリカを燃える炎になぞらえている。

　南半球にある孤独な大陸というのがオーストラリアに対する外部からの印象であろう。大陸移動説によれば，オーストラリア大陸は約5千万年前にほかの大陸から切り離されたため，有袋類などの生き物が独自の進化をとげ独特の生態系を形成した。これだけでも十分，オーストラリアはほかとは違う独自性もっていると主張することができる。コアラやカンガルーはそのような役回りを十分果たしている。ただし人間社会のことになると話は別で，オーストラリアらしさが求められる。歴史的経緯からイギリスとの関係が依然として強いことは，カナダの場合と同じである。加えて南半球にあってアジアに近いという地理的条件が，とくに経済面で親近感を増幅させる。近年は移民流入の面でもアジアとの関係が強まっている。カナダのように隣の大国と混同される恐れはないが，同じオセアニアのニュージーランドとは国家成立の過程が似ている。カナダもオーストラリアも，アイデンティティの確立を目指してさらなる国づくりが進むものと思われる。

中世・近世の日本で活動した主な港と江戸四宿の役割

第1節　中世日本を代表する三津，博多津・堺津・坊津

1．中世日本の主要港と博多津の繁栄

　四方を海に囲まれた日本では，古来より海を利用した水上交通が盛んに行われてきた。船は着岸しやすい場所を選んで停泊し，陸からの人や荷物を載せて目的地へ向かう。逆に人や荷物を載せた船が岸辺に着き，そこからさらに先の目的地へと移動していく。陸上交通が未発達な時代にあって，船が離岸・着岸する場所は，異なる世界を結びつけるゲートウェイとして海国・日本に欠かせない特別な場所であった。船の停泊地や岸辺には人や荷物の積み降ろしを生業とする者がおり，その数が多い場合は集落として成り立つこともある。いわば自然発生的に生まれた港（湊）が各地にあり，地域間交流の手助けをする中継地としての役割を果たした。地域は近隣や国内に限らず，遠く異国の他地域にまで及ぶこともあった。港の中には歴史的発展を遂げて港町や港湾都市としての地位を築いていったものも少なくなかった。

　日本最古の海の法律すなわち海法として「廻船式目」がある。この海法は「廻船大法」「船法度」「船法」とも呼ばれたこともあるが，近年はこの名称で統一されるようになった。もともとは船仲間の間で通用し，地方ごとに違っていた海に関する慣わしが海運の発展とともに統一されて成文化されたものである（住田，1942）。室町末期頃に成立したと考えられており，全体で31か条によって構成される。後世にさらに付け加えられた結果，41か条からなるとするものもある。廻船式目には，船の借用に関する規定，積荷が損傷したときの補償，船舶同士が衝突したときの責任などについて，かなり具体的な項目が記されている。なかには漂着船の処理方法についても触れた部分もあり，漂着船は寺社に寄進することが優先されるとしている。海に関す

る規定は世界の各地で必要とされ，ヨーロッパではイタリアのヴェネツィアにおいて商業の隆盛とともに初めて現れた。室町期の廻船式目は当時としてはかなり先進的な内容を含んでおり，これはその頃の海運界が相当高い水準にあったことを物語る。

　この廻船式目に，当時の日本において重要な役割を果たしていた十大港として，三津七湊（さんしんしちそう）の名前が記されている。三津とは安濃津（伊勢国安濃郡），博多津（筑前国那珂郡），堺津（摂津国住吉郡・和泉国大島郡）のことである。ただし，中国明代の歴史書『武備志』では，堺津の代わりに坊津（ぼうのつ）（薩摩国川辺郡）が挙げられている。博多津を除けばいずれも日本列島の南側に位置する港である。一方，七湊とは，三国湊（越前国坂井郡），本吉湊（加賀国石川郡・能美郡），輪島湊（ふげじぐん）（能登国鳳至郡），岩瀬湊（越中国上新川郡），今町湊（くびきぐん）（越後国中頸城郡），土崎湊（出羽国秋田郡），十三湊（とさみなと）（陸奥国鼻和郡）（はなわぐん）のことである。これらの湊は日本列島の北側，すなわち日本海側に位置しており，中国大陸，朝鮮半島との間で交易が行われていた当時，大陸側から見れば日本の表側にあった湊といえる。いずれも河川が海に流れ込む河口付近に位置しており，河川交通とのつながりが考慮されていた。

　三津の中で唯一日本海に面している博多津は，1161年に平清盛によって建設された日本最初の人工港（袖の湊）がその起源である。住吉神社に残されている博多古図によれば，博多津は那珂川と比恵川が流入する冷泉津，これと小高い丘で隔てられた草香江（くさがえ），聖福寺・櫛田宮のある中心部，それに中心部と橋で繋がれた沖の浜という出島からなっていた。古くは遣隋使，遣唐使の経由地でもあった博多津は，住吉神社・筥崎宮（はこざきぐう）などの寺社・神社や荘園領主らによる私貿易による日宋貿易の拠点であった（大庭，2009）。平安末期にはのちに大唐街と呼ばれるようになる宋国人街が筥崎宮周辺に形成された。宋人は船団を組んで盛んに往来し，博多に居を構えて寺社とも関係を結んだ。宋商人は綱首（ごうしゅ）と呼ばれ日宋関係に力を入れたが，それは1195年に宋から帰朝した栄西が承久寺を開山した折に物心両面で手を差し伸べたことによく表れている。

　宋商人との貿易は1274年の蒙古襲来すなわち文永の役まで盛んに行われた。蒙古軍との間では博多湾一帯において戦いが繰り広げられ，博多の町へ

の上陸を防げなかった日本軍は劣勢に立たされた。これを教訓に鎌倉幕府は蒙古軍の再度の襲来に備え，博多湾沿岸20kmにわたって石築地（元寇防塁）を築いた。7年後の1281年に蒙古軍は再び博多に襲来するも，この防塁と御家人たちの奮闘，それに世に言う神風（大暴風雨）が功を奏して撃退することができた。二度目の弘安の役以降，中国側が倭寇と呼ぶ無法者集団が中国沿岸や朝鮮で金品を奪うなど跳梁跋扈するようになった。当時の明や朝鮮は室町幕府に対して取り締まりの強化を求めてきたため，これを受けて，政府公認の勘合貿易が制度化された。博多港は勘合貿易の基地として勢いを盛り返し，膨大な利益を得た室町幕府は北山文化や東山文化を花開かせた。

多大な利益をもたらす博多港は戦国期に入ってからも有力武将を引き寄せる場所となり，大内，毛利，大友，龍造寺，島津などの戦国大名が支配権を

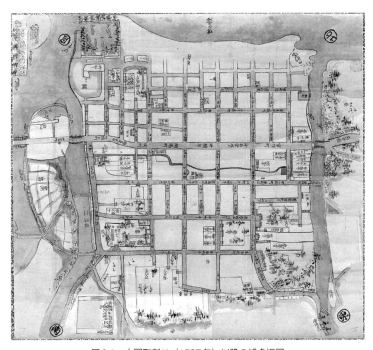

図6-1　太閤町割り（1587年）以降の博多旧図
福岡県立図書館のウェブ掲載資料（http://www.lib.pref.fukuoka.jp/hp/gallery/kochizu/hakata/contents-h1.html）をもとに作成。

めぐって激しく争った。いわゆる筑前戦国争乱がそれであり，博多の町は焦土と化した。こうして荒れた博多の町を復興させたのは，九州平定のため博多入りした豊臣秀吉である。秀吉は「太閤町割り」と呼ばれる戦災復興事業に取り組み，現在の博多の市街地形成の基礎となるまちづくりを実行した（図6-1）。太閤町割りは，博多の豪商神屋宗湛と嶋井宗室が秀吉に願い出て実行されたもので，両者は茶の湯を通して秀吉とは懇意な間柄であった。こうした商人たちは秀吉から大幅な自治権を得ることに成功し，町の活気を盛り上げた。博多港をゲートウェイとする対朝鮮，ルソン，ジャワなどの交易は博多の豪商に多くの利益をもたらした。

２．勘合貿易など交易活動で栄えた中世自由都市・堺津

　堺津の地名は，大阪湾岸北側の摂津国，南側の和泉国，それにそれらの東側に位置する河内国の境界線つまり境（堺）が接することに由来する。11世紀頃からこのように呼ばれるようになった堺は，海辺の小漁村ではなく，海の神々と深い関わりをもった開かれた港であった。なぜなら，大阪湾の岸辺には淀川・大和川が海に運び入れた土砂が波の力で丘状に積み上げられた砂礫帯があるが，その上に開口神社や住吉神社が祀られていたからである。古くは榎夏と呼ばれた堺は，淀川を経由して京都とつながる一方，和泉国を経て紀伊国熊野にも通ずる交通の要衝であった。堺には天皇家や朝廷が必要とする物資を調達する供御人をはじめ身分的特権をもった寄人，舎人，召次，神人などがいた。こうした人々は種々の活動に従事したが，専門的技能集団として活躍した者も少なくない。丹南鋳物師はその一例であり，この技能集団は西日本を中心に鋳物製品を売り捌くだけでなく，訪問先で穀物や絹を買い集めて堺へ帰り，それらを販売して利益を上げた。

　堺津が海外交易港として名を上げたのは，遣明交易船として中国へ向かった公方（将軍）船と細川（管領）船が1469年に帰国したさい，応仁・文明の乱（1467〜1477年）のため，戦乱の瀬戸内海を避け，九州から土佐沖を経由し，当初予定していた兵庫港ではなく堺港に帰着したためである。遣明交易船を使って行われた勘合貿易は，海禁政策をとった明が勘合をもった船のみに許した貿易である。明から勘合が与えられた室町幕府は直営の勘合船を派遣す

るだけでなく，貿易を希望する有力守護大名や大寺社へ勘合を支給した。勘合貿易は大きな利益が見込まれたので，貿易を希望する有力者に勘合を売ればそれだけで収入（礼銭）を得ることができたのである。

　幕府にしても大名や寺社にしても，勘合貿易の経営を実際に行ったのは博多や堺の商人たちであった（角山，2000）。勘合船が帰港すると，1隻について3,000〜5,000貫文程度の抽分銭が商人から幕府・有力守護大名・大寺社に支払われた。抽分銭の額は，実際に輸入した物資の価格の1割とする場合と，見込まれる輸入価格の1割として先に決める場合の二通りがあったが，時代が下るにつれて後者の方法が多くなった。それだけ商人はリスクを負担するように迫られたのである。幕府の力がしだいに弱くなった15世紀後半になると，堺の商人と結んだ細川氏と，博多の商人と結んだ大内氏が貿易の実権を握るようになった。

　当時，アジアの中継交易として栄えていた琉球と交易して利益を得ていた堺の商人・湯川宣阿は，1476年に堺から出港する3隻の遣明交易船をすべて請け負った。遣明交易船は生糸・絹織物・綿・さらさ・陶磁器・香料・薬種などを持ち帰り，抽分銭を幕府に納めたあとは自由に販売して多くの利益を得た。応仁の乱で京都が荒廃したため，堺はこれにかわる物資集散地として発展した。その発展ぶりは，1527年から1532年までの5年間，三好元長が足利義維（12代将軍義晴の弟）を擁して「堺幕府」を打ち立てたことからもわかる。その後，三好元長の子である三好長慶は堺に屋形を構え，その経済力によって畿内一円を勢力下においた。堺が安全性を維持しながら町民による自治が果たせたのは，周辺の武力勢力に対して軍資金を贈れるほど豊かな資金力があったからである。

　堺の自治を主導したのは会合衆あるいは納屋衆と呼ばれた世襲的門閥の有力商人であった（豊田，1957）。納屋は物を納めておく小屋のことで，海岸や港に納屋を建てて倉庫業を営んだのでこのように呼ばれた。堺の納屋衆は町の南，北，東の三方に木戸を設け，牢人を雇って自衛する体制を整えた。これほどの経済力と自治能力があれば文化面でも優れた活動が繰り広げられるのは当然で，千利休に代表される茶の湯文化の開花はその一例である。豊かな経済力は為政者にとっても魅力的であった。1568年，織田信長は上洛に

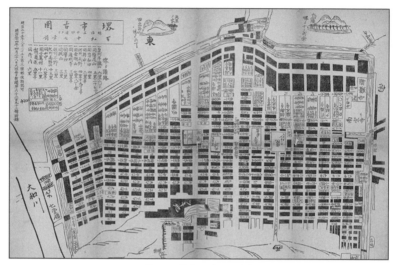

図6-2　堺古図（1704年）

出典：三井住友トラスト不動産のウェブ掲載資料（https://smtrc.jp/town-archives/city/sakai/p02.html）
をもとに作成。

さいし堺には矢銭２万貫，石山本願寺には5,000貫を要求した。堺の会合衆
は当初これに応じなかった。しかし事を荒立てないように今井宗久らが信長
に通じて直轄地になることを認め，松井友閑が堺奉行となって経営にあたっ
た。豊臣秀吉も堺を直轄地にし，全国統一の拠点とした。大坂城建設のさい
に，京都や伏見の商人とともに堺の商人にも大坂への移住を命じた。商人が
少なくなった堺の堀は埋め立てられ，1615年の大坂夏の陣では戦火を浴び
て灰燼に帰した。江戸期の堺は長崎，京都などとともに生糸の輸入特権（糸
割賦）を認められたが，商業力が大坂，京都に及ぶことはなかった。

　図6-2は，自由貿易港として栄えた頃の堺津の古い絵図である。環濠で囲
われた堺の町は，中央を南北方向に縦断する大道筋（紀州街道）と中央部で
それと直交して横断する東西方向の大小路によって四つの郷に分けられて
いた。さらに，これらの道筋と平行するように走る碁盤目状の通りにより京
間六〇間（約118m）を基準寸法とする街区に整然と区画されていた。市街
地の東縁には南北にわたって寺院が配されており，その計画的な市街地構造
は城下町との共通点も多かった。町の割り方も城下町と同じように街路に面

した両側がひとつの町になる両側町を基本としており，各四つ辻には町境の印になる木戸があった。

3．遣唐使船，勘合貿易，密貿易などの歴史を積み重ねた坊津

坊津は室町時代の三津七湊のうちの三津（博多津，堺津，安濃津）の中に含まれてはいない。しかし中国明代に茅元儀が著した兵書『武備志』には，日本の主要港として坊津（薩摩国川辺郡）が挙げられている。中国でもその名が知られていた坊津とはどのような港だったのだろうか。地名から想像されるように，仏教と何らかの関わりがあったと思われ，日本の仏教黎明期に百済に仕えていた日羅という僧がこの地に龍源寺（のちの一乗院）を建立し

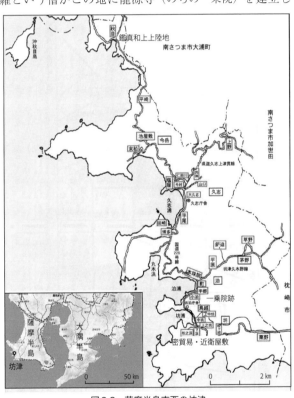

たことがきっかけと伝えられる。坊舎や坊主など仏教と関係のある施設や人との絡みから，坊津と呼ばれるようになった。とくに飛鳥時代から遣唐使船の寄港地となり，「唐からの港」「入唐道」と呼ばれるようになったことが，中国の歴史書にその名が記載されるようになった背景にある（森高，1992）。754 年に鑑真が渡日 6 回目にして坊津の秋妻

図6-3　薩摩半島南西の坊津
出典：HOMER'S玉手箱のウェブ掲載資料（http://homer.pro.tok2.com/sub12-6-45(map).html）をもとに作成。

第6章　中世・近世の日本で活動した主な港と江戸四宿の役割

屋浦（現在の秋目）に上陸したことは，その後の仏教史に重要な足跡を残す出来事であった（図6-3）。

　鑑真の渡日の目的は，仏教を国家統治の手段とする朝廷が中国から高僧を招き，正しい授戒の実行と戒律知識を普及させるためであった（中村，2005）。当時，大陸渡来の仏教は古来からの宗教を凌駕して隆盛を極めていた。しかし，仏教への庇護を我が物にするため仏法修行を経ずに出家を装う者が現れるなどしたため，朝廷は取り締まりをしたが混乱は収まらなかった。苦労の末に鑑真が到着した坊津は，薩摩半島，種子島，屋久島，奄美大島を間に挟んで中国側と連絡するコースの日本側の起点に当たる。このコースすなわち南西諸島経路は，奈良時代に実施された7回の遣唐使でも採用された。このコースが選ばれたのは，潮流や季節風の点で安全性が高かったからである。いまひとつの理由は，朝鮮半島を支配していた新羅との関係が良くなかったため，北九州から対馬を経由して朝鮮半島南端を廻り込むコース（北路経路）が敬遠されたからである。遣唐使のコースはこれら以外に北九州と中国・揚州の間を直線に近いかたちで連絡する南路もあった。しかし，途中に中継地のないこのコースはリスクが高く，2回しか採用されなかった。

　薩摩半島の南端に近い坊津は北緯31度あたりに位置しており，中国の長江河口部付近とほぼ同じ緯度である。遣唐使船は4隻で船団を組んでいたので四船（よつのふね）とも呼ばれた。大使・副使など政府派遣の役人のほかに留学生や留学僧など総勢100〜250人が乗り込み，唐の都・長安を目指した。一行は大和から北九州を経て薩摩半島まで陸路を南下したが，北九州と薩摩の間は駅馬（えき）・伝馬（ば）の設備が整備され駅子・伝子などの人材も配置されていた。先進的な唐の文化を吸収し，それに倣って中央集権国家を建設することを急いだ朝廷にとって，北九州と南薩摩を結ぶルートは重要な交通路であった。ただし，国家的使命を帯びて坊津を出港した四船のすべてが首尾よく目的を達せられたわけではない。当時の造船技術では長期の航海に耐えられる大型で堅固な船を造ることは容易ではなかった。平底で四角の帆を張った船では風や潮流に逆らって進むことは難しく，途中で難破した遣唐使船もあった。どうにか大陸に漂着すれば良い方で，暴風に流され行方不明になる場合もあった。

　遣唐使が廃止されて以降，国家レベルの大掛かりな交易は途絶えてしまう

ゲートウェイの地理学

が，坊津一帯が近衛家の荘園だったこともあり，貴族所有の船団が往来するようになった。室町時代になって幕府が勘合貿易を始め，遣明交易船を平戸経由ではなく坊津を発地とするように命じたため，坊津は再び歴史の表舞台に登場するようになった。幕府の力が弱まる中，坊津の一乗院を保護した島津氏は明国との交易を始め，さらに琉球や東アジア方面へも足を伸ばした。坊津に寄港したのは交易船ばかりではなかった。当時，東アジアを席巻した倭寇すなわち海賊または私貿易をする武装した商人もまた，坊津の港に出入りした。倭寇は，南北朝の動乱など中央政府の力が弱まると日本側で活発化する一方，大陸側で明が弱体化すると明人を中心とする海賊行為を活発化させた。しかし倭寇の活動も，島津氏が大隅・薩摩での勢力を確立し，織田・豊臣氏が天下人として台頭してくると自然に沈静化した。島津氏と明との交易が盛んになったことが，明の歴史書に坊津が日本の三津のひとつとして記された背景として考えられる。

　江戸時代になると幕府が鎖国政策をとったため，対外的交易は長崎における対オランダ・中国（清）に限られたと一般には思われている。しかし事実はやや異なっており，長崎以外に，対馬（宗氏）を通じた朝鮮との交易，松前藩を介した北東アジアとの交流，それに薩摩（島津氏）による琉球を経由した清・朝鮮との交流もあった。薩摩はこのほかに南蛮船との間で貿易も行った。いわゆる薩摩の密貿易は，薩摩藩による交易のすべてをさすのではない。幕府は薩摩藩に対して貿易額や品目に厳しい制限を課し，その範囲内の貿易を認めていた。しかし実際は制限を超える部分すなわち抜け荷の取引が行われた。これが密貿易である。この密貿易は1722年の一斉取締により終止符を打った。「唐物崩れ」と称されるこの取り締まりを実施したのが薩摩藩の役人であったことから，取り締まりの実施主体が幕府なのか薩摩藩なのか不明な部分がある。薩摩藩であるとすれば，特定の御用商人に密貿易を独占させようという意図があったと推測される。いずれにしても，この取り締まりにより坊津で活動していた19人の海商はこの地を去った。その後も坊津は漁港や水・食料の補給港として生き延びていくが，帆船から汽船へと時代は移り，大量輸送が大都市の港を中心に行われるようになるのにともない，一地方港の地位に甘んずるようになった。

第2節　海と川との接点に位置した近世の港

1．最上川流域圏を背後に西廻り航路の拠点となった酒田港

　島国・日本には多くの港が海沿いにあるが，上流から海に流れ込む川の河口付近にある港は同じ海沿いの港と比べると有利な点と不利な点があるように思われる。まだ鉄道が存在しなかった近世以前，河川は舟運機能として優れた役割を果たしており，流域で産する農産物や特産品を運び出したり，その地域で必要とされる生活物資を上流へ向けて輸送したりする手段として利用された。その河口にある港は河川交通と海上交通を結びつけるのにうってつけの場所にあった。これが河口港の有利な点である。一方，河川は上流から土砂を運んできて河口付近に堆積させるため，港の深さを一定に保つのは簡単ではなかった。浚渫技術などが存在しなかった当時は十分に対応することができず，港を別の場所に移すこともあった。河川が洪水をともなって地形を変えることもあったため，それへの対策に知恵を絞る必要もあった。

　東北の日本海側を代表する酒田港は，最上川という国内で7番目に長い河川の河口部に位置する。全長229kmは，ひとつの県内のみを流れる河川の距離としては最長であり，流域面積は山形県の全面積の約75％を占める。このことは，近世において山形県の旧国名である羽前国が最上川の舟運にいかに多くを依存していたか，そしてまたその河口にある酒田港をいかに頼りにしていたかを物語る。最上川流域は上流部から下流部にかけて，置賜，村山，最上，庄内の4つの地域によって構成される。歴史を遡ると，関ヶ原の戦いを契機に，置賜地域は敗れた西側の上杉の執政・直江兼続によって治められたが，それ以外は羽後国南部と合わせて勝った最上氏の領地となった。しかし最上氏が1622年に改易されて以降，この領地は幕府に近い譜代大名と天領に分割されてしまった。こうして旧羽前国は分かれたが，米社会の当時，藩米や幕米は最上川を下って酒田まで運ばれていった。運ばれたのは米だけではない。特産の紅花，煙草，大豆，青芋なども送られ，反対に酒田からは塩，魚，茶，古着，雛人形，仏像，石灯籠などが運ばれてきた。まさに最上川は羽前国全体の産業や生活にとって欠かせない輸送ネットワークの働きを

した。

こうした産業・生活の物資を一手に集散させる機能を担った酒田港は，当初は最上川河口の左岸側にあった。ここは向酒田（むかいさかた）と呼ばれる場所で日本海に近い砂丘の上に位置する（図6-4）。一般に砂丘が発達するのは，河川から排出される土砂の量が多く，この砂が強い風によって吹き上げられるためである。砂丘の内側は湿地帯が多く，その部分を避

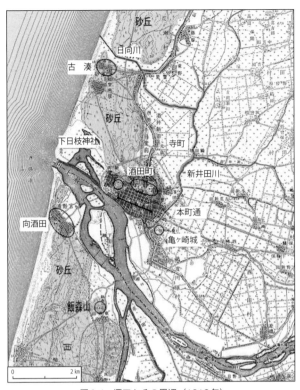

図6-4　酒田とその周辺（1913年）
出典：まちあるき考古学のウェブ掲載資料（http://www3.koutaro.name/machi/sakata.htm）をもとに作成。

けたり，あるいは排水したりして集落が形成される。その背後には広い田畑が広がっている。酒田と類似の事例は千代川と鳥取砂丘の鳥取，信濃川と新潟砂丘の新潟に見ることができ，いずれも日本海側に港をもつ。酒田の場合，初期の向酒田は最上川と河口付近で合流する赤川の流れによって攻撃を受けたため，戦国末期に現在の酒田のある最上川右岸側へ集落を移転させたという経緯がある。河川は分流することで勢力を弱めることができるため，現在，赤川は最上川から切り離され，直接，日本海に注ぎ込んでいる。

酒田の港湾機能が本格的に発揮されるようになるのは，1672年に河村瑞賢によって西廻り航路が開発され，西国方面への廻米が盛んに行われるよう

第6章　中世・近世の日本で活動した主な港と江戸四宿の役割

になってからである（長内，2007）。大坂廻米と呼ばれるこの輸送ルートは，大津廻米と呼ばれた敦賀・大津経由に比べると直接，目的地まで海上輸送できる点にメリットがあった。まれに津軽海峡を通過する東廻り航路も利用されたが，津軽海峡は難所が多く，運ぶとしても米くらいであった。2か月余りで大坂に米が届けられる西廻り航路は，日数だけでなく労力や品質維持の点からもメリットが大きかった。最上川の右岸側に生まれた酒田港の北側には市街地が形成された。その特徴は，最上川の走向に並行して幹線街路が南東—北西方向に敷かれ，それと直交するように街路が設けられた点にある。格子状の整然とした道路網は，近世初期にすでに計画的にまちづくりが行われたことを物語る。

　酒田のまちづくりは，藤原秀衡の妹とも後室ともいわれる徳尼公が酒田に落ち延びたさいに随伴した三十六人衆と呼ばれる家臣団の末裔によって行われてきた。江戸期になると新興の商人が登場し，物資の取引を担うようになった。とりわけ有力だったのが本間氏で，大坂堂島の米取引で巨費を得てそれを田畑の買収に投じた（佐藤，1972）。奥州諸藩を相手に大名貸と年貢米の換金を行う払米も請け負った。さらに本間氏は庄内藩の財政建て直しにも貢献し，藩主に献上したあと払い下げを受けた屋敷は長屋門を備えた豪壮な武家屋敷造りの建物であった。明治維新を迎えて以降も本間氏の力は衰えず，旧藩主の酒井家とともに米の貯蔵・管理・取引で酒田の経済を支えた。ただし，奥羽本線や羽越本線など鉄道網の建設にともなって最上川と日本海での水上交通の役割は大幅に低下した。酒田港は新たな時代を迎え，これまでとは違う道を求めていくことになった。

2．北上川流域を背後圏として廻米に励んだ石巻港

　日本海側を西廻り航路で廻米する拠点が酒田であったのに対し，太平洋側で東廻り航路で廻米するときの拠点になったのが石巻である。酒田港の背後圏が最上川の広大な流域であったように，石巻港の背後には北上川の流域が広がっていた。北上川の全長は249kmで，最上川より20kmも長い。これだけ長いと一国の領内だけでは収まりきらず，実際，南の陸前（宮城県）と北の陸中（岩手県）にまたがって流れている（図6-5）。河口部に港があるという

状況は酒田の場合と同じであるが，石巻は江戸へ向けての廻米に特化した港であったため，地元向け用の市がとくに立つということはなかった。それでも陸奥や陸中の諸藩は太平洋側の港に廻米を出し，石巻と江戸を結ぶ航路に結びつけようとしたため，石巻港の拠点性は大きかった。この点でも日本海側の酒田港と同じであった。

上述したように，酒田港—最上川と石巻港—北上川はいくつかの点で共通している。さらなる共通点を挙げれば，両方

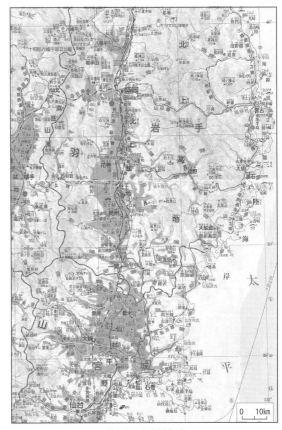

図6-5　北上川流域
出典：人そして川のウェブ掲載資料：（http://hitakami.takoffc
info/2014/05/kitakami_r_ov/）をもとに作成。

とも河川が排出する土砂の堆積で難渋してきたという歴史がある。石巻港では江戸後期になって河口が堆積物で浅くなり，海船のうち大きなものは河口に入れないか，入ったとしても河口のすぐ近くで瀬取舟との間で貨物の積み降ろしをしなければならなかった。河口のすぐ沖には「一之折」「二之折」と呼ばれる浅瀬ができ，そこに座礁して破船することもあった。いまひとつの共通点は，河川の中流から上流にかけて流れ方が大きく変化するところがあり，そこを境にして使う舟を変えなければならなかったという点である。

最上川の場合は大石田の川湊がそのような場所で，ここで荷物が積み替えられた。北上川の場合は河口から117km遡った黒沢尻がこれに相当した。これは上流部にある南部藩の廻米を輸送する場合であり，黒沢尻までは浅い水深でも航行可能な小繰舟を使った。これだと4斗3升（約65kg）入り米俵を100俵くらい積めた。黒沢尻から河口の石巻までは積載量の大きな平田舟を使って運んだ。これだと同量の米俵を350俵ほど運ぶことができた。

　同じように北上川を使って廻米を輸送する場合でも，上流部の南部藩（盛岡藩）と下流部の仙台藩では事情に違いがあった。南部藩は元々，内陸部で産する多くの荷物を馬や牛で奥州街道を江戸まで運んでいた。それが北上川の舟運機能が整備されたため，領内の年貢米や穀類を大消費地の江戸や大坂に運び出すことができるようになった。これで現金が手に入るようになり，藩の財政状況は改善された。とくに北上川と和賀川が合流する黒沢尻は奥州街道の宿場町でもあり，遠野や大船渡などからも物資が運ばれてきた。黒沢尻には南部藩の御蔵奉行所や川留番所なども置かれた。小繰舟が発着する盛岡側の湊は新山河岸と呼ばれ，ここから下り始めた舟は途中の黒沢尻で荷物を積み替え，4日ほどで河口の石巻へ到着した。しかし帰り荷の輸送は行きほど簡単ではなく，14日ほどかけて盛岡まで上っていった。むろん自力ではなく，舟に綱をつけて船引道と呼ばれる陸の上を引っ張っての航行であった。

　北上川を幹線水路とし，これに周辺から運び込んだ物資を結びつけて下流へ送るやりかたは仙台藩も同じであった。仙台藩の領内には51か所の河岸や舟場があり，とくに下川原，跡呂井，六日入などの川湊には，近隣から集められた廻米を一時的に保管・管理する御蔵場もあった。藩主の伊達政宗は，土木技術に長けた川村孫兵衛重吉を長州から招き，迫川と江合川が和渕で北上川に合流する工事を任せた。これにより南部・盛岡からの舟運利用と新田開発，それに洪水対策がともに実現した。仙台藩，南部藩のほかに一関藩も石巻に御蔵を建てたため，石巻は仙台藩経済の中心になった。仙台藩の政策で注目されるのは，独自の買米制度を使って藩財政を豊かにした点である。これは，春先に農民に買米の前渡し金を支払い，秋に収穫した米を江戸・深川に廻米して売却しその差額を得るというものであった。良質米で名高い仙

台藩の米は江戸での消費量の半分を占めるといわれたほど多く，藩が得る利益は大きかった。

　北上川で廻米輸送の主役を果たしたのは，御用穀船（ごようこくせん）と呼ばれる藩の雇い船であった。これ以外に渡世船（とせいせん）と呼ばれた民間の船も使われた。渡世船には役料と称する運行税が課せられ，肝入と呼ばれた村役人がその業務を担当した。幕末期には南部藩の御用穀船の小繰舟・平田舟だけでも90余隻あり，渡世船も合わせれば1,000隻近い舟が使用された。仙台藩も800隻余りの平田舟と500隻近くの千石船を使用していた。石巻港を発った千石船は当初は常陸の那珂湊や銚子港を経由して江戸へ向かった。その頃はまだ鹿島灘や銚子沖などを航行する技術が確立されていなかったからである。1671年に幕府が河村瑞賢に仙台米の安定的な輸送航路の開発を命じて以降，房総沖を迂回して相模の三崎や伊豆の下田にいったん向かい，ここで南西風を待って江戸湾に入るルートが利用されるようになった。酒田港が日本海側の東北と西国・大坂を結びつけたように，石巻も太平洋側の東北と関東・江戸を結びつけた。

3．木曽三川河口部にあり東西経済圏の接点であった桑名

　海洋に注ぎ込む河川の河口付近に港が形成されるという点では，桑名も酒田や石巻と同じである。ただし桑名が酒田や石巻と違うのは，河川が旧国，この場合は伊勢国を流れているのではなく，隣の美濃国や尾張国を流れていたという点である。酒田と羽前国，石巻と陸前国，陸中国という港と背後圏の例とは異なり，桑名は美濃や尾張を流れる河川の流域を背後圏としていた。こうした違いは，基本的には地形条件の違いに由来する。桑名は揖斐，長良，木曽のいわゆる木曽三川が収斂しながら伊勢湾に流れ込む河口に近接している（図6-6）。全国的に名の知られた3つの主要河川が河口部を共有しているのは，濃尾傾動地塊（けいどうちかい）の動きを受け，養老山脈側に傾きながら流路をとっているからである。南北に走る養老断層の東側に木曽三川が集まり，山脈が伊勢湾に潜り込むような位置に桑名はある。桑名の北東側には木曽三川が形成した広大なデルタ地域が広がっている。鉄道がいまだなく，木曽三川にも橋のなかった近世以前は，他国ではあるが美濃，尾張は桑名にとって水上交通で交易を行う背後圏であった。

図6-6　木曽三川と桑名

出典：Network 2010のウェブ掲載資料（http://network2010.org/article/441）およびKoutaro.nameのウェブ掲載資料（http://www2.koutaro.name/machi/kuwana.htm）もとに作成。

桑名のこうした地理的位置づけは，この都市が歴史的に果たしてきたゲートウェイ機能の一面を表しているにすぎない。他の一面は，桑名が所属してきた伊勢国の玄関口としての機能である。桑名が近世になって城下町になる以前は伊勢神宮と関係の深い皇室領として重要な機能を果たしてきた（西羽，1962）。桑名船と呼ばれる船が伊勢湾を南下して神宮へ上分米を輸送した。桑名商人は伝統的に自治意識が強く，1510年に近くの豪族・長野氏が桑名に侵入したさいには逃散で対抗したが，最終的には伊勢神宮の説得で長野氏を町から撤退させたという経緯がある。伊勢国を含めた西側との交易でいえば，近江商人が桑名へ出向き，美濃，尾張から集められた物資を買い求めている。これは近世初頭に制度化された東海道を結ぶ交易を思い起こさせる。このように桑名は三河を含む東海と伊勢，近江・奈良・京都などの畿内を互いに結びつける役割を果たした。

　桑名のルーツは現在の桑名中心部の北に位置する多度（尾津浜）にある。木曽三川が運び込む土砂堆積によって陸地が南へ南へと広がり，形成された３つの洲が一緒になって現在の地形へと変わっていった。関ヶ原の戦いの終

了後，徳川家康の後ろ盾を得ながら本多忠勝が「慶長の町割り」と呼ばれる城下町づくりに取り組んだ（山本，2014）。しかし先述したように，桑名の町人組織は結束力が強く，古い町人地の一段下側を開発せざるを得なかった。本多から松平へと領主は変わり桑名藩は財政難を理由に町衆に御用金を課すが，町衆は御内用会所を組織し一括して応じるようにした。これもまた桑名商人の力の強さを示している。この御内用会所は明治になると桑名銀行になる。

　木曽三川を使って河口の桑名まで運び，さらに海上を輸送した記録として古いものは，1422年に鎌倉の円覚寺正続院造営の用材が美濃から筏で送られてきたというものである。名古屋に城を構えた尾張藩は，自領の木曽谷から伐り出した木材を筏で桑名まで流し下ろし，さらに伊勢湾を横切って熱田・白鳥市場まで運び入れた。美濃には幕府領や旗本領が多く，そこからの年貢米が木曽三川を使って桑名に集められ，さらに海上を江戸まで運ばれていった。川船と海船では構造が違うため，河口の桑名で積み替えする必要があった。運ばれたのは木材や米だけでなく，陶磁器，和紙，織物などの加工品や薪，丸石なども輸送された。逆に桑名からは大垣，岐阜，犬山方面に向けて日常生活物資が輸送された。帆掛け船で風をうまく受ければ，木曽川の場合，犬山あたりまでは自走することができた。瀬戸内から運ばれてきた塩は小分けされて上流へ送られたため，桑名には塩問屋があった。そのほか廻船問屋，米問屋，倉庫業者，材木業者なども軒を並べていた。

　江戸時代，東海道で唯一，長い距離を海上移動する「七里の渡し」のルートの西の端が桑名であった。東の端の熱田が街道随一の旅籠屋数を誇ったのに対し，桑名はこれに次ぐ多さを示した。それだけ一般庶民や商人，それに参勤交代による移動が盛んであったことを物語る。朝鮮使節団の一行は内陸部を通ったが，琉球からの使節は七里の渡しを使った。七里の渡しを敬遠する旅行者は佐屋街道と三里の川の利用を組み合わせたルートを移動したが，西側の起終点はやはり桑名であった。桑名は東国方面に対して伊勢国へ出入りする玄関口・ゲートウェイであり，この役割は木曽三川に橋が架けられ鉄道が走るようになるまで続いた。つまり近代になってもしばらくの間はゲートウェイは維持された。しかし元々あった地形条件すなわち木曽三川の土砂

第6章　中世・近世の日本で活動した主な港と江戸四宿の役割

堆積のため，大きな船の陸への接岸が難しくなった。南側の旧天領・四日市が港湾整備に力を入れるようになったことが，桑名の港としての機能を最終的に奪った。

第3節　街道出入口としての江戸四宿の役割

1. 東海道・品川宿の役割

　江戸四宿あるいは単に四宿と呼ばれた宿場は，日本橋を起点に東海道，中山道，甲州街道，日光街道・奥州街道を旅するさいに最初に立ち寄る宿場であった（街と暮らし社編，2001）。それぞれ日本橋から2里以内の場所に設けられた。ただし甲州街道の場合は，当初，第一宿は日本橋から4里も離れた高井戸宿であったため，両者の間に宿場を設けることになった。これが内藤新宿すなわち現在の新宿のルーツである。五街道の中でも最も重要なのは東海道であり，その第一宿となった品川は規模も大きかった（図6-7）。現在の世田谷区，目黒区，品川区を貫くように流れる目黒川が当時の江戸湾に流れ込むあたりを中心に宿場は形成され，目黒川の南側を南品川，北側を北品川

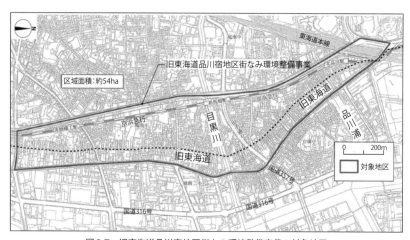

図6-7　旧東海道品川宿地区街なみ環境整備事業の対象地区
出典：品川区のウェブ掲載資料（https://www.city.shinagawa.tokyo.jp/ct/other000086400/machikan_1henko.pdf）をもとに作成。

と呼んだ。当初はこれら2つの宿場が品川宿を構成していたが，のちになって北品川のさらに北に歩行新宿が設けられたので三宿構成となった。歩行とは宿場に求められた歩行人足のことである。本来なら伝馬も必要とされるところ歩行人足の供出で宿場が認められたので，このように呼ばれた。目黒川の河口部付近は流路が湾曲しており流れが穏やかであった。このため湊を設けるのに都合がよく，自然に品物の取引が行われたため品川という地名が付いた。

　南北に長い品川宿の宿並は，道幅が3〜4間（約5〜7m），長さは19町40間（約2,143m）で，北は高輪町境から南は大井村境まで続いていた。宿場に付きものの問屋場は北と南に2か所あったが，1823年の大火で両方とも焼失してしまい，以後は南品川の問屋場だけになった。1712年には，荷物が定められた重量以内であるかを検査する貫目改所が問屋場と同じ建物の中に設けられた。問屋場の役目は，公用の旅行者のために次の宿場まで荷物を運ぶ馬（伝馬）と人（人足）を用意することである。品川宿の場合は東海道の第二宿目の川崎と，起終点の日本橋まで人馬を継ぎ立てた。公用の旅で事前に決められた人馬の範囲内なら無料，それ以上は有料であった。一般庶民や商人の荷物は，宿場や道端にいる駕籠かきや馬子との間で直接交渉をして賃銭を決めるのが普通であった。

　品川の駅や宿の歴史は古く，古代は官道の駅・大井駅が置かれていたと推定されている。中世の頃は鎌倉街道の宿場として品川宿があり，北条氏の時代は伝馬制のもとで品川宿が機能していた（荻窪，2010）。1590年に関東へ入部した徳川家康は，領国経営のために江戸を基点とする街道と伝馬制度に着手した。1596年には江戸〜小田原間の石切伝馬手形を与えたが，これは北条氏の時代から小田原石を細工する技量に優れた石工がいたことを家康が認めたからである。江戸時代になって東海道を旅する人が多くなり旅籠屋や水茶屋の数も増えていった。江戸市中からの遊山客も増加したため宿場はいっそう賑わいを見せるようになった。宿場人の生活必需品も含めて宿場で必要とされる品々を扱う商人の増加も著しかった。

　残された記録によれば，1838年の品川宿の家数は1,367軒で，そのほとんどは旅籠屋や水茶屋を営む商人か，農間の商い人，職人，漁民などであった。

農業だけで生計を営む農民は30にも満たなかった。5年後の1843年の調べによれば，商売人の店が601軒あり，その業種数は実に31にも及んでいた。いかに多種多様な商売が行われていたかがわかる。最も多いのは旅籠屋（111軒）で，水茶屋（64軒），質屋（40軒）がこれについで多かった。質屋がこれほど多かったのは，旅籠屋へ夜具や蒲団などを貸し出す権利が質屋に認められていたからで，質屋には本陣へ夜具を差し出す義務があった。また質屋とは別に損料屋が8軒あり，これも旅籠屋へ蒲団などを貸し出していた。旅行者目当ての店以外では，米屋，酒屋，八百屋，豆腐屋，荒物屋，薬屋，炭屋など，日常生活に欠かせない業種の店が軒を連ねていた。

　米屋は品川宿全体で25軒あった。江戸時代の庶民が白米を主食にするようになったのは，江戸中期以降のことである。天保期はすでに白米が主食で，品川の米屋には舂米屋と舂屋（米舂屋）の2つの業種があった。舂米屋は江戸市中に店を構える米問屋から玄米を仕入れ，それを白米にして小売販売する。これに対して舂屋は，近在の家に玄米を舂きに行く米舂人足を斡旋する業者である。これらは元はといえば別の業種であるが，実際は兼業することが多かった。南品川の寺社門前町家に舂屋を営む者が4名いた。なお1830年までは，玄米は海上や陸上を品川まで運ばれてくるものを直接仕入れていた。しかしこうした直接仕入れに対して芝金杉の米問屋から訴状が出されたため，その後は江戸近在で収穫された地廻り米を江戸の米問屋を通して仕入れることになった。芝金杉の米問屋は，品川で直接仕入れられては，自分たちの仕入分が少なくなり商売が続けられなくなることを恐れたのである。

2．日光街道・奥州街道・千住宿の繁盛ぶり

　歌川広重作の名所江戸百景には「千住の大はし」という一枚がある。荒川に千住大橋が架かり，両岸の船着き場には高瀬舟や平田舟が泊められ，南岸に材木が置かれているのがわかる。江戸幕府は江戸城を中心とする関八州（武蔵・相模・上総・下総・安房・上野・下野・常陸8国）と連絡する街道の渡しに橋を架けることを禁止した。しかし日光街道・奥州街道への初宿になる千住では1594年に荒川に橋が架けられており，いかにこの方面との交流が重要であったかがわかる。これが広重が描いた千住大橋である。千住は水戸

街道への分岐点にもなっており，水戸街道を通り千住の宿を経て江戸に向かう参勤交代の大名数は23を数えた。日光街道を往来した大名数は4，奥州街道からの37大名も千住を経て江戸に向かったため，全体では64の大名が千住の宿場を利用した。一般庶民や商人たちの往来も含め，この宿場がいかに多くの人々で賑わいを見せたかがわかる（塩見，1998）。こうしたことのため江戸四宿の中で千住は最大規模を誇り，1844年の時点で人口は9,556人，家屋は2,370軒を数えた。東海道の品川宿（7,000人，1,600軒）や甲州街道の内藤新宿（2,377人，698軒）を大幅に上回っていた。

　千住が江戸への下り荷と江戸からの上り荷の物資移動で繁盛したのは，荒川と綾瀬川が交わるように流れており，河川舟運の便に恵まれていたからである（図6-8）。江戸への下り荷として米・麦・雑穀の俵物，木材・戸障子・木炭・石灰，醤油・油などが運ばれた。このうち木材は青梅・飯能・名栗・越生から，石灰は青梅・飯能方面から送られてきた。江戸からの上り荷としては，麻・綿や染物用の原材料，荒物・小間物，砂糖・酢・酒，魚介類，干鰯・糠・木炭・油粕などの肥料，塩，石などが運ばれた。千住には「やっちゃば」と呼ばれた青物市場もあり，周辺農村で収穫された野菜類・穀類のほかに川魚類も取り扱われていた。千住の青物市場は神田，駒込と並び幕府の御用市場に位置づけられるほどで，幕末の頃には武蔵，上総，下総，常陸方面からも青果物が運び込まれ，ここから幕府の御用品として運ばれていった。市場には多くの問屋が集まり，毎朝，穀類，

図6-8　千住宿（大日本沿海輿地全図：1821年）
出典：Wikipediaのウェブ掲載資料（https://ja.wikipedia.org/wiki/千住宿）をもとに作成。

第6章　中世・近世の日本で活動した主な港と江戸四宿の役割

前栽物、川魚の市が開かれた。問屋は取扱品ごとに分かれており、米穀問屋、前栽問屋、川魚問屋などがあった。前栽問屋はさらに蓮根慈姑、土物、葉柄の各問屋に分かれるなど、かなり専門分化していた。

　このように、千住は単なる宿場ではなく河川舟運による物資の集散地・中継地として機能した。千住を中心に西側では荒川や新河岸川に沿って30近くの河岸が並んでおり、江戸方面との間で物資のやり取りが盛んに行われた。新河岸川沿いの河岸は東照宮再建のための荷上場を設置したのが端緒とされる。千住には橋戸河岸（千住河岸）と呼ばれた河岸もあり、秩父方面から荒川を下る高瀬舟が運んできた木材が積まれていた。広重の絵に描かれていたのはこの河岸である。近くには材木問屋が軒を並べて建っており、江戸で必要とする木材を背後圏から調達して供給する役割を果たしていた。江戸初期の頃は江戸深川が木材取り扱いの中心であったが、中期以降は木材を産出する山方荷主と筏宿と呼ばれた江戸近郊の木材取扱業者との間で直接取引が行われるようになった。千住の材木問屋はまさしくそのような動きの中で勢いを増していった。

　さて、千住の宿場としての役割に目を向けると、鮒屋8軒、穀屋、八百屋、胡粉屋、百姓が各2軒、餅屋をはじめとする13業種が各1軒、その他職業不明のものが23軒であった。これは1823年の記録であり、宿屋は岡場所にあるものだけでも45軒を数えた。これは千住の宿場が拡大した時期のもので、元々、千住は千住1～5丁目が本宿であった。1625年に日光・奥州両街道の初宿に指定されたことにより、地子免除の代わりに伝馬役・歩行役を負担することになった。土地に対して税を払うよりも宿場としての運送機能を果たすことが期待された。その後、近くで新田開発が行われた結果、掃部宿、河原町、橋戸町が新たに千住の宿場に加えられた。掃部宿の掃部とは、この新田開発に尽力した石田掃部介（亮）のことである。これら3つの町が千住の新宿に相当するが、宿場の発展はこれにとどまらず、さらに1660年、千住大橋の南側にあたる小塚原町と中村町が宿場に加わることになった。千住宿には本陣、脇本陣が各1軒あり、千住1丁目に問屋場・貫目改所が置かれた。掃部宿には一里塚と高札場もあった。江戸へ北東方面から人やモノが出入りするゲートウェイとして千住が発展を続けたことは、北から南へ宿場

の範囲が広がっていったことからもわかる。

3．中山道・板橋宿と甲州街道・内藤新宿

　江戸四宿を品川宿を起点に反時計回りに回ると，千住宿のつぎは板橋宿である。中山道に向かう日本橋からの初宿であるが，脇往還として江戸から川越方面へ向かう川越街道の分岐点でもあり重要な宿場であった（板橋区教育委員会生涯学習課文化財係編，2017）。川越街道が分岐していたのは板橋宿の中の平尾宿であり，分岐点は平尾追分と呼ばれていた。平尾宿は下宿とも呼ばれたが，これは板橋宿全体が北から南にかけて3つの宿によって構成されており，その一番下側すなわち南側に位置していたからである。北側すなわち上方側は上宿と呼ばれ，真ん中に仲宿（中宿）があった。上宿と仲宿の境目は，宿場全体の名前の由来でもある板橋が架かる上石神井川であった（図6-9）。板橋を渡って南へ下リ観明寺あたりに至ると平尾宿に入る。板橋宿全

図6-9　板橋宿（中山道分間延絵図：1806年）
出典：mustangCafe事務局のウェブ形成資料（http://tokyomaigo.com/itabashi.html）をもとに作成。

第6章　中世・近世の日本で活動した主な港と江戸四宿の役割

体の中心は仲宿で，ここには本陣があった。脇本陣は３つの宿場に各１軒置かれていた。仲宿は宿場全体の中心らしく，問屋場・貫目改所，馬継場，番屋が置かれていた。宿場全体の長さは20町9間（約2,200 m）で，このうち15町49間（約1,700 m）が街並みの続く街道部分であった。

　板橋宿が中山道と川越街道の分岐点であったように，江戸四宿のひとつ内藤新宿は甲州街道と青梅街道の分岐点であった（東京都編，1983）。しかし内藤新宿の歴史はほかの３つの宿と比べると新しい。というのも，甲州街道の江戸からの初宿は当初は高井戸宿であり，のちに日本橋と高井戸の中間にあたる場所にこの宿場が設けられたからである。その背景には浅草商人による新宿の設置要請があった。それまでは日本橋と高井戸が宿場の義務として人馬を提供してきたが，両宿の距離が長く負担が大きかった。このため高松喜兵衛など５名の浅草商人は，中間地点に宿場が設けられれば新たな事業利益が期待できると考えた。これを受けて幕府は審査を行い，5,600両の上納金を納めるという条件付きで願いを許可した。新たに設けられた場所こそ現在の新宿のルーツである内藤新宿にほかならない。内藤という名前は偶然か，信濃国高遠藩・内藤の中屋敷があった場所であり，ここの敷地を幕府に返上させることで新宿が生まれた。ただし，このあたりではそれ以前から内藤宿という呼び名があったようなので，高遠藩の内藤家とは関係がない。浅草商人のもくろみは新宿を繁華街・行楽地に仕立てて商いをすることであり，当初はうまくことが運んだ。

　内藤新宿は東は玉川上水の水番所のあった四谷大木戸まで，西は新宿追分までの東西約1,000 mがその範囲であった。四谷大木戸は，甲州街道を通る人や荷物を検める関所の一種であり，東海道・品川宿近くの高輪大木戸と同じ役割を果たしていた。新宿が西から順に上町・仲町（中町）・下町に分かれていたのは板橋宿の場合と同じである（図6-10）。宿場の三部構成は千住宿，品川宿も同様で，江戸四宿のように大きな宿場になると，細い帯状の街道は自然にいくつかに分かれるように思われる。高松喜兵衛は名を喜六に改め，代々，本陣を経営した。ただし本陣は火災やのちに述べる宿場の廃止などによる混乱のため，一時的に途絶えたこともあった。街道の利用が増えて宿場も栄えた結果，1718年には旅籠屋が52軒もあった。宿場に遊女を置くこと

ゲートウェイの地理学

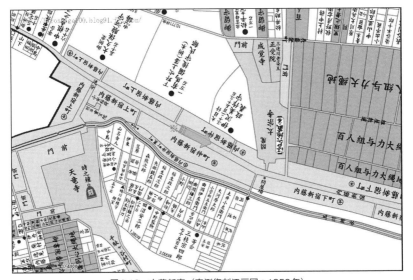

図6-10　内藤新宿（実測復刻江戸図：1856年）
出典：広重 Hiroshige「名所江戸百景」時空mapのウェブ形成資料（http://blog-imgs-30.fc2.com/h/i/r/hiroshige100/200910251144062d4.jpg）をもとに作成。

は許可されていなかったが，客への給仕という名目で飯盛女や茶屋女は雇われていた。

　こうして内藤新宿は誕生したが，20年後の1718年に幕府によって宿場は廃止されてしまった。廃止理由は甲州街道の利用が多くないということであったが，それは表向きにすぎなかった。実際は享保の改革の最中であり，岡場所として賑わっていた内藤新宿を風紀取締の対象として取り潰すことであった。幕府側のこうした処置に対し，高松喜六らは取り潰しによる宿場の疲弊や高井戸・日本橋の負担増を訴えた。宿場再開の条件として1,100両の上納を申し出たが，願いは叶えられなかった。その後も商人側と幕府側の双方から新宿再開をめぐってやり取りが行われたが，再開には至らなかった。こうした成り行きに変化が生まれたのは，品川宿，千住宿など宿場財政が危機的状況に陥ったからである。衰微状況から脱するためには，宿場の規制を緩め活気を取り戻す必要がある。消費拡大を主導する田沼意次が幕藩内で実権を握りつつあったことが，内藤新宿の再開への道を開いた。最終的に内藤

新宿が再開されたのは 1808 年以降のことで，このとき旅籠屋数は 50 軒，引手茶屋数は 80 軒であった。1764 年まで幕府は飯盛女は旅籠屋 1 軒に対して 2 人までとしていたが，以後は宿場ごとに上限を決めることにした。再開後の内藤新宿は千住宿，板橋宿と同じ 150 人で，品川宿の 500 人との間には大きな差があった。

コラム 6　木戸とゲーティッド・シティを地理学からとらえる

　木戸とは，かつて城塞が各地にあった頃，その出入口を表す言葉であった。その後，道路，庭，住居などへ出入るために設けられたところを木戸というようになる。とくに屋根はなく，開き戸を付けた木の門があるだけの簡素な場所であった。江戸時代になると，武家屋敷と町家の境目付近に番所を併設した門がつくられるようになり，これが木戸と呼ばれた。芝居・演芸などを演ずる興行場の出入口も木戸と呼ばれるようになり，中に入るさいは見物料として木戸銭を払った。木戸銭を木戸と略称することもあり，木戸銭が免除される場合は木戸御免といった。木戸が置かれる町の規模が大きい場合は 1 町単位で，規模が中小の町では数町単位で設置されるのが普通であった。江戸の場合，2 間ほどの間隔で建てた柱の間に両開きの扉がつられ，両脇には道路際まで柵が設けられた。板塀が取り付けられている木戸もあり，近くには木戸番のいる番小屋があった。

　木戸番は俗に番太郎あるいは番太と呼ばれ，午後 10 時には木戸を閉めて町内の火災の警戒にあたった。木戸の閉まった午後 10 時以降に通行人があれば，くぐり戸から出入りさせた。その場合は，「送り拍子木」を打って通行人がいることを次の木戸に知らせるのが習わしであった。木戸番は番小屋に家族と一緒に住み，町内から給金をもらって生活した。給金で生活費が賄えないときは，菓子や焼き芋，荒物などを並べて売って日銭を稼いだ。芝居・演芸などが行われる興行場の木戸に立つ番人は，口上をつかって客引きをしたり，客の出入りをさばいたりして売上を増やすようにした。こうした木戸に共通するのは，異なる 2 つの世界の境にあって人の出入りをコントロールすることである。コントロールすることで争いや事件を未然に防ぐことができた。

　相手が自然なら，堤防を築いて水の侵入を防いだり，柵を設けて動物が入ってくるのを阻止したりすることができる。しかし相手が人の場合は，一定のルール

を設けて出入りを制限するのが常である。昼間のみ通行を許す屋敷町の木戸や，入場料を支払った者のみ入ること認める興行場の木戸がそれである。人の出入りを制限する必要性は古今東西，多くの場所であった。近世まで日本の各所にあった関所や，通行税を徴収したヨーロッパ中世の都市などは有名である。現在でも，企業の本社や工場への出入りは厳しくチェックされる。大きなマンションなどでは，部外者が許可なしで建物の中へ入ることを制限している。いずれもセキュリティが第一に考えられており，出入りが制約されていることに意義を申し立てることはほとんどない。

ところが，都市内の一般的な住宅地域において，特定の区域への出入りを制限する事例が各地に見られるようになった。多いのはアメリカの都市であるが，中国や日本の一部の地域でも見られる。ゲーティッド・コミュニティ（gated community）すなわち壁や柵のような構造物で囲まれた住宅地区のことである。部内者など特定の関係者のみ限られた出入口を通って出入りすることができる。一般的な住宅地域と書いたが，もはやこのような住宅地域は一般的存在とはいえない。むしろほかの住宅地域から隔離された特別な存在であり，多くは隔離されていることを売り物にしている。つまり出入りが制限されているため部外者が近づく恐れがなく，安全性が保証されている価値のある住宅地域として不動産取引されている。住宅購入の希望者も安全性が確保されていることを評価し，入居したいと考える。売り手と買い手の思惑が一致すれば，売買は成立する。

ゲーティッド・コミュニティが集まって都市になれば，ゲーティッド・シティの誕生である。すでにアメリカではこの種の都市が存在しており，何ら疑問をもたれず受け入れられているように見える。日本ではそこまではいっておらず，コミュニティへの出入りを物理的に制限する事例はまだ少ない。しかし昔のように向こう三軒両隣は互いに助け合うのがあたりまえという住宅地域は少なくなってきている。とりわけ都市の郊外など歴史の新しい地域では，コミュニティ内部の付き合いは希薄である。そうした状況を憂慮し，自治会や町内会を組織して安全なまちづくりに取り組もうとする地域もある。ここには曲がりなりにも地域の治安はできるだけ地域の力で維持しようという思いがある。むろん警察や消防など公的組織もあるが，マンパワーには限りがあるため全面的に依存することはできない。

歴史的に存在した木戸と現代のゲーティッド・コミュニティの出入口，いずれも治安を維持し安全を確保するために，コストをかけて設けたものである。安全・安心はお金を払って買うものという意識が働いている点に共通性がある。武士と

町人の間に身分的格差のあった封建社会と，社会経済的階層に大きな開きが生まれている現代社会。時代は違い場所も違うが，空間を分けるというセグリゲーションの思想は通い合っている。身分の違う相手や階層に開きがある相手は基本的に信頼できないという思いが根底に潜んでいる。対話や交流をはじめから拒否し，親しく交わることを想定しない社会がそこにある。これをユートピアと呼ぶかデストピアと呼ぶか，答えは分かれるかもしれない。

第7章

近代日本における開港と産業発展・国土形成に果たした役割

第1節　横浜，神戸，新潟の開港と港湾活動の展開

1．横浜港開港の経緯と開港のインパクト

　横浜港が開港2年目の1860年に全国の貿易額の7割近くを占めたという事実は，いかに短期間に特定の港が全国的スケールで影響を及ぼすようになるかをよく示している。横浜港は明治を迎えるまで約8割の貿易占有率を示し，国内最大の貿易港の地位を維持した。同港の開港は，1854年の日米和親条約をふまえてその4年後に行われた日米修好通商条約の交渉において決められた。そのさい，アメリカ側が示した当初の提案は，すでに開港していた下田，箱館のほかに大坂・長崎・平戸・京都・江戸・品川を開港・開市するというものであり，神奈川あるいは横浜は開港の候補地には含まれていなかった。にもかかわらず，最終的に神奈川に港を開くことになったのはなぜであろうか。この点に関しては，日米修好通商条約の交渉に関わった岩瀬忠震の存在が大きかった（森，2001）。交渉責任者は老中首座の堀田正睦であったが，その堀田に対し貿易取調御用を命じられた岩瀬が横浜開港を求める意見書を提出していた。岩瀬の意図は大坂開港を阻止することであった。当時，大坂は水陸両面において国内物流の中心であり，その利権の7，8割は上方商人が握っていた。そのうえ海外との貿易利権を上方に取られては，繁栄は大坂ばかりで江戸をはじめ全国の経済発展は望めないと考えたのである。

　こうした岩瀬の考えは，一国が海外に向けて窓を開こうとするいわば歴史の転換点において，政治的意図や政策がその後の情勢に大きな影響を及ぼすことを示している。関東に幕府があり政治的には中心であっても，経済的には関西が大きな力をもっている。まして関ヶ原の戦い以来，徳川方の江戸幕府と敗者として命脈を保ってきた西国諸藩との間の政治的対立は隠然として

存在していた。倒幕の動きさえ見え隠れする時代でもあったことを考えると，江戸に比較的近いところで開港しようという岩瀬の主張は，経済よりはむしろ政治や社会の見地から理解する必要がある。

　横浜が開港されたことにより，生糸，茶，銅などが輸出されるようになった。生糸は関東・甲信地方が主産地であり，茶は静岡でこれも関東に近い。つまり横浜開港は江戸を中心とする地域に一番の恩恵をもたらしたといえる（高木編著，2014）。ただし，開港にともなって輸出用生糸の需要が急増したため国内での需給バランスが崩れ，結果的に物価の高騰を招いた。このため幕府は生糸の輸出を抑えるために，直接，横浜港に輸出品を持ち込むことを禁止した。この措置は雑穀，水油，蝋，呉服にも適用されたため，すべて江戸の問屋を経由して輸出が行われるようになった。しかしこの政策には反対が多く，4年ほど経過して廃止された。五品江戸廻送令と呼ばれるこの政策は，幕府が財政再建を目指して実権を握ろうとする政治的意図がその背景にあった。ここにも貿易を政治的に利用しようとする体制側のもくろみを見て取ることができる。

　横浜開港の決定に至る過程でいまひとつ見落とせないことがらがある。それは港の位置に関してであり，近代以降における港の発展や港湾都市の形成過程に与えた意義の大きさを考えると看過できない。日米修好通商条約の締結交渉の結果，神奈川に港を開くことは明記された。そのさい日本側は，神奈川の中には横浜も含まれるという認識をもっていた。ところが相手側のアメリカのタウンゼント・ハリスをはじめ同様の修好通商条約を結んだ外国の代表たちは，神奈川は東海道の神奈川宿のことだと理解していた。彼らが僻村状態の横浜を開港場とする幕府側の案に反対したのは，交通の不便さを憂慮したからだけではない。東海道から離れた位置を開港場とすれば，長崎の出島のように外国人を隔離した状態での貿易活動になることを恐れたからである。実際，幕府側には日本人との接触が多くなる東海道沿いを避けたいという気持ちがあった。その後の経過を見ると，神奈川宿は海岸近くにまで台地が迫っており，外国人居留地を設けるのが難しいことが調査の結果明らかになった。つまり地形条件も日本側に味方し，うら寂しい寒村に開港場が設けられることになった。

輸出用生糸が横浜港に集まるようになり，需給バランスを崩して価格高騰を招いたことはすでに述べた。国内産の生糸価格が上昇したため，桐生，西陣，博多，八王子，秩父など国内の絹織物産地では生産が困難になった。折り悪く1863年は大霜害のため繭の収穫が例年の半分ほどに減少したため，産地の生産をいっそう困難にした。一方，横浜港で輸入される主な製品の中に綿織物があった。イギリスなどから入ってくる機械生産による安価な綿織物であり，これが真岡，塚越，足利，河内などの綿織物業者を圧迫した。こうしたことから，海外貿易の開始による輸出入品が国内経済を混乱に陥れたことがわかる。ただし，この種の混乱現象はこの時期に限らず，いつの時代にもみとめられる。それが目立つのは，これまでは国内スケールの中でそれなりに生産と消費のバランスが保たれていたからである。それが海外貿易の開始によって国内産業が大きなインパクトを初めて受けたわけであり，影響は無視できなかった。近代という時代を迎え，港湾が国際的スケールでゲートウェイ機能を担うようになり，良くも悪くも国内に大きな影響をもたらすようになる最初の事例を，横浜開港に見ることができる。

　図7-1は，開港して間もない頃の横浜港を描いた鳥瞰図である。北側から見ると，中央にのちに象の鼻と呼ばれるようになる突堤が築かれていることがわかる。向かって左側（東側）に外国人居留地があり，右側（西側）には

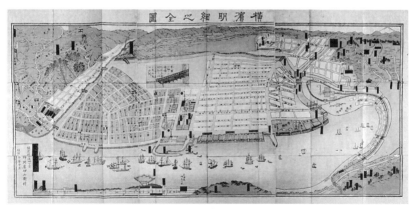

図7-1　開港当時の横浜港（1873年）
出典：文化遺産オンラインのウェブ掲載資料（https://bunka.nii.ac.jp/heritages/heritagebig/249505/1/1）をもとに作成。

第7章　近代日本における開港と産業発展・国土形成に果たした役割

市街地が広がっている。中村川が居留地とその左側に続く市街地・丘陵地との境界になっており，居留地への立ち入りは制限されていた。中央の突堤の右側に倉庫施設が海岸に沿って建ち並んでいた。さらに右側に進むと大岡川が海に流れ込んでおり，その向こう側に鉄道線路が描かれている。ここが当時の横浜駅（現在の桜木町駅）であり，日本で最初に開業した新橋～横浜間の西の端の横浜駅である。線路がここで止まっているのは，大岡川を越えて港の中心にまで鉄道を伸ばすことに反対があったからである。船会社や回漕業者が港の敷地を線路で分断されるのを嫌がったとされるが，外国と直接つながる港湾地区と既成市街地の間を簡単には連絡させたくないという考えが依然として強かった。横浜港が近代的なゲートウェイ港として本格的な役割を果たしていくには，なお時間を要した。

2．繊維・雑貨品の輸出港として横浜港の背中を追った神戸港

　神戸の市章は半円を2つ重ねたカタカナのカの字のようなデザインである。このデザインの由来をたどると，神戸港の開港とその後の建設過程を知る手掛かりに至る。まず開港であるが，横浜開港から9年遅れ1868年にとりあえず第1波止場に神戸運所（税関）を設けて神戸港はスタートした。その場所は平清盛や僧行基との関わりでも知られる大輪田泊つまり兵庫津ではなく，その東側の神戸村であった。当初は兵庫津での開港が予定されたが，現地を視察したイギリス公使のハリー・パークスが遠浅地形を嫌い開港予定地を東側に変更した。兵庫津には古くからの集落があり，新たに外国人が生活する居留地を設ける余裕が見い出せなかったことも変更理由であった。こうして開港場は東の神戸に決まったが，歴史のある西側の兵庫津ものちには神戸港の一部として組み込まれていく。

　前述の市章が決められた1906年は神戸港の第1修築工事が開始された年であり，神戸港が本格的な近代港湾として建設されていく記念すべき年でもあった。市章を考案したのは当時の神戸市長で港湾建設に尽力し築港市長とも呼ばれた水上浩躬であった。水上は，かつて扇港とも呼ばれた兵庫津と新たに建設しようとする神戸港がともに扇形の湾形をしていることに注目した。そして両方の扇形を組み合わせ，神戸の歴史的仮名遣いである「カウベ」

ゲートウェイの地理学

の「カ」を表すデザインを思いついた。歴史を重ねてきた古い港と，これから建設する新しい港のイメージを重ねることで，港の時間性と空間性の両方を表現しようとした。単純な図柄にも奥深い意味合いが込められている。

　当初，外国船との貿易が許された唯一の波止場である第1波止場につづいて，第2〜第4波止場が開港の年に建設された（図7-2）。第3波止場は近くにアメリカ領事館があったことからメリケン波止場とも呼ばれたが，のちにアメリカと戦うことになった戦時中は呼び名が万国波止場に変更された。第1波止場の北側には外国人居留地が設けられた（田井，2013）。もとはといえば砂地の湿地帯であり，設計を任されたイギリス人技師のジョン・ハートは居留地を22のブロックに分け，さらに126の整然とした区画に変えた。1868年にこのうちの36区画が第1回目の永代借地権の競売にかけられた。その結果，イギリス12，アメリカ10，オランダ7，フランス4，ドイツ3の区画配分が決まった。借地権の競売は翌年も行われ25区画が分譲，さらにその翌年には60区画が分譲された。開港直後の港湾整備も進み，1870年に大坂運上所との間で電信ケーブルが引かれ，翌年には和田岬に洋式灯台が設

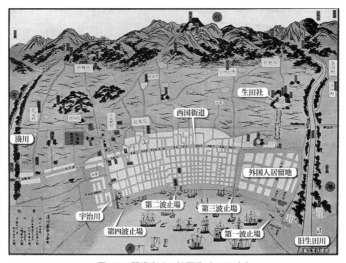

図7-2　開港当時の神戸港（1868年）
出典：三井住友トラスト不動産のウェブ掲載資料（https://smtrc.jp/town-archives/city/kobe/p09.html）をもとに作成。

けられた。

　明治維新前後に開港した横浜や神戸での貿易形態は，日本人の商人が開港場（居留地）へ出向いて外国人商人（外商）に生糸や茶などを売り込んだり，綿糸・綿布・毛織物を外商から買い取ったりするというものであった。外商が主導権を握る居留地貿易では日本人商人は主体性を十分発揮することができなかった。居留地では外商による一方的な契約廃棄や買い叩きなど目に余る行為も見られた。これは多分に日本人商人が国際貿易の知識やノウハウを欠いていたからである。こうした状態をよしとせず主導権を日本側に取り戻そうとする「商権回復運動」が起こってきた。1880 年に東京生糸商会が設立されたのはその一例で，当時，地域産業の中心をなしていた養蚕製糸業の発展を阻害する要因として通商の不平等が指摘されるようになった。

　こうした動きが契機となり，海外にも支店を置く貿易商社を設立する動きが現れた。しかし 1873 年から 1880 年にかけて生まれた商社のほとんどは，東京か横浜に本社を置く会社であった。しかもそれらの多くは明治政府の要人との強いつながりをベースに生まれたものであった。日本人自身が主体的に貿易を行う直輸商社の設立は，政府のお膝元である東京や横浜に有利であった。この点で，東京から遠く離れた神戸の地理的不利は否定できなかった。ただし政治色の色濃い関東系の貿易会社の多くは長続きしなかったのも事実である。いずれにしても，近代初期の国際貿易の黎明期にあっては，政治と経済が深く結びついた貿易活動に特徴があった。

　このように，近代の初期においては先に開港し政治的中枢にも近い位置にあった東京，横浜を中心とする貿易のウエートが大きかった。しかし，1889 年に設立された兼松をはじめ神戸でも直輸商社が登場するようになる。なかでも鈴木商店は神戸に本社を置く貿易商社として飛躍的な発展を遂げたことで有名である。1917 年には関東系の三井物産と並ぶかそれを上回る取扱額を達成するに至った。砂糖取引からスタートした鈴木商店は，明治末期に門司の製糖所を売却して得た利益を元手に企業買収を繰り返しながら成長しコンツェルンを形成した。同社の急激な発展の背景には第一次世界大戦による大戦景気があった。造船や海運で沸き立つ神戸港をベースに，大きな貿易取引額を上げることができたのである。ちなみに同社が三井物産の貿易額に追

いついたといわれた1917年は，神戸港が横浜港を抜いて国内最大の貿易港になった年である。開港半世紀にして神戸は横浜を追い越した。

　その神戸港の貿易内容であるが，明治中期から昭和初期にかけて輸入品のトップは綿花が占めた。圧倒的ともいえるシェアであり，神戸港は背後に広がる紡績工場に向けて綿花を供給する拠点となった。国産綿を使用していた段階はすでに遠ざかり，インド，アメリカ，エジプトから大量の綿花が輸入された。とくに明治後半以降はインド綿が多くを占め，神戸港から阪神地区に広がる紡績工場へ運ばれていった。当時は鐘淵紡績，尼崎紡績，東洋紡績，大阪合同紡績，岸和田紡績などの工場が大阪湾沿いに多く分布していた。こうした工場で生産された綿糸や綿布は，製品として神戸港から輸出されていった。1902年と1918年の輸出品のトップは綿織糸であり，第2位以下との間には大きな開きがあった。主な輸出先は朝鮮，中国をはじめとするアジア圏である。綿製品の派生品である生金巾・シーチングやメリヤス製品の輸出額も上位にあり，まさに原料の綿花を神戸港で輸入し，その製品を神戸港から輸出する典型的な加工貿易体制が構築されていった。

　綿花の輸入と綿製品の輸出に特化したような神戸港であったが，実際にはそれ以外の貿易品にも特徴があった。同じ繊維でも国産の生糸に関しては，横浜港との間で綱引きにも似た関係があった。もともと中部，北関東，東北が主産地である生糸は横浜港が輸出拠点として有利であった。ところが第一次世界大戦後の不況でヨーロッパへの輸出が振るわなかったのに追い打ちを加えるように，1923年9月の関東大震災が横浜港に大きな被害をもたらした。輸出総額の7割近くを生糸が占めていた横浜港にとっては大打撃であったが，生糸産地は代わりの輸出港を探さなければならない。当然その港は神戸港であり，以後，「生糸二港制」のもとで神戸港からも生糸が輸出されるようになった（小泉，2013）。

　震災翌年の神戸港からの生糸輸出は全国の1割程度であったが，昭和初期には全体の4分の1程度にまで増えた。絹織物シェアの増加はもっと大きく，1922年の8％が5年後には64％にも達した。綿製品や絹製品以外でも神戸港からの輸出には特徴があり，マッチ，麦稈真田，花筵，陶磁器などいわゆる雑貨品が多く輸出された。このうちマッチは1877年に神戸刑務所にマッ

チ工場を設けたのを皮切りに神戸周辺にマッチ工場が生まれ，その数は60にも上った。生産の8割は中国や東南アジア向けの輸出用で，アメリカとスウェーデンのマッチ会社と並び世界市場を三分するまでになった。

3．河川港ゆえの課題克服に難渋した新潟港の近代化

　新潟は，日米修好通商条約によりすでに開かれていた箱館のほかに神奈川，長崎，兵庫とともに開港することが決められた港であった（図7-3）。日本海側では唯一の開港予定地であり，この決定は北前船の主要寄港地として大いに賑わった近世・新潟港の繁栄ぶりからすれば当然のことのように思われた。ところがいくつかの理由から新潟港の近代港としての整備は遅れを重ね，満足な成果を上げることができなかった。これは鉄道もなく唯一，舟運・海運が大量輸送手段であった時代に栄えた港が，近代になって政治体制も変わり，新しい時代にうまく対応できなかった一事例である。むろん現代は日本海地域における重要港として新潟港はゲートウェイ機能を果たしているが，近代初期にあっては自然条件克服の難しさ，輸送手段の変化，政治社会的課題な

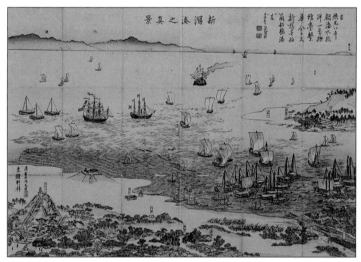

図7-3　開港直前の新潟港（1859年）
出典：Wikipedia のウェブ掲載資料（https://ja.m.wikipedia.org/wiki/ファイル:Nishiki-e_-_View_of_Niigata_Port.jpg）をもとに作成。

どが輻輳し港湾として十分な役割を果たすことができなかった。とくに河口部に位置するため遠浅になりやすい港湾条件は宿命的でさえあり，横浜，神戸にはない課題を背負っていた（新潟市編，2011）。

　近世から近代にかけて新潟港がいかなる状況変化に直面したかを知るためには，近世における新潟港の繁栄ぶりにまず注目する必要がある。米社会の当時，村上藩，松村藩，長岡藩，会津藩など新潟港の背後圏から領国米が集められ，大坂方面へ運ばれていった。とくに新潟港にとって幸いしたのは，村上藩と沢海藩からの米が多く，全体の4割近くを占めたことである。両藩からの米搬出はもともとは新潟港ではなくその東側の沼垂港で行われていた。新潟港が河口の信濃川と沼垂港が河口の阿賀野川は本来は別の川であるが，それらは末端近くで合流していた。両港は河口付近の交易権をめぐって対立することがあったが，幕府の裁量で村上，沢海両藩の米は新潟港が取り扱うことになった。新潟を支配する長岡藩が，沼垂を治める新発田藩に政治的に勝ったのである。この結果，新潟港は急増した年貢米取扱量を背景に大いに栄えた。年貢米以外に民間の業者が取り扱う米や物資も多く，北からは昆布・ニシン・紅花，西からは塩・鉄・木綿・小間物など多種類の物資が新潟港を経由して取引された。

　こうした新潟港の繁栄ぶりが一変したのは，底の浅い小さな和船ではなく西欧では普通の大型蒸気船の使用が一般的な時代へと港湾を取り巻く状況が変化したからである。1858年の日米修好通商条約で開港が決まったものの，実際に開港したのはその11年後のことであった。この間，条約締結国は新潟港が信濃川の河口にあり水深が浅くて大型船が入港できず安全に停泊できないことに不満を漏らした。日本海からの強風で新潟港に入港できない場合は佐渡ヶ島・両津湾の両津港を避難用の補助港として使用するという条件も用意し不満をかわそうとした。こうしてなんとか開港にこぎつけたが，土砂が堆積しやすい河川港の弱点は隠しようがなく，結局，オランダとアメリカは開港の翌年に，イギリスとドイツはさらにその12年後にいずれも新潟の公館を閉じて撤退してしまった。

　欧米諸国の新潟港に対する厳しい評価はけっして偏ったものではなかった。1877年に第四国立銀行と大蔵省が産業事情の一環として新潟港の評価

第7章　近代日本における開港と産業発展・国土形成に果たした役割

を下しているが，ここでも大型船が利用できない欠陥が指摘されている。客観的に見て，新潟港は新時代の港湾として条件を整えていなかったのである。そこで，こうした課題を克服するために，地元の政財界は政府に対して港湾整備の促進を再三にわたって陳情した。政府は信濃川全体の調査が優先されるべきだとし，新潟港の改修事業は後回しにした。1895 年になってようやく信濃川流末の改修工事の実施が決定され，予定より 2 年遅れたものの 1902 年に工事は完了した。この工事で港内の水深は 3 〜 4.5m 確保できる目処がついたが，大型船の入港は依然として困難なままであった。

　改善されない新潟港の不振状況は，1878 年に中国・ヨーロッパ向けに米を輸出して 60 万円ほどの貿易額を記録したが，この額をその後も 10 年以上にわたり上回れなかったことからも明らかである。1900 年代に入っても状況は好転せず，全国の主要 15 港の中での順位も良い年で 11 位，あとは 14 位にとどまった。日本海側のライバル港ともいえる敦賀港との比較では，1906 年こそ貿易額で 2 倍を記録したが，この年に敦賀〜ウラジオストク間の直航便が開設されると，翌年は形勢が一気に逆転するというありさまであった。

　敦賀港に追い越されたという危機感から，3,000 トンクラスの大型船が入港するには信濃川河口を大規模に浚渫する必要があると考えられるようになった。頼みは国費の投入で，国は大河津分水の開削事業と抱合せで河川改修工事に予算をつけた。大河津分水とは，信濃川下流部の洪水対策のため中流部で直接日本海へ流出させる分水路のことである。分流すれば河口での土砂堆積量は減少するため，浚渫と合わせて実施すれば効果が出るはずであった。しかし結果はというと，新式灯台は設置されたが，肝心の大型船接岸用の埠頭はおろか埋め立ても十分にできず事業は終わってしまった。

　その一方で阿賀野川側の沼垂港は埋め立て可能な空間に恵まれていたため，にわかに沼垂を新潟に取り込むというアイデアが登場してきた。要は新潟市と沼垂町の合併話であり，これについては一部に反対はあったが，1914 年に実現した。合併後の新潟市は，市の予算の 8 倍にも相当する事業費を港湾整備につぎ込んだ。しかし第一次世界大戦による好況で工事資材が値上がりし，予算不足で結局この事業は新潟県に引き継がれることになった。こう

して新潟港の広域的な改修事業は進められることになったが，事業推進の最大の障害は土砂堆積の多い河川港であったということに尽きる（新潟市編，1969）。近世の繁栄を取り戻すという目標を掲げ，困難な自然条件克服のためにいかに政治的，経済的な努力が払われたかという事例を新潟港から学ぶことができる。

第2節　特別輸出港，開港外貿易港としてスタートした地方港

1．海峡地点と石炭資源を立地要因として開港した門司港

　海峡の一方の端は，海峡を挟んだ相手側のもう一方の端と連絡しやすい潜在的可能性をもっている。津軽海峡なら青森と函館，関門海峡なら下関と門司がまさしくそのような関係にある。しかしこれら海峡の端が単なる渡航地点であるなら，せいぜい貨物の積み替えや人の乗り換えのための機能が生まれるだけであろう。海峡の端から内陸へと広がっていく地域を背後圏としてもっていなければ，ゲートウェイ機能は生まれない。場合によっては，向かい合う海峡の向こう側に広がる地域も背後圏として手中に収めることができるかもしれない。このように，普通の港とは異なる可能性を秘めているのが海峡に面した港湾の特徴である。しかしいうまでもなく，このような地理的条件をそなえた地点がすべて港をもつとは限らない。近くに同じような条件のライバルが存在することもある。そのような場合は，これとは別の有利な条件に恵まれていなければ港は生まれない。

　さて，九州の玄関口ともいわれる門司は，室町時代に遣明船の港であったという歴史はあるが，近代になるまで本格的な港としては存在しなかった（門司郷土叢書刊行会編，1981）。門司と向かい合う海峡の向こう側の下関は，近世を通して北前船が上方へ向けて航行するさいに立ち寄る港として栄えた。そもそも門司を九州の玄関口とみなす考え方は，近代になって鉄道網が整備されていく過程で強まった。鉄道以前の連絡船時代には徳山港〜馬関港（現・下関港）〜門司港を連絡する航路があった。その後，この航路は下関港〜門司港の関門連絡航路となるが，本州側は下関駅に，九州側は門司駅（現・門司港駅）に鉄道によって物資や人を集め連絡しあう機能が生まれた。これが

関門連絡船のターミナル機能であり，1969年に関門トンネルが開通するまで連絡機能を果たした。門司と下関が選ばれたのは，九州と本州の距離が最短になるからである。この点ではライバルとなる港は存在しなかった。

　室町時代に勘合貿易の拠点であった門司がその後，港の機能を果たさなくなったのは，北九州のライバルともいえる博多や小倉にその地位を奪われたからである。明治初期の門司は一寒村にすぎず，製塩業を生業とする人口3,000人にも満たないところであった。このような一寒村に近代的な港湾を設ける機運が生まれたのは，ひとえに国際情勢のなりゆきゆえである。すなわち近代国家の確立を目指す明治政府は，貿易立国の実現のために港湾からの輸出に力を入れていた。全国に多くの港はあるが，当初，外国貿易のできる開港場として認めたのは神奈川，長崎，新潟，兵庫，箱館の5港にすぎなかった。輸出を増やすには，当時の日本で多く産出した米，麦，麦粉，石炭，硫黄などを港から送り出す必要があったが，これらは概して重量があるため産出地の近くから輸出するのが理にかなっている。このため政府は1889年に特別輸出港という制度を設け，不開港の中からこれらの物資に限って輸出できる港を指定した。港湾までの輸送費を節約するという観点からすれば合理的な制度であった。

　特別輸出港制度が発足する3年ほどまえから，門司周辺では港湾の建設事業を構想する動きがみとめられた。その中心にいたのが佐野経彦であり，1886年に福岡県に対して門司港の築港を申請した。門司が築港に適しているとされたのは，①深い水深が確保できるという地形条件，②船が荒波を避けて停泊しやすいという湾形条件，それに③本州との連絡に好都合という地理的条件の以上3つを兼ねていたからである。しかしこうした地形的，地理的条件にもまして重視されたのは，北九州に豊富に存在する石炭の産地に門司が近いという条件である。国内で産出する資源を運びやすい近くの港から輸出するという特別輸出港制度の条件にぴたりとあてはまる。佐野経彦は同郷の高山定雅や山口県の豊永長吉と一緒に塩田の埋め立てを計画し，築港事業にそなえた。遠浅の塩田を埋め立てれば，その先は水深の深い天然の良港であった。

　こうして民間人による門司港築港計画は，時代の波を受け止めるようにし

て構想された。ところがこの構想に対して当時の福岡県令の安場保和が介入してきた。安場は、鉄道建設も視野に入れながらより規模の大きな計画にするように申し出たのである。門司港建設は、民間だけでなく県も築港事業に参画して進める方向へと動いていった。民間側は事業を進めるために、渋沢栄一や浅野総一郎など当時の財界指導者が株主として名を連ねた門司築港株式会社を設立した。県令の安場は、まだ鉄道が九州になかった時代に炭鉱から石炭を鉄道で港まで運び、そこから海外へ輸送するアイデアを構想するなど、かなり先見の明に優れた人物であった。ちなみに九州での鉄道開業は1889年の博多〜千歳川間が最初であり、門司（現在の門司港）〜遠賀川間は1891年であった。鉄道事業を担った九州鉄道会社が本社を門司に置いたことは、当初から門司を九州一円の鉄道網の起点と考えていたことを物語る。

　門司港が期待通りの役割を果たしていったことは、特別輸出港に指定された翌年の1890年の入港数86隻が8年後には1,000隻を超え、全国で5番目に多かったことからも明らかである。輸出に限定された港であるため輸出額だけで比較すると、横浜、神戸との差は大きいものの、長崎についで第4位であった。さらに石炭輸出に注目すると、特別輸出港指定の翌年は全国で第3位、6年後の1896年にはトップに躍り出た。こうして着々と輸出実績を積み上げていった門司港は、1899年に念願の開港指定を受けた。この年はこれまでの貿易港制度が大幅に改正された年であり、門司港をはじめ22の港が開港指定を受けた。このとき指定を受けた22港のうち7港は、現在の門司港税関の管轄範囲に含まれていた。当時は朝鮮、中国方面とのつながりが多く、重視される港湾は九州地区に多かった。

　ほとんど石炭輸出を目的に設けられた門司港は、開港場の指定を受けて以降、綿糸、木材、製糖などを輸出品目に加えるようになった。このうち綿糸、製糖は、繰綿、砂糖を門司港から輸入し、背後にある工場で生産したものである。輸出に加わったセメントを含め、門司港周辺に進出してきた紡績、製糖、セメントの各企業による生産が輸出品目の多様化に寄与した。1901年に83％を超えていた輸出全体に占める石炭の割合は1907年には40％にまで低下した。この時期、北九州では日本の工業近代化の一翼を担う企業の立地が続いた。1901に生産を開始した官営八幡製鉄所はその代表格であるが、

第7章　近代日本における開港と産業発展・国土形成に果たした役割

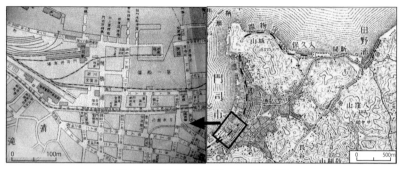

図7-4　門司港（左：大正期，右：昭和初期）
出典：British Collection IN THE MOOD のウェブ形成資料（http://inthemood.way-nifty.com/mojiko/
2008/08/post_a7c8.html）および「九州　街あるきの旅」のウェブ掲載資料（http://blog.livedoor.jp/
moonchild4-machi/archives/25016975.html）をもとに作成。

それより先に浅野セメント門司工場が1893年に操業を開始している。1904年の関門製糖所，1908年の明治紡績なども，門司港に引かれて立地した。

　こうして門司が石炭輸出だけでなく多様な製造業が集積する都市として発展していくにつれ，港湾地区の市街地化も進んでいった（図7-4）。商船会社や鉄道会社はむろんのこと，日本銀行の支店をはじめ国内の主な都市銀行や台湾の銀行も顔を揃え，門司が単なる港湾都市でないことを示すようになった。文字通り九州の玄関口としての顔であり，海運業，鉱業，製造業，金融業などが結びついた近代都市を象徴する都市になった（堀，2017）。門司の工業化が先行して若松，八幡，戸畑でも工業化が進み，最終的には商業中心地の小倉を含めて大都市・北九州市の誕生へとつながっていった。脱工業化が進んだ現在，近代工業化の役割を果たし終えた門司港は，過去の都市産業遺産をそのままレトロな雰囲気で包み，内外から訪れる多くの観光客をもてなしている。

２．歴史的，地理的情勢の中で盛衰を繰り返した敦賀・長浜

　海や川に面して生まれた港が近代になって背後を鉄道が通るようになり，それまで果たしていた水上交通の役割を奪われるという事例は各地にある。交通手段の変化にともなう港の衰退が都市を萎えさせる。しかし港の背後を走る鉄道は一気に建設されるとは限らず，一時的にせよその鉄道が港に活気

ゲートウェイの地理学

を呼び込む場合もある。また中には，当初建設された鉄道のルートがその後の情勢変化で変わったため，港の中継機能が消滅するようなケースもある。これは，物資や人を集めて遠方へ送り出すゲートウェイ機能が近世から近代へと移り変わっていく時代の移行期において，その役割や性格を大きく変えた事例である。

　日本海に面する福井県の敦賀港と琵琶湖に面する滋賀県の長浜港に，そのような事例を見ることができる。これら2つの港は，東北や北陸から京都・大坂方面へ米を輸送するルートとして使われてきた歴史がある。北前船で日本海，瀬戸内を廻り，直接，上方へ廻漕するようになるまえのことである。敦賀と長浜の間には南北方向の山地がいくつも並ぶようにあるが，その谷間をつないでいけば距離は50kmほどにすぎない。ここがショートカット・ルートとして古くから利用されてきたことは十分理解できる。明治新政府が発足して間もない1869年に最初の鉄道建設候補地として，東京〜京都，東京〜横浜，京都〜神戸と並んで長浜〜敦賀を挙げたのもうなずける。太平洋側と日本海側を結ぶのに，これほど短距離で実現できるルートはほかにはない。

　明治政府のこうした判断にもとづき，1880年に敦賀〜長浜間で鉄道建設が始められた。途中に山地があるためそこを除いたルート部分が2年後に開通した。さらに2年後，山地をトンネル（柳ヶ瀬トンネル，1,352m）で貫き全区間が開通した。敦賀（港は金ヶ崎）〜長浜間が全通したことにより，敦賀港の年間取扱額は開通前の200万円（1881年）から開通後の1,100万円（1889年）へと急激に増加した。1884年には県内のライバル港であった坂井港とほぼ同額であったのが，4年後の1888年には7.5倍にもなり圧倒した。当時の日本の鉄道，たとえば東京〜横浜間では総収入に占める貨物収入の割合は15％程度であったのに対し，敦賀〜長浜では40％を上回った。いかに日本海と琵琶湖を結ぶルートで多くの物資が輸送されたかがわかる。しかし敦賀港に活気をもたらした鉄道も，その延伸にともないやがて敦賀港にマイナスの影響をもたらすようになる（敦賀市立博物館編，1999）。敦賀から北へ向けて福井までが1896年に開通し，その後も小松，金沢，高岡へと延ばされていった。1900年には富山までが開通し，これによって北陸本線は全通した。鉄道全通の影響は大きく，それまで北陸地方の各港から敦賀港へ廻漕されて

第7章　近代日本における開港と産業発展・国土形成に果たした役割

いた米などの物資が北陸本線で運ばれるようになった。

　鉄道全通によって受けた敦賀港のダメージは，単に海上交通から陸上交通への変化にともなうものばかりではなかった。北陸沿岸のライバル港との競争においても，敦賀港は勝ち残ることができなかった。これは，富山県より遠い新潟県の直江津以北から送られてくる物資が富山県の伏木港に集まるようになったからである。かつては越の国と呼ばれ，その後は越前，越中，越後に分かれた日本海沿岸はその距離が長い。敦賀は越前にあり，越中の伏木に比べるといかにも西の端という感じがする。北前船が活躍した近世，琵琶湖へのルートに近い敦賀はたしかに好位置にあった。しかし北陸本線が全通した近代は，より広い背後圏に対していかにアクセスが良いかがゲートウェイの決め手になる。敦賀港の衰退ぶりは，移出入額がピーク時（1900年）の4,013万円から2年後には1,600万円へと急減したことからも明らかである。

　北陸本線の開通による負の影響は，琵琶湖畔の長浜でも見られた。国内最大の琵琶湖は鉄道登場以前は内陸部において物資を大量に運べる手段として重要な役割を果たした。しかしここでも鉄道がその役割を代替するようになり，歴史的な役割を終えることになった。ただし長浜は一気にそれまでの中継機能を失うことはなかった。なぜなら，1883年に長浜〜関ヶ原間，さらに関ヶ原〜大垣間の鉄道が武豊線の一部として開通し，明治政府が当初構想した両京鉄道，すなわち東京と京都・大阪を結ぶ鉄道の中継地としての地位を維持できたからである。この鉄道は長浜で琵琶湖の舟運と連絡することを当初，計画していた。

　ところが，こうした状況は長くは続かなかった。明治政府が両京鉄道のルートを旧中山道沿いから旧東海道沿いへと変更したからである。関ヶ原から西へは長浜ではなく米原に向けて鉄道を建設することになったため，状況が大きく変わってしまった。長浜は米原と敦賀の間を結ぶ北陸本線の途中駅にすぎなくなった。さらにその後，武豊線当時に関ヶ原と長浜の間を結んでいたルートは廃止された。琵琶湖の水上交通と北陸あるいは東海への陸上交通を長年結びつけてきた長浜の結節性は，その低下を免れることができなかった（市立長浜城歴史博物館編，1999）。

　以上が敦賀〜長浜間の交通手段変化にともなう盛衰の経緯であるが，物語

はこれで終わったわけではない。敦賀では衰退する港勢を取り戻すために，海外との交易によって港の機能を拡大しようとする動きが現れてきた。ゲートウェイを国内向けから海外向けへと転換することで港勢を復活させようという戦略である。当時，日本海の向こう側に広がるシベリア大陸ではロシアが1891年にシベリア鉄道の建設を始めており，1901年にはシベリア鉄道東清線が竣工した。東清線とはロシアが満州北部に建設した鉄道のことで，本線は満州里からハルビンを経て綏芬河に到達していた。その翌年にはシベリア鉄道のハバロフスク〜ウラジオストク間も開通した。シベリアでの鉄道建設の情勢を聞くに及び，敦賀ではウラジオストクとの間に定期的な直行航路の開設を望む動きが浮上してきた。早速，明治政府との間で交渉がもたれ1899年には開港指定をとりつけることに成功した。しかし肝腎のシベリア鉄道の整備が遅れていたため，実績つくりのため中国から大豆を輸入するなどしてその時を待った。

敦賀〜ウラジオストク間の直行航路は1902年に開かれ，当初は石川県の七尾港との並行運航であった。しかし便数はいずれも40日に1回という少なさであったため，1904年に敦賀港へ集約することになった。ウラジオストクに向かう航路は両港以外に新潟港でも開設された。しかし週3回運航の敦賀に対して新潟は年6回という少なさであり，問題にはならなかった。ウラジオストク直行航路の開設を契機に敦賀の貿易額は急増し，1900年前後は10万円にも満たなかった金額が，1908年には輸出で339万円，輸入で155万円を記録するまでになった。

敦賀〜ウラジオストク間の直行航路を国内の鉄道交通と結べば，中国，シベリヤはもとよりヨーロッパへ行くこともできる。実際，これまでインド洋を経由して1か月近くを要していた旅行がその半分くらいの日数で行けるようになった。にわかに日本と海外を結ぶ窓口として敦賀の地位は高まりを見せるようになった。これをさらに促したのが，第一次世界大戦で連合国が必要とする軍事物資の輸出拠点として敦賀が位置づけられたことである。シベリア出兵という軍事情勢下で兵士輸送基地になったことも大きかった。

近世から近代にかけて敦賀あるいは長浜が歩んできたゲートウェイとしての歴史は，交通手段の発展とそのルートの移り変わりが港とそれを抱える都

図7-5　敦賀市の中心市街地

出典：敦賀市のウェブ掲載資料（https://www.city.tsuruga.lg.jp/about_city/shinoshokai/access/map/shinaizentaimap.files/0000044232.pdf）をもとに作成。

市の盛衰にいかに関係しているかを示している。きっかけは日本海から琵琶湖を経由して上方へ抜ける近道があったということである（市立長浜城歴史博物館企画・編集，2004）。それ自体は地形条件であるが，これを生かした海上↔陸上↔湖上↔陸上のルートが見出され，近代以降は陸上が鉄道に置き換えられた。これで初期の有利さは消えたが，起死回生の一手を海外との交易に求め，再びゲートウェイ機能を取り戻した。しかしその後に続く長い戦時体制とその結末によって，状況は再び変わっていったことは周知のとおりである。こうして敦賀が歩んできた軌跡は，中心市街地の各所に歴史の証人として遺されている各種の建物やモニュメントをめぐることで，より深く体感することができる（図7-5）。

３．茶の居留地貿易から地元港からの直輸出を実現した清水港

　近代初頭の日本でまず開港が認められたのは，横浜，神戸，長崎，新潟，箱館の５港であった。このうち茶を輸出できたのは横浜，神戸，長崎のみであった。茶は生糸についで重要な輸出品であり，輸出を願う茶の産地ではこれらいずれかの港へ輸送する必要があった。日本の茶が高品質であることは，

九州の嬉野でとれる茶を愛でた長崎のイギリス人などを通して世界的に知られていた。しかし産地でとれた茶は乾燥が不十分だと海上を輸送しているうちに腐敗してしまう。もとの茶を艶のある緑茶や紅茶に仕立てるにはどこかに集めて加工する必要があった。その役目を担ったのが横浜や神戸に設けられたお茶の再生工場であった。「お茶場」と呼ばれた再生工場の経営はすべて外国人が経営する商社で，中国人の監督が監視する工場の中で多くの女性が作業を行った。中国人が監督したのはお茶の再製技術が中国から導入されたものであったことによる。「火入れ」と「着色」という素手による撹拌と艶出しの作業は長時間に及び，さながらお茶版の「女工哀史」であった。

1882 年当時，国内で産出するお茶の 82％が輸出されており，その多くはアメリカ向けであった。アメリカは南北戦争も終わって茶に対する需要が多く，そこにビジネスチャンスを見出した外国人が横浜や神戸で再生工場を経営した。ここに茶を持ち込むのは産地の仲買業者であるが，直接，外商には渡せず，「売り込み問屋」の手を通す必要があった。問屋は開港場の外商への斡旋や卸売を専門としており，中間取引で利ざやを稼いでいた。開港してまだ日の浅い当時，不平等な関税制度や国際的商取引に対する無知もあり，取引は外商のいいなりになることが多かった。外商の中には利益を上げるために粗悪な茶を混ぜたり過度に着色したりして品質を落とす者もいた。外商主導の流通・生産・輸出体制のもとでは，産地の仲買業者も問屋も外商に売り渡してしまえばそれで終わりで，特段の責任を感ずることもなかった。主体性のない生産が産地から粗悪な茶を出荷する状況を許してしまった。産地の取り分は少なく，明治初年の茶の出荷量は増加したが価格は安定しなかった。

茶の産地として知られる静岡県は，距離的な近さもあり，横浜港へ茶を輸送していた。方法は，県内にある茶の産地に近い港から海上を横浜へもっていくというものであった。沼津，清水，焼津，相良，福田，川崎などの港がそれである。しかし上で述べたように，横浜の売り込み問屋を経て外商に持ち込む方法では不利な扱いをされることが少なくなかった。このため，茶の生産地自らが直に輸出を行う「直輸出」の実現を望む動きが現れてきた。その場合,直輸出には 2 つの意味がある。ひとつは横浜の外商を通すことなく,

直接外国市場に売り込むという意味である。つまり再生工場を自ら設けて最終製品にして輸出する。これについては官営の再生工場が1875年に設けられたのをきっかけに，県内に再生工場を設ける者が現れた。しかしながら，資本規模が小さく激しい相場変動にうまく対応できず，短期間のうちに倒産・解散するケースが多かった。取引方法は外商や日本の商社を通した委託販売であり，産地の業者が自ら海外市場へ出て販売することはなかった。

「直輸出」のいまひとつの意味は，横浜あるいは神戸の港からではなく，地元の港から茶を海外へ出荷するという意味である（森竹，1993）。こうした動きが生まれてきた背景には，清水港で活動してきた海運業が危機的状況に追い込まれていたという事情が絡んでいた。1889年に東海道本線が全通し，これまで海上を輸送していた茶が鉄道によって横浜へ送られるようになったからである。茶の多くは静岡に集められ，最寄りの清水港から横浜港に向かっていたのが，清水港を通らなくなった（図7-6）。清水町長や地元財界の有力

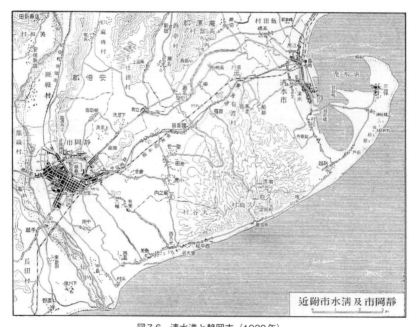

図7-6　清水港と静岡市（1930年）
出典：Wikiwand静岡鉄道のウェブ掲載資料（https://www.wikiwand.com/ja/静岡鉄道）をもとに作成。

ゲートウェイの地理学

者が打った手は，清水港が開港外貿易港の指定を受けるように政治的に働きかけることであった。この働きかけは功を奏し，清水港は1896年に開港外貿易港の指定を受け，さらに3年後には外国貿易の開港場に指定された。こうして茶を直に輸出できる制度的環境は整えられたが，肝腎の茶の再製所の設置は遅れた。実際に清水港から茶を積んだ船が出港したのは1906年5月のことであった。船会社の日本郵船との交渉は十余年に及び，その間は依然として横浜港まで茶は運ばれた。その後の清水港からの茶輸出には目覚ましいものがあり，1908年には神戸港，その翌年には横浜港を抜き，全国で茶の輸出量が一番多い港になった（粟倉，2017）。

　横浜港の外商に依存する輸出から地元港からの直輸出へと段階を登っていった清水港の茶輸出は，港湾のゲートウェイ機能が「中央」から「地方」へ移転していった事例である。そこには近代初期の制度的課題と地方における産業振興という2つの側面がある。恐る恐る始まった開国と貿易できる環境を地方にまで広げていこうという政治の動きと，これまで縁のなかった海外市場を手に入れて豊かになろうとする地方経済の動きが絡み合っている。茶のほかに，生糸，陶磁器，木製品などが貴重な外貨を稼いで近代日本の産業を支えた。これらの製品はすべて国内でとれる原材料がもとになっている。綿糸や綿織物のように，海外から輸入した原材料がもとの製品とは一線を画す。加工貿易体制が本格化する以前の段階で輸出に貢献した国産品とその輸出港が果たした意義は大きい。

第3節　北海道，四国，九州のゲートウェイの推移

1．北海道の玄関口（ゲートウェイ）の推移

　港湾がゲートウェイとして十分な役割を発揮するのは，港湾の背後に生産や生活の場があり，そこで物資の移出入や輸出入の輸送需要が生まれるからである。しかし，こうした輸送需要がたとえ十分あっても，港湾の立地条件に恵まれなければゲートウェイは生まれず，別の場所に誕生する可能性がある。地理学は場所固有の条件(site)と他の場所との相対的な位置関係(situation)を手掛かりに，港湾と背後圏の関係を説明する。水深が深く静穏な海岸とい

う場所固有の条件は，港湾の立地条件としては適している。しかし輸送需要の生まれる地域から距離が遠ければ，輸送コストが大きいため港湾に物資は来ない。時代が進んで港湾の建設技術が進んだり輸送手段が改善されたりすれば，港湾は十分に機能を発揮するであろう。場所の条件と位置の条件は変えることができるため，港湾立地は歴史的に移り変わっていく可能性がある。

　北海道における近代以降の港湾の動向を観察すると，地理学のこうした概念的枠組みによって主要港湾の移り変わりが説明できるように思われる。北海道という名前が生まれる以前から，この地に暮らす人々と本州以南の人々との間では交易が行われていた。よく知られているのは，北の海でとれた昆布や塩干類が日本海沿いや上方に運ばれたことである。農家が必要とした魚肥もまた北方から運ばれてきた。当時はまだ北海道全域の詳しい情報はなく，道南の松前藩が周辺海域の警備をする役目を担っていた。松前城は現在の青森県の津軽半島の先端から直線距離で30kmほどであり，北海道全体から見て本州側に最も近い位置にあった。しかし十分に広い城下町を確保できるような平地はなく，城の背後には山地が迫っていた。津軽海峡に面して港らしきものはあったが，荒波を避けられる湾や島もなかった。南下するロシアの動きや海峡を横切る船舶の監視場所としては適していたが，ここを拠点に背後圏との関係を結ぶというような状況ではなかった。

　松前から北東へ100kmほどのところに箱館（函館）がある。箱館は松前藩の領内にあったが，当初は一寒村にすぎなかった。ところが1779年に東蝦夷地が幕府の直轄領となり，ここに箱館奉行所が置かれると状況が一変した。幕府が箱館を蝦夷地経営の拠点に選んだ理由は，地形条件が高く評価できたからである。箱館は津軽海峡に突き出た陸繋島と砂州の組み合わせからなっており，砂州の北側部分は海峡に直接面していない。陸繋島は西と南からの荒波を防ぐ役割を果たしており，湾内は静穏で船が停泊するのにまたとない条件をそなえている（図7-7右）。

　こうした好条件を高く評価した幕府は，松前藩に対して箱館に新たに城を築くように命じた。しかし当時の松前藩にそのような余裕はなく，松前城を改築することでこの要求をかわした。そこで幕府は松前藩にかえて津軽藩と南部藩に蝦夷地の防衛を命じ，自らは蝦夷地経営に専心した。淡路島出身の

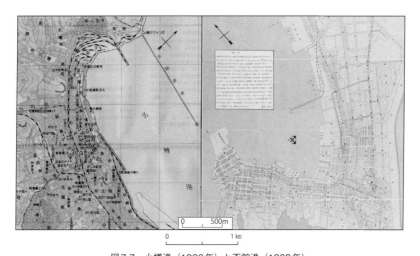

図7-7　小樽港（1936年）と函館港（1908年）
出典：BESTT!MESのウェブ掲載資料（https://www.kk-bestsellers.com/articles/-/8199）および函館市
公式観光情報のウェブ掲載資料（https://www.hakobura.jp/walk/post-251.html）をもとに作成。

高田屋嘉兵衛が北前船による交易で幕府に多大の利益をもたらしたのは，こ
の頃のことである。松前藩は再三にわたって領地を返還するように幕府に願
いを出し，幕府も財政難から1821年この願いを受け入れた。あれほど活躍
した高田屋嘉兵衛も密貿易の嫌疑をかけられて零落し，箱館の町はさびれた。
　それから30年ほど時が過ぎ，1853年にアメリカ東インド艦隊司令長官マ
シュー・ペリーが浦賀沖に現れた。ペリーは翌年にも来日し，日本側と交渉
を行った結果，箱館を開港することを認めさせた。ペリーは3隻の蒸気船を
従えて実際に箱館を訪れた（須藤，2009）。港の測量が目的であったが，和親
条約が締結されたことさえ伝えられていなかった松前藩の狼狽ぶりは大変で
あった。1858年に各国との間で結んだ修好通商条約にもとづき，箱館は翌
年正式に貿易港になった。ペリーが日本に開港を求めたのは，アメリカの捕
鯨船に対して水・食料・燃料を補給するためであった。当時のアメリカは大
陸の東部が自国の領土であり，太平洋へは東廻りのコースで来ていた。広い
太平洋を航行するにはどこかで補給する必要があり，太平洋側から日本にア
クセスするのに箱館は好都合な位置にあると思われた。箱館開港（1859年）
は箱館に大きなインパクトを与えたが，それから10年も経たない1868年に

箱館戦争が起こり町は混乱状態に陥ることになる。

　1867年に大政奉還がなって政治体制は移行すると思われたが，榎本武揚に率いられた旧幕府軍の抵抗は衰えず，箱館において官軍との間で激しい戦いが繰り広げられた（菊池，2015）。箱館五稜郭を拠点に戦った旧幕府軍は1869年にようやく降伏し，これにより幕府派と倒幕派との間の一連の戦いは終焉した。明治になり新政府が箱館の名前を函館に変えたのは，蝦夷地を北海道と改め，ここを本州と連絡する港湾拠点として決めたからである。しかし整備されるべき函館港の改修事業はすぐには行われず，1895年になってようやく始められた。主な工事内容は防波堤と防砂堤の建設それに港湾の浚渫である。亀田川が湾内に土砂を排出していたため，流路を市街地の北側を通るように変更し，土砂が湾内に流入しないようにする工事も併せて実施された。

　本州に最も近い渡島半島の先端から始まった北海道開発の拠点は，開拓の進展とともに現在の札幌周辺へと移っていった。平地に恵まれない渡島半島と比べると札幌周辺は平地も多く，開拓拠点としてより適していた。その札幌に海上からアクセスする地点として当初，日本海に面する銭函が検討された。しかし銭函は港としての条件がそなわっておらず，その西側の小樽が選ばれた。小樽なら，高島と呼ばれる半島状の地形が日本海から吹く強い西風から町を守ってくれる。国は，函館を上回る規模で小樽の築港事業に取り掛かった。むろん北海道開拓の拠点となった札幌の外港として，小樽の港湾機能を確かなものにするためである。

　こうして小樽は，本州側から道内に持ち込まれる物資や入植者を受け入れる玄関口すなわちゲートウェイとしての機能をもつことになった。しかし小樽の果たした機能はそれだけではなかった。道内の開発とともに，道央を中心に分布する石炭資源が注目されるようになった。工業近代化を急ぐ当時の日本にとって欠かせない石炭を本州方面へ積み出す拠点港として小樽は位置づけられた。日露戦争に勝って南樺太を領土とすると，小樽はこの方面との間で行う交易や北洋漁業の拠点という性格も加えられた。こうして強まる二重三重の役割を果たすべく，小樽では運河建設など近代的な港湾整備が急激に進められていった。

「北のウォール街」とも呼ばれるほど，小樽には多くの企業の事務所や倉庫などが集積した。しかし札幌の外港には小樽のほかに室蘭もあったことを忘れてはならない。現在の道路距離で札幌〜小樽間が38kmであるのに対し，札幌〜室蘭間は130kmと長い。これでは札幌の外港とは名ばかりのように思われるが，函館の北45kmにある森町と室蘭の間を海上交通で連絡すれば，渡島半島を大きく廻って札幌を目指すより短時間で行ける。室蘭から札幌までは海岸線を東に進み，現在の苫小牧あたりから北上すれば札幌に至る。実際，室蘭〜森間の定期航路はかなり早い1872年に開設されている。なによりも室蘭の利点は絵鞆半島に抱かれたようなかたちの湾があることで，1876年に噴火湾を調査したイギリスの軍艦が天然の良港と折り紙をつけたほどである。室蘭は空知地方からの石炭積み出しに優れており，1892年には小樽を抜いて道内最大の石炭積出港となった。国内で最初の民間経営の兵器製造所が生まれたのも，こうした室蘭の港湾優位性を評価してのことである。以後，室蘭は港湾と工業を組み合わせた都市として発展していった。

2．徳島における経済の歴史的変化と四国の玄関口

　北海道の玄関口が近代初頭以降，つぎつぎに変わっていったことはすでに述べた。小樽や室蘭が果たしてきた石炭の積出港としての役割も，エネルギー革命とともに終わりを遂げた。第二次世界大戦後は太平洋側の苫小牧に国内最初の掘り込み式港湾が建設され，いまや北海道に出入りする貨物の7割近くを取り扱う港湾にまで成長した。直線的海岸で以前なら港湾の建設など考えられなかったが，技術革新がそれを可能にした。敗戦で北の領土は失われたため，戦前につながりのあった小樽は交易相手を失くした。一転して戦後は，太平洋側から札幌に向かう中継地として苫小牧がゲートウェイ機能を果たすようになった。ここでもまた場所固有の条件（site）と他地域との相対的関係（situation）が説明の手掛かりとなる。苫小牧港は，港湾建設の土木的，技術的進化と日本海から太平洋へという政治経済的な構造変化を前提として誕生したからである。

　時代の推移とともにゲートウェイの位置が移り変わっていくことは，本書において再三指摘した。つぎに取り上げる四国のゲートウェイについても，

近世から近代そして現代にかけてその位置や重要性に変化があった。周知の
ように四国という地名は，7～8世紀に成立したといわれる五畿七道と令制
国（いわゆる旧国）の地域区分に由来する。このとき，阿波国，讃岐国，伊予国，
土佐国の4つの国が置かれ，廃藩置県以降は徳島県，香川県，愛媛県，高知
県と呼ばれるようになった。

　四国山脈を背に太平洋と瀬戸内海に向けて川が流れ，その流域上に都市や
産業が生まれた。ただし，四国最大の川は東西を横切る中央構造線に沿って
流れる吉野川であり，下流部に徳島平野が生まれた（奥村ほか，1999）。四国
を走る構造線はこれだけではない。中央構造線の南側に御荷鉾構造線と仏像
構造線が並行して走っている。山がちな四国ではこれらの構造線の影響を受
けながら，徳島，松山，高知の各平野が海と接するあたりに都市が生まれた。
讃岐平野は構造線からは外れているが，やはり海岸寄りに都市が形成された。

　こうして見ると，四国の主要都市（県庁所在都市）は海を正面に見据えな
がらそれぞれ独自に発展を遂げてきたように思われる。現代にも続く近代初
頭の四国の人口に注目すると，1889年に市制を施行した徳島が仙台，広島
についで第10位であった。四国の他の4都市も同じ時期に市になった。徳
島と松山（24位），高知（25位），高松（26位）の間には人口数で3万くらい
の差があった。偶然にも徳島以外の3都市は人口の順位が連続しており，人
口差はほとんどなかった。いわばどんぐりの背くらべのような状態であった。
ちなみに2010年の国勢調査によると，四国4県の県庁所在都市の人口順位
は松山，高松，高知，徳島の順である。人口だけで論ずるのはフェアではな
いが，近代初期と現代との間の相違はどのように考えたらよいのであろうか。
それを解くかぎは産業構造と交通条件の変化にあるように思われる。

　そもそも近代初期に徳島の人口が全国で第10位であったのは，近世から
続く産業の遺産が十分残っていたからである。近世の阿波国は徳島藩の治下
にあり，25.7万石は全国で17位であった。もちろん四国では最大の石高で
ある。ただし当時は淡路島も徳島藩に入っていたのでそこの8万石を除くと
順位は下る。しかし25.7万石は表向きの数値であり，実際には領内で商品
作物を盛んに栽培したり塩田事業に熱心に取り組んだりしたため，実質石高
は50万石ほどであった。なかでも藍の栽培は特筆すべき存在で質量ともに

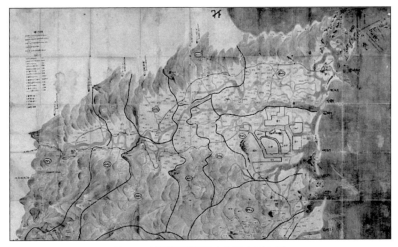

図7-8　吉野川下流平野 古絵図（1639年）
出典：中国四国農政局のウェブ掲載資料（http://www.maff.go.jp/chushi/kj/yoshino/3/3.html）
をもとに作成。

全国一の地位にあった。

　藍の栽培の歴史は平安時代にまで遡ることができる。洪水が起きやすい吉
野川下流域は米作りに不向きで，代わりに藍が栽培された（図7-8）。全国で
木綿生産が広がるのを受けて徳島藩は阿波藍の生産を奨励し，全国市場を押
さえて得た利益を藩財政につぎ込んだ（福島，1990）。藍の取引は大坂の問屋
が主導したが，問屋機能は徳島の商人が握っていた。商人たちは金融機能も
担い，官民一体の生産・流通システムが構築された。こうして蓄積されていっ
た城下町の財力は近代に移行しても引き継がれ，銀行や電灯会社の設立や鉄
道事業への取り組みが1880年代から1890年代にかけて行われた。徳島の南
にある小松島港は藍商人が手掛けたもので，国や県の代わりに産業界が一丸
となって推進した。しかしこうした勢いも1903年をピークとして藍の生産
量が減少するのにともない，陰りが見られるようになった。安い外国産の藍
や化学染料が市場に出回るようになり，対抗することができなかったからで
ある。

　徳島における産業の衰退は藍だけではなかった。阿波和三盆糖と呼ばれる
製糖が1776年頃から徳島で生産されるようになった。徳島藩はこれを専売

第7章　近代日本における開港と産業発展・国土形成に果たした役割

化し，当初は甘藷の作付面積に対して，のちには製品に対して課税を行った。ところがこれも近代になると海外産の砂糖に押されるようになり，とくに1890年代に入り台湾から大量に輸入されるようになって壊滅的打撃を受けた。産業の弱体化はこれにとどまらず，「鳴門の塩」や「阿波の刻みたばこ」にも及んだ。製塩は1599年に播磨国から入浜式塩田が伝えられたのがはじまりで，これも徳島藩が手厚く保護をしてきた。撫養でつくられる「斎田塩」は良質で産出量も多く全国的に知られた（徳島県郷土文化会館民俗文化財集編集委員会編，1989）。ところが1905年に国が国内塩の保護と軍事費調達を目的に専売制にしたため，自由な生産ができなくなった。さらに第二次世界大戦後は流下式生産法が主流となり生産過剰になったため，塩田は大幅に削減された。最終的には塩田が不必要なイオン交換膜法が登場した結果，撫養の製塩は1社のみで行われようになった。「阿波刻み」のブランドで名の知られたたばこも，製塩と同様，専売化で自由に生産できなくなった。生産工場の整理統合が進み，業者は転業を余儀なくされた。

　主力産業の衰退で経済力が弱体化した徳島では，こうした状況から脱するために種々の対策が講じられてきた。徳島の城下町を象徴する眉山を「桜の名所」として売り出したり，「阿波踊り」の見物で観光客を徳島に呼び込んだりする試みが1910年代から1930年代にかけて盛んに行われた（徳島新聞社，1980）。1932年に小松島〜大阪間の日帰り直航路が就航すると，阪神地方から大挙して観光客が徳島を訪れるようになった。阿波踊りの起源については諸説あるが，近世の藍取引で九州と深い関わりがあり，その影響が地元の盆踊りと融合して生まれたという説が有力である。踊りの審査，披露，有料見学などを盛り込んだ一大観光事業に仕立てて観光収入を見込むという事業展開であった。

　関西方面から徳島を経由して四国に入るルートは，平安の昔から続く淡路島を経て撫養に至るいわゆる「お遍路のルート」を踏襲したものである。しかしこれ以外のルートも開発され，やがて徳島ルートからシェアを奪っていった。1903年に就航した岡山〜高松間の連絡船が1910年に宇野線の開通を契機に宇野〜高松間の航路へと変わったことが，やはり大きかった。本州側の鉄道網の充実にともない，高松ルートはやがて四国へ向かう文字通り王

道となった。松山を玄関口とするルートを含め，いかに本州や九州と効率的に連絡するか，これが四国という島が求め続けてきた交通課題であった。船から鉄道，自動車，さらに航空機へという交通手段の移り変わりとともに，四国の玄関口の位置づけも変わってきた。

3．九州の玄関口・ゲートウェイの性格を強めてきた福岡（博多）

　九州の面積は本州の16.1％，北海道の約半分であるが，四国と比べると2倍もあり，県の数も四国4に対して7と多い。ここで気づくのは四国がその名のように県が4つなのに，九州はなぜ9ではなく7なのかという点である。これについては，飛鳥時代から明治初期までは律令国制にしたがって九州には9つの国があったが，廃藩置県によって7に減ったといういわば制度的理由によって説明できる。九州北部の筑前国，筑後国は福岡県に，九州南部の大隅国，薩摩国は鹿児島県になった。このほか肥前国は東西に分割されて佐賀県，長崎県となり，豊前国の一部はそれぞれ福岡県，大分県に組み込まれた。

　こうして7県体制による九州の近代が始まったが，その玄関口がどこであるかをめぐってさまざまな議論が行われてきた。近世に幕府が長崎を海外と交易できる唯一の玄関口としたことは周知の事実である。1858年の日米修好通商条約によって定められた開港地の中に長崎が含められたのもそうした流れからである。しかし，新たに政治・経済の中心になった首都・東京の近くの横浜が開港したため，長崎は日本の玄関口としての地位を失っていく。もともと長崎がオランダ，中国を相手に文物の交流が行える日本の玄関口であったのは，ここでしか対外交易を認めない国家政策によるものであった。ところが，欧米をモデルに強力な中央集権国家を目指す明治政府は，政治権力の中枢を東京に置きつつ，交易のできる玄関口を徐々に増やしていく政策をとった。これもまた国家政策であり，横浜はそのさきがけとなった。

　中央集権体制のもと，廃藩置県後の各県は東京とのつながりを求めるようになるが，一気につながることはできない。県の上の地方というレベルを想定した中間的，間接的な支配従属スタイルにならざるを得ない。国家権力の出先ともいえる地方レベルの連絡機能を九州ではどこが担うかということである。当初，明治政府は熊本を重視し1873年に熊本鎮台を置いた。これは

東北の仙台鎮台，中国の広島鎮台と並ぶ位置であるが，背景にはこの時期に続いた台湾出兵（1874年），佐賀の乱（1874年），神風連の乱（1876年），そして西南戦争（1877年）という西日本で起こった一連の軍事的緊張があった（猪飼，2008）。熊本に鎮台が置かれた別の理由は，九州南部の旧薩摩・大隅の新政府に対する動きを抑えるためであった。その背景は過去の歴史をひもとけば自ずと明らかである。こうして軍事的，政治的判断をもとに，九州一円を管轄する政府機関の多くが熊本に置かれていった。

　近世以前から引き継がれてきた政治的争いの延長として，近代初期の九州の玄関口は熊本にあった。しかし時代は，対外的ゲートウェイを窓口に海外との交流を深めることで，国力を増進する段階へと進んでいく。貿易が許された港湾は全国的に数を増した。海外貿易に直接的，間接的に関わることで産業を発展させ，ひいては都市を大きく成長させる時代になった。政府が重視した熊本では，1887年に三角西港が国費を投じて建設された。これは，宮城県の野蒜港，福井県の三国港とともに明治の三大築港といわれるほどの大事業であった。しかしその後の経緯を見ると，期待されたほどの成果を上げることはできなかった。

　九州では筑豊炭田のエネルギー源が工業近代化の切り札とされ，北部の臨海部が石炭の積出港や工業立地の受け皿として脚光を浴びるようになった。その先頭を走ったのが門司，小倉，八幡，若松などからなる北九州であった。実際，日清戦争の莫大な賠償金をもとに八幡では官営製鉄所が1901年に操業を開始した。筑前，筑後，それに豊前の一部の旧国が一緒になって近代に突入した福岡県は，筑前の中心・福岡（博多），筑後の中心・久留米，豊前の中心・小倉からなるいわば三極構造でスタートした。このうち本州側に最も近い小倉，門司と旧筑前ではあるが小倉に近い八幡，戸畑，若松が臨海部を工業化することで産業都市になった。その結果は1963年の北九州市の誕生につながるが，工業化をてこに大都市形成に邁進してきた感が強い。

　一方，福岡は古代から博多津の歴史をもつ商業都市としての性格が強く，九州の各方面とつながる交通ネットワークの要になることを目指した。すでに戦前において，名島水上飛行場，福岡第一飛行場，のちに福岡空港になる板付飛行場などが設けられていた（西村，1974）。博多港の海上からだけでな

ゲートウェイの地理学

く，空の便でも対外的につながろうとする動きがあった。本州に近い東側の工業・石炭エネルギー，中国・朝鮮とも交流のあった西側の商業・交通の両面から九州の北部地域を盛り上げようとする動きは，やがてこの地域が九州全域へ至る玄関口すなわちゲートウェイとなる動きへと発展していった。

このように見てくると，九州においても，その長い歴史の中においてゲートウェイ的な機能を果たす場所が各地に現れながら推移していったことがわかる。古くは北に博多津，南に坊津があり，鎖国時代は長崎，維新後の混乱期には熊本，そして北部九州の門司，博多などがそのような役割を担った。かたちとしては博多に舞い戻ったように思われるが，これはけっして偶然ではない。四国と同様に山がちな九州の中にあって，福岡平野や久留米平野はその規模が大きい。山地や平地という変えることが難しい地勢条件（site）の存在はやはり大きい。福岡，久留米の平野は，朝鮮半島や中国東海岸から見て最も日本に近い位置（situation）にある。site と situation は，ここでも有効な説明概念である。

港のある商業都市として長い歴史をもつ博多（福岡）は，新幹線やジェット航空の時代になり，ますます拠点性を強めてきた（図7-9）。福岡の近年の

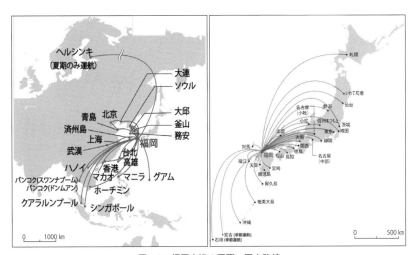

図7-9　福岡空港の国際，国内路線
出典：福岡空港のウェブ掲載資料（https://www.fukuoka-airport.jp/network_int.html
および https://www.fukuoka-airport.jp/network_dom.html）をもとに作成。

第7章　近代日本における開港と産業発展・国土形成に果たした役割

めざましい発展ぶりは，中心性と結節性という地理学概念で考えるとわかりやすい。中心性は都市外部に対する影響力の大きさを表し，結節性は都市全体の規模を表す。中心性は卸売の規模，結節性は卸売に小売を加えた額として便宜的にとらえることができる。福岡は卸売の規模が大きく，九州一円に対して強い影響力をもつ。九州経済の底上げは福岡の卸売に反映され，それを支える博多の小売・サービス・オフィスもつられて伸びていく（日本経済新聞社，1996）。これが現代・九州のゲートウェイ機能の成長メカニズムである。福岡と博多という地名を使い分けるのは，それなりに意味がある。

コラム7　近代初期にオランダ人土木技術者が手掛けた地方の築港

　明治期の港湾建設は，のちに全国的レベルで主力港となる横浜や神戸だけでなく，地方においても始められた。神戸港の外国人居留地の計画図（1872年）を手掛けたジョン・ハートはイギリス・リヴァプール出身の土木技師であった。横浜港の整備計画（1888年）を提案したヘンリー・S・パーマーはイギリスのバースで教育を受けた英国陸軍の工兵少将であった。彼らはともにイギリス人である。この時代，日本の港湾建設では幾人かのいわゆるお雇い外国人が関わったが，以下に述べる地方港湾の建設ではいずれもオランダ出身の土木技師が重要な役割を担った。のちに明治の三大築港と呼ばれるようになる野蒜（のびる），三国（みくに），三角（みすみ）の三港である。これらに加えて，明治政府の直轄事業として行われた長崎港の改修工事でもオランダ人土木技師による関わりがあった。

　まず野蒜であるが，場所は仙台と石巻の中間に位置する。東北地方の開発をもくろむ明治政府は築港事業の全額を負担して取り組んだ。この築港事業には，新政府に不満をもつ不平士族を救済するという目的もあった。岩手県内を流れる北上川水系と宮城県・福島県を流れる阿武隈川水系を結ぶ中継地点の役割を新港にもたせ，さらに阿武隈・阿賀野両水系と安積疎水も合わせて東北，新潟を水運で結ぶというきわめて壮大な構想であった。

　政府は築港事業を進めるために，オランダ人土木技術者のコルネリス・J・ファン・ドールンを石巻湾に派遣した。ファン・ドールンは野蒜以外の候補地も検討したが，地形条件や仙台方面との連絡を考慮して野蒜での築港を決意した。ファン・ドールンが設計した野蒜築港計画図には西側の鳴滝川と東側の北上運河の交わるところに港（内港）の建設候補地が描かれている。1881年にまず北上運河が完成し，

翌年に野蒜港口につながる新鳴瀬川も完成した。しかし不幸なことに，1884年の台風で突堤が崩壊したため港湾機能は著しく低下してしまった。このため，港湾の外側に大規模な防波堤を建設して対応することになったが，建設費調達は見込めず，ついに野蒜港は放棄されてしまった。東北本線が整備されことも，新港の必要性の低下につながった。水上交通から陸上交通への主役の交代を象徴するような事業撤退であった。

つぎに福井県の三国港であるが，坂井市にあるため坂井港とも呼ばれるこの港は北前船の寄港地としての歴史があり九頭竜川の河口に位置する。九頭竜川は中流部で日野川，足羽川（あすわ）と合流し大河となって日本海に注ぐ。上流部から運ばれてくる土砂堆積量が多く，河口付近で船の接岸を妨げていた。九頭竜川は洪水被害をもたらすこともあり，住民を悩ませてきた。地元から港湾整備の要請を受けた明治政府は，オランダ人土木技師のジョージ・A・エッセルを現地に派遣して調査を行わせた。三国にやってきたエッセルは，九頭竜川河口部の右岸側に防波堤と導流堤を兼ねた突堤をつくることを提案した。また左岸側にはカエデやサクラなどの枝を組んで岩石を海底に固定する粗朶水制（そだすいせい）という工事の実施を提案した。これらの工事は，1878年から1882年にかけて同じオランダ人技師の ヨハニス・デ・レーケの指導のもとで行われた。日本海特有の冬季の荒天やコレラの流行に悩まされながらの難工事であった。511m もの長さで築かれたエッセル堤は1948年の福井地震で沈下したが，その後，嵩上げされ延長されて現在も日本海の荒波から三国港を守っている。

三番目は熊本県の三角港である。三角港は宇土半島の先端にあり，天草湾のさらに奥に続く島原湾に面する波穏やかな港である。外国との貿易を願う熊本県は当初，坪井川河口に港湾を建設する計画を政府に申請した。1881年に政府から派遣されたオランダ人技師のローウェンホルスト・ムルデルは，坪井川河口よりも宇土半島の地先の方が港湾の建設条件に適していると考えた。実際，三角は熊本の市街地からは25kmも南東に離れているが，海洋に面した地形条件は申し分ない。1884年から3年を費やして内陸部に水路を設ける工事が行われた。しかし，背後に山が迫って土地がないという条件は基本的に変わらず，発展の可能性は限られた。のちに東側に別の港湾（三角東港）も設けられたが，天草本島と結ぶ橋が架けられたため，港湾機能は著しく低下した。

東北開発を国家的目標に掲げて取り組んだ野蒜港は別として，三国港も三角港も明治政府が自らの工事負担費を抑えたことから明らかなように，港湾はその重要度に応じて差がつけられていた。同じ地方港でも，期待される大きさには自ずと違いがあった。この点からいうと，1885年に内務省の直轄事業として進められ

ることになった長崎港の改修工事は，明治政府の肝いりの事業であったといえる。ここの場合も政府が派遣したオランダ人技師 ヨハニス・デ・レーケの計画がもとになっており，先進技術を取り入れようとする姿勢は明確であった。

　主な工事内容は，港内の浚渫工事，砂防工事，中島川の流路変更工事である。砲台のあった地点から外国人居留地までの区間を浚渫し，浚渫土砂で埋立地を広げる。砂防工事は湾内に流れ込む河川による土砂流入を防ぐためで，石堰，溜池，植林，護岸工事で対応した。さらに流路変更は，中島川が出島の背後を流れるようにすることで，土砂を港内の不要部に放流することを目的とした。長崎港は第1期工事から第3期工事までが実施され，近代の重要港湾としての姿を着実に見せるようになった。明治政府が力を入れて近代港湾へと変貌させていった長崎港では，浚渫や埋め立てによって港湾が整備されただけでなく，市街地もまた変化していった。とくに道路整備には見るべきものがあり，港湾と背後地を結ぶ交通路が近世までの徒歩主体から人力車や荷馬車の通行を前提とした幅員の広い道路へと変化していった点が注目される。

　明治初年から20年ほどの間に日本で雇用された「お雇い外国人」は2,600名余を数えた。うち40％はイギリス人で，アメリカ人（16％），フランス人（13％），ドイツ人（8％），オランダ人（4％）の順であった。イギリス人はその半数が政府雇用で，とくに工部省に雇用された。アメリカ人の半数は民間雇用で，教師が多かった。フランス人は陸軍を中心に半数近くが軍による雇用，ドイツ人は文部省，工部省を中心に6割が政府雇用であった。オランダ人（99名）の半数は民間雇用で，とくに船員として働く者が多かった。背景として，オランダは海運・港運業が盛んであったということが考えられるが，一方で低地な国土条件を克服する治水技術に優れたものがあり，河口付近に港湾を建設する事業ではオランダ出身の技術者が活躍する機会が多かったと思われる。

近現代における名古屋駅のゲートウェイ機能の展開過程

第1節　名古屋駅開業までの経緯と名古屋駅の位置決定の意義

1．東と西の都を結ぶ幹線鉄道のルート選定をめぐる動き

　江戸四宿は，日本橋を起終点として五街道との関係で第一番目にあたる宿場であった。東海道の品川宿の近くには高輪大木戸，甲州街道の内藤新宿の東には四谷大木戸があった。これと似た構造で，尾張名古屋の城下には枇杷島口，大曽根口，熱田口の近くにやはり大木戸が設けられていた。名古屋には志水口，三河口という出入口もあり，全部あわせて「名古屋五口」と呼ばれていた。近世の城下町では出入りする街道との接点が内と外の境目であり，旅行者にとっては気持ちが入れ替わる地点でもあった。名古屋の場合，まさに名古屋五口が城下町の玄関口・ゲートウェイであった。ところが時代が変わり近代になると，鉄道が旧城下町の近くを通るようになり駅も開設された。道路交通の出入口はこれまで通り存在するが，それとは別に鉄道駅が新たな玄関口として誕生した。名古屋の場合でいえば，城下町の西の外れのさらに西側の田んぼの中に名古屋駅（当初は名護屋駅）が誕生した。ここを通るようになった最初の鉄道とその駅がいかなる経緯で生まれたのか，まずそのあたりについて考えてみよう。

　明治維新を終えたばかりの政府は，1869年に全国に鉄道を建設していくことを決めた。最初に開通したのは新橋～横浜間で，これを皮切りに東西にある2つの都すなわち両京を結ぶ幹線鉄道を建設するつもりであった。関西方面では，1874年の神戸～大阪間の仮営業を経て1877年には神戸～京都間の営業が開始された。その後，鉄道は1880年に京都から逢坂山を経由して大津まで延伸され，さらに大津～長浜間は琵琶湖経由の鉄道連絡船で結ばれることになった。1883年5月に長浜から関ヶ原に至る区間が開通し，さら

に関ヶ原〜大垣間の工事も開始された。一方，関東方面では1881年に上野〜高崎〜前橋間の鉄道建設を政府は決定したが，西南戦争の戦費処理のため起工命令を取りやめてしまった。ところが1882年に設立された民間鉄道会社が調査済みルートの建設に取り組むことになり，1885年に無事完成させた。

　西の大垣と東の高崎ということになれば，これは紛れもなくかつての中山道に沿って東西の幹線鉄道を建設していく事業にほかならない。もともと幹線鉄道のルートを中山道沿いとした背景には，洋上からの攻撃を受けやすい海岸部より山の中の方が安全だという，軍部を代表する山県有朋の建議があったからである（名古屋駅編，1967）。海道筋のルートを避けようという考え方は，欧米列強からの脅威を強く感じていた明治初期には共感を呼んだ。しかし，その後は国力の増強とともに薄らいでいく。

　政府が中山道沿いに幹線鉄道を建設する予定であることを知った名古屋区長の吉田禄在は懸念を抱いた。1899年に市政を施行する以前の名古屋はまだ名古屋区であり，そのトップの吉田は鉄道が計画通りに建設されたら名古屋はその南に大きく外れるため，発展が阻害されることを恐れたのである。こうした事態を避けるために，彼は中山道鉄道と名古屋を連絡する鉄道を設けることを考えた。連絡鉄道は熱田港を起点として名古屋に至り，ここから二手に分かれて一方は岐阜県の大垣に向かい，もう一方はこれも岐阜県の中山道伏見に向かうというものであった（名古屋市編，1954）。前者は旧美濃路，後者は旧上街道にそれぞれ沿うルートである。連絡鉄道の建設を熱心に唱えたのは古田禄在のほかには愛知県内の郡長たちであり，彼らは広く県民に訴え「愛知鉄道会社」を設立しようとした。

　しかし，時間が経つにつれて連絡鉄道を独自に建設することが容易でないことが明らかになってきたため，鉄道会社の設立構想は頓挫した。古田らが新たに打ち出したのは，幹線鉄道を中山道沿いではなく東海道沿いに建設するよう，政府に計画変更を求めることであった。吉田は愛知県令（現在の知事）の國貞廉平の賛成を取り付けたのち，県の土木課長・黒川治愿らとともに上京し，工務省の井上勝鉄道局長に面会した（名古屋市編，1961）。この席で，かつて尾張藩の木曽山主管を務めたこともある吉田は，自ら実地踏査した山

表8-1 中山道と東海道の建設比較

	建設距離 (マイル)	建設費用 (万円)	マイル単価 (円)	隧道 (マイル)	橋梁 (フィート)	所要時間 (時間)	収益率 (%)
中山道	176.5	1,500	84,000	11	4,200	19	1.95
東海道	218	1,000	45,000	少ない	21,700	13	4.82

出典：名古屋駅編（1967）pp.11 ～ 12.

河地勢の地図を示しながら木曽の開発がいかに難工事かを力説した。また，東海道沿いに建設する場合に比べて沿線地域の経済発展に与える影響の小さいことを説いた。吉田らの熱意と真剣さに心を動かされた井上は，実地踏査をした後に吉田に名古屋で会うことを約束した（名古屋駅編，1967）。

　井上鉄道局長は，いったんは中山道鉄道計画に着手し高崎と大垣から工事を始めたものの，碓氷・木曽地方を実測した結果，敷設困難な部分がことのほか多く工事期間も予想以上に長くなることを悟った。彼は密かに東海道について調査を行わせ，その結果を中山道の場合と比較した。まず建設距離と建設費用は，既設部分を除いて中山道が176.5マイルで1,500万円，東海道が218マイルで1,000万円である（表8-1）。これをマイル単価で比べると，中山道の8万4,000円に対して東海道は4万5,000円である。つぎに隧道と橋梁については，中山道は隧道が48か所と多く全長が11マイル（5万8,080フィート）であるのに対し，東海道は隧道部分は少ないが橋梁は2万1,700フィートと長い。さらに勾配と所要時間を比較すると，急勾配の多い中山道は19時間を要するが，平坦な部分が多い東海道は13時間で走行できる。最後に収益率を計算すると，中山道を1とした場合，東海道のそれは2.5である。こうした調査結果を得た井上鉄道局長は，中山道鉄道のルートを東海道沿いに変更することを決意し，この意見を内閣総理大臣に上申した。上申は1886年7月13日の閣議において可決され，同月19日にルートの変更が公布された。

2．武豊線の一部をルートに取り込んだ東海道本線

　東西両京を結ぶ幹線鉄道を中山道に沿って敷設することが決まってから，そのルートが東海道沿いに変更になるまで，およそ3年の歳月を要した。こ

の間に，名古屋とその周辺ではのちに東海道本線の一部もしくはその支線となる鉄道の建設が進められた。この鉄道は当初，中山道鉄道建設用の資材運搬を目的に，四日市～垂井間に敷設することになっていた。その起源は，1883年12月に三重県令が，四日市～関ケ原間の鉄道敷設を請願した時点にまで遡ることができる（名古屋駅編，1967）。

　翌年に上述のように四日市～垂井間へとルートが変更されたとはいえ，当時，愛知・三重両県内で最大の港湾であった四日市港から鉄道建設資材を内陸部に向けて運び込む鉄道であることに変わりはなかった。この時点ではまだ中山道沿いに幹線鉄道を敷設することになっていたため，そのための資材をどのように運ぶかが議論されていたのである。1883年5月には長浜～関ケ原間が開通したため，関西方面から資材を輸送することもできたが，輸送ルートが長すぎるという点が問題とされた。

　海上を搬送されてきた資材を四日市港で陸揚げし，それを鉄道で中山道まで輸送するこの計画は，しかしながら1885年3月になって中止されてしまう。井上鉄道局長が四日市線（四日市～垂井間）の建設を取り止め，代わって名古屋～半田間に中山道の建設を目的に鉄道を建設することを建議したからである。その根拠は新線の建設費用と工事の難易度にあり，四日市線が建設費200万円で2年を要するのに対し，半田線（名古屋～半田間）は建設費80万円で7，8か月のうちに建設できることが調査の結果判明した（名古屋駅編，1967）。四日市線は距離が35マイルと長く，しかも途中に鉄道建設に適さない箇所のあることが，このような試算結果に結びついた。ただし，最初は名古屋～半田線あるいは単に半田線と呼ばれたこの建設予定線は，実際には資材運搬の港として武豊港を利用したため，のちには武豊線と改称された。また，いうまでもなく名古屋は中山道のはるか南に位置するため，武豊～名古屋間の建設にひきつづき大垣方面に向けて建設を進めることが予定された。

　建設資材の陸揚げ港が四日市から武豊に変更になったとはいえ，この建設予定線の目的はあくまで中山道鉄道を建設するために資材を運搬することにあった。陸揚げ港として名古屋の外港ともいえる熱田港が選ばれなかったのは，ひとえにその貧弱な港湾機能のためであり，遠浅のため大型船が入港できないという悪条件のなせるわざであった。海岸から内陸の名古屋に至る鉄

道を伊勢湾側ではなく，知多半島の東側に位置する衣浦湾側から半島越しにあえて敷くことにしたのは，当時はそれだけ港湾が重要な意味をもっていたからである。鉄道建設が本格化し，鉄道が輸送力を担うようになる以前にあっては，輸送能力の大きい船舶が重要な役割を果たしていた。

こうして建設が決まった武豊線の測量と設計はイギリス人の土木技師のウィリアム・ピッツに委ねられ，その建設事業が開始された。当時はまだ，日本人で鉄道建設の設計が行える者が少なかった。測量は1885年4月から始まり，工事は同じ年の8月に着手された。工事は順調に進み，翌年3月1日に武豊～熱田間20マイルが開通し，途中に4つの駅が設けられた。本来なら鉄道建設用の資材のみを運搬するところであったが，開通当初から一般の旅客・貨物も取り扱われることになり，その旨を記した広告が新聞に掲載された。

1か月後の4月1日に熱田～清洲間が開通し，さらに1か月後の5月1日には清洲～一宮間が開通した。北へ延びる鉄路の建設はさらに進み，6月1日には一宮～木曽川間が開通した。ところが翌7月の19日に政府はこれまでの方針を改め，幹線鉄道を中山道沿いではなく東海道沿いに建設することにした。このため，鉄道建設資材を運搬する目的で建設された武豊線とその

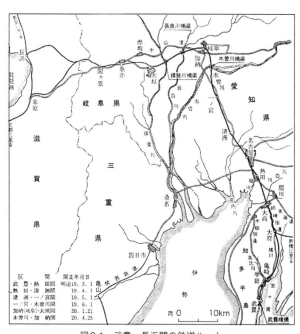

図8-1　武豊～長浜間の鉄道ルート
出典：日本国有鉄道編，1969，p.216をもとに作成。

第8章　近現代における名古屋駅のゲートウェイ機能の展開過程

延長部分に相当する名古屋〜木曽川間の鉄道は，当初，想定されたのとは異なる役割と性格をもつことになった。のちに東海道本線の一部となるこの鉄道の建設はさらに進められ，1887 年 4 月 25 日に木曽川をまたぐ木曽川鉄橋が完成し，木曽川〜加納（のちに岐阜と改称）間が開通した。同じ年の 1 月 21 日には大垣〜加納間が開通していたため，この時点で武豊〜長浜間の開通すなわち武豊〜敦賀間が開通したことになる（図 8-1）。

　一方，政府による幹線鉄道のルート変更を受けて 1886 年 11 月から工事が始まった東海道本線は，横浜以西の各所で建設工事が進められた。このうち大府〜浜松間は 1888 年 9 月 1 日に開通したが，大府駅は先に敷かれた武豊線と新たに設けることになった東海道本線を連絡するために 1887 年 9 月に開設されたものである。武豊線は，大府〜浜松間が開通した時点で武豊〜大府間のみを指すように改められ，同線は東海道本線の一支線となった。当初は鉄道資材運搬線の途中駅としての位置でしかなかった名古屋駅（開設当初は名護屋駅，1887 年 4 月に名古屋駅と改称）は，幹線鉄道のルート変更すなわち 1889 年 7 月 1 日の東海道本線の全通により，東西の主要都市と直接結ばれることになった。

3．都市の構造と発展を見越して決められた名古屋駅の位置

　名古屋駅は 1886 年 5 月 1 日に開業した。政府が幹線鉄道のルートを中山道から東海道へ変更したのは，この年の 7 月 19 日であるため，名古屋駅は開業してまもなくその運命を大きく変えたといえる。かりに幹線鉄道が中山道に沿って敷設されていたら，名古屋駅はその支線の一駅にすぎなかったからである。名古屋区長の吉田禄在が幹線鉄道のルートの変更を政府に強く訴えたことはすでに述べたが，結果的にこの訴えは功を奏し，名古屋が近代都市としてスタートする時点において，鉄道交通の面から自ら発展する機会を引き寄せたといえる。名古屋駅が開業した当時，列車は武豊〜一宮間を 1 日に 2 往復したのみであり，武豊から名古屋までは 2 時間余りを要した。武豊〜敦賀間 102 マイルが全通した 1887 年度の旅客輸送量は 78.3 万人であり，翌年には 67.9％増えて 131.5 万人になった。同様に貨物輸送量は，1887 年度が 8.3 万トン，1888 年度は 13.2 万トンであり，これも 59.0％の増加であった。

幹線鉄道のルートが東海道沿いに変更されたことにより，名古屋は都市間レベルにおいて東西の主要都市と直接結びつく可能性を獲得した（林，2013）。このことは近代都市・名古屋の発展を考える上で重要な点であるが，その一方で，視点を都市内レベルに移した場合，名古屋駅の開設位置のもつ意味について一考する必要性がある。他地方から名古屋を訪れるさいの玄関口としての名古屋駅をどこに設けるかによって，その後の市街地構造のあり方が違ったと想像されるからである。

　かりに明治政府が当初から幹線鉄道を東海道沿いに敷設していたなら，そのルートは建設されたものとは異なり，名古屋付近では熱田から桑名を経て四日市を経由する東海道ルートが選ばれていたであろう。そうであれば，旧城下町・名古屋に最も近い駅は宮宿すなわち熱田に設置されていた可能性が大きい。実際には鉄道は関西方面から岐阜付近までは中山道沿いに，関東方面から西三河までは東海道沿いに敷設された。建設当初の武豊線はこれら東西の鉄道を互いに結びつける役割を果たすことになったが，このことは名古屋駅の開設位置の決定に少なからぬ影響を与えたと推察される。

　鉄道建設資材を運搬する目的で建設された武豊線のルートは，武豊から岐阜もしくは大垣に向かって伸びるほぼ直線のルートである。当時，名古屋付近の主な市街地は旧城下町・名古屋とその南に位置する港町兼宿場町の熱田にあり，武豊線はこれら二つの市街地の間を抜けるように北北西一南南東方

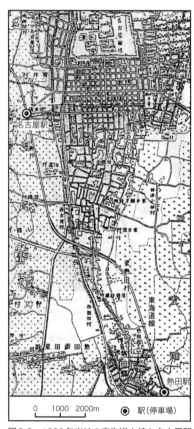

図8-2　1890年当時の東海道本線と名古屋駅
出典：明治22年測量の5万分の1迅速即図をもとに作成。

第8章　近現代における名古屋駅のゲートウェイ機能の展開過程

向に敷設された（図8-2）。駅は熱田にも設けられたが，これは熱田市街地のための駅であり名古屋の最寄り駅ではない。当時の名古屋の市街地の南端をかすめ，市街地の西縁に沿って伸びるルート設定を前提とすれば，玄関口の名古屋駅は市街地の南端か，もしくは市街地の西郊に設けるのが適当という予測が成り立つ。実際には後者が選ばれたが，いずれにしても，鉄道建設資材の運搬線が名古屋の市街地の近くを通ったことが，市街地のより近くに駅舎を設ける可能性を高めたといえる。都市の玄関口としての鉄道駅をどこに設けるかによって，その後の都市発展の方向が大きく左右されることを考えると，武豊線が近代都市・名古屋の市街地発展に与えた影響は大きい。

　では可能性として考えられる名古屋駅の設置候補地のうち，市街地西郊が選ばれた理由は何であろうか。この点については，当時の名古屋区長・吉田禄在の存在を抜きにしては考えることができない。名古屋駅が旧城下町・名古屋の西のはずれに設けられるに至った経緯を記した幾つかの文献（たとえば名古屋市編，1954；名古屋訳編，1967；大野・林，1986）が共通して指摘しているのは，名古屋の発展を願って区長・吉田禄在があえて不便な田畑の真ん中に駅舎を設けることにした，その卓抜した先見性である。選ばれたのは，主要道路の広小路通を西に延長して鉄道と交わる地点であるが，中心市街地からそこに至るまともな道路は当時はなかった。多くの人々が疑問視した場所を吉田があえて選んだのは，中心市街地から駅舎に向けて広い道路を設ければ，ここが列車を降りて中心市街地へ向かうのに最適な場所になるという確信からである。吉田は，広幅員道路の建設を条件としながら，沼地や田圃の多い不便な場所に駅舎を設けることに賛成しない人々を説得して回った（名古屋駅編，1967）。

　のちに笹島街道の改修と呼ばれた広小路通の拡幅延長こそ，区長になった吉田が最初に取り組んだ大事業だった。笹島は設置された駅舎を含む一帯の地名であり，それゆえ名古屋駅は当初，笹島ステンショ（ステーションの意味）と呼ばれた（服部，1973）。道路延長を行うには工事費用の捻出と関係住民の説得が必要である。工事費用は膨大にのぼることが予想され，実際6万7,000円を要したが，これは1887年度の名古屋区の予算収入（8万8,000円）の76.1％にも相当した。吉田は改修事業費を賄うために，県令・勝間田稔を

委員長に据え，自らは副委員長となって募金運動を展開した。1世帯当たり10銭，20銭という募金額はかなりの負担であり，このため区民から非難の声が起こった。しかしこうした非難にもめげず改修事業に向けて運動は進められ，名古屋駅が開業した1886年の翌年に笹島街道（幅員23.4m，延長1,373.5m）の改修工事は終了した。

第2節　関西鉄道と中央本線の開業で強まった名古屋駅の関門性

1．関西鉄道（関西本線）の開業で三重県方面の玄関口にもなった名古屋駅

　開業したばかりの名古屋駅が名古屋の新たな玄関口としてその地位を高めるには，名古屋駅を起終点として東海道本線とは別方向と結ぶ鉄道が必要である。より多くの方面と連絡できるようになれば，幅広いスケールでゲートウェイ機能が発揮できるからである。関西方面に向かう関西鉄道と岐阜県東濃・長野方面に向かう中央本線がそのような状況を実現していく。関西鉄道は旧東海道の熱田（名古屋）以西，中央本線（中央西線）は旧中山道に連絡する大曽根（名古屋）以東の下街道におおむね沿ったルートで建設されていくことになる。これは結果的にそのようになったが，近世までの都市と交通の関係が近代においてもルート決定に影響を与えたと考えることができる。

　まず関西鉄道であるが，この鉄道は私設鉄道条例にもとづき1888年3月1日に四日市に設立された関西鉄道会社が経営した私設鉄道である（奥田編，1975）。同社は会社設立に先立ち，草津〜四日市間，四日市〜桑名間，河原田〜津間の建設許可は得ていたが，桑名〜名古屋間の許可は取得していなかった。理由は木曽三川地域の地盤が軟弱ゆえに，難工事が予想されたためである。しかしこの区間についても，1893年6月にようやく免許状を得ることができた。これに先立ち，草津〜名古屋間の工事は1888年8月から始められ，1890年12月に草津〜四日市間，1891年11月に亀山〜津間が開通し，1894年7月には四日市〜桑名間が開通した。同鉄道の名古屋からの線路が延びるようになったのは1895年4月からであり，名古屋〜弥富（前ケ須）間の建設工事が完了して以後のことである。この区間の輸送業務は同年5月24日から始まった。11月7日には最大の難工事であった揖斐川鉄橋が竣工

第8章　近現代における名古屋駅のゲートウェイ機能の展開過程

したため，弥富〜桑名間が開通し，これにより名古屋と草津の間の全線が開通した。当時，名古屋と四日市の間は1日6往復の運転が行われ，所要時間は1時間15分であった。

　関西鉄道の名古屋側の起点は愛知駅であった。愛知駅は，1895年5月に名古屋〜弥富間が開通したのを受けて，同年7月に東海道本線名古屋駅の南側300mのところ（愛知郡笈瀬村大字平野）に開設された。屋根の上に特徴的な時計台をそなえた駅舎は，東海道本線の名古屋駅よりもデザイン的に優れていると評判になった。関西鉄道会社はその後，西へ向けて工事を進め，1897年2月にはすでに営業していた浪速鉄道を買収した。翌年6月に新木津〜四条畷間を開通させ，同年11月には柘植〜木津間も開通させた。この結果，大阪の網島までが全通することになった。その後，1900年6月には大阪鉄道を，さらに1905年2月には奈良鉄道を買収したため，大阪・京都・名古屋の連絡は便利になった（図8-3）。この時点ではまだ愛知駅と名古屋駅は直結していなかったが，三重県を経て関西に向かう鉄道ルートが加わりゲートウェイ機能は強まった。

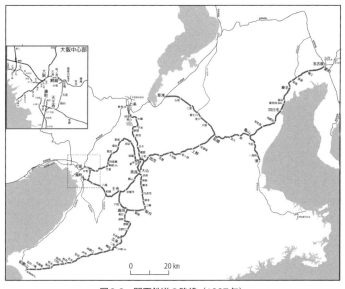

図8-3　関西鉄道の路線（1907年）
出典：Wikiwandのウェブ掲載資料（https://www.wikiwand.com/ja/関西鉄道）をもとに作成。

関西鉄道は，名古屋～大阪間においてすでに開業していた官営の東海道本線と競合する立場にあった。距離的にいえば，東海道本線の名古屋～大阪間195.4kmに対して，関西鉄道の名古屋～湊町間は172.0kmであり，関西鉄道の方が23kmも短かった。両鉄道間の旅客貨物の運賃をめぐる競争は，1902年から1904年にかけて激しく展開された。東海道本線の名古屋～大阪間の往復割引旅客運賃は，元来，1等が6円86銭，2等が4円，3等は2円30銭であった。ところが関西鉄道は従来の運賃を引き下げ，名古屋～湊町間の往復運賃を1等は4円，2等は3円，そして3等は2円とした。これに対抗するため東海道本線の運賃も値下げされ，さらに関西鉄道も値下げを行うという運賃値下げ競争が繰り広げられた。しかし，あまりの競争の激しさに耐えかねた関西鉄道は協定を申し入れ，その結果，1902年9月25日に覚書が交換されたが，協定の内容は関西鉄道にとって満足のいくものではなかった（名古屋市編，1954）。

　1903年に大阪で開かれた第5回内国博覧会への貨客輸送を独占するために，関西鉄道としてはやむを得ず譲歩して結んだこの協定は，博覧会終了後は意味をなさなくなった。このため運賃値下げの競争が1903年11月から再び始まった。関西鉄道が値下げをすれば，東海本線側もこれに応じて運賃を値下げするということが繰り返された（小野田，2014）。競争は運賃の値下げにとどまらず，列車内でのサービスにも及んだ。関西鉄道においては，列車内に新聞，雑誌，碁盤・将棋盤，賃草履を備えたり茶炉を置くなど，特別なサービスが提供された。

　両鉄道間の競争は，このように運賃の引き下げやサービスの向上という点て利用者にとっては好ましい結果をもたらした。しかし同時に名古屋～大阪間の貨物輸送の面ではかなりの混乱を引き起こした。私設と官設のどちらを利用するかで運賃が違うため，商取引の現場ではさまざまな行き違いが生じたからである。結局，事態は大阪府知事と衆議院議員が双方の鉄道の間に入って調停するところまでいき，競争は鎮静化した。調停は功を奏し，1904年4月25日に鉄道作業局長官の平井晴二郎と関西鉄道会社社長・片岡直温の間で協定書が交換され，足掛け3年に及んだ競争に終止符が打たれた（名古屋市編，1954）。

第8章　近現代における名古屋駅のゲートウェイ機能の展開過程

関西鉄道株式会社は，鉄道国有法第二条にもとづき 1907 年 10 月 1 日に国によって買収された。買収当時の同社の資本金は 2,418 万 1,800 円であり，営業線路は 451.3km に及んでいた。国による買収金額は 3,612 万円余であった。国有後，同鉄道の幹線に当たる名古屋〜湊町間は関西本線と称されるようになった。また，国有化にともない名古屋側の貨客輸送はすべて名古屋駅で行われることになったため，関西鉄道の愛知駅は 1909 年 5 月 31 日をもって廃止された。こうして関西鉄道とその後の関西本線が生まれたことで，名古屋駅は三重県方面に対する玄関口としての特徴ももつようになった。

2．中央本線（中央西線）のルート決定経緯と名古屋の都市構造

　関西鉄道とは反対の方向に向け，名古屋駅を起点に建設されていったのが中央本線である。中央本線の建設については，早い時期からそのルート選定に関して議論が交わされてきた。1886 年に東海道本線建設の決定を見たのちも，軍部は国防上の観点から本州中央部に幹線を敷設すべきだと主張した。1887 年に甲信鉄道会社に甲府〜松本間の鉄道敷設の免許が下り，翌年に甲武鉄道会社に東京〜八王子間の鉄道建設の免許が下りた。しかし，これらと中央幹線の関係についてはいまだ結論がでていなかった。1892 年 6 月 21 日に公布された鉄道敷設法により，八王子もしくは御殿場を起点に甲府，諏訪を経て名古屋に至る幹線と支線を併せて中央本線と称することになった。御殿場が起点の候補になったのは，東海道本線と連絡できるからである。

　中央本線は鉄道敷設法で定められた第 1 期線の 8 つの候補路線のひとつにすぎなかった。このため，候補路線の中から選ばれて中央本線が優先着工されるか否かは，もう一方の起点である名古屋にとって重大な関心事であった。名古屋では商工会議所と名古屋市が中央本線の建設に向けて運動を開始し，商工会議所は 1892 年 9 月 29 日の臨時総会で中央本線の建設調査を実施することを決めた。しかし農商務省はこうした方針に対して否定的態度をとったため，商工会議所は鉄道長官に「鉄道敷設の順序に関する意見」を申し述べた。しかしそれでも，政府は 1893 年になっても建設に着手する気配はいっこうに示さなかった。

　中央本線の東側の路線は八王子〜甲府間，御殿場〜甲府間のうちの前者

に決まった。一方，西側については，伊那線（上諏訪～飯田～足助～名古屋），清内路線（飯田～清内路～中津川～名古屋），西筑摩線（塩尻～宮ノ越～木曽福島～名古屋）の３線が候補に上がってきた。地元の利害がからんで競争が激しく，政府はこのうちのどれにするかすぐには決定できなかった。業を煮やした名古屋では，名古屋～中津川間に独自に私設鉄道を敷設しようという動きも起こったが，この私設鉄道建設の申請は却下された。

　紆余曲折を経ながら，1894年の第6回帝国議会で中央本線を西筑摩線のルートで建設することが決定された。中央本線の建設促進運動や私設鉄道建設の動きが政府の態度に影響を与えたことは明らかである。1896年4月8日，八王子と名古屋に鉄道出張所が設けられ，東西の両側から工事が着手されることになった。名古屋出張所は中央西線すなわち名古屋～宮ノ越間の建設を担当することになった。宮ノ越は旧中山道の宮ノ越宿のあったところで，北へ6kmほどのところに太平洋側と日本海側を分ける鳥居峠がある。中央本線の東西の分岐はさらに北にいった塩尻であるが，宮ノ越を含む木曽川流域と鳥居峠北の奈良井川流域という地形の境目が工区の境界になった。

　こうして中央西線を敷設することは決まったが，ルートの詳細は未定であった。名古屋を起点として多治見までのルートを考えた場合，陶磁器産地の瀬戸を経て多治見に至るという案は社会経済的には妥当なように思われた（図8-4）。なぜなら瀬戸は尾張藩の御用窯として発展してきた歴史があり，名古屋とのつながりが深かったからである。しかし瀬戸から多治見に抜けるには愛岐丘陵を越さなければならず，25‰という勾配は当時の

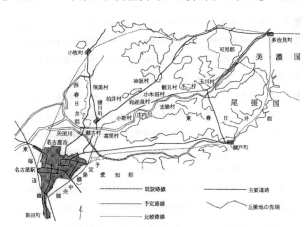

図8-4　名古屋～多治見間の中央本線計画ルート（1894年頃）
出典：名古屋鉄道編　1994, p.22, 1-3図をもとに作成。

鉄道技術では難しかった。瀬戸経由以外に小牧もしくは鳥居松（春日井）を経由する案があり，比較検討された。前者であれば名古屋の市街地の北を，また後者であれば市街地の東側を通ることになる。

　両案をめぐって活発な議論が起こったのは，近代名古屋の都市発展を北に向けて進めるのか，あるいは東側に誘導するのか市民の間で見解が分かれたからである。結果的には当時の市街地の東の端をかすめるように通過するルートに落ち着いた。このルートは庄内川に沿って春日井東部に向かい，さらにそのまま庄内川の谷沿いに多治見まで進む。春日井東部から多治見へは愛岐丘陵の内津峠を越えるというルートも考えられるが，瀬戸の場合と同様，傾斜がきつかった。内津峠越えは近世まで下街道ルートとしてよく利用されたが，傾斜が苦手な鉄道には不向きであった。

　こうして決まった名古屋〜多治見間（36.2km）のうち，起点からおよそ24kmまでは平坦地を通過する。しかしその先は愛知・岐阜県境の険しい峡谷が待ち受けており，この部分はいくつものトンネルを通っていくしかない。この深い峡谷は専門用語では先行谷と呼ばれるが，太古から続く地盤の隆起と庄内川の浸食作用の結果生まれた谷間である。1896年11月に14か所のトンネルのうちまず第5・第6・第7・第14のトンネル工事が始まった（日本国有鉄道編，1997）。工事は開始されたが，建設資材の運搬供給が思うにまかせず工事は困難を極めた。資材供給路として内津峠を越える下街道と庄内川右岸側の愛岐街道の利用が考えられた。しかし下街道は車馬の往来が激しく，また愛岐街道は危険箇所が多かったため，いずれも十分には利用できなかった。このため，愛岐街道に沿うように軽便鉄道を設けることになり，1897年6月に着工された。軽便鉄道の敷設後はトンネル地帯と結ぶ運輸の便は大いに改善された。

　名古屋〜多治見間の工事がすべて終了し，この区間の営業が開始されたのは1900年7月である。開業当時，名古屋〜千種間の所要時間は17分，運賃は2等が13銭，3等が7銭であった。また終点の多治見までは所要時間は1時間35分，運賃は2等60銭，3等34銭であった（名古屋駅編，1967）。中央西線の建設工事はその後も進められ，1902年12月に多治見〜中津（中津川）間43.6kmが開通した。しかしその後は日露戦争のために工事を続けることが

難しくなり，1904 年にいったん中止された。工事は 1906 年に再開されたが，中津以遠は地形が急峻なため工事は難航を重ねた。とりわけ木曽川沿岸の断崖絶壁の間を通過する工事は困難を極めた。難工事の末，1911 年 5 月に木曽福島〜宮ノ越間が開通し，ここに中央西線は全線が開通することになった。

こうした難工事の末開業した中央西線は，名古屋の都市構造に大きな影響を及ぼした。東海道本線はかつて存在した名古屋五口のうちの枇杷島口と熱田口を結ぶ線上を走る。中央西線の路線上には大曽根口と三河口があり，このうち三河口に相当する位置に千種駅が置かれた。千種駅は当時の都心を中心として西の名古屋駅と対称的な位置にあるため，東の玄関口として位置づけられた。しかし乗降客数を比べれば名古屋駅が圧倒的に多く，名古屋で最大の玄関口であることに変わりはなかった。開業当初にはなかった大曽根駅と鶴舞駅が中央西線にのちに設けられたことで，中央西線は不完全ながら名古屋市内の環状線の役割を果たすようになった。既設の東海道本線（武豊線），関西本線（関西鉄道）に中央西線が加わり，ゲートウェイとしての名古屋駅の性格がいっそう鮮明になった。

3．貨客取扱分離と貿易港との連絡によるゲートウェイ機能の高まり

都市が発展していくさい，主に郊外の農村地域に向かって都市機能が広がっていく場合と，既成市街地の中で古くなった都市機能が更新される場合が考えられる。近代半ばを迎えた名古屋駅は，これら 2 つの発展形態をともに示しながら高まる輸送需要に応えていった。すでに駅周辺では市街地化がかなり進んでおり，限られた駅空間の中だけで対応するのは難しく，やむなく輸送機能の一部を郊外に求めざるを得なかったのである。鉄道輸送機能の一部を分離して別の場所に移すことは，戦後，東海道新幹線が建設されたとき，横浜や大阪などで新駅を元の駅とは別の場所に設けた事例などが有名である。名古屋では，戦前，貨物輸送専用のスペースを元の駅から切り離して確保し，高まる輸送需要に対応した。

名古屋駅における人や貨物の取扱量が許容レベルを超えるようになったのは，大正中期と思われる。開業して 14 年が経過した 1900 年の取扱貨物量は年間 14 万トンであったが，その 26 年後の 1926 年には許容量を大幅に超

えて107万トンにまで増加した（名古屋駅編，1987）。当時，1日のうちに取り扱える貨車は最大300両であったが，実際にはその1.5倍に当たる450両が取り扱われた。こうした状況から，当時の名古屋市会は国に対して適切な対応をとるよう要請を繰り返した。その結果，貨物の取扱業務と貨車の発着・中継作業を名古屋駅本体から切り離し，新たに別の場所で行うことになった。本来ならこれら2つの業務と作業は同じ場所で行うのが望ましい。しかし空間的制約からそれは難しく，前者の業務は名古屋駅から南へ2km離れた場所（笹島貨物駅を設置）に，また後者の発着・中継作業は北へ11.1kmも離れた場所（稲沢操車場を設置）で行われることになった。

　鉄道貨物の取扱業務の移転計画は，実は駅それ自体の移転・新築計画と表裏一体をなすものであった。つまり，明治末期から大正にかけて，名古屋駅の機能は貨物だけでなく，人の乗り降りでも限界を超えるようになった。とくに1910年に名古屋市鶴舞公園を会場に開かれた第10回関西府県連合共進会を契機に，名古屋駅を利用する人数が増えていった。共進会という一種の博覧会を開催することで近代都市としての基礎を固めようとした名古屋市は，増え続ける鉄道利用客をいかに円滑に捌くかで悩むようになった。東京，大阪の途中にある名古屋駅にとって両駅を起終点とする運行ダイヤは利用しづらく，列車運行の見直しをするよう鉄道院に陳情を繰り返していた。1923年9月に起こった関東大震災を契機に名古屋と東北地方との商取引が活発になり，貨物ばかりでなく人の行き来も増えた。

　貨物部門の切り離しが完了した1934年は，名古屋駅から北へ200mほど離れた土地で新駅の建設が始められた年でもある。現在駅の建て替えではなく，その近くの別の場所に新駅が建設されることになったのは，現在地では十分な用地が確保できないこと，それに現駅を営業しながら新駅に改造することは困難だったからである。新たに建設された名古屋駅は，延べ床面積が5.28万㎡の東洋一の広さを誇る建物であった。新しいプラットホームはもとより，それに接続する線路敷地も既存の敷地からは離れていた（図8-5）。使われなくなった古い線路敷地は，新駅に通ずる駅前大通とそれに面するビルなどの建設用地になった。

　こうして名古屋駅は第2世代の時代を迎え，名古屋が他地域から迎え入れ

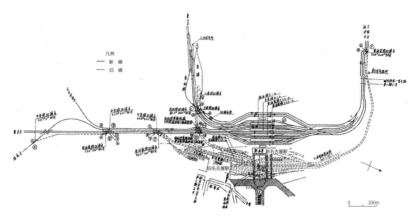

図8-5　旧名古屋駅から新名古屋駅への切り換わり
出典：大野・林，1986，p.107の図をもとに作成。

たり送り出したりする能力はさらに大きくなった。これは主として名古屋市
を中心に産業や人口が集積した結果がもたらしたものである。この間，名古
屋市は周辺の町や村との合併を繰り返して市域を広げた。広くなった市域を
ベースに，人や貨物が名古屋駅を介して外部とつながることが多くなった。
その中には名古屋港の輸出入貨物が笹島貨物駅を中継地として出入りする分
も含まれる。輸出入貨物は1930年に竣工した中川運河によって笹島貨物駅
と名古屋港の間を移動した（名古屋市編，1954）。ここに至り，名古屋駅（笹
島貨物駅）は国際的なゲートウェイ機能の一部を分担するようになった。

4．名古屋駅のゲートウェイ機能を支えたローカルな電鉄網

　都市のゲートウェイ機能が十分な働きをするには，この機能と結びつく都
市内部のローカルな機能が十分備わっていなければならない。具体的にいえ
ば，たとえば鉄道の場合，中央駅と連絡する都市内交通が鉄道利用客の乗降
時の移動を円滑に捌けなければならない。人力車から始まり，路面電車，乗
合自動車（バス），タクシーなどへと広がっていったのが近代日本の都市に
おける交通の発展である。名古屋では，1898年に開業した名古屋電気鉄道
による市内電車がその先陣を切った。この鉄道会社は設立当初，3つの路線
の建設計画をもっていたが，創業資金を思うように集めることができず必ず

しも順調なスタートとはいえなかった。このため日本で最初に市内電車を開通させた京都電気鉄道にアドバイスを求め，資金や経営の面で援助を受けた。

　こうした経緯を経ながら名古屋電気鉄道は，国内で2番目となる市内電車を開通させた。それが名古屋駅前と愛知県庁の間を結ぶ広小路線である。この路線が市内で真っ先に建設されたのは，広小路通が当時は華やかな繁華街であり，交通需要も多く採算がとりやすいと判断されたからである。ちなみに，近世からの幹線道路であった本町通では，沿道の地元有力者が騒音や振動を理由に市内電車の建設に反対したため市内電車は敷設されなかった（名古屋鉄道編，1994）。いち早く市内電車が走るようになった広小路通は名実ともに名古屋で一番のメインストリートとなり，それまで広小路通より北側に多かった銀行や保険会社などが，しだいにこの通り沿いに進出するようになった。

　名古屋電気鉄道は広小路線の建設以降も，つぎつぎに市内路線を敷設していく。1900年に中央西線の名古屋〜多治見間が開通するが，その3年後には広小路線を東に延長して中央西線の千種駅に至る路線を完成させた。当時，広小路通の東端には愛知県庁があった。このため県庁の建物を移設し，その跡地からさらに千種駅に至る道路（東部道路）を新設した。広小路線の延長により，名古屋駅から繁華街の栄町を経て千種駅に至る都市の幹線軸がいっそう明確になった。千種駅は位置的に見ると名古屋の東玄関口に相当している。しかし千種駅の乗降客数は名古屋駅の1割ほどにしかすぎず，名古屋駅の中央駅としての地位が揺らぐことはなかった。

　名古屋電気鉄道は，広小路線の延伸につづいて熱田線を開通させた。熱田のさらに先で名古屋港の築港工事が進んでいるのを見越してのことである。これにより栄町は広小路線と熱田線の分岐点になったため，栄町は路面電車網の主要な結節点にもなった。ただし名古屋電気鉄道の路線を全体から見た場合，その中心は名古屋駅に近い柳橋にあった。同社はもともと名古屋駅前を市内電車網の拠点とする考えをもっていたが，それはかなわなかった。やむなく柳橋を起点として市北部に向かう押切線を熱田線に先行して建設していったという経緯がある。名古屋電気鉄道はその後も幾多の変遷を繰り返しながら路線網を広げていく。同社のターミナル駅が名古屋駅に直結するのは，

愛知電気鉄道との合併（1935年）によって名古屋鉄道になって以後のことである。

　狭隘化した名古屋駅が移転・新築された1937年は，近代都市・名古屋にとって記念すべき年であった。この年に，戦前の日本で開催された博覧会としては最大規模ともいわれる「汎太平洋平和博覧会」が名古屋港の近くで開かれた。同じ年に市東部では東山動物園が開園し，市民は本格的な娯楽を楽しむようになった。この年の7月から名古屋鉄道（名鉄）の西部線を名古屋駅に乗り入れる地下工事が始まったことは注目に値する。これによって名古屋駅の関門性がより強くなったからである。名古屋鉄道は，主に名古屋と岐阜を結ぶ方面に路線をもっていた名岐鉄道と，三河地方に路線の多かった愛知電鉄が1935年に合併して生まれた鉄道である。合併のメリットを生かすには，旧路線を互いに結びその中心を名古屋駅に置くことであった。先に述べた地下工事はそのためのものである。

　名古屋鉄道による名古屋駅（駅名は新名古屋駅）への路線乗り入れ工事は1941年に完了するが，このとき新名古屋駅では関西急行電鉄との連絡口も設けられた。関西急行電鉄は，伊勢電気鉄道が設立した参急電鉄の別会社であり，1938年6月に三重県方面から名古屋駅に乗り入れていた。6年後には名称が近畿日本鉄道に変更され，それ以降，今日まで続いている。既設の関西本線（国営）とは別に関西方面に向かう私鉄が名古屋駅を起点としたのに加え，新たに名鉄が名古屋駅（新名古屋駅）から電車を発車させるようになった。　これにより名古屋駅のゲートウェイ機能がいっそう強まったことはいうまでもない。

　合併して名古屋鉄道になる前の名岐鉄道と愛知電鉄は，名古屋駅とは別の場所すなわち市内の柳橋，神宮前にそれぞれ本社を構えていた。ここがこれらの鉄道会社の主な始発駅であった。それが合併を機に本社を名古屋駅（新名古屋駅）に移したことの意味は大きい。名古屋市とその周辺地域を結ぶ鉄道の主要駅は以前は分散的であった。それが名古屋駅に集約されたからである。近代初期以降，東海道本線，関西本線，中央本線の国営鉄道では名古屋駅が都市内の主要駅であった。ところが近代末期になると私鉄路線がこれに結びつき，四日市，岐阜，豊橋の各方面と名古屋が名古屋駅によって固く

図8-6 戦時における私鉄路線の統合
出典：名古屋鉄道編，1994，p.202の4−5図を
もとに作成。

結ばれるようになった。かたちとしては，国営鉄道の路線が集まる名古屋駅のゲートウェイ機能を，私鉄各線が集中することで補強したといえる。

　名古屋鉄道の前身である名岐鉄道と愛知電鉄は，創立以来，地域の中小鉄道を合併するなど独自に路線網を築いてきた。それが最終的に合併して路線が統合されていったのは，戦時体制の進展と無関係ではない。戦争遂行のために産業の合理化が推し進められていた当時，鉄道以外の多くの分野でも企業の統合・合併が実施された。結果的に名古屋圏では，国営鉄道を除けば，限られた一部の私鉄企業によって公共交通が担われることになった（図8-6）。この点が東西の大都市圏との違いであり，名古屋圏では都市郊外や周辺に向かう路線上に有力な駅が育つことはなかった。第二次世界大戦後，地下鉄の導入によって金山などが主要な乗換駅になるが，名古屋駅に近く補完的性格が強い。郊外に主要駅を配して互いに競争するような複数の私鉄企業が存在しなかったことが，結果的に名古屋駅一極型の鉄道網の形成に結びついた。

第3節　戦後から現代までの名古屋駅を拠点とする事業展開

1．戦後名古屋の交通手段の変化と名古屋駅を中心とする社会経済圏

　国家主導による統制経済のもとで戦争を進めてみたものの，国民は多大の犠牲を払い日本は敗戦した。一転して戦後を迎えると，名古屋駅前でも市街地の復興が始まった。市中心部の6割近くが灰燼に帰した名古屋では，大胆な都市計画事業が展開され，市街地中心部の構造は戦前とは大きく違うも

のになった（名古屋都市計画史編集実行委員会編，2017）。幅100mに近い広幅員道路が東西南北方向に2本走り，伝統的な中心地である栄地区を都心とする事業が着々と進められた。とくに南北方向の幹線道路が栄地区を貫通し，道路中央部の緑地帯にはテレビ塔，公園，バスターミナルなどが設けられていった。市街地中心部に分散的に存在していた墓地はまとめて東部郊外に移されたため，その跡地を含む付近一帯ではビル建築が容易にできるようになった。

　戦後の市内交通は戦前からの路面電車やバスの復活から始められた。名古屋の路面電車は国内で2番目に古く，1922年まで民間企業の名古屋電気鉄道が市内を中心に路線網を築いてきた。しかし1922年以降は路面電車の公共的性格に配慮し，路線網のうち市内分は名古屋市が独自に経営することになった。路線網別の経営分離である。あわせて乱立状態にあった民間バスも，しだいに市営バスへと統合されていった。こうして大正期から市内電車の経営を引き継いだ名古屋市は，モータリゼーションの波に押され，路面電車から地下鉄へ交通手段の切り替えを迫られていった。最初の地下鉄線が，1898年に市内で最初に開業した路面電車の広小路線と同じ区間であったのは偶然ではない。近代から現代にかけて，名古屋では名古屋駅と栄を東西に結ぶ交通軸が都市の基本軸と考えられてきたからである。名古屋の玄関口である名古屋駅と伝統的な中心地である栄を連絡することが，何よりも優先されたのである。

　当初，名古屋の地下鉄は地中を走るのではなく，空中に設けられた高架軌道上を走る鉄道として計画された。これは，国鉄在来線との相互乗り入れを前提に考えられたものであり，路線は名古屋駅の在来線ホームから高架軌道を設けて市内に入る予定であった。しかし相互乗り入れの交渉がまとまらず，最終的には名古屋市交通局が単独で地下鉄として建設することになった。その結果，国鉄名古屋駅と地下鉄名古屋駅は地上と地下で，垂直的にも水平的にも離れた別の駅として市民に認識されることになった。

　鉄道と地下鉄との間の乗り換えは不便であったが，乗換客を対象としてビジネスができる可能性が生まれたのは皮肉である。乗換客を対象とするビジネスは，実は鉄道と路面電車・バスの時代，すなわち戦前からすでにあった。

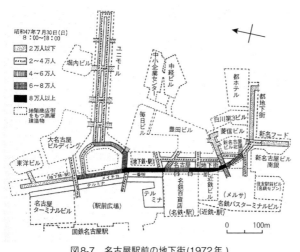

図8-7　名古屋駅前の地下街(1972年)
出典：名古屋大都市圏研究会編，1993，p.57の図をもとに作成。

しかし地下鉄の開業は，こうしたビジネスが地下街という空間形態で大々的に始められるきっかけになった。地下街は伝統的な中心地である栄にも設けられ，以後，名古屋の地下街は全国的にその存在が知られるまでになった（名古屋地下鉄振興株式会社編，1989）。ただし，名古屋駅前の地下空間は地上の道路網を反映し，方角に規則性を欠いたまま設けられた（図8-7）。これは近世名古屋が東西南北の碁盤目状道路を基本としているのに対し，近代初頭に建設された武豊線が熱田と清洲を結ぶ南東－北西方向に敷かれたため，その影響を受け名古屋駅前の道路網が整合していないためである。

　こうした道路網の課題はあったが，1950年代から1960年代にかけて，名古屋駅前の地上部分では事務所ビルが建ち並んでいった。事務所ビルには東西の大都市圏から名古屋に進出した企業の支社・支店・営業所などが入居した。事務所ビルは栄や，栄と名古屋駅の中間に当たる伏見でも建設された。全国的に名の知られた企業が製造業分野に多い名古屋圏では，本社ビルは市の中心部ではなく工場のある周辺部（市内の瑞穂区や北区あるいは市外など）に多い。このため，栄・名古屋駅前ともに地元有力企業の本社ビルは多くない（林，1989）。しいて挙げれば，当時の東海銀行や松坂屋，あるいは中部電力などの非製造業であり，いずれも歴史の古い栄地区に本社を構えていた。トヨタ自動車工業（本社は豊田市）と合併する前のトヨタ自動車販売の本社も栄にあったが，業種としては非製造業である。名古屋駅前には名古屋鉄道・

名鉄百貨店くらいしか大企業の本社はなく，JR東海はまだ存在していなかった。

　名古屋駅前に企業ビルが建ち並び，ターミナル型のデパートや商業・サービス業も集まるようになったということは，名古屋駅がゲートウェイ機能を本格的に発揮するようになったことを意味する。事務所ビルに入居する企業の就業者やデパートでの買い物客の中には，国鉄や名鉄を利用して市外から名古屋駅へ来る人が少なくない。ビジネス客や旅行者なら，なおさら遠方からの名古屋駅来訪者である。これら来訪者の出発地は，1964年の東海道新幹線の開通によっていっそう拡大する。しかしそれ以前においても，愛知県の北部・東部，岐阜県，三重県などから名古屋駅前の企業や商業施設を目的地として集まる傾向が顕著になってきていた。ゲートウェイ機能を果たす名古屋駅を中心として通勤・通学・買い物の圏域が形成されていく萌芽が見え始めていたのである。

２．東海道新幹線の開業と新生JR東海の多角化戦略

　第二次世界大戦後の高度経済成長を鉄道旅客輸送の側面から支えた主役は新幹線である。最初の新幹線である東海道新幹線が1964年に開業し，名古屋駅は新しい時代を迎えた。名古屋～東京間の所要時間が3分の1近くに短縮され，広域的アクセスに恵まれた名古屋の玄関口・名古屋駅の地位はこれまで以上に高まった（徳田，2016）。しかしこれが実現されるには，新たな駅空間の創出という困難を乗り越える必要があった。すでに市街地化が終わっていた人口密度の高いところに在来線とは異なる新しい路線を設けるのは簡単なことではない。新幹線が開通すれば，乗り換えなどで連絡する在来線の利用者も増えるため，そのためにスペースを確保する必要がある。

　実際，東海道新幹線を建設するさい，名古屋駅の既存ホームの西側に新幹線用のホームを新設し，さらにその出入口として駅前広場を確保するのは容易ではなかった。駅前ビルが軒を並べるように建っている東側には，ホームを新設するようなスペースは見当たらない。一方の駅西一帯は，戦争直後の闇市の名残をとどめる一種独特な雰囲気の漂う地区であった。そのような地区をたとえ一部とはいえ駅空間の中に組み入れるのは簡単ではない。こうし

第8章　近現代における名古屋駅のゲートウェイ機能の展開過程

た難題に対し，国鉄当局は駅西地区に敷地を一部を所有していた名古屋市の全面的な協力を得てはじめて計画実行のめどをつけることができた。かりに横浜，大阪のように新幹線の名古屋駅を既設の名古屋駅から遠く離して設けていたら，名古屋の都市構造がいまとは異なるものになっていたであろうことは，想像に難くない。

　東海道新幹線の開通とその後のスピードアップによって名古屋と東京，大阪方面との間の時間距離は大幅に短縮された。新幹線開通前に「名古屋空中分解説」なるものが唱えられたが，実際はこれとは違っていた。名古屋にとっては，東京の首都機能が利用しやすくなった，つまりメリットがより強く感じられるようになったというのが実情に近い。名古屋圏が強みとする製造業による地域経済の牽引力が，東京の吸引力を抑えるように作用した。その点では，企業や人口の流出が続いた大阪圏とは対照的であったといえる。名古屋駅前に進出した東西の大企業は，生産条件に引かれて名古屋圏内に立地した自社工場の管理や名古屋大都市圏を市場とする自社製品の販売に関わるビジネスを展開した。

　東海道新幹線の開通にともない，名古屋駅前の業務空間化は本格化した（林，1989）。企業をテナントとして受け入れる事務所ビルが内外の不動産資本によって建設され，これらのビルを拠点に企業が活動するようになったからである。主要な事務所ビルの棟数は堀川より東側の錦・栄地区の方が多かったが，立地密度は名古屋駅前の方が大きかった（図8-8）。東西方向に伸びる広小路通，錦通，桜通に沿って建つ錦・栄地区の事務所ビルは，空間的な余裕をもって建設された。これに対し名古屋駅前の事務所ビルは，軒を連ねるように林立している。これは，これらのビルが名古屋駅へのアクセスを優先し，競うように建てられたからである。企業は，名古屋駅を中心に半径500mの徒歩圏内にオフィスのあることを何ものにもかえがたい優位性として評価した。

　高度経済成長から石油ショックを経て，日本経済は新たに成長していく道を歩み始めた。東海道新幹線はスピードアップの更新を続け国鉄事業の中で黒字を稼ぐ優等生であった。対照的に既存の鉄道分野はモータリゼーションの影響を受けて苦しんでいた。先進諸国では通信部門と同様，鉄道部門でも

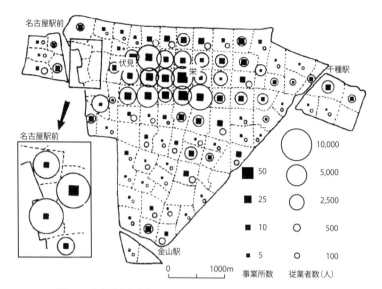

図8-8　名古屋市都心部におけるオフィス事業所の分布（1984年）
出典：林，1989，p.571，図3による。

民営化を促す動きが盛んになり，国鉄もこの波に乗って1987年に民営化された。民営化はその後の鉄道事業を革命的に変えたが，とりわけ名古屋ではその効果が大きかった。国鉄時代にあっても，名古屋鉄道管理局のある名古屋駅は有力な拠点であった。その名古屋駅に新会社JR東海の本社が置かれたことが，その後の名古屋駅を大きく変えるのに作用した。

　JR東海はドル箱路線の東海道新幹線を当初は借り上げ，のちには保有するようになった。民間会社として出発したJR東海は，つぎつぎに鉄道輸送以外の新事業を開始する。その中で最大の事業は，本社を兼ねる名古屋駅を高層ビルに建て替え，その中にデパート，ホテル，オフィスが入る広大なスペースを確保するという事業であった。デパートは，当初，地元の大手商業資本と手を組んで経営するはずであったが交渉が難航したため，関西資本のデパートを誘致することになった。ホテルも外部から一流企業を招き入れた。1999年に完成した新生・名古屋駅の建物は名古屋ではじめての高層ツインタワービル（JRセントラルタワーズ）であり，単一の駅ビルとしては延べ床面積（41.7万㎡）が世界一広いことが公式に認められた。

ツインタワーの北棟には多くの企業がテナントとして入居した。興味深いのは，それまで市内の各所にオフィスを構えていた企業が名古屋駅の高層ビルに移転したため，市内のビルの空き室率が高まったことである。玉突き運動にも似たテナントの移動が起こり，企業の分布地図が塗り替えられた。東京や大阪に本社を置く企業にとって，新幹線名古屋駅の直上にオフィスがあることはビジネスを進めるのに有利である。新幹線ばかりでなく，JR在来線，名鉄，近鉄の名古屋本線とも至近距離であるため，名古屋圏内を移動するさいにも便利な場所になった。

3．名古屋駅の高層ビル化のインパクトと事業戦略の意義

　駅ビル本体の延床面積が世界一の高層ツインタワーが出現し，名古屋駅周辺はもとより，市内やその他の地域で影響が現れるようになった。名古屋駅の近くでは，大規模デパートと専門店の吸引力で来訪者が多くなったため，その余波をメリットとして受ける商業・サービス業が増えた。とくに駅の西側すなわち新幹線側の駅前で，大型小売店，予備校，結婚式場，ホテルなどのサービス業が活気づいた。駅を挟んで東西方向の移動がスムーズに行われるようになったため，「駅裏」のイメージが強かった駅西地区の評価は高まった。しかし企業のテナント入居を前提として大規模なオフィスビルを建てる構想は駅西には現れず，信用やイメージを重視する企業にとって駅西は依然として「正面」とは見なされていない状態が続いている。

　新生・名古屋駅ビルは，岐阜，四日市，豊橋など名古屋から30〜70kmほど離れた都市の小売・サービス業にも影響を与えるようになった。とくに岐阜は，JR東海がライバルの名鉄名古屋本線を意識して東海道本線のスピードアップに力を入れたため，名古屋との連絡が以前に比べて格段によくなった。その結果，岐阜市内の主なデパートをはじめ多くの小売・サービス業が売り上げを減らした。JR東海が共同経営をする名古屋駅直上のデパートは，売り場面積とアクセスを武器に栄地区の有力デパートをも押さえ込むほどの売り上げを記録するようになった。これには企業独自の努力に関わる部分も多いが，時間距離の短縮効果と巨大駅直上のデパートというスケール効果が大きく貢献している。

商業以外にホテル業界に与えた影響も見落とせない。これまで名古屋駅周辺にはビジネス客相手のホテルは多くあったが，結婚式や宴会などが開ける一流のシティホテルはほとんどなかった。新たに南棟に入った外資系のホテル（部屋数774）は前評判に違わず，市内既存地区の有名ホテルと競うほどの吸引力を発揮している。この場合も，名古屋駅の真上にあることが利便性を訴えるのにこのうえない条件になっている。交通利便性は，ビジネスやプライベート目的での会合，交流，ミーティングなどにおいて最も重視される。名古屋市の内外から来訪する人々にとって駅での集まりほど便利なものはない（図8-9）。

　鉄道会社が主要ターミナルにデパートを設けて郊外から買い物客を呼び込む営業手法は，すでに戦前から東京，大阪において取り入れられてきた（末田，2010）。名古屋でも名古屋鉄道が系列の名鉄百貨店をターミナル駅に設けて経営してきた事例がある。1974〜2010年と期間は短かったが，松坂屋も名古屋駅に接する建物でデパートを営業していた。1987年の民営化で生まれたJR東海が採用した事業のひとつはまさにこれである。しかし従来型のター

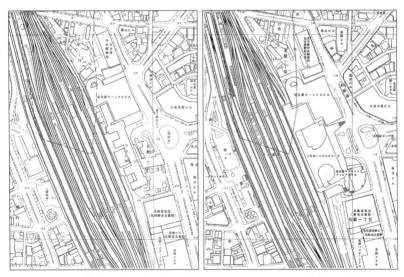

図8-9　名古屋駅旧駅ビル（1985年）とJRセントラルタワーズ（2000年）
出典：名古屋市のウェブ掲載資料（http://www.tokei-gis.city.nagoya.jp/search/gou.asp?ban=2310511500100001&acd=23105115001&oacd=23105115000&dtp=7&ctd=23105）をもとに作成。

第8章　近現代における名古屋駅のゲートウェイ機能の展開過程

ミナルデパートと比べると，その規模と複合性において群を抜いているように思われる。デパート・専門店以外にオフィス，ホテルなどの機能を加えている点が新機軸であり，これらが有機的に結びついた都市空間が駅の真上に出現した。

　JR 東海による事業でいまひとつ重要な点は，巨大な駅ビルでの商業・サービス・オフィスの空間創出と，鉄道輸送サービスの向上が一体的に行われたという点である（小島，1990）。できるだけ多くの人々を名古屋駅まで運ぶには電車の運行本数を増やし，スピードを上げる必要がある。これは鉄道会社であるがゆえに実現できることであり，規模とスピードの相乗効果をねらって事業を進めたことが大きい。品川や立川など主要駅のコンコースの中に物販空間を生み出す事業（エキナカ・ビジネス）を始めた JR 東日本とは対照的に，JR 東海は本社のある名古屋駅に投資を集中した。

　モータリゼーションの隆盛に押され，鉄道事業はその歴史的役割を終えたといわれたことがあった。これは先進諸国に共通するが，その実態は国によって異なる。日本では新幹線網の展開で国内の主要都市間を結ぶ役割を鉄道が果たしている。しかしその一方で，地方を走るローカル鉄道の多くが採算がとれず廃止に追い込まれているのも事実である。過疎化の進む地方から人口を集めている大都市圏は，通勤・通学・買い物などの輸送を鉄道に委ねることで機能を維持している。そこにはまだ鉄道が存続できる可能性が残されており，それを見込んで駅前を再開発する動きが各地にある。国鉄民営化はその引き金となり，主要駅は国鉄時代には見られなかった多様なビジネスを展開することで収益を確保しようとしている。東海道新幹線というドル箱を抱える JR 東海がその本社でもある名古屋駅で展開してきた事業は，駅を核とする再開発事業を象徴している。

4．JR 東海の高層ビル事業が誘引した名古屋駅前の高層ビル街化

　新生・名古屋駅が高層のツインタワーとして建設された理由の中で重要と思われるのは，JR 東海が名古屋駅の近くに新駅を建設できるような用地をもっておらず，限られた敷地しかなかったという点である。実際，新しい名古屋駅を建設する間，JR 東海は線路と線路の間のわずかな空間に管理業務

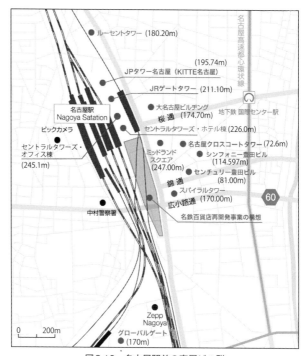

を行うビルを建設
してしのいだ。現
在，鉄道事業本部
として利用されて
いるこの楕円形の
ビル（JR東海太閤
ビル）は，JR東
海が駅建設に空間
的余裕をもってい
なかったことを象
徴している。名古
屋駅と同じように
駅を建て替えて駅
機能を一新した京
都駅では，高さ制
限のために高層ビ
ルを建てることが
できなかった。名
古屋ではそのよう

ルーセントタワー (180.20m)

JPタワー名古屋（KITTE名古屋） (195.74m)

JRゲートタワー (211.10m)

名古屋駅
Nagoya Satation

ビックカメラ

大名古屋ビルヂング (174.70m)

桜通

セントラルタワーズ・ホテル棟 (226.0m)

セントラルタワーズ・
オフィス棟
(245.1m)

ミッドランド
スクエア
(247.00m)

名古屋クロスコートタワー (72.6m)

シンフォニー豊田ビル (114.597m)

センチュリー豊田ビル
(81.00m)

錦通

スパイラルタワー
(170.00m)

広小路通

名鉄百貨店再開発事業の構想

中村警察署

Zepp
Nagoya

グローバルゲート
(170m)

0　200m

名古屋高速都心環状線

地下鉄 国際センター駅

60

図8-10　名古屋駅前の高層ビル群
出典：エスハチのウェブ掲載資料（https://s8000.works/
archives/1051）をもとに作成。

な制約はなく，狭い敷地を有効に生かして空間を増やすには高層ビルしか考
えられなかった。ツインタワーになったのは，駅の真下を地下鉄桜通線が走っ
ていたからで，ビルの重さを分散させる必要があった。ツインタワーという
形状は，見る人に強い印象を与える上でも効果的であった。（図8-10）

　このツインタワーは，名古屋市内では最初の高層ビルである。これにより
名古屋駅＝高層ビルというイメージが人々の間で定着した。都市のランド
マークは地区イメージの形成に有効であり，この場合は，名古屋駅周辺＝高
層ビル地区という印象を多くの人々に植え付けた。実際，JRセントラルタ
ワーズが完成した6年後の2005年に名古屋市郊外で開催された環境万博に
照準を合わせ，ミッドランドスクエアという高層ビルが名古屋駅前に完成し
た。これは，毎日ビル，豊田ビルという1950年代に建てられた2つの隣り

合うビルが更新期を迎えたのを機会に，敷地を統合してそこに高層ビルを建設したものである。屋上緑化やシースルー・エレベーターなどの付加価値をビルにもたせたのは，新しい社会の動きに配慮したからである。

　この高層ビルは，以下の3つの点で名古屋駅前地区に新たな要素を加えた。第1は，このビルが国内最大規模の企業となったトヨタ自動車とその関連企業の本社機能の一部を担っているという点である。トヨタ自動車の前身は豊田自動織機であり，本社は刈谷市にある。のちの豊田自動織機につながる豊田自動織布工場が1911年に名古屋駅の近くで設立され，現在はその工場建物がトヨタ産業記念博物館として公開されている。つまり，トヨタ自動車にとって名古屋駅前は歴史的に特別な場所であり，ここに東京で行っていた業務機能を移して統合したことは，単に企業発祥の地に戻ったという意味以上のものがある。世界的企業の中枢部分が名古屋駅前に置かれたという意義は，きわめて大きい。

　第2は，2005年に常滑沖の伊勢湾上に開港した中部国際空港と名古屋駅が名鉄線で直接結ばれたことである。空港敷地が小牧市，春日井市などにまたがる内陸部の名古屋空港から世界へ飛び立っていた時代，名古屋駅からの交通手段はバスしかなく，アクセスは非常に不便であった。新空港は海上空港で名古屋駅前からわずか30分ほどで到達できる。この空港の建設にあたってはトヨタグループの存在が大きく，開港後の経営面でもグループの発言権は確保されている。つまり，トヨタグループの名古屋での拠点ともいえるミッドランドスクエアが名古屋駅前に建てられたのは，中部国際空港への交通利便性を重視した戦略的判断によるものである。

　最後に第3として，ミッドランドスクエアにはデパートこそないが，内外一流のブランドショップが入居している点である。レストラン・飲食店・シネマコンプレックスをはじめ多くの小売・サービス業も入店している。これまで駅東側ではこうした物販・サービス機能は地下街に限られてきたが，このビルの完成にともない，オフィスビルの地上部分の一角に買い物客の集まる空間が生まれた。東京資本をはじめ，これまで名古屋には出店していなかった有名小売・サービス企業が進出したため，地元商業者に新たな刺激を与えることになった。

ミッドランドスクエアの完成に引き続いて，名古屋駅前地区ではルーセントタワー，スパイラルタワーの完成があいついだ。いずれも170mを超える高層ビルであり，これらによってこの地区一帯で高層ビルが集結していくというイメージは完全に定着した。名古屋駅に隣接して建っていたデパート・交通ターミナルビルの跡地と，その道路向かい側にある名古屋ビルヂングの跡地にも高層ビルが建設された。前者はその名もゲートタワービルで，2027年にJR東海が開業を予定しているリニア中央新幹線の名古屋駅になる。1886年5月に武豊線の一途中駅として田圃の中に開業した名古屋駅は，130年の年月を経てこのような姿になった。

コラム 8　都市の歴史的発展とゲートウェイ機能の立地構造

　都市でゲートウェイ機能を果たしている交通手段を鉄道，港湾，空港とした場合，それらはどのような順序で，またどのような位置関係で誕生していったのであろうか。歴史的な登場順序でいえば，港湾，鉄道，空港ということになるが，それはあくまで一般論にすぎない。たしかに港湾は湊や港あるいは浜や浦と呼ばれていた遠い昔から存在していた。しかしゲートウェイ機能を果たすほどの本格的な港湾が誕生するのは近代以降のことである。鉄道についても，日本では明治初年以降に登場したが，新幹線駅のように広い範囲から利用客を集める駅が登場するのは最近のことである。空港も，戦前は軍事目的で各地に規模の小さな飛行場が設けられた。それらの中から戦後，空港としてデビューしたものもあるが，それは非常にまれなケースである。多くは高度経済成長期以降に内陸部の土地を造成したり，海上を埋め立てたりして設けられた。港も駅も空港も，最初の位置から移動しているケースも珍しくない。文字通りケースバイケースであり，一般論を導き出すのは難しいかもしれない。

　鉄道，港湾，空港の開設とそれらの空間的な位置関係は，都市の発展過程や地域構造と大いに関係がある。鉄道はほとんどどの都市にも走っているが，新幹線駅がある都市は限られる。港湾は臨海部の都市なら大抵はあろう。かつては河川が交通手段に利用されていたため，内陸部にも川湊をもつ都市があった。港湾が海の港すなわち海港であるのが普通の現代，コンテナ貨物を積み降ろす設備をもつ港湾は限られる。まして国際的なコンテナ輸送の定期航路につながる港湾都市は多くない。もちろんコンテナ輸送だけが港湾での輸送ではない。しかし，世界

第8章　近現代における名古屋駅のゲートウェイ機能の展開過程

貿易で取り扱われる製品の大半はコンテナで行われているため，ガントリークレーンをもたない港湾にはコンテナ船は寄港しない。ただし，国際的なクルーズ観光という視点に立てば，また見方は違ってくる。

　交通手段としての歴史がもっとも新しい空港は，日本の場合，数が限られているように思われる。ところが実際は100か所近くもあり，この数は国が定めた重要港湾の数102とあまり変わらない。もっとも港湾は地方の漁港も含めれば，大小合わせて全部で3,000ほどもある点に注意する必要がある。空港が都道府県数の2倍ほどもあるのは，九州・沖縄地方を中心に離島に空港が設けられているからである。離島には鉄道はなく，船による移動は時間もかかり不便である。このため日常的な移動手段として航空機が利用される。離島ではないが，北海道や南九州など国土全体の中で相対的に周辺に位置する地域では，他地域への移動のさいに航空機を利用する割合が大きい。このようなところにある都市では，空港が日常的なゲートウェイとして意識されている。これは，空港は海外へ出かけるときの非日常的なゲートウェイと考えるのが一般的な大都市圏との違いでもある。

　主な対外的ゲートウェイである鉄道駅，港湾，空港が利用しやすい都市は恵まれているといえる。利用のしやすさをアクセスのしやすさと言い換えるなら，たとえば都市の中心部の近くにこれらの施設があれば，それは利便性の高い都市といえよう。鉄道駅はほとんどの都市では中心部に近いため，大きな差はないであろう。問題は港湾と空港の位置であり，いわゆる港湾都市は中心部に近い位置に港湾があると考えてよい。横浜，神戸，長崎など，幕末に開港した都市はこうした特徴を共有する。一方，近世までは港湾がなく，近代になって港湾が建設された都市では，中心部から港湾までの距離が長い場合がある。次章で取り上げる名古屋港はまさにこのケースであり，近代後半以降になって都市構造の中に港湾が取り込まれるようになった。近世の頃から町の近くに港（湊）のあった大坂（大阪）や江戸（東京），あるいは近代初期の築港とともに町が生まれた横浜，神戸との違いがここにある。

　都市中心部と空港の位置関係は悩ましい問題である。なぜなら，空港には広い用地や騒音という問題があり，地価が高く人家の多い都市の近くには建設しづらい。しかし低地価で人口の希薄な周辺部ではアクセスしにくいという別の問題がある。両者を折衷した妥協点を見出すしかなく，実際，近年における大都市圏の空港は海上に建設される傾向がある。海上なら地価や人家の問題はクリアできるからである。ただし漁業補償費や建設費といった問題は依然としてある。残るはアクセスの問題であり，これについては快速鉄道，新交通システム，リムジンバス，あるいは高速船などによって対応が図られる。

日本の大都市の中で唯一，地下鉄で都市中心部と空港が連絡できているのが福岡である。これは福岡空港が中心部の天神からわずか8.3kmしか離れておらず，しかもその途中に博多駅もあるという都市構造によるものである。まさにゲートウェイ機能が都市の中心部近くに集中している稀れな大都市といってよい。古代から博多津の港町として栄え，近世には城下町も加わった。さらに近代以降は鉄道駅が生まれ，戦時中には陸軍の飛行場が町の近くに設けられた。その飛行場が戦後，九州を代表する空港へと変貌し今日に至っている。むろん騒音問題に長年悩まされてきたという歴史もあるが，福岡が成長可能都市として多くの期待を集めている背景に利便性の高いゲートウェイ機能の集中があることは明らかである。

名古屋港が果たしてきたゲートウェイ機能の
歴史的展開

第1節　不利な地形条件を克服しての築港と背後圏との連絡

1．伊勢湾に開かれる港湾ゲートウェイの建設をめぐる動き

　欧米から開国の要求を受け，横浜，神戸などに港を開いていった明治維新前後の動向については，すでに本書において述べた。幕藩体制時代に重要な役割を果たした城下町に港が開かれる例は少なく，多くは築港に適した自然条件をもち，なおかつ輸出できそうな産物の生産や集荷が期待できそうな場所の近くが開港場として選ばれた。生糸，絹製品，茶，米，陶磁器，木工品，石炭など産物は限られていたが，これらは貴重な外貨を稼ぐ産物として輸出の対象になった。しかしその一方で，国内経済システムの中で物資輸送を担ってきた伝統的な港も多く存在していた。本章で取り上げる名古屋港は，地形的条件ゆえに近代港湾の建設に恵まれず，近世の水上交通とも縁の薄かった旧城下町からかなり離れた位置に建設された港湾である。いくつものハンディキャップを背負いながら開港した名古屋港が1世紀を経た今日，国内最大の貨物取扱量を誇る港にまでいかに成長できたか，その軌跡を追うことで日本の社会と経済の移り変わりの一端を垣間見ることができる。

　国家的思惑から開港された横浜港や神戸港などとは異なり，地元政財界からの強い要望をもとに，難産の末，明治末期にようやく開港にこぎつけたのが名古屋港である。地元からの熱心な働きかけにもかかわらず明治政府が港湾建設の許可を渋ったのは，伊勢湾最奥部が遠浅地形で港湾建設地としてはふさわしくないと判断したからである。たしかに平均水深が-19mにすぎない伊勢湾は，木曽，長良，揖斐の木曽三川などからの排出土砂量が多く臨海部は遠浅である。しかしこうした不利な条件にもかかわらず，愛知県や名古屋区（のちに名古屋市）から港湾建設に対する熱望が立ち現れてきたのは，

近隣の四日市港や武豊港に依存する中継的な輸送体制から脱却するためであった（名古屋港史編集委員会編，1990a）。

　自前の港湾をもたなければ背後圏の経済発展にも弾みがつかず，他地域から遅れをとる。旧尾張藩の城下町は伊勢湾に接する熱田港から6kmも離れた位置にあり，遠浅の熱田港は十分な港湾機能が果たせなかった。防衛目的を優先して内陸部に建設された城下町は，対外的交流が都市発展の決め手になる近代という時代を迎え，海からのゲートウェイ機能を渇望した。悲願ともいえる地元政財界からの熱意がようやく実り，1896年に築港事業は開始された。しかし当初予定していた通りには建設工事は進まず，築港計画案は大幅に変更された。工事途中に台風被害に遭うというアクシデントもあったが，それよりも地域社会的，政治的障壁が工事の進捗を鈍らせた。

　廃藩置県で尾張と三河が一緒になって愛知県が生まれたが，全県一致の政治的風土の醸成などにはいまだ遠く及ばなかった。旧三河出身の議員が愛知県議会で築港反対の強行意見を出すなど，県民総意にもとづく築港事業とはいえなかったのである。名古屋中心部から6km離れた熱田港のさらに先の伊勢湾沖に港を建設することに対し，県民・市民の理解を得るのはたやすいことではなかった。当時はまだ，名古屋市と愛知郡熱田町はまったく別の自治体で，築港現場へ行く交通手段もまったくなかった。旧尾張・名古屋を中心とする政財界の関係者とそれ以外の人々の間に大きな溝があっても何ら不思議ではなかった。

　県議会内部での対立や県民・市民の理解不足に直面した愛知県は，財政支出区分を変更したり，見本市船の見学会を実施したりして乗り越えようとした（名古屋港史編集委員会編，1990a）。財政支出区分の変更とは，旧三河に多い郡部向け予算に港湾建設の支出が影響しないように制度を変えること，すなわち三部制の導入である。県レベル，尾張が中心の都市レベル，それに農村レベルに予算立てを三区分して説得にあたった。見本市船の見学会とは，当時，日本各地の港に寄港しながら文明開化を象徴する新しい製品や文物を見せた催しのことで，工事途中の名古屋港に見本市船「ろせつた丸」を入港させた。見本市船見たさに遠くから訪れた見学者は，築港事業の実態を目にして驚いた。築港関係者が期待した通り，これをきっかけに築港事業に対す

第9章　名古屋港が果たしてきたゲートウェイ機能の歴史的展開

る人々の関心は高まった（林，2000）。

2．遠浅条件を克服しながら第1〜3期建設工事で生まれた埠頭

　名古屋港における埠頭の建設は，近世に行われた干拓地の地先を埋め立てるかたちで進められた（名古屋港史編集委員会編，1990a）。もっとも，名古屋港という名称は開港後に正式に付けられたもので，建設はあくまで熱田港の改修という名目で進められた。熱田前新田と呼ばれた干拓地の中を堀川，中川，荒子川の3つの川が流れており，その河口部分を埋め立てて生まれたのが，1902年から1910年にかけて完成した第1号地〜5号地である（図9-1）。これらの埋立地は水路によって隔てられており，島状のかたちをしていたため多くの船が接岸できた。堀川と中川は港と内陸部との間を水上輸送で連絡するのに利用できた。とくに堀川は北へ向かって進むと4km先に熱田があり，さらに上流に進むと名

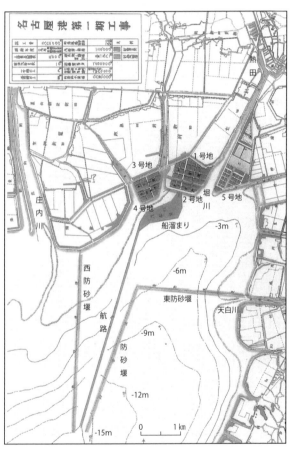

図9-1　名古屋港の第1期工事計画図（1901年）
出典：林，1997，p.105，第1図をもとに作成。

ゲートウェイの地理学

古屋の中心市街地に至る。近世の熱田は東海道の七里の渡しの渡船場であり，近代に入ってからも，しばらくの間は伊勢湾海運の拠点であった。この熱田からさらに北へ堀川を遡上すると，5km先に納屋橋がある。名古屋港が開港するまで，ここは納屋河岸として名古屋へ出入りする貨物を積み降ろす機能を果たしてきた。

　第2号地が開港当初，岸壁に接岸した船との間で貨物の積み降ろしが行われた埠頭である。ここは現在はガーデン埠頭と呼ばれる名古屋港発祥の地とされる場所である。接岸を待つ間，船は岸壁前の船溜まりに停泊するが，船溜まりを外れたら船は浅瀬に乗り上げ座礁する恐れがある。この船溜まりにたどり着くまでの航路の水深を確保するにはやはり浚渫が不可欠で，細長い1本の航路が伊勢湾沖から船溜まりに向けて延びていた。船溜まりや航路の水深を維持するには，浚渫もさることながら，まずは港内に海底土砂が入り込まないようにするのが先決である。木曽三川や庄内川，日光川から排出された土砂は海中で漂砂となり，伊勢湾を時計回りに流れる海流によって運ばれる（名古屋港史編集委員会編，1990a）。東側の天白川からも土砂は排出され，港内に侵入する。このため，港の西側には全長4.4kmの堤防が，また東側では2.8kmと3.7kmの2つの堤防が折り曲げるようなかたちで設けられた。初期の名古屋港は，長大な防波堤（防砂堤）によって守られた人工のプールのようなかたちをしていた。

　名古屋港では開港後まもなく第2期工事が始められ，第5号地と向かい合うようなかたちで第6号地が埋め立てによって誕生した。第5号地の北側と，第6号地の東側にはそれぞれ貯木場が設けられた。これらの貯木場は，大正時代から増えていく海外からの輸入木材を貯留するために整備された。名古屋港の開港以前は熱田に木材市場があり，近くの白鳥貯木場が中心的役割を果たしてきた。しかし名古屋港の開港とともに貯木場は南へ南へと移動し，名古屋港から入る大量の木材を貯留するようになった（林，2015）。1920年に第2期工事が終了したのもつかの間，すぐに第3期工事が始められた。工期は1927年までで，この間に第7号地，第8号地，第9号地が誕生していった。第7号地は第6号地の南側，第8号地はさらにその南側に設けられた。第8号地に貯木場が設けられたのは，既設の貯木場だけでは木材の保管が十分で

なかったからである。これまでの民間貯木場だけでは収容しきれず，愛知県自らが公営の貯木場を設けるほど名古屋の木材需要は多かった。

第9号地はそれまでの埠頭とは異なり，陸地から離れた海上に設けられた。第1期の築港工事で設けられた東防波堤を軸とし，その南側を埋め立てて埠頭とした。東防波堤は中央付近に開口部があるため，その西側に生まれた第9号地は港外の離島のようであった。こうした位置づけには意味があり，1923年の関東大震災で横浜港が石油流出によって大きな被害に遭ったため，それを教訓に島状の埠頭が建設されたのである（名古屋港史編集委員会編，1990a）。横浜港と同様に石油を取り扱っていた名古屋港でも，万が一のことを考え第9号地は危険物の取扱埠頭とされた。天然の良港とは程遠い遠浅地形の弱点を浚渫でカバーする一方，排出土砂は埠頭建設に活用するという方法で港のかたちは整えられていった。コンクリートはまだ実用化されていなかったため，服部人造石という県内の土木事業者が考案した人工石材を用いて長大堤防は建設された。近世では不可能だった港づくりが，横浜など先行港湾も参照しながら進められた。

3．名古屋港と背後圏を連絡する臨港線と新堀川・中川運河

名古屋港建設の第2期工事は，港湾設備を拡張するための工事であった。港湾が全体として機能するには，船舶の入港・係留のための施設や物資の積み降ろし施設だけでは不十分である。港湾設備もさることながら，それに関連する設備とりわけ港と背後地域を連絡する交通手段が不可欠である（林，2017）。名古屋港の場合，港と名古屋市内との連絡は運河（堀川）に頼ることもできるが，それには限界がある。広い背後地域と連絡する一番良い交通手段は鉄道であり，それゆえ名古屋駅と名古屋港を結ぶ名古屋臨港線が建設されることになった。名古屋港と名古屋駅はおよそ9km離れており，両者は南北方向の直線的関係にある。

臨港線の建設工事は1908年4月に始まり，1911年5月に竣工した。始点は名古屋駅であり，終点に名古屋港駅が設けられた。当初は知多半島方面との連絡を考慮して旅客輸送も行われたが，まもなく貨物専用の鉄道となった。1916年に臨港線途中の八幡信号所から支線が敷かれ，その終端に木材専用

線の白鳥駅が開設された。これは白鳥貯木場へ木材を輸送するためである。また1927年には，第1号地と第2号地を結んでいた県有路線が鉄道省に移管されて臨港線につながり，その終端に堀川口駅が設けられた。臨港線はその後も連絡先を増やし，1930年に完成した中川運河と連絡するために，名古屋駅の南方に名古屋新貨物駅（のちに笹島駅と改称）も開設された。

　名古屋港に流れ込んでいる堀川は，旧城下町・名古屋の幹線水上交通路として近世を通して重要な役割を果たしてきた。近代になってもそれは変わらず，名古屋港の背後圏と連絡する役割を果たした。それとは別に，熱田で堀川と合流する精進川が堀川と同様，名古屋港と連絡する役目を担うようになる。1893年6月に設立された日本車輌製造が1898年6月に愛知郡古沢村大字東熱田に熱田工場を建設し，車両の製造に必要な木材を精進川から陸揚げしたからである。また，1906年11月に設立された名古屋瓦斯は1907年10月に愛知郡御器所字高縄手に工場を設けたが，原料の石炭は名古屋港に入港した石炭船から沖取りし，精進川を経由して陸揚げされた。

　このように精進川は周辺企業に対して大いに貢献していたが，高低差がないため蛇行が著しく汚水が停滞しがちで豪雨時には濁水が氾濫するという問題点を抱えていた。このため，精進川の治水と汚水浄化を行い，同時に船が通行できるようにする計画が幾たびか持ち上がった。しかしいずれも実現には結びつかず，沿岸住民が汚水の停滞に悩まされる事態はいっこうに改善されなかった。ところが1904年に国が愛知郡熱田町に東京砲兵工廠熱田兵器製造所を建設する計画を立てたことで，事態が大きく動いた。この兵器製造所の敷地造成には54万㎡の土砂が必要とされたが，精進川の改修時に出る浚渫土砂をこれに充てれば，双方の利益につながり長年の宿願も解決されるという絶好の機会を迎えた。名古屋市は，精進川を改修して悪水の排除と舟運の便を図る方針を打ち出し，1905年4月の市会において精進川改修工事に関する議案を可決した。工事は3次にわたって実施され，幹線延長5,736m，支線の延長が391mの新堀川が1910年2月に竣工した（名古屋港史編集委員会編，1990a）。

　堀川に加えて新堀川が名古屋港と背後圏を結ぶようになった。しかし，産業発展が目覚ましい背後圏との連絡は，これら2つの水上交通だけでは十分

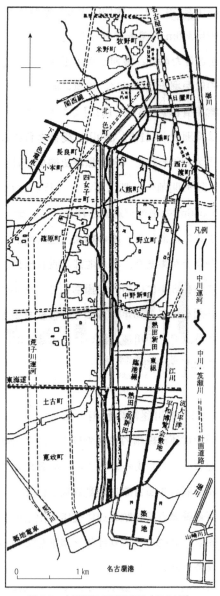

図9-2　中川運河の開削計画（1924年）
出典：中川区制50周年記念事業実行委員会編、
1987，p.227の図をもとに作成。

とはいえなかった。鉄道輸送には限りがあり、自動車がまだ登場していなかった当時、港と内陸の間を連絡する水上交通に対する期待は大きかった。新たな水上交通手段として建設構想が浮上してきたのが中川運河である。同運河は1930年に建設されるが、もとはといえば新堀川の場合と同様、笈瀬川と中川という自然河川であった（図9-2）。これらの河川を運河として直線化し、北端に名古屋駅南の笹島貨物駅と連絡する船溜まりが設けられた。中川運河と名古屋港は一体的に機能したため、場所は9kmも離れているが、笹島貨物駅地区も埠頭のひとつとして機能した（林、2017）。中川運河の両側は船舶が接岸できる埠頭としての機能も備えていたため、一気に長大な埠頭が市街地の中に出現したことになる。細長い埠頭に沿って工場や倉庫が建ち並び、新たな工業地域が形成されていった。

第2節　開港後の港湾活動と埋立地の拡大・飛行場への転用

1．開港当初の船舶入港状況と第一次世界大戦後の国際航路開設

　名古屋港が開港した直後の1908年に入港した船舶は2万4,666隻にのぼった（名古屋港史編集委員会編，1990b）。しかしそのほとんどは艀などの小型船舶であり，汽船はその1割にも満たない1,028隻であった。その汽船にしても3,000トン級が最大で，しかも入港したのは1隻にすぎなかった。これ以外では，2,000トン級が20隻，1,000トン級が73隻，500トン級が74隻，100トン級が351隻であり，残りの509隻はすべて100トン未満の船舶であった。それゆえ，入港船舶の総トン数は61万5,000トンということになり，これを1隻当たりに換算すると25トンであった。1908年は開港後とはいえ築港第1期工事がいまだ進行中であったことを考えると，こうした数字をもって必ずしも悲観的になる必要はないのかもしれない。

　1908年に名古屋港に入港した外航船（外国貿易船）は42隻，7.2万総トンで，そのうち外国船は2隻，3,000総トンにすぎなかった（名古屋港史編集委員会編，1990b）。この年に名古屋港から輸出された貨物は170.6万円，同じく輸入された貨物は72.8万円であった。同じ年について，名古屋市から輸出された貨物の総額をみると506.9万円であり，同様に輸入された貨物の総額は1,243.6万円であった。つまり，名古屋市からの輸出貨物のうち名古屋港を経由して送られた割合は33.7％にすぎなかった。入港した外航船の少なさは，まさしくこのことを物語っている。輸入にいたっては，名古屋港経由は全体の5.9％を占めるにすぎず，名古屋港はほとんど機能していなかったといっても過言ではない。

　このように出足はいささか物足りなかったが，名古屋港へ寄港する定期航路船や不定期航路船は，第一次世界大戦を契機にその数を増していった。1914年7月に始まった第一次世界大戦により，主要国の船腹は軍事調達や戦禍，それに戦時物資輸送のために不足ぎみであった。日本は戦禍の外にあったため，船腹の不足事情は千載一遇の好機であり，定期・不定期航路ともに活況を呈するようになった。こうした状況は名古屋港でも見られ，日本郵船

第9章　名古屋港が果たしてきたゲートウェイ機能の歴史的展開

や大阪商船を中心とする各海運会社は定期航路の新設・拡張を図った。1916年8月には，日本郵船のオーストラリア・ニュージーランド定期航路の第一船の「秋田丸」（3,792総トン）が入港した。同じ年の10月には同じ日本郵船のシアトル航路に投入された「静岡丸」（6,568総トン）が入港した。

　1916年は四日市でペストが発生した年であり，四日市港への寄港を予定していた大阪商船の「印度丸」（5,311総トン）が寄港地を名古屋港へ変更したのをはじめ，全部で22隻の船舶が四日市港から名古屋港へ予定地を変更した。このため，この年に名古屋港に入港した外国航路船舶は131隻を数え，四日市港の121隻を10隻も上回った。取扱貨物量も開港以来はじめて200万トンを超えた。翌年の1917年4月になると，日本郵船の上海航路の第一船として「済州丸」（2,117総トン）が入港し，5月には同社の北アメリカ航路の第一船「因幡丸」（6,192総トン）が入港した。

　4年余の長期にわたった第一次世界大戦は1918年1月に終戦となり，翌年6月に講和条約が締結された。大戦後，世界経済は深刻な不況に見舞われたが，大戦を好機に発展した日本の海運界は戦後，世界第3位の海運国に躍り出た。保有船腹数は開戦前の171万総トンから，1920年末には300万総トンと2倍近くに膨れ上がった。船腹数の過剰傾向のもとで海運経営は深刻化したが，イギリスの炭鉱ストライキやアメリカ・オーストラリア・インド炭の補充輸送などが幸いし，船腹需要は回復した。アメリカからの小麦・木材の輸送や台湾からの米・砂糖輸送，それに北洋材の輸送も，海運経営に味方した。

　アメリカ材や北洋材を積んだ不定期船は1922年頃から頻繁に入港するようになり，名古屋港のいたる所で木材荷役風景が見られた。翌年の6月からは，大阪商船のボンベイ定期航路船が寄港するようになった。さらにこの年の9月には関東大震災が起こり，横浜港が機能麻痺に陥ったため，外航船の名古屋港への寄港が増加した。救援物資を積み出すための内航船の入港も増加した。同じ年の11月にはイギリス船籍の「EASTERN号」（9,896総トン）が外国の定期航路船としてはじめて名古屋港に入港した。さらに2年後の1925年11月には，JAVA CHINA JAPAN LINE所属の「TJIBESA号」（1万835総トン）が入港したが，これは開港以来はじめてとなる1万トンを超え

る大型船の入港で
あった。

図9-3は，開港
5年後の1912年
から1925年まで
の名古屋港入港船
舶の推移を示した
ものである。隻数
は対数目盛で示し
てあるため注意を
要するが，一見す
ると汽船，帆艀船
ともに隻数は大き
く変化していない
ように見える。し

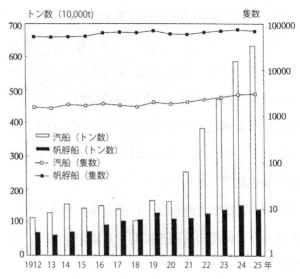

図9-3　名古屋港に入港した船舶の推移
出典：名古屋市編，1954，pp.515〜516をもとに作成。

かしよく見ると汽船の隻数は1920年以降，連続して増加していることがわ
かる。トン数の増加ぶりは隻数よりも顕著であり，やはり1920年以降の増
加傾向が明確である。このことは，とりもなおさず入港する汽船が大型化し
ていったことを物語る。実際，汽船の1隻当たりの平均トン数は，1918年
が660.4トン，1920年が891.1トン，1922年が1,686.1トン，そして1925年
が2,010.1トンであった。実に7年間で3倍にも大型化した汽船が名古屋港
に入港するようになった。開港直後から始められた第2期工事（1910〜1919
年）で港内航路の幅を広げ，水深をより深くしたことが，こうした大型汽船
の入港を可能にした。さらに，第2期工事に併せて実施された船溜まりの拡
張と増深も，汽船の大型化に対応した。

2．当初は輸出がリードした外国貿易と貿易品目の推移

　上述のように，港湾設備の充実にともない，名古屋港における外国貿易
は活発になっていった。取扱重量で見た場合，1908年の4万3,027トンが
1914年には26万8,086トンになり，1920年には38万8,541トンにまで増えた。

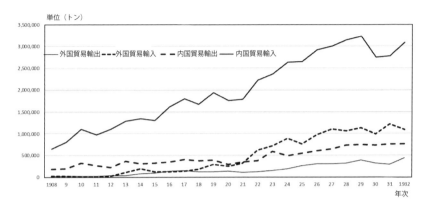

単位（トン）

図9-4　名古屋港の外国貿易，内国貿易の重量の推移
出典：「名古屋港開港100年史」　CD-ROM版資料をもとに作成。

外国貿易全体に占める輸出の割合は1910〜1912年，1916〜1917年を除き
輸入の割合を下回った（図9-4）。一方，外国貿易と内国貿易を合わせた貿易
全体に占める外国貿易の割合を検討すると，出荷は1908年が9.2％，1912
年が12.9％，1916年が29.0％，そして1920年が32.1％である。これに対し
入荷は，1908年が3.6％，1912年が1.7％，1916年が6.9％，そして1920年
が12.4％であった。こうしたことから，全体としては内国貿易が多くを占め
たが，名古屋港における外国貿易は徐々にその地位を高めていったといえる。

　外国貿易全体に占める輸出の割合を金額ベースで見ると，重量の場合とは
やや様子が異なる。輸出の割合は1908年が70.0％，1912年が82.3％，1916
年が75.5％，そして1920年が60.7％である。経年的に割合が低下したとは
いえ，開港から15年ほどの間は輸出が金額面で外国貿易をリードした。し
かも，輸出の割合が重量よりも金額で大きかったということは，輸出品の重
量当たり単価が輸入品より高かったことを物語る。つまりそれだけ価値のあ
る製品を輸出していたということである。ただし内国貿易については，金額
面でも移入が移出をつねに上回る状態にあり，移入港としての性格が維持さ
れた。

　開港時から1920年までを見た場合，輸出品目の中で金額が多かったのは
陶磁器である。輸出総額に占める陶磁器の割合は，1908年が43.1％，1912

年が50.7%，1916年が31.9%，そして1920年が24.4%であった。アメリカ，中華民国，オランダ領インドネシアを主な仕向先とする陶磁器は，1929年に絹織物に取って代わられるまで，輸出額第1位を維持した。第2位は綿織物であったり白木綿であったりするが，1920年までは絹糸・絹綴糸を含む繊維関係の品目が第2位の地位を占め続けた。第3位についても，白木綿，綿糸・毛糸，羽二重その他など，繊維関係が多かった。ただし，1915年は染料・塗料，同じく1920年は玩具がそれぞれ第3位を占めた。以下，第4位，5位の品目を記すと，木材，茶箱用板，ビール，時計諸機械，鉄類，マッチ，時計，氷砂糖などである。綿織物・茶箱用板の主な仕向地はインド，綿織物・毛糸・ビール・時計・玩具は中華民国であり，またアメリカは陶磁器と同様，玩具の最大仕向地であった。

　輸入は輸出とは異なり，開港時から昭和初期までを通じて，特定の品目が第1位の地位を占め続けることはなかった。1918年までは大豆・豆糟・米および籾などの農産物が，その後の2年間は肥料が多かった。第2位には大豆・豆類と並んで米および籾が顔をだし，また石炭が第3位になる年も多かった。こうした特徴は，1927年以降，羊毛が継続して輸入の第1位となるまで続いた。輸入の主な相手国は中華民国・アメリカ・オーストラリアであり，豆類・肥料・飼料・石炭は中華民国から，木材・パルプはアメリカからそれぞれ輸入された。オーストラリアはもっぱら羊毛の輸入先であった。

3．第10号地の仮飛行場への転用と第11号地での正飛行場建設

　第1号地から第9号地まで，名古屋港では浚渫土砂による埋め立てによって埠頭が順次設けられていった。しかし背後圏での産業の発展はなお著しく，新たな埠頭を求める声が高まっていった。愛知県は1915年から1924年までの実績をもとに30年後の貨物取扱量を推計し，これに対応できる港湾設備の拡充計画を立てた（名古屋港史編集委員会編，1990a）。愛知県が国に提出した計画案を国は基本的に了承したが，財政的理由から実現するのは困難視された。このため愛知県は緊急を要する工事を限定し，これを第4期工事として実施することにした。総工費1,012万円に対して国が431万円を助成することになり，1927年度から1934年度にかけて実施されることになった。こ

うして工事は始められたが，名古屋港に出入りする船舶数は増加の一途をたどり船型も大型化した。とくに背後圏では繊維産業の発展が著しかったため，第4期工事に加えて追加工事を実施することになった。ところが労働力や資材は不足し物価は高騰したため工事は予定通りには進まず，すべてが終了したのは1940年度に入ってからであった。

　愛知県が1926年に名古屋港の将来計画を構想したとき，県は港湾設備とは別に飛行場を港湾地区に設けるという構想をもっていた。第一次世界大戦を契機に，各地で空港を建設する動きが起こってきたからである。市制施行から40年が経過し，人口が100万人を超えた名古屋にも近代的な飛行場があってしかるべしという声も高まりを見せていた。愛知県は1926年の将来計画案に飛行場の設置を盛り込もうとしたが，国の軍事的理由に配慮しそれが果たせなかった。ところがその数年後，国の助成と監督のもとに日本航空輸送が発足し，東京の羽田，大阪の築地，福岡の名島に飛行場があいついで開設された。こうした動きを受け，1932年に愛知県は名古屋港の第8号地と第9号地の連絡用地の南側に，水陸両用の飛行場を建設する計画を立てた（名古屋港史編集委員会編，1990a）。第3期工事によって生まれた埠頭を延長し，ここを船舶ではなく航空機を離発着させる飛行場にすることにした。

　こうした愛知県による飛行場建設の計画とは別に，国もまた名古屋付近に飛行場を設ける構想をもっていた。愛知県は飛行場完成には5年を要すると考えたが，国は早期実現の必要性から愛知県の建設候補地とは別の場所を独自に探した。条件は名古屋近郊で周囲に障害物がなく水陸両用で飛行機が飛ばせる場所であった。西加茂郡伊保原，名古屋市西部の土古新田，名古屋港第7号地などが候補に上がったが，いずれも求める条件を満たすことができなかった。選定作業を1年ほどかけて行った結果，名古屋港に完成したばかりの第10号地がある程度条件を満たしているという結論を得るに至った。1934年3月のことで，日本航空輸送の役員が現地を訪れ飛行場として問題がないことを確認した。飛行場の整地費用は愛知県が負担し，この年の10月に完成した。すぐに運用が開始され，東京〜大連間の定期航空機が寄港して旅客と郵便物の輸送を行った。飛行場建設のために出資を行った愛知時計電機や三菱航空機の軍用機も試験飛行のために使用した。

日本の国家体制は軍国主義へと傾いていき，朝鮮半島や中国大陸は植民地と位置づけられた。それらとの連絡を航空機で行うために，国は国土中央付近の愛知県に飛行場を必要とした。愛知県は飛行場の開設を急ぐ国の方針に従わざるを得ず，埋め立て完了直後の第10号地は飛行場になった。しかしこれはあくまで仮の飛行場であり，正式の飛行場を建設することを愛知県は諦めていなかった。このことは，飛行場の建設は中央政府からの上意下達的なものだけでなく，地方自らが建設に意欲があったことを物語る。そこで県は，さきに国に対して提案した第8号地と第9号地の連絡用地の南側に飛行場を建設する案を再度申請した。ところがここは天白川の改修工事に支障となることが明らかになったため，仮の飛行場として使用している第10号地の南西側を候補地とする案へと計画を変更した。

こうして場所は決まったが，さらに計画案を修正する必要性が生じた。当初は防波堤でもある西突堤を軸に東西に埋め立てを行う予定であった。ところがこの案だと庄内川の改修に差し障ることが明らかになったため，方針を変更し西突堤を軸にしてその西側に建設することにした。愛知県の計画では，飛行場の建設資金は県債でまかない，償還は飛行場の逓信省への貸与，埋立地の一部売却，それに市部の一般歳入によって行うというものであった。愛知県からの申請に対して国は厳格に審査し，とくに逓信省が飛行場を使用する気があるか否かを確認した。使用の意思ありという逓信省の回答を受けて申請は認められた。1934年10月から工事は始められたが，1937年に日中戦争が

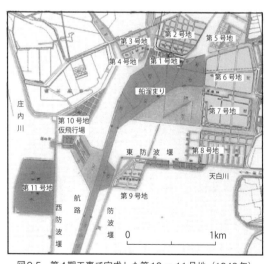

図9-5　第4期工事で完成した第10〜11号地（1940年）
出典：名古屋港史編集委員会編，1990a，付属図をもとに作成。

第9章　名古屋港が果たしてきたゲートウェイ機能の歴史的展開

勃発したため工事は遅れ，1939年度にようやく竣工した（図9-5）。

　こうして誕生した名古屋港の飛行場を，愛知県は1941年3月から向こう20年間にわたって無償で貸与することにした（名古屋港史編集委員会編，1990a）。新たな飛行場の使用を見込み，第10号地の仮飛行場は1940年にその機能を停止した。飛行場の移転にともない，愛知時計電機や三菱航空機で製造された海軍機の試験飛行が新たな飛行場で行われるようになった。しかし当初予定されていた定期便の利用はついに行われることはなかった。1941年12月に始まった太平洋戦争と，その後の戦況悪化の下では，通常の利用はかなわなかった。照明や格納庫など目新しい設備も整えられたが，肝心の滑走路は地盤が十分に固まりきっておらず，満足に使用できなかったことも大きかった。急遽，石炭殻を敷くなどの手が講じられたが，抜本的な解決には至らなかった。軍用機ばかりが飛び立つ飛行場の滑走路を延長するように，軍は愛知県に命じた。このため県は飛行場を一時閉鎖して延長工事を実施しようとしたが，実現することなく敗戦を迎えた。

第3節　第二次世界大戦後の埠頭の建設と利用の多様化

1．戦前に造成された埋立地を活用した戦後の埠頭建設

　敗戦後，名古屋港は愛知県の管理から名古屋港管理組合による管理へと体制が変更された。軍事優先主義の国家経済から決別し，戦後は民間企業主導型の経済へと大きく舵が切り替えられた。天然資源に恵まれない日本が加工貿易体制によって産業を発展させるには，まず港湾を整備しなければならない。戦時体制下でひどく傷つけられた埠頭を整備し，背後圏が必要とする原料の輸入や生産された工業製品の輸出が円滑にできるように，国は港湾整備政策を明らかにした。1951年に閣議決定された「主要港湾における荷役能力の緊急増加について」が，まさにそれである。その中に，神戸港の第7突堤，横浜港の高島3号桟橋と並んで，名古屋港の稲永埠頭を重点的に整備する事業が盛り込まれた（名古屋港史編集委員会編，1990b）。稲永埠頭とは，すでに戦前に完成していた第10号地から突き出るようにして設けられた埠頭のことであり，1960年から供給が開始された。これにより，当時，代表的

な輸入品であった綿花や羊毛の陸揚げはこの埠頭に集約されたため，極度な船混み状態はいくらか緩和された。

　第10号地では先行する稲永埠頭についで，稲永第2埠頭の建設事業が1959年から始められた。これは京浜港，名古屋港，阪神港に全部で20バースを新設するという国の政策によるもので，名古屋港では北アメリカ向けの輸出専用の埠頭として建設された。稲永埠頭の南側にカギ型状に埋め立てによって設けられた。かまぼこ型の内部に柱のない当時としては画期的な上屋が背後に設けられ，フォークリフトが効率的に利用できた。稲永第2埠頭は1966年から供用が開始され，期待通りの輸出業務を果すことができた。しかしこの頃から名古屋港でもコンテナ輸送が行われるようになったため，稲永第2埠頭は雑貨をベースとする内貿バースとして利用されるようになる。なお，1998年に稲永埠頭と稲永第2埠頭の間は埋め立てられ，2つの埠頭は稲永埠頭として統一された。

　戦前，仮飛行場が設けられていた第10号地の南端には2つの突堤が並行して設けられていた。当時，この突堤は海軍の物資積上場として利用された。戦後になり，石炭や鉄鉱石を陸揚げする埠頭（潮凪埠頭）として整備されることになり，西名古屋港線がここまで延長された。ちなみに西名古屋港線とは，1950年に国鉄東海道本線の貨物支線として笹島〜西名古屋港間に建設された貨物専用線のことである。西名古屋港駅は第10号地の北側にあったため，そこから埠頭の南端まで延長されたのである。戦前，石炭は名古屋港における最大の移入貨物であった。しかし，沖取り作業であったため効率的に陸揚げすることができなかった。戦後は産業振興のために石炭需要が大きく，効率的な取り扱いが求められた。このため第10号地は，大型の荷役機械を使って接岸荷役のできる石炭・鉱物などのばら物取扱基地として位置づけられた。公共的な埠頭運営を行うため，愛知県，名古屋市，民間の三者均等出資による株式会社が設立された。その後この埠頭は，石炭から石油へエネルギー源が移行するのにともない，役割を低下させていく。しかし1970年代の石油危機で石炭が見直されるようになると，一転して整備を加えながら使用されることになった。

　戦争末期に飛行場用地として埋め立てられた第11号地は，戦後の高度経

第9章　名古屋港が果たしてきたゲートウェイ機能の歴史的展開

済成長期に鉄鋼，セメント，石炭などを専用に取り扱う埠頭として整備され
ていった（名古屋港史編集委員会編，1990b）。1950年代後半から背後圏では
産業構造が軽工業から重工業へと徐々に切り替わっていった。しかし当時は
まだ，増える鋼材などの荷揚げは本船とはしけの間で積み降ろしをする沖荷
役に依存していた。専用の埠頭がなかったからである。そこで1962年から
1965年にかけて，鉄鋼専用埠頭が第11号地の東側に埋め立てによって建設
された。この埠頭の建設と運営は，資金調達や効率的運営を優先するため官
民協同で設立した名古屋港鉄鋼埠頭株式会社が行うことになった。またこれ
とは別に，民間の鉄鋼専用埠頭も建設された。これらが完成したことにより，
これまで沖荷役に頼ってきた貨物の荷揚げは近代的な埠頭による接岸荷役へ
と切り替えられていった。現在は空見埠頭と呼ばれるかつての第11号地で
は，鉄鋼以外に石炭やセメントなどのばら物も接岸荷役で行えるようになっ
た。これらの接岸荷役は以前は旧第10号地の潮凪埠頭でしか行えなかった
ため，これは大きな前進である。

　かつての第11号地すなわち空見埠頭では，東側だけでなく西側でも埋め
立てによる拡張が行われた。西側は庄内川の河口南に当たっており，ここに
フェリー埠頭を建設することが1970年に決まった。背景要因として高度経
済成長による貨物輸送の増大がある。これまでは鉄道やトラックによる輸送
で対応してきたが，陸上輸送の逼迫が懸念される段階に立ち至った。解決策
として，トラックごと船で輸送するフェリーが脚光を浴びるようになったの
である。名古屋フェリー埠頭公社によるフェリー埠頭の整備は，国内初の地
方公社による事業であった。1972年と1973年に1万トン級の船が接岸でき
る2バースと旅客ターミナルが完成した。名古屋フェリー埠頭公社は1993
年に外貿コンテナ業務も行うようになって名古屋港埠頭公社に改組され，さ
らに2012年に株式会社化されて名古屋港埠頭会社になった。

　ところで，名古屋港では開港以来，埠頭が完成するたびに番号をつけるこ
とが慣例とされてきた。戦前期，最後に埋め立てて完成したのが第12号地
であった。ただし第12号地は港外の干拓地と第11号地の間にある土地であ
り，埠頭機能はもっていない。汐止町，野跡という町名・地名のみ付されて
いる場所である。第12号地の次の埋め立ては当然のことながら第13号地

である。ここは
第11号地（現・
空見埠頭）を南側
に延長するかたち
で，1963年から
埋め立てが始めら
れた。図9-6は，
1964年時点にお
ける金城地区周辺
を示したものであ
る。ただし，実際
に埋め立てられた
形状とは異なって
おり，あくまで計
画として図示され
たものである点に
注意する必要があ
る。とくにこの時
点では航路に面す
る南側に4つの岸
壁が突き出る図と
なっている。

　のちに金城埠頭
と呼ばれるように
なる第13号地の
北西側には，西一
区として埋立計画

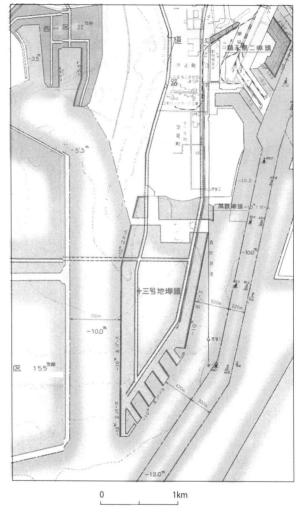

図9-6　1964年当時の金城地区（計画部分を含む）
出典：名古屋港管理組合提供の資料をもとに作成。

地が描かれている。しかし，ここでの埋め立ては実現しなかった。理由は，
埋立予定地には干潟があり，ここを名古屋市からでるゴミの最終処分場とす
る市の計画に対して強い反対があったからである。オーストラリアとシベリ

第9章　名古屋港が果たしてきたゲートウェイ機能の歴史的展開

アの間を移動する渡り鳥にとって，経路の途中にあるこの干潟は栄養補給のために羽を休めることができる希少な休息地である。反対運動は実を結び，およそ350haの藤前干潟は，2002年にラムサール条約に登録されることになった。藤前干潟での埋立事業の中止は，埋立造成一本槍で進んできた名古屋港の建設の歴史において，風向きが変わったことを思い知らせる出来事であった。

2．コンテナ取扱から見本市・サービス施設用地へ移行した金城埠頭

　埋立造成が予定されていた第十三号地の西側には庄内川が流れていた。より正確にいえば，庄内川は，この第十三号地と，その西側の西四区で埋立造成が完了すればその間を南北に流れることになっていた。計画時点では伊勢湾の海洋部分であった。一般に，埋立造成で埠頭を建設する場合，陸から海に向けて注ぐ川の流路には気を配る必要がある。河口を遮ることなく，川の水を海洋に導くためには十分な流路を確保しなければならないからである。第十三号地と西二区，西四区によって挟まれた庄内川の延長部分の川幅は700ｍとされた。この幅を保ちながら庄内川は河口先端まで流れ，最終的に伊勢湾へと流れ込む。

　庄内川とは異なり水源をもたない堀川は，かたちのうえでは名古屋港に流れ込んではいるが，大きな流れはない。それどころか満潮時には伊勢湾の海水は堀川を遡上する。庄内川も河口付近は干潮，満潮の影響を受けて川の水に塩水が混じる。埋立事業以前，庄内川の河口は西側を流れる日光川の河口とつながっていた。このため，新たに生まれる庄内川の延長部分は，より正確にいえば庄内川と日光川が合流した河川が延長された部分といえる。

　戦前から戦後にかけて，第十号地から第十三号地まで北から南に向けて埋立造成が行われ細長い陸地が生まれた。このように半島状の埠頭が形成されたのは，東側に南北方向の航路があり，西側ではこれもまた南北方向に庄内川が伊勢湾に流れ込んでいたからである。ルーツを辿れば，築港時に西からの漂砂を防ぐために設けた南北方向の防砂堤の存在が大きかった。それと土砂を排出し続けてきた庄内川の存在である。大きくいえば，伊勢湾河口部の地形環境条件に対応した結果，第十三号地すなわち金城埠頭は生まれたので

ある。

　金城埠頭は他の埠頭と同様，一度の埋め立てによってすべてが完成したわけではない。まずは1968年に現埠頭の北側半分が建設された。1964年当時の埋立計画と比較すると，形状がかなり異なっていることがわかる。大きな違いは庄内川の延長部分の形状である。当初は庄内川の河口をそのまま南へ延長する直線的な形状であった。ところがその後，計画が変更され，「くの字」を描くように流路はゆるやかに曲げられた。この結果，金城埠頭の北西側がやや尖ったようなかたちになった。金城埠頭の北側は全般的に西に突き出るかたちとなり，特徴的な印象を与える埠頭空間が現れた。地上に立てば埠頭全体の形状を認識することはできない。全体の形状が確認できるのは地図や衛星写真などであり，その特徴を見てそれがどの埠頭であるかを知る。航路と庄内川に挟まれるかたちで生まれた金城埠頭は，制約された造成条件のもとで特徴的な形状をもつことになった。

　金城埠頭の南側の岸壁は当初は4つ設けることが計画された。しかし実際には3つに減らされ，形状も変えられた。一般に埋め立てによる埠頭の建設は，将来予想される取扱貨物の積み降ろしの形態を考え，その広さや形状，接岸バースの深さなどが決められる。しかし，将来に予想される船舶の大型化や取扱技術の進化をあらかじめ見通すのは簡単ではない。当該港湾全体から見た埠頭の役割変化や再編といった側面も視野に入れる必要がある。当初は多くの船舶を同時に着岸させるために凹状の埠頭を建設したが，船舶の大型化と取扱設備の高度化のため，岸壁が凹状ではなく直線状の埠頭へと改造されることは珍しくない。同じ輸送インフラでも港湾の埠頭は海洋に面するという特殊性があり，必要であれば凹状部分を埋め立てたり，前面や側面をさらに埋め立てで広げることもできる。つまり埠頭は未来永劫，同じ形状であるとは限らず，時間的に変化していく可能性が大きい。

　話を1960年代末頃に戻すと，1968年に完成をみた金城埠頭では，その年の10月に着岸した日本郵船の箱根丸によるコンテナ貨物の送り出しを皮切りに，コンテナ貨物の取り扱いが開始された。これが名古屋港から海外に向けて送り出された最初のコンテナ貨物輸送である。以来，名古屋港におけるコンテナ貨物の取り扱いは増える一方で，2007年には港湾全体における

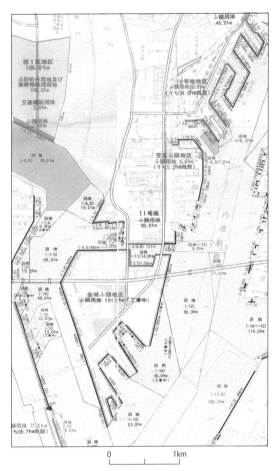

貨物取扱量の23％をコンテナ貨物が占めるまでになった。ところがその後は，コンテナ貨物の取り扱いにおいて金城埠頭が果たすウエートはしだいに縮小し，西側に埋め立てられた飛島埠頭へと引き継がれていくことになる。

　1981年の金城地区（計画部分を含む）の計画図を見ると，庄内川流路の西側が第4区として新たに埋め立てられたことがわかる（図9-7）。増加し続けるコンテナ貨物を取り扱うためには金城埠頭の広さでは不十分である。とくに岸壁の背後では空間が不足しており，その点，西4区の飛島

図9-7　1981年当時の金城地区（計画部分を含む）
出典：名古屋港管理組合提供の資料をもとに作成。

埠頭では十分なバックスペースが確保された。飛島埠頭も，背後に木材工業団地が設定され，そこへ木材を運び入れるための木材専用港が設けられることで，半島状の埠頭となった。しかし金城埠頭と比べると制約条件は少なく，東西方向にも幅の広い埠頭にすることができた。

　記念すべき最初のコンテナ貨物を送り出すことができた金城埠頭は，その後，コンテナ貨物取扱のウエートの縮小とは裏腹に，貨物の取り扱いとは

まったく関係のない役割を担っていくことになる。これはどの埠頭について
もいえることであるが，海に直接面した岸壁とそのすぐ背後は貨物取扱のた
めの空間である。しかしそこから離れた場所は，たとえ埠頭の上とはいえ貨
物の取り扱いに関わる空間とは必ずしもいえない。金城埠頭ではそれが明確
で，埠頭の中央付近に1973年に名古屋国際展示場第1展示館が開設された。
戦後経済が発展し，大都市に規模の大きな見本市会場が必要とされるように
なったという背景事情がある。それまでにも市街地の中に見本市会場はあっ
たが，それとは別に本格的な見本市会場が設けられたのである。14年後の
1987年には第2展示館・イベント館が増設され，さらに1993年には第3展
示館・交流センターも開設された。これ以降，金城埠頭は他の埠頭とは違っ
てサービス・交流のための空間という性格が明確になり，博物館，娯楽施設
などが誘致され進出するようになった。

3．西名古屋港線からあおなみ線（名古屋臨海高速鉄道西名古屋港線）へ

　戦前の第10号地，第11号地，そして埠頭ではないが第12号地が建設さ
れ，さらに戦後は既成の埠頭から海洋へ突き出るような岸壁が設けられて
いった。建設はさらに続き，第13号地すなわち金城埠頭の埋立事業が進め
られていった。これだけ埋立地が元々の陸地から遠く離れて広がっていくと，
そこへの連絡のための交通インフラが必要になる（林，2017）。実際，1950
年には名古屋駅近くの笹島貨物駅と西名古屋港駅を結ぶ国鉄西名古屋港線
（12.6km）が設けられた。戦前は中川運河が笹島貨物取扱所と名古屋港との
間を連絡した。しかし輸送量とスピードを考えると，運河による連絡には限
りがある。第10号地，第11号地など名古屋港の西側で貨物の積み降ろしを
することが多くなったことも，ここに向けて鉄道を引き込む必要性を高めた。
西名古屋港線の港側のターミナルである西名古屋駅は第10号地の潮凪埠頭
に設けられた。この埠頭から荷揚げされた貨物は笹島貨物駅を経由して東海
道本線へ運ばれた。これとは逆に，東海道本線で運ばれてきた貨物は笹島貨
物駅を経由して第10号地の潮凪埠頭まで輸送され，船に積み込まれた。西
名古屋港駅は単なるターミナルではない。ここから南側の第11号地・空見
埠頭までは支線が幾本も敷かれており，港内西側の埠頭はこの鉄道によって

背後圏と連絡した。

　港とその直接的背後圏との連絡手段は運河から鉄道に移行し，30年ほどの間はこの方法が有効に機能した。ところが1960年代から日本社会はモータリゼーションの時代を迎えるようになり，人や貨物の移動に占める鉄道の割合が低下していく。自動車が移動の主役を担う時代へと移り変わったのである。港と背後圏の間を連絡する輸送もその例外ではなく，1980年代から2000年代にかけていくつかの変化が生じた。まず1980年に西名古屋港線のほぼ中間地点に名古屋貨物ターミナル駅が設けられた。これは中川運河を介して名古屋港と笹島貨物駅を結んでいた機能が廃止されたことにともない，笹島の貨物駅機能が名古屋貨物ターミナル駅に移転したことによる。このことは，名古屋駅直近と名古屋港との連絡が終了したことを意味する。しかしそれでも鉄道による連絡機能は終わっておらず，西名古屋港線は名古屋港西部との連絡を維持した。ところが自動車普及のさらなる進展にともない，鉄道による港湾貨物の取り扱いは縮小から廃止の方向に向かわざるを得なくなった。

　1997年に愛知県，名古屋市，JR東海，名古屋港管理組合などが名古屋臨海高速鉄道を設立したのは，西名古屋港線の役割を見直し，新しい鉄道として再編させるためである。港湾の立場からすれば，埠頭まで鉄道を引き込んで貨物を積み降ろす時代ではなくなった。コンテナ輸送が普及しトラックが直接埠頭で貨物を積み降ろす時代になった。鉄道経営側では国鉄からJRへの経営体制の変化があり，時代にあった輸送スタイルが求められるようになった。そこで出された答えは，名古屋貨物ターミナル駅にコンテナ貨物の取扱機能を残しながら，港湾南部の埠頭まで人を輸送する鉄道として再編するというものである。港湾南部の埠頭とは金城埠頭のことであり，すでに存在する国際展示場のほかに新たな集客施設を設け旅客輸送で収益を上げるというプランである。再編された名古屋臨海高速鉄道は，名古屋港の埠頭部分をかなり長い距離にわたって走る。この部分は名古屋港管理組合の管轄地であり，同組合が新たな鉄道会社の設立に加わったのは自然の流れである。

　こうして2004年に西名古屋港線は名古屋臨海高速鉄道西名古屋港線，愛称あおなみ線として生まれ変わり，開業した（図9-8）。開業3年前の2001

ゲートウェイの地理学

年に名古屋貨物ターミナルと西
名古屋港の間8.7kmが廃止にな
り，港内西側で取り扱われる貨
物を鉄道で輸送するサービスは
完全に終了した。名古屋港の西
側では鉄道が埠頭まで入り込ん
で貨物の受け渡しを行うことは
なくなった。あおなみ線の名古
屋貨物ターミナル駅は鉄道貨物
の集散駅として機能している。
国鉄の民営化にあたり，旅客輸
送部門と貨物輸送部門は切り離
された。全国の主要駅の近くに
貨物を専門に取り扱う施設が整
備され，鉄道とトラックの間で
貨物を積み降ろす機能が果たさ
れるようになった。名古屋貨物
ターミナル駅もそうした施設の
ひとつである。

　名古屋港の中で貨物取扱以外
の機能を果たしている埠頭は，
ガーデン埠頭（旧第1号地，第
2号地）を除けば金城埠頭しか
ない。ではなぜこの埠頭のみ，
このような機能を果たしている
のであろうか。それはひとえに
港湾管理者である愛知県・名古
屋市からなる名古屋港管理組合
の港湾政策による。それは長年
にわたる埠頭の歴史をふまえて

図9-8　あおなみ線の路線
出典：yahoo map のウェブ掲載資料（https://map.yahoo.
co.jp/maps?lat=35.23241483&lon=136.9545971&z=13
をもとに作成。

第9章　名古屋港が果たしてきたゲートウェイ機能の歴史的展開

のことであり，この埠頭の位置づけによるところが大きいように思われる。まず地形であるが，庄内川河口の南に長く突き出たかたちをしている。埠頭建設の歴史を遡れば明らかなように，この埠頭の原初は庄内川方面から押し寄せる荒波とそれによってもたらされる漂砂を防ぐために設けられた南北の防波堤であった。これを境に開港当時の港内と港外が区別され，当初は防波堤東の港内に船舶が出入りした。

　ところが1927年から1940年にかけて実施された第4期工事によって第11号地が埋立造成によって生まれた。この用地は戦時体制下で飛行場として整備され，一時期使用されたが十分活用されることなく敗戦を迎えた。戦後，空見埠頭と呼ばれるようになった第11号地では貨物の取り扱いが行われ，経済復興期から高度経済成長期にかけて十分な働きをした。浚渫が運命づけられている名古屋港では各所で生じた浚渫土砂を積み上げねばならず，第11号地の先の第13号地すなわち金城埠頭も，そのような浚渫土砂の埋め立てによって生まれた。この時点に至り，開港時には細長い南北方向の防波堤にすぎなかったところが，幅の広い帯状の陸地になった。この陸地部分が形成されたことにより，港内に西側から漂砂が入り込む可能性はなくなった。ただし，庄内川やその西側からの土砂流入は依然としてあるため，かつての港外にまで港域を広げていくなら，浚渫を続けて土砂流入に備えなければならない。

　しかしこうした土砂流入対策は，金城埠頭とほぼ同じ時期に埋め立てが進められた西2区，3区，4区の完成でその必要性が低下した。とくに西4区の飛島埠頭が完成したことで金城埠頭が果たしてきた西からの漂砂阻止の役目は飛島埠頭に移行した。ただし北からもたらされる庄内川河口からの土砂流入に対しては，依然として土砂浚渫で対応しなければならない。金城埠頭はコンテナ貨物の取り扱いという面でも西側の飛島埠頭や，さらにその南西側に生まれた鍋田埠頭に役割を譲っていった。防砂とコンテナ貨物取扱という2つの機能で役目を果たし終えた金城埠頭に残された役目は，ガーデン埠頭が長年担ってきた商業・サービス機能の一部を分担することであった。

　結果的に貨物の取り扱いから集客施設の集積空間へと移行していった金城埠頭の変質の背後には，伊勢湾とそこへ流入する河川の河口の地理的な位置

ゲートウェイの地理学

関係要因が潜んでいる。元々，名古屋港の築港は熱田港の改修事業として始められた。このことが示唆するように，工事は熱田港に流入する堀川と新堀川（旧精進川）の合流部分を南に延長した地点を起点として始められた。この地点こそ現在のガーデン埠頭である。その後，埠頭は東へ，そして西へと増えていった。しかし西側には庄内川と日光川の河口があり，これらの存在を無視して埠頭を建設することはできなかった。

　かりにこれらの河川がここに河口をもっていなければ，西側に近世の干拓地を引き継ぐようなかたちで東西方向に幅広い埠頭を建設することができたであろう。しかしそれは不可能であった。庄内川・日光川からの排出土砂を阻止する役割も果たした防波堤，それをもとに広げて生まれた南北の埠頭は，西側への拡大をこれら両河川の存在によって阻止された。やむなく両河川の伊勢湾への流出経路を確保しながら，その西側に西4区の飛島埠頭が設けられた。西側への拡張が難しい金城埠頭は，コンテナリゼーションの進展にともなって広い埠頭空間が必要になった時代に適合する条件を備えていなかった。しかし貨物取扱とは別の機能を収容する広さは十分にもっていた。

4．海陸両方からのアクセスに恵まれた金城埠頭が担うサービス機能

　一般に港湾が空間的に広がっていく場合，大きくは陸に沿って埠頭が帯状に広がっていくケースと，陸から水面に突き出すように埠頭が延びていくケースが考えられる。実際には凹状やカギ状などを組み合わせて埠頭は形成されていくであろうが，発展とともに港湾発祥地からの距離は長くなっていく。このため中心拠点とは別に副次的拠点を設ける必要が生じる。これは都市の場合でいえば副都心の誕生であるが，港湾の場合は陸側でのアクセスと海側からのアクセスをともに考慮する必要があるため，状況はやや複雑である。とくに半島状の埠頭が生まれた場合は，港湾発祥地から直線的な陸上交通路で連絡することは難しい。

　こうした観点から名古屋港を考えると，港湾発祥地のガーデン埠頭は，現在の名古屋港の中では最奥部にあり，港湾全域を掌握するのに必ずしも最適な位置とはいえない。たしかに，地下鉄名港線で名古屋都心部と連絡することはできる。地下鉄が生まれる以前は，名古屋電気鉄道（のちに名古屋市営化）

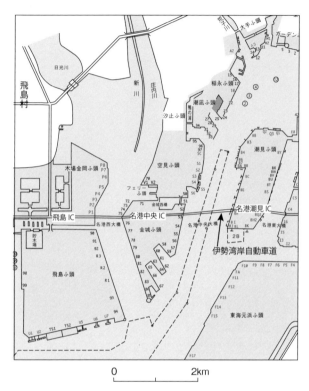

の築港線が都心との間を連絡する役割を果たしてきた。現状でも名古屋港水族館やポートビルなどサービス施設はガーデン埠頭にあり，多くの観光客を集めている。しかし自動車利用が普通の現代，駐車場確保の問題は大きい。なによりも大規模な集客施設をガーデン埠頭の近辺に設ける余裕はなく，名古屋港で新たなビジネスを探求するなら，新しい拠点を設ける必要がある。

図9-9　金城埠頭と高速道路によるアクセス
出典：名古屋港管理組合のウェブ掲載資料（http://www.port-of-nagoya.
jp/_res/projects/default_project/_page_/001/001/163/0-02.pdf）をもとに作成。

　こうした条件を満たす新たな拠点として注目されるようになったのが金城埠頭である。すでに述べたように，貨物輸送専用だった西名古屋港線は旅客輸送用のあおなみ線に転換された。自動車によるアクセスとしては，伊勢湾岸自動車道が1998年に開通して金城埠頭にインターチェンジが設けられたことが大きい（図9-9）。港区方面とは通常の道路交通によって連絡できるため，半島状の埠頭とはいえ，陸側からのアクセスは問題ない。伊勢湾岸自動車道のインターチェンジは金城埠頭のほかに潮見埠頭（旧第9号地），木場・金岡埠頭（西2区）にもあり，自動車による背後圏との連絡は大幅に向上し

ゲートウェイの地理学

た。半島状の金城埠頭は，海側からのアクセスでも恵まれている。とくに近年，目立つようになった大型クルーズ船の中には伊勢湾岸自動車道の橋梁がくぐれないものがあり，最奥部のガーデン埠頭に到着できない。そのような大型クルーズ船は金城埠頭に着岸するしかない。内航フェリーも現時点では金城埠頭に近い空見埠頭にあり，海陸のアクセスという点で金城埠頭ほど恵まれた場所はない。

　こうした状況の総合的結果というべきか，1998年の名港中央インターチェンジ開業の翌年にダイエーが倉庫型店舗 Kau's を金城埠頭の中央に開業した。金城埠頭の海岸寄りは岸壁機能であるため，商業・サービス機能は中央部に限られる。Kau's は本体の経営不振で閉店したが，あとに入った大型家具店舗ファニチャードームは2001年から営業を続けている。2004年にあおなみ線が開業すると，結婚式場のアンジェロープが2005年に進出，2008年にはフットサル競技場も設けられた。さらに2011年にはあおなみ線の設立にも加わっている JR 東海がリニア鉄道博物館を設け，本社のある名古屋駅方面から見学者を集めている。極めつけは2017年にオープンしたレゴランド・ジャパンの進出であり，デンマークに本社を置くレゴ社としては日本初のテーマパーク開設である。テーマパークに隣接して飲食店街のメイカーズピアやホテルも設けられた。

　金城埠頭に名古屋国際展示場が開設された時点で，名古屋港は貨物の取り扱い以外の機能も担うようになったといえる。広大な面積を必要とする展示場を市街地の中に設けるのは難しく，一般の都市なら郊外に用地を求めるであろう。日本の大都市は臨海部に多いため，郊外の代わりに港湾の一部を活用するという手が考えられる。つまり港湾は都市の郊外と見なされており，埋め立てをすれば用地は生まれると考えられている。とくに名古屋の場合は都心部と港湾の間にかなり距離があるため，港湾＝郊外と見なす考えは強い。東京，横浜，神戸など都心部と港湾の間の距離が短い大都市では，港湾を大都市の郊外と見なすのは適切ではないかもしれない。しかしそれでも，都心部に近い臨海部を埋め立てれば広い空間が新たに生まれるため，結果的に貨物の取り扱いとは違う都市サービス的機能が設けられていく。

　港湾＝郊外の意味合いが強い名古屋あるいは名古屋港では，交通アクセ

第9章　名古屋港が果たしてきたゲートウェイ機能の歴史的展開

スを整備しなければ集客施設は維持できない。西名古屋港線のあおなみ線への転換は，この課題の解決に寄与した。伊勢湾岸自動車道のインターチェンジの金城埠頭設置もまた，広域的な交通アクセス向上に役立っている。こうした交通アクセスの向上を見込みながら，ミュジアム，スポーツ施設，テーマパーク，結婚式場などが誘致された。集客施設が期待通りの人数を集めれば，鉄道や高速道路の経営にも良い効果が生まれる。相乗効果が決め手である。港湾空間を総合的に経営し管理する立場から見ても，埠頭の利活用で収益が見込まれれば異論はない。先進諸国の港湾では，貨物の取り扱いだけが港湾機能のすべてという時代は遠の昔に過ぎ去った。港湾が担う機能を再定義する時代に入ってすでにかなり時間が経過したといえよう。

ウォーターフロント（水際空間）あるいはウォーターフロント開発という言葉が使われるようになってすでに久しい。あまりにも当たり前になったため，ことさら使われなくなったという側面もある。多くはかつて貨物の積み降ろしのために利用していたが，今後はこれまでとは別の目的で利用するために再開発投資を行うというケースである。こうした事例と比較すると，金城埠頭の場合は再開発ではなく，当初から集客施設の設置を目的で整備された空間開発といえる。ただし埠頭全体が集客施設立地用になっているのではなく，依然として岸壁では貨物の積み降ろしが行われている。それだけ埠頭空間に余裕があるということであろう。旧埠頭用地が完全に非港湾的用途に変わったのではなく，両者が同じ埠頭の中で共存するタイプとして位置づけることができる。現時点では，岸壁から海を眺めるという施設ではなく，あくまで商品展示，博物館見学，娯楽，スポーツなど，各々の施設内部で活動が完結する施設である。このため，場所としてはウォーターフロントに近いが海洋や浜辺の存在を強く意識した施設はない。これをウォーターフロント開発と呼んでよいのか議論すべき余地はある。

コラム9 港湾の発展過程とウォーターフロントの再開発

　陸上と水上の接点にあって物資や人の積降機能を果たしてきた港湾の多くは，時代とともにその姿を変えていく。港湾を取り巻く社会経済環境が変化していくからである。ヒンターランド（背後圏）では産業構造が変わり，港湾での搬出や搬入の内容も変化する。変化はフォアランド（前方圏）でもあり，これに応じて港湾も変化を迫られる。つまり港湾は前後両方向からの変化の影響を受けて，自らの姿を変えていかねばならない。港湾変化の大きさは，取扱量の増加の多い港湾ほど大きい。年々増えていく取扱量をこなしていくには，港湾の規模を広げ設備を増強しなければならないからである。そのためにはスペースを新たに確保したり，場合によっては旧来の港湾用地を取り潰して別の目的で利用できるように変更したりする。

　このうち後者の事例は一般にウォーターフロントの再開発と呼ばれる。ウォーターフロントすなわち水際は，海洋に面した陸地部分とは限らない。河川や湖沼でも水面に接する場所であれば，ウォーターフロントと呼んでよい。港湾のポートに対して，その一部である特定の場所や空間がウォーターフロントと呼ばれるのは，この場所が物資や人の積降機能とは異なる機能を果すところと考えられているからであろう。ヒンターランドとフォアランドを結びつける接点というよりは，むしろヒンターランド（都市）の一部分空間とみなされている。ただし，都市の中で水面に接するところはほかにもある。ことさらかつて港湾として使われ，いまはその役割を終えた場所や空間をウォーターフロントとしているのは，その歴史的意義を認めているからである。ほかの水辺ではなく，港湾発祥の水辺にこそ，後世に伝えるべき記憶が遺されていると考えられているからである。

　ウォーターフロントの再開発が実施される港湾は，その前史として港湾がヒンターランドの発展と深く関わってきた歴史をもつ。北アメリカやオーストラリアなどの新大陸では，ヨーロッパ人による植民地・国土開発の拠点として港湾は重要な役割を果たした。たとえばアメリカ東海岸のボルティモアは，アパラチア山脈を越えるのがいまだ容易でなかった時代に中西部と鉄道で結ぶルートを確保し，大いに栄えた。しかし大火や交通手段の変化などもあり，港湾機能は衰退していった。そこでとどまればかつての栄光も忘れ去られたであろうが，1960年代から地元で港湾地区の再生運動が立ち上がり，ウォーターフロント再生のモデルとして高い評価を得ることになる事例を成し遂げた。

　ボルティモアの事例は他の多くの港湾に影響を与えた。オンタリオ湖に面する

トロントのウォーターフロント再開発もそのひとつである。カナダ西部から集められた小麦の積出港として発展したトロントは，その後は国土中核の経済中心地として成長していった。貨物取扱の港湾機能のウエートが低下するのとは逆に，大都市となったヒンターランドから湖畔空間利用の需要が高まった。港湾発祥地に結びつく遺産を一部残しながら再開発事業が行われた。トロントと同様，シドニーもまたボルティモアのウォーターフロント再開発の影響を受けている。先行するボルティモアやトロントと違うのは，港湾機能を新港（ボタニー港）に移しての再開発であったという点である。シドニーは依然としてオーストラリアの中では重要な位置を占める現役港である。建国200周年の記念事業として再開発されたダーリングハーバーのウォーターフロントは，いまや一大観光拠点として多くのツーリストを内外から集めている。

　国の歴史に違いはあるが，港湾はヒンターランドの都市や国土の発展と深く結びつきながら時を刻んできた。しかしその結びつき方は，時代とともに変化していく。積降機能がほとんど失われた港湾でも，ヒンターランドからの水際空間利用の需要が多ければ新たな道が開かれる。依然として積降機能が活発で，そのための空間がなおも拡大している港湾でも，背後圏社会の成熟化とともにウォーターフロントの利用を求める声は高まっていく。一方，輸出指向型の経済発展が著しい新興工業国では，新港建設など産業インフラの整備が当面の課題である。国土や都市・地域の経済発展と港湾の発展の間には相互関係があり，港湾が歴史的発展のどの段階でいかなる役割が求められるかは，その港湾が置かれた時間と空間によって定まってくる。

　港湾を正面から取り上げた地理学研究は多くない。対して都市の地域構造を論ずる地理学研究は多い。ウォーターフロントは港湾と都市の接点にあり，過去の港湾活動の履歴をふまえながら，これからの都市に必要な水際空間をいかに創出するかという課題のまさに対象である。都市産業発展の歴史的転換を象徴する空間にいかなる意味を与えるか。この点については，ボルティモアのように都市住民を幅広く巻き込んだ議論が必要である。テーマパークやカジノ型レジャー施設の誘致など，マスコミで話題になることが少なくない。都市住民から十分な支持が得られず，あえなく消えていった施設もある。海や港に対する人々の本能的な思いはどのようなかたちで体現させるのがよいか，熟議には時間がかかるかもしれない。

戦前の軍事飛行場をルーツとする国際空港の発展過程

第1節　戦前の飛行場建設から名古屋空港の発足まで

1．戦時期に建設された飛行場の戦後の利用転換

　都市のゲートウェイ機能の中で空港の占める位置は特別なものがある。港湾や鉄道駅に比べると，空港が歴史的に登場するのは比較的最近のことである。港や駅と比較するとその数は少なく，身近な存在ではない。空港は遠距離を移動するときに利用する施設で，短距離移動のため高い密度で設けられている鉄道駅とは異なる。しかしそれでも，空港と同様にあまり数が多くない貿易港と比較すると，空港の方がまだ日常生活に結びついているといえる。フェリーやクルーズ船など一部の例外はあるが，港湾が人々が移動のために集まる場所でなくなって久しい。かつて旅客船が運んでいた乗客は鉄道やバスが輸送するようになり，国際間の移動は航空機によってその市場を奪われた。人の移動に関して国際港湾は国際空港に取って代わられた。国内移動においても航空機のシェアは高まっており，航空機が離発着する空港はゲートウェイとしての機能を強めている。

　交通手段として歴史の浅い航空機が離発着する空港は，当然のことながら，港湾や鉄道駅と比べるとその歴史も新しい。このことは名古屋圏についてもいえ，空港（飛行場）の建設と利用は比較的最近のことである。現在のように名古屋圏から直接，海外へ飛び立つことがあたりまえではなかった時代，飛行場は主に軍事的目的で建設された。すでに前章の名古屋港のところで述べたように，昭和初期の名古屋港では埋立地に仮飛行場が設けられた。東京，大阪，福岡，大連などとの間の連絡のため，あるいは軍用機の試験飛行や飛行訓練のために飛行場は建設された。しかしその頃，名古屋圏で飛行場が設けられたのは，名古屋港の埋立地だけではなかった。1944年2月に名古屋

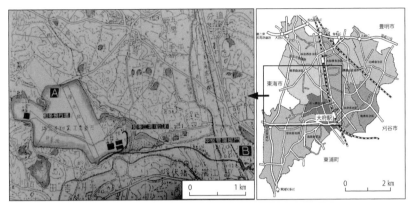

図10-1　三菱航空機の大府飛行場

出典：大府市のウェブ掲載資料（https://www.city.obu.aichi.jp/kurashi/kyoudou/jichikai/1001990.html）
およびtogetter.comnのウェブ掲載資料（https://togetter.com/li/1263313）をもとに作成。

市の北に陸軍が設けた小牧飛行場は，そのうちのひとつである。77万坪（約254万㎡）の農地が接収や借り入れによって飛行場用地になり，1,200 mの滑走路が2本建設された。飛行場の東側に兵舎・格納庫が，また西側には兵舎が設けられた。小牧飛行場は第二次世界大戦後，アメリカによって接収されたがその後日本に引き渡され，名古屋空港として生まれ変わった。

　名古屋周辺では，陸軍の小牧飛行場のほかに9か所のところで飛行場が設けられた。これを建設・使用主体別に見ると，陸軍が小牧飛行場のほかに甚目寺飛行場（2滑走路）を，海軍が桝塚飛行場（1滑走路），明治航空基地（2滑走路），河和水上機基地，豊橋海軍航空基地（3滑走路）をそれぞれ建設した。海軍に関わる飛行場が多く，愛知時計電機の試験飛行場であった伊保原飛行場（3滑走路）も海軍との共用であった。民間では三菱航空機が大府飛行場（1滑走路）を1944年4月に設けたが，これはそれまで各務原飛行場（1滑走路）まで機体を運んでいた不便さを解消するためであった（図10-1）。愛知時計電機，三菱航空機と並んで航空機製造に関わっていた中島航空機は1943年から半田飛行場（2滑走路）を使用した。やや遠方の豊橋を除けば多くは名古屋の周辺にあり，名古屋で生産された軍用機の試験飛行や操縦士の飛行訓練を行う目的で飛行場は使用されていた。

　先にも述べたように，近代後期それも戦争末期にあいついで設けられた飛

行場のうち，戦後，民間機が離発着できる空港として整備されたのは小牧飛行場だけである。戦前は飛行場と空港の用語上の区分はなかった。戦後になって公共用つまり一般に人々が利用する飛行場は空港と呼ばれるようになった。つまり小牧飛行場は名古屋空港になったのである。ところがのちに述べるように，2005年に中部国際空港が誕生したさい，県営空港として存続することになった名古屋空港は名古屋飛行場という名称で国に登録された。要するに再び飛行場になったわけであるが，これは多分に制度的理由によるものである。一般には多くの人々が利用する公共用の飛行場は空港，それより規模の小さいものは飛行場と考えてよいのではないか。いずれにしても，かつて名古屋の周辺にあった軍事的目的の飛行場はすべて消えてしまった。都市部に比較的近い飛行場は道路や宅地に姿を変え，農村部の飛行場は農地に戻された。なかには工業地として転用されたものもあり，大府飛行場は豊田自動織機の工場用地，豊橋海軍航空基地は豊橋工業団地になった。

　港湾や鉄道駅とは異なり，空港（飛行場）は開設当初から軍事的目的で設けられることが少なくなかった。これには航空機開発の黎明期が軍事色の色濃い時代と重なっていたという側面がある。戦争それ自体が航空機の発達を促したという一面のあることも否定できない。戦時中の技術的成果を背景として民間航空事業が戦後開始され，やがてプロペラ機からジェット機による輸送へと発展していった。この間，航空機も大型化し，スケールメリットによる低価格化が航空機による輸送需要を広げた。ただし名古屋圏は国土の中央付近にあって東西の大都市圏に比較的近いため，そこへの移動は鉄道に分がある。航空機が威力を発揮するのは，北海道や九州など名古屋圏から見て比較的遠い都市や地域への移動においてである。むしろ国内より海外に向けて移動する方が，空港は実力を発揮しやすい。戦後まもなく名古屋空港になったかつての小牧飛行場は，国内外へ向けてゲートウェイ機能を果たすようになった。

２．接収された小牧飛行場から名古屋空港への転換

　戦前，名古屋周辺にあった飛行場の中で小牧飛行場のみが生き残ったのはなぜであろうか。それは，戦争が終わって混乱状態にある日本の都市間連絡

のために基地が必要とされる中で，GHQが飛行を許可したからである。許可されたのは東京を中心とする4つの終戦処理連絡飛行ルートであり，その中に東京～名古屋～大和～大阪～高松～岩国～大分～福岡のルートが含まれていた。GHQの指示で胴体中央部に大きな緑十字を描いたことから「緑飛行隊」と呼ばれた国産とアメリカ製の飛行機が，わずか1か月間ではあったが日本の空を飛んだ（名古屋空港ビルディング株式会社編，1999）。

　アメリカ軍が接収した小牧飛行場では1946年7月から3期にわたり拡充工事が行われた。工事の目的は米軍が使用するために飛行場を拡張し設備を強化するためであった。用地拡張の対象となった地元の土地所有者は反対運動を展開した。戦前，小牧飛行場が設けられたときに土地を差し出した状況とは対照的であった。しかし移転補償，農道整備，水道整備補償などが提示された結果，運動は収まり集団移転が実現した。陸軍飛行場から米軍使用の飛行場へと拡張・整備が図られたことが，結果的に名古屋空港の開港へとつながっていく。

　1951年1月にGHQは，航空機の製造，所有，組立，運航を除き，日本の資本による航空輸送事業を許可した。しかし早々と誕生した日本航空も経営部門を担うだけで，航空機の所有も操縦も外国人に委ねるというありさまだった。それでも，40人乗りの旅客機・金星号が初の定期便として小牧飛行場に降り立ったことで，民間による航空輸送事業の開始を感じ取ることができた。1954年3月には全日本空輸（旧日本ヘリコプター輸送）が東京～名古屋～大阪の定期便を開設した。三大都市間をまず連絡するという発想は，戦前も戦後も変わっていない。

　民間航空の再開にともない地元でも航空輸送事業に参入する企業が現れた。中日本航空がそれであり，ビラの空中散布や写真撮影，遊覧飛行などに乗り出した。しかし飛行場は依然として米軍管理下にあり，制約の多い事業であった。全日空は1955年10月から名古屋～小松間に定期便を就航させたが，この時点では定期便はまだ2つしかなかった。しかし早晩，定期便の数が増えていくことは明らかであったため，ターミナルビルの建設に対する要望が高まっていった。ターミナルビルは，当時としては珍しい県と民間が共同出資するかたちで1957年9月に完成した（図10-2）。羽田についで国内で

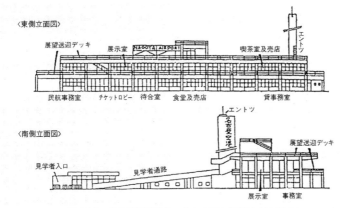

<〈東側立面図〉

展望送迎デッキ　展示室　NAGOYA AIRPORT　喫茶室及売店　エントツ

民航事務室　チケットロビー　待合室　食堂及売店　貸事務室

〈南側立面図〉

エントツ

見学者入口　見学者通路　展望送迎デッキ

展示室　事務室

図10-2　名古屋空港のターミナルビル立面図（1957年）
出典：名古屋空港ビルディング株式会社編，1999，p.4 の図をもとに作成。

2番目となるこのビルがわずか4か月の突貫工事で建設されたことから，いかに地元でその実現が強く期待されていたかを知ることができる。

　ターミナルビルが完成したことで，これまで米軍の検問を受けて基地内を通っていたのが直接，待合所へ行けるようになった。1950年6月に勃発した朝鮮動乱のさい，米軍6101戦闘部隊が駐留した小牧飛行場では戦闘機の発着が1日200回を超えることもあった。しかし1957年に小牧基地の米軍部隊は廃止になり，代わって航空自衛隊松島基地から第三航団訓練隊の一部が移動してきた。米軍部隊の縮小を受け，地元では小牧飛行場を本格的な民間空港にしようという動きが出てきた。一足先に1952年に米軍から返還された東京飛行場は東京国際空港になり，大阪飛行場（伊丹飛行場）も1958年に大阪国際空港になることが決まっていた。小牧飛行場は伊丹飛行場よりも面積が広く，名古屋の都心部から20分足らずのところにある。これなら東京，大阪とともに主要空港になる条件を満たしていると地元関係者は考えていた。ただし，小牧飛行場が空港の体裁を整えるには，管理運営形態と国際空港適切性の2つの課題をクリアする必要があった。前者については，現に航空自衛隊の基地があることから防衛庁は空港使用を希望し，民間航空行政を司る運輸省もそれを前提に民間と自衛隊が共同利用するかたちでの調整を図った。一方，後者に関しては，空港設備の充実をさらに進め，国際化に

対応できるようにするという方向性が確認された。

　13 年間の長きにわたって米軍管理下に置かれた小牧飛行場は，1958 年 9 月に名古屋空港（第二種空港）としてスタートを切ることになった。空港利用者数は，下田沖事故のあった 1959 年はその影響で 4.5 万人にとどまった。しかしその後は順調に増加し 1961 年は 12.4 万人を超えた。定期路線のほかに名古屋〜串本〜南紀白浜〜大阪の不定期路線も開設された。名古屋空港が誕生する以前から営業を行ってきたローカルな航空会社は将来の見通しが立たないため合併で生き残る道を選び，1964 年に日本国内航空として編成された。中日本航空は全日空と提携を結んで名古屋〜大阪〜小松路線を引き継ぎ，さらに名古屋〜富山路線を開設した。しかしこうした路線はその後全日空に譲渡されることになり，全日空はさらに東京〜名古屋〜福岡路線を開設した。この結果，東は東京，西は福岡，そして北は北陸と名古屋をそれぞれ結ぶ空の交通網が形成された。

3．新幹線開業による影響と国際線の就航

　1964 年開催の東京オリンピックに間に合わせて完成させた東海道新幹線は，東京〜名古屋〜大阪の定期路線の運行に大きな打撃を与えた（名古屋空港ビルディング株式会社編，1999）。1 列車 12 両編成の定員 987 人に対し，ボーイング 727 の最大乗客数は 131 人で大差があり，都心との連絡時間も不利に働いた。楽観的予測は外れ，それまで名古屋空港から毎日 8 便飛んでいた東京便は 2 年後には 1 日 1 便に減らされた。新幹線との競争に勝てなかったため，航空会社は地方の主要都市との間に新規路線を開設して収益を上げる方向へ舵を切った。それもこれまでは東京や大阪を経由して地方へ飛んでいたのを直航に切り替え，利便性の向上を重視した。直航便であることからビームラインと呼ばれた路線は，全日空による名古屋〜福岡を皮切りに，名古屋〜札幌，名古屋〜宮崎〜鹿児島，名古屋〜大分，名古屋〜高松，名古屋〜熊本，名古屋〜松山，名古屋〜沖縄と矢継ぎ早に開設されていった。東海道新幹線の開業で減らした乗降客数は新路線の開設で上向きに転じ，大阪万博の頃には回復した（図 10-3）。

　1957 年にわずか 4 か月の突貫工事で建設されたターミナルビルは，乗降

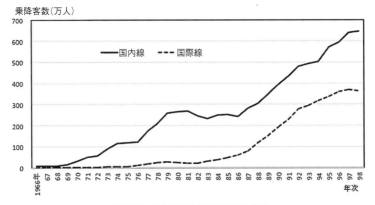

図10-3　名古屋空港の乗降客数の推移
出典：名古屋空港ビルディング株式会社編，1999年をもとに作成。

　客数の増加にともない狭隘さが目立つようになった。その4年後に増築工事
も行われたが，今後予想される利用者の増加を見越して新たなターミナルビ
ルを建設することになった。1963年の24.7万人という実績をもとに将来は
60万人に達するという予測が立てられた。これまでは別の施設として行わ
れていた航空管制の機能も取り込んだ新しいターミナルビルが1964年4月
に完成した。完成時には国内線の利用に限られていたが，近い将来，国際線
利用もあるであろうとして，そのための設備も準備された。

　日本と海外を結ぶ国際航空便は，1958年にイギリス海外航空（BOAC）が
東京国際空港に乗り入れたのが最初である。その後，パンアメリカン航空
（PAA），ノースウエスト航空（NWA），オランダ航空（KLM）などがあいつ
いで乗り入れるようになった。当時は東京と大阪にある2つの空港が国際空
港として指定されていた。それらの中間にある名古屋空港はその地理的位
置が評価され，欧米の7つの航空会社は名古屋を代替空港に指定していた。
こうした状況の中にあって，名古屋空港の関係者は1960年に香港に向けて
チャーター便を飛ばし名古屋空港への乗り入れを訴えた。翌年はオーストラ
リアにチャーター便を飛ばした。こうした要請が功を奏し，1962年にイギ
リス海外航空とキャセイ航空（CPA）が名古屋〜香港間のダイレクト・チャー
ター飛行を行った。

第10章　戦前の軍事飛行場をルーツとする国際空港の発展過程

名古屋空港を国際空港にするための運動を実質的に進めたのは，1958年に発足した名古屋空港協議会である。国際化を実現するには空港の設備を充実させる必要があり，駐機場の拡張，夜間照明施設の設置，高性能レーダーの設置などの事業が進められた。先行する東京国際空港では滑走路の延長と新設が着々と進められ，能力が高まっていった。同じように国際空港を名乗った大阪国際空港は市街地の中にあったため，拡張は難しかった。国際空港を目指す名古屋空港は，東京国際空港並みの長さの滑走路をもつべく力を入れた。1966年には航行援助施設として計器飛行着陸装置が設けられたが，これは東京についで2番目に早かった。こうした設備拡充が実を結び，1966年にキャセイ航空と日本航空が同時に名古屋空港初の国際定期路線を開設した。キャセイ航空は名古屋～大阪～台北～香港，日本航空は東京～名古屋～福岡～台北～香港である。これらの路線就航の背景には，1970年に開催予定の大阪万博による訪日客の増加見込みと，東京，大阪両空港の拡充が容易でないという見通しがあった。しかし就航してみたものの利用者は思ったほどには増えず，キャセイ航空は1969年4月に運航を休止した。

　1966年の国際線定期便の初就航に合わせ，大蔵省は名古屋空港を税関空港に指定した。また法務省は名古屋空港を出入国港に指定した。4年後に厚生省が検疫港に指定したことで名古屋空港ではCIQ（税関，出入国管理，検疫）の機能がすべて整った。免税店の開設，保税貨物の管理，ケータリングの調理など国際空港の条件を満たすのに必要な設備も整えられた。こうした設備は1967年にターミナルビルの北側に国際線専用施設を設けることで実現した。ところがその後，名古屋～マニラ路線，名古屋～ソウル路線があいつで開設された。このため既設のスペースだけでは対応が困難になり，増築工事が行われることになった。

　こうして国際路線の数は増えたが，香港路線の開設からマニラ路線の開設まで9年間を要した。やはりキャセイ航空による路線運休のショックが大きく，海外の航空会社は新規路線の開設に二の足を踏んだ。この間に国内線で新規路線が増えていったのとは対照的である。ようやく1975年4月に日本航空が東京～名古屋～福岡～マニラ路線を就航させた。2年後には大韓航空が日本航空とダブルトラッキングで名古屋～ソウル路線を設けた。さらに

1983 年になるとコンチネンタルミクロネシア航空（CMI）が名古屋〜サイパン路線を，翌年は日本航空が名古屋〜成田〜ロサンゼルス路線を開設した。1980 年代中期以降，海外航空会社による名古屋空港乗り入れは本格化していった。

第 2 節　中部国際空港の建設地の選定と県営名古屋空港

1．国際空港建設の前提と社会的，経済的背景

　港湾の立地に関する関心は，港湾それ自体の建設よりはむしろ既にある港湾がどのように発展していくかその過程に向けられることが多い。これに対し，交通手段の歴史が船舶よりずっと新しい航空機を離発着させる空港の場合は，その建設地をどこに選ぶかが立地の重大関心事になる。港湾の立地が水際に限られるのに対し，空港立地の自由度は大きい。日本の場合，かつては内陸に設けるのが普通であった空港も，規模の拡大にともない，とくに大都市圏の空港は海上埋立地に開港するのが一般的になった。また空港は，鉄道駅などとは異なり，一民間企業が単独で建設できるものではない。建設費が大きく経営や利用に関わる主体が多岐にわたるという点では，港湾に似たところがある。都市圏や大都市圏を含む地域全体の社会，経済，文化のあり方とも密接な関係をもつため，公的性格のつよい交通インフラということができる。

　こうした性格をもつ空港を建設するには，かなり慎重な取り組みが求められる。むろん大きな前提として，航空機をつかって人やモノを輸送する交通事業が成り立つには，採算の取れる市場が存在していなければならない。採算性を見込んで航空機を乗り入れてくる航空会社があって，はじめて空港事業も成り立つ。前提となるのは地域の航空需要であり，その条件を満たした上で空港の立地場所や規模が決められていく。

　このように考えると，空港の立地や建設は経済的採算性だけで決まるように思われる。しかし現実はそうではない。地域，あるいは場合によれば国土のかなりの範囲に対して影響が及ぶ空港は，経済的合理性だけでは建設できない。建設には中央・地方政府の助成が欠かせないため，政治的調整を必要

とする。騒音という航空機特有の問題もあり，地域住民の理解や合意を得ることも不可欠である。もちろん空港は害悪だけでなく地元に大きな利益をもたらすため，社会的な利害関係の調整も必要とする。経済ばかりでなく，政治的，社会的要素が，空港の立地と建設に深く関わっている。

　2005年2月に開港した中部国際空港（通称セントレア）の立地場所が決まり空港施設が建設されていく過程をたどると，上述したように，空港立地がいかに複雑な要因によって決まっていくかかがわかる。そもそも日本で3番目となる本格的な国際空港を名古屋圏に建設しようという構想が公表されたのは，1980年代初頭のことである。成田国際空港（1978年に開港）と，すでに建設が決まっていた関西国際空港（1994年に開港）に次ぐ国家的レベルの空港であるため，国土開発政策の視点からその位置づけを考える必要があった。

　思い起こされるのは，戦後のある時期から三大都市圏という言葉が一般に使われるようになり，東京圏，大阪圏に次ぐ3番目の大都市圏として名古屋圏が認知されるようになった経緯である（高橋・谷内編，1994）。三大都市圏は対等ではなく，首都圏であり人口集積量が多い東京圏がトップに位置する。歴史的には政治中心があり経済の要でもあった大阪圏がこれに次ぐ。名古屋圏は人口集積量，経済規模ともに東京圏，大阪圏には及ばず，いわばしんがりとして大都市圏の一角を占めてきた。この三番手という順位は国家的プロジェクトの優先順位でもあり，新空港の建設でも踏襲された。東京国際空港（羽田空港）の限界から新東京国際空港（のちの成田国際空港）が建設され，それに続いて大阪国際空港（伊丹空港）の限界性を解消するために関西国際空港の建設が決まった。東京，大阪のつぎは名古屋という経済市場規模と政治的，社会的了解をベースに，名古屋圏の新空港建設が話題にされるようになった。

2．新空港建設の立地選定から開港までの経緯

　名古屋圏の新空港をいかに建設するかを考える組織として，中部空港調査会という名の独立機関が1985年12月に名古屋市内に設立された。その中に構想部会，立地部会，技術部会の3つの部会が設けられ，ここで新空港の調

査・検討を始めることになった。本来ならば，どのような規模と内容の空港にするかを決めてから建設候補地選びをするのが普通と思われる。ところが空港調査会は，候補地選定が一番難航するであろうという見通しにもとづき，構想部会と立地部会を同時並行的に活動させることにした。このような見通しをもったのは，過去の先行事例からいくつかの苦い教訓が引き出されたからである。立地選定の手続き過程で過ちを犯した成田国際空港や，地元調整で手間取った関西国際空港の轍を踏まないためには，立地部会を早めに立ち上げ，時間をかけて慎重に建設場所を決める必要があった。

　立地部会は，450〜1,500haの平坦地が確保でき，しかも都市的土地利用が5%未満の場所を地形図上で探索し，18か所をまず選定した。その内訳は陸上部13か所，海上部5か所であったが，大都市・名古屋からの交通利便性や騒音問題を考慮すると，伊勢湾内の3か所と三河湾内の1か所を建設候補地として絞り込むのが適当であろうということになった（図10-4）。陸上部で13か所も候補地を挙げた理由はよくわからないが，最初から海上空港ありきではなかったという証拠にはなる。

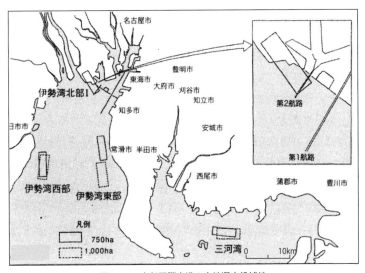

図10-4　中部国際空港の立地選定候補地
出典：中部空港調査会の資料をもとに作成。

第10章　戦前の軍事飛行場をルーツとする国際空港の発展過程

立地部会は上記の結論を1988年12月に中間報告として発表した。形式上，海上4か所の建設候補地は並記されたが，明示された立地条件を比較すると，伊勢湾東部（常滑沖）案と伊勢湾北部（鍋田沖）案が他の2案より有利なように思われた。前者は恵まれた地盤強度と浅海ゆえに建設費用の点で勝っている。後者は名古屋市からの距離が短く，アクセシビリティと圏域人口の面で恵まれた条件にある。ただし，鍋田干拓地の一部を利用するという後者の案は，騒音問題，航路障害，河川障害の点が懸念された。航路障害とは，名古屋港の第2航路が近くを通っているため，それを妨げる恐れがあるというものである。また河川障害とは，木曽三川の流れを阻害する可能性があるという点である。一方，前者の常滑沖については，その北に位置する名古屋市方面から南下して延びてきた臨海工業地域に埋立地としての実績があり，地盤の堅さは実証済みであった。

　常滑沖か鍋田沖か，実質的に絞られたこれら2案のうちのいずれを最終案にするか，その調整をめぐって政治的な駆け引きが始まった。関西国際空港の建設位置は，専門の学識経験者による投票によって決められた。これは非常に中立的な決定方法だと思われるが，結果的に大都市から遠い位置が選ばれたのではないかという声が一部から出た。中部国際空港ではそのような方式は採用されず，愛知，岐阜，三重の3県知事と名古屋市長の4者の間で決定することになった。専門家の意見よりも，選挙で選ばれた政治家同士の間の利害調整を優先する方式が選ばれた。国によるトップダウン方式ではなく，第三者による客観的判断でもない，そのいわば中間的方式が採用された。

　愛知県が常滑沖案を支持する姿勢を示したのに対し，他の2県と名古屋市は鍋田沖案を支持した。空港調査会の中間報告によれば，鍋田沖案にはいくつか懸念される点はあるが，名古屋市と岐阜，三重両県中心部からのアクセスの良さを考慮すればこの案が最適かと思われた。しかし，有力県である愛知県を相手に他の県・市が異論を唱えて対立する構図は，国家的プロジェクトの推進にとってはマイナス・イメージが大きい。中間報告が発表された1988年12月には三重県の知事選挙，翌年1月には岐阜県知事選挙，そして4月には名古屋市長選挙が予定されていた。空港建設の候補地選びが選挙に影響を与えることは明らかであり，現役首長はそのことを意識しながら中間

報告に敏感に反応した。

　最終的に中部国際空港の建設候補地は，愛知県が一貫して主張してきた常滑沖案に一本化された。早期一本化は国からの強い要請でもあり，決定を遅らせるのは地域全体にとって得策ではないという思惑が働いたことは明らかである。結果的に，地域が足並みをそろえ一丸となって取り組む姿勢を示すことが優先された。こうして決まった場所にいかに空港を建設していくかが次なる課題であり，国や自治体は事業化に向けて取り組みを始めた。具体的には，1991年11月の第6次空港整備5か年計画，同じく1996年12月の第7次空港整備5か年計画の決定を経て新空港建設の方向性が決められていった（中部新国際空港推進調整会議編，1998）。

　1998年3月に中部国際空港の設置に関する法律が国会を通過し，5月に中部国際空港株式会社が設立された。事業方式は民間資本が50％を占める民間主導型であり，これは空港公団が経営する成田国際空港や，官主導型の第三セクター方式による関西国際空港とは大きく異なる。こうした違いは，財政状況が他の国際空港を建設した時期とは比べものにならないほど悪化しており，民間主導のPFI方式が公共事業にも広く導入されるようになったことを反映したものである。空港の建設工事は2000年8月の護岸築造工事から始まり2003年2月の埋立工事完了までに2年半余りを要した。その後，旅客ターミナルや貨物地区建物の建築工事が開始され，2年後の2005年2月に予定を早めて開港することができた。

　セントラル・エアーつまり中部の空港として供用を開始したセントレアは，滑り出しはきわめて好調であった。背景には先行する2つの国際空港からの教訓があり，民間主導の空港としていかに利用者の心を引きつけるかに腐心したことが功を奏した要因として挙げることができる。国営でもなく半官半民の第三セクターによる経営でもない，民間主導の空港としてスタートした点に新しさがあった。日本一の大企業となった地元資本の自動車メーカーから役員が送り込まれ，空港会社の社長に就任した。無駄のない効率的な生産や素早く需要に応える柔軟な生産で知られるこの大企業がもつノウハウが空港経営でも遺憾なく発揮され成果を上げた。

　民営セントレアは，移動目的の空港利用者ばかりでなく，空港見学者や空

第10章　戦前の軍事飛行場をルーツとする国際空港の発展過程

港で買い物をする人々をも呼び寄せた。ターミナルビルの中に飲食・サービスや買い物が楽しめる施設を多く集めて利用者を増やす戦略がうまくいったからである。これはJR東海が名古屋駅のセントラルタワーズで展開している戦略と基本的に同じである。移動のための乗り換えという本来の目的とは別の目的，すなわちショッピングやレジャー・交流を目的とする施設をターミナルビルの中に配置したのである。「レンガ通り」や「ちょうちん横町」という洒落たネーミングが，空港内とは思えない空間創出に生かされている。航空機が離着陸する様子が眺められる展望浴場，結婚式や各種イベント・会合などのできるスペースも整えられており，これまでの空港概念を大きく超えたといえる。

3. 県営名古屋空港として存続し新たな道を求め始めたゲートウェイ

　中部国際空港が開港して名古屋圏に新たなゲートウェイが誕生すれば，それまで機能してきた名古屋空港はゲートウェイとしての役割を失うはずである。普通ならそのように考えるが，実際はそのようにはならなかった。これは東京圏における東京国際空港（羽田空港），大阪圏における大阪国際空港（伊丹空港）の関係に似ている。もともと航空需要の多い東京圏では海外向けと国内向けを分担する意図から東京国際空港は現状を維持した。維持するどころか東京国際空港はその名のように国際便のウェートを増し，実質的に海外との連絡は首都圏では2つの空港で果たされるようになった。それとは状況が異なる名古屋圏では，名古屋空港を存続させる経済的根拠は弱い。かりに残せば新旧の空港間で客の取り合いになる恐れがあり，経営に不安が生ずる。経済性を考慮して名古屋圏の航空サービスは中部国際空港に一本化するという方針は，しかしながら社会的，政治的理由から貫けなかった。

　旧名古屋空港が国内線に限って引き続きサービスを提供することになったのは，空港を取り巻く自治体から強い要望があったからである。旧名古屋空港周辺の小牧市，春日井市，豊山町は航空機の離着陸にともなう騒音問題などに悩まされてきた。しかしその一方で経済的メリットも受けてきた。空港が閉ざされれば経済的メリットは失われるが，自衛隊の小牧基地は存続するため騒音問題はなくならない。むしろ自衛隊専用の空港になれば，問題はい

まより悪くなるかもしれない。過去には自衛隊機が空港内で事故を起こしたこともあった。名古屋空港の旅客輸送サービス存続を求める周辺自治体の要望は聞き入れられ，愛知県が空港を管理する県営名古屋空港として存続することになった。ただし国への登録は名古屋飛行場の名称で行われた。

　こうして愛知県営の名古屋空港として存続できたが，再出発当初，名古屋空港を拠点としたのは日本航空グループのジェイ・エアだけであった。ジェイ・エアは広島西飛行場から本社・ベースを名古屋空港に移転し，名古屋・大阪（伊丹）を中心に13路線23便／日でサービスを開始した。その後サービスを増やし2009年には18路線33便／日にまでなったが，2年後，拠点を大阪（伊丹）に移してしまった。名古屋空港からの撤退理由は，定期便の一元化を願う国や県に対する配慮や親会社である日本航空の経営事情などとされる。ジェイ・エアのこうした行動に対して，空港存続を訴えてきた周辺自治体は大きく反発した。ところが，この一連の動きを横から見ていて勝機を感じ取った企業があった。それは静岡県の地域航空会社であるフジドリームエアラインズ（FDA）である。FDAは静岡空港に置いている実質的な拠点を名古屋空港に移すほど積極的な姿勢を示した。名古屋空港に新たな拠点を構えたFDAは，ジェイ・エアが運航していた路線を中心に名古屋空港からの路線を徐々に拡大していった。その結果，2015年の春の時点で名古屋空港を発着する国内路線は9路線にまで拡大した。ジェイ・エアからFDAへ活動主体が交代した県営名古屋空港は，国内レベルのゲートウェイ機能を担って今日に至っている（図10-5）。

　国際路線のすべてが中部国際空港に移転してスペース的に余裕の生まれた名古屋空港は，ゼネラル・アビエーションすなわち定期航空路線と軍事航空を除く主にビジネスジェットの運航にも力を入れるようになった。名古屋圏には自動車メーカーをはじめ有力な多国籍企業がある。これらの企業は海外との連絡でビジネスジェットを利用することが少なくない。このため国内線ターミナルとは別の出入り口を設け，企業向けに対応している。歴史のある名古屋空港では空港需要が増加するたびにターミナルビルの建て替えを繰り返してきた。中部国際空港への移転が決まった時点においてさえ，国際線用の新ターミナルビルを建設した。このビルは結局6年間しか使用されず，そ

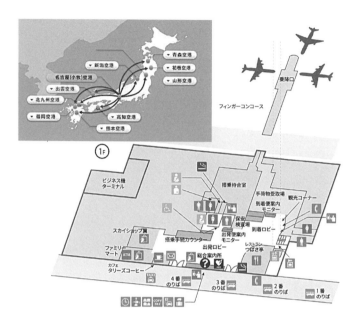

図10-5　フジドリームエアラインズ（FDA）の路線網と名古屋空港ロビー
出典：県営名古屋空港のウェブ掲載資料（https://nagoya-airport.jp/facilities/index.html）をもとに作成。

の後はリニューアルされてエアポートウォーク名古屋というショッピングセンターに転用された。このショッピングセンターに隣接して2017年に「あいち航空ミュージアム」が整備されたが，これは戦前から航空機産業が盛んなこの地域の産業の歴史を展示する観光施設として位置づけられている。

第3節　利用状況の推移，近隣開発，空港サービス

1．中部国際空港の利用状況の推移

　幸先よく滑り出したセントレアではあったが，開港3年後の2008年にリーマンショックの影響を受けてスタート時の勢いは失われた。予想されたとはいえ，愛知万博終了後は利用者数が伸び悩み，乗り入れていた路線を引き上げる航空会社も現れた。開港から2015年までの10年間で国際線の旅客数のピークは2007年の556.4万人であった。それ以降，500万人に満たない状態が続き，2015年でようやく490.0万人を記録した。この10年間の他の主要

空港の動向で注目されるのは，東京国際（羽田）空港と関西国際空港の急増ぶりである（図10-6）。とくに羽田は2010年に中部を抜いて第3位の地位に躍り出て以降，その躍進ぶりが目覚ましい。2007年に第2滑走路が運用を開始した関西も，2011年以降，増加ぶりが大きく，2009年から2015年にかけて倍増に近い増え方である。国際線の旅客数が最も多いのは成田で10年間その地位に変化はないが，2007年以降，減少・停滞の傾向が続いている。この様子は中部と似ており，結局この10年間は羽田と関西がシェアを伸ばした10年であったといえる。見落とせないのは福岡の動きであり，2005年には中部の半分にも満たなかった旅客数は2015年にはほとんど差はなくなった。中部は下位空港から猛烈に追い上げられている。

　2011年以降，訪日外国人は連続して増加しており，2016年までの5年間で4倍にも増えた。この間の増加分は羽田と関西の東西の国際空港によって吸収されたといってよい。中部はそのあおりを受け，みすみす増加分を取り逃がしてきた。これが中部国際空港の現状であり，かなり厳しい状態に置かれてきたといえる。では国内線の動向はどうであろうか。国内線の航空

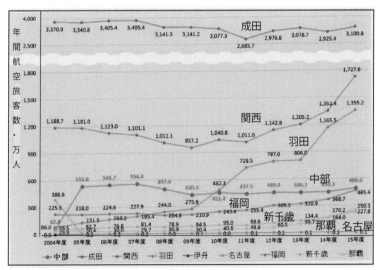

図10-6　空港別国際航空旅客数の推移
出典：公益財団法人　中部圏社会経済研究所編，2017，「中部国際空港のあるべき姿〜名古屋大都市圏の航空・空港の将来像調査〜」をもとに作成。

第10章　戦前の軍事飛行場をルーツとする国際空港の発展過程

旅客数は，羽田（東京国際）が断トツで1位，伊丹，新千歳，福岡，那覇が第2グループをつくり，さらにその下に中部，関西，成田が第3グループをつくりながら推移してきた。2005年に名古屋圏の国内線の大半は中部に移行したため，それまで名古屋空港が維持してきた第6位の地位は中部に引き継がれた。逆に県営名古屋空港は第9位にランクダウンした。中部の順位は2011年まで維持されたが，その後は関西，成田に追い抜かれていった。県営名古屋は低迷状態にあったが，2012年から増加に転じた。

　以上の状況からいえることは，成田国際空港と関西国際空港の後を追って開港にこぎつけた中部国際空港は，開港後3年ほどの間は名古屋空港時代に比べて150万人ほど多い航空旅客数を確保することができた。これは新空港効果といってよい純増成果である。国内線でも以前よりも100万人以上の純増を記録し，県営名古屋へ流れた影響はほとんどなかった。中部は開港当初，地方空港からの乗換客を集めて海外へ送り出すトランジット空港を目指すというキャッチフレーズを掲げた。実際，開港後の数年間はその効果があり2008年まで，国内線の航空旅客数は500万人を上回った。ところが2008年以降はリーマンショックの影響も重なり，400万人台を低迷する状態が続いた。県営名古屋の旅客数を加えても，開港時の700万人には到底届きそうにない。明らかに関西や成田とは異なる動きであり，国際線との乗り換えでも中部は当初期待されたほどの実績を残すことができなかった。

　こうした実態はどのように説明できるであろうか。一番わかりやすいのは，国際線の場合，海外の航空会社が日本のどの空港へ乗り入れているか，それを調べて手掛かりを得ることである。便数の多寡も考慮すべきであるが，まずは乗り入れている航空会社の数に注目する。2019年現在，日本を含むすべての国の航空会社のうち何社がどの空港に乗り入れているかを国土交通省のデータから見ると，その数が最も多いのは成田で74社である。以下は関西（60社），羽田（37社），中部（34社）の順である。国際線の旅客数で中部は羽田に2010年に追い越されたことはすでに述べた。それを裏付けるように，乗り入れている航空会社数でも羽田に負けている。かつていわれた国際線の成田，国内線の羽田という役割分担は遠の昔に終わっていた。いまや東京圏には国際空港が2つあり，とくに都心に近い羽田が急増する訪日外国人

を受け入れている。羽田と中部の違いは，たとえば北アメリカとヨーロッパからの航空会社の乗入れ数だけ見れば，北アメリカが羽田5に対し中部3，ヨーロッパが羽田3に対し中部2というように，それほど差はない。しかし日本の航空会社も加え，さらに全体の便数を比較すると大きな開きのあることがわかる。すなわち，北アメリカへは羽田から週98便，中部からは30便，ヨーロッパへは羽田から週97便，中部からは12便である。

　中部へ乗り入れている航空会社数が関西の半分程度という点は，やはり中部にとっては厳しい現実である。一番大きな違いはアジアの航空会社数であり，関西43に対し中部は21にとどまる。アジア向けの週あたり便数で比較すると，関西が1,166.5便であるのに対し，中部はその3分の1ほどの316.5便である。羽田の588.5をも下回っており，その開きは大きい。東京圏には世界中に満遍なく航路をもつ成田がある。それに羽田が加わって多数の訪日外国人を受け入れている。対して大阪圏では関西が一手にそれを引き受け，西のゲートウェイとして機能している。それらの狭間に位置する中部ではアジアこそ21社が乗り入れているが，欧米の国際路線数では東西の空港に大きく水をあけられている。便数の少なさを補うために，この方面へは中部から成田や関西を経由して移動するという状況が続いている。こうした現状は，名古屋空港時代，アメリカへ4社，カナダへ2社，ヨーロッパへ6社，オセアニアへ4社，それぞれ直に航空機を飛ばす航空会社が乗り入れていたことを考えると複雑な気持ちになる。はたして中部国際空港は実質的意味で，国際的なゲートウェイ機能の強化に貢献できているのであろうか，問うてみたくなる。

2．期待を下回る貨物輸送と空港近隣の開発

　2005年の名古屋空港から中部国際空港への移行にともない，開港1年後の2006年時点で，以前は週5便であった国際貨物輸送は週52便にまで増加した。世界16都市に輸送される貨物量は以前に比べて月間で2〜3倍に増えた月もあった。トータルでも2004年の2.1万トンが2005年に23.3万トン，2006年に23.9万トンと驚異的な増加ぶりを示した。ところがそれ以降は2006年の実績を上回ることがなく，減少・低迷が続いている。その原因

はどこにあるのだろうか。旅客と同様，全体のパイが大きく変わらなければ，空港間での貨物の奪い合いになるのは目に見えている。実際に起ったのは，2009年の那覇空港のハブ港化と2011年からの羽田空港の輸送急増化である。羽田が急増したのは，これまでチャーター便に限られていたのが国際定期便が復活したからである。国際貨物では成田が第1位で関西が第2位という順位に変化はなく，関西が成田のおよそ3分の1という割合も変わっていない。ただし両空港ともわずかであるが減少の傾向にある。こうしたことから，中部が2008年以降，ピーク時の半分くらいで推移してきたのは，羽田や那覇に貨物を取られてきたことが大きい。

　羽田と那覇の健闘ぶりは航空貨物の国内輸送でもみとめられる。国内輸送では羽田が断トツの1位で，新千歳，福岡，那覇が第2グループをつくって推移した。2005年の時点で那覇は第2グループの中では3番目の位置にあったが，2012年に1番目に上昇し，その位置を維持している。中部は伊丹，関西とともに第3グループに含まれるが，グループ内では下位に甘んじている。しかも，これまでこのグループに入っていなかった成田が2012年に加わるようになり，2013年以降，中部の輸送量を上回るようになった。このように中部の国内貨物の輸送量は開港した2005年以降，減少しながら空港間の順位でもランクダウンの傾向にある。国際貨物と国内貨物の合計で順位を確認すると，開港時の2005年と翌年は成田，関西，羽田についで第4位であった。ところが2008年以降は伊丹，新千歳，那覇に抜かれ7番目になってしまった。

　開港当初，期待された貨物輸送は国際，国内ともに伸び悩みが続いてきた。セントレアというと旅客部門にばかり目が向けられがちであるが，空港島の北半分は貨物エリアによって占められている。貨物エリアは西から順に貨物便スポット，貨物地区，愛知県企業庁総合物流地区からなる。貨物地区には3つの国際貨物上屋や燻蒸施設，貨物事務棟があり，貨物の積み降ろしや一時的な積み置きが行われる。愛知県企業庁総合物流地区には地元や東西の海運会社の倉庫棟が建ち並んでいる。輸出入貨物はこの倉庫に保管される。

　こうした貨物は空港島と陸側を連絡する道路を使って搬出入される。これはトラックによる輸送であり，ほかに空港島の中央付近にある港を経て

貨物地区と連絡する場合もある。とくにセントレアに特徴的なのは，アメリカのボーイング社の航空機の部品をこの港から引き揚げ，アメリカに向けて待機する専用の貨物輸送機に積み込んでいる点である。名古屋港に川崎重工と三菱重工，半田港（衣浦港）に富士重工の工場があり，ここからセントレアまで海上を輸送される（図10-7）。海と空を結ぶシー・アンド・エアーの実例として紹介されることが多く，巨大な胴体部分を専用機のドリームリフターに積み込む特別な施設も置かれている。

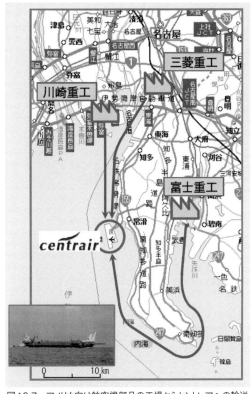

図10-7 アメリカ向け航空機部品の工場からセントレアへの輸送
出典：国土交通省のウェブ掲載資料（https://www.mlit.go.jp/common/001081131.pdf）をもとに作成。

空港島は対岸の常滑からおよそ2km離れて建設された。関西国際空港は陸側から5kmの位置に建設され，悪天候で連絡橋が使えなかったり地盤沈下でターミナルビルが傾いたりして苦労した。その教訓に学んで2kmという近い位置にセントレアは建設された。空港が近いと騒音で対岸に迷惑をかける可能性があるため，その見返りに常滑側にも埋立地を設けることが空港建設時に約束された。りんくうタウンと名付けられた埋立地（前島）をどのように活用するか，常滑側では種々議論された。すぐには誘致企業が決まらず，決まっても進出が予定より遅れるなど，りんくうタウン開発は一向に進捗しなかった。しかし大規模ショッピングモールが開業したことで，開発にも勢いが見られるようになった。この商業施設は常滑焼きの

第10章　戦前の軍事飛行場をルーツとする国際空港の発展過程

伝統を意識した空間を内部に取り込んでいる。常滑の市街地には「焼き物散歩道」と呼ばれる不用になった焼き物を道や壁に埋め込んだ独特な空間があり，空港の乗り継ぎ客にも人気がある。

3．セントレア（中部国際空港）のサービス評価と陸海空ゲートウェイの関係性

　国際線に搭乗するとわかるが，セントレアは NAGOYA Airport と呼ばれている。かつての名古屋空港や現在の県営名古屋空港を知る者からすると誤解を招きやすい呼び方ではあるが，CENTRAIR では国際的には通用しにくい。ところが英語読みの CENTRAIR も，徐々にではあるが国際的に知られるようになってきた。その背景として，セントレアのサービスが国際的に高く評価され利用者からも支持されているという実績がある。最も新しい実績でいえば，イギリスの航空業界専門格付会社である SKYTRAX 社が実施した国際空港評価「World Airport Awards 2018」において，「Regional Airport」と「旅客数規模別」の2部門で世界1位を獲得した。前者は過去4年連続の受賞であり，また後者は3年連続の受賞である。さらに別部門のアジア地域における「Best Regional Airport」は過去8年連続，第1位であった。

　1999年から始まった SKYTRAX 社の空港評価調査は，空港利用者に対するアンケートを集計して行われている。評価のカテゴリーは40近くにものぼっており，まさに細大漏らさず調べられている。回答はむろんボランティアで第三者が結果に介入することはできず，受賞した空港はその結果を自由に広報用に使用してよいことになっている。世界中の550の空港が対象になっており，空港サービスの点から国際的なゲートウェイを考える手掛かりを与えている。

　旅客数では成田，羽田，関西を追いかける状況にあるセントレアは，空港サービスの面では負けていないという自負がある。とくに地域空港の中では世界第1位という栄誉は，たしかに誇るべきものである。地域空港とは，「通常，首都以外の都市に位置し，主として短〜中距離で運航され，長距離国際路線の主要ハブではない空港」のことをいう。たしかにセントレアはこのクラスに入っており，成田や羽田は含まれない。トップクラスとは別のところで競っているという印象がなくもないが，旅客数が大空港に及ばない以上い

たしかたない。

　SKYTRAX社の調査結果（2018年）によると，旅客数に関係なく，全世界の空港の中で最高の評価を受けたのはシンガポールのチャンギー空港であった。第2位は羽田空港，第3位は韓国のインチョン空港である。第4位のドーハ空港，第5位の香港空港についで，第6位にセントレアが入っている。成田は第9位で，ベストテンに日本の3つの空港が入っている。第7位のミュンヘン空港，第10位のチューリッヒ空港を除けば，上位10空港中の8つまでがアジアの空港であるのは興味深い。このところのアジア経済の発展ぶりを反映しているとも受け止められるが，日本を含めたアジア地域全体に通ずる「おもてなし」精神が通底しているのかもしれない。セントレアは開港時に充実した飲食街やショッピング施設を空港内に設けるなど，これまでの空港にはなかった新機軸を打ち出して話題になった。空港のサービス空間化は，羽田空港が国際空港化するときにも取り入れられた。旅行者の取り込みに有効であれば，どの空港も採用する可能性がある。

　セントレアのゲートウェイ機能について語るとき，その場所性について触れることは意義があると思われる。それは第二次世界大戦以前に名古屋が軍需都市化するさい，市内と周辺に航空機を製造する工場が多く設けられ，試験飛行や操縦訓練のために飛行場も設けられたという過去の歴史にまで及ぶ。戦後，その生産の歴史は民間企業によって引き継がれ，国産初のYS-11号機（1964年就航），STOL飛鳥（1985年初飛行），MRJ（2015年初飛行）が名古屋圏で開発された。実用化がかなわなかったり就航間近で足踏みしたりとすべてが順調とはいえないが，国内でこれほど航空機産業が集中しているところはほかにない。

　2018年10月にセントレアの一角にフライト・オブ・ドリームズがオープンした。これは，アメリカ・ボーイング社製のボーイング787の初号機を同社から譲り受け展示している施設である。背景には，ボーイング787の機体の35％に相当する部品を名古屋圏を中心とする日本の航空機メーカーが生産しているという事実がある。航空機部品の生産それ自体と，その近くの空港との間には直接的関係はない。しかし，国際的なゲートウェイ機能を担う航空機を生産する地域を背景に成り立つ空港として，ほかにはない特徴をも

第10章　戦前の軍事飛行場をルーツとする国際空港の発展過程

特区に参画している市町村

区域指定されている事業所等

川崎重工業株式会社 岐阜工場周辺地区
- 川崎重工業株式会社 岐阜工場
  ボーイング 767・777・777X 胴体/パネル等部品製造、
  787 部品製造等
- 川崎岐阜協同組合
  中小企業サプライヤーによる共同受注・決済
- 木曽工アコンポーネント株式会社等
  中小企業サプライヤーによる一貫生産体制の構築

川崎重工業株式会社 名古屋第二工場地区
- 川崎重工業株式会社 名古屋第二工場
  ボーイング 767 胴体/パネル組立

名古屋大学地区
- 名古屋大学は人名古屋大学
  大学院工学研究科航空宇宙工学専攻、JAXA との連携講座、
  ナショナルコンポジットセンター

三菱重工業株式会社 名古屋誘導推進システム製作所地区
- 三菱重工業株式会社 名古屋誘導推進システム製作所
  H-ⅡAロケットエンジン、ロケット・推進装置制御装置製造等
- 三菱航空エンジン株式会社
  ボーイング機・エアバス機・MRJ 向け航空エンジン部品製造、組立・整備等

三菱重工業株式会社 大江工場周辺地区
- 三菱重工業株式会社 名古屋航空宇宙システム製作所 (大江工場)
  ボーイング767・777・787部品製造、787 主翼組立製造
- 東レ株式会社 名古屋事業場/アドバンスドコンポジットセンター
  航空機用プリプレグ/機能性樹脂材料主生産、/改質繊維複合材料の技術開発

県営名古屋空港周辺地区
- 愛知県 飛行研究センター
  JAXA名古屋空港飛行研究開発拠点、産学行政連携推進コーナー
- 三菱重工業株式会社 MRJ 技術試験場
  航空機の型式証明取得にかかる構造強度試験
- 三菱重工業株式会社 MRJ 飛行試験場
  県営名古屋空港離発着等
- 三菱重工業株式会社 名古屋航空宇宙システム製作所 (小牧南工場)
  MRJ 最終組立等
- 三菱航空機株式会社
  MRJ の開発、製造、販売及びカスタマサポート
  (製造は三菱重工に委託)

三菱重工業株式会社 飛島工場地区
- 三菱重工業株式会社 名古屋航空宇宙システム製作所 (飛島工場)
  MRJ 構造組立、H-ⅡAロケット・H-ⅡBロケット組立等
  宇宙ステーション補給機 (HTV) 組立等

川崎重工業株式会社 名古屋第一工場地区
- 川崎重工業株式会社 名古屋第一工場
  ボーイング 787 前部胴体組立、
  ボーイング 777・777X 胴体/パネル組立

三菱重工業株式会社 松阪工場地区
- 三菱重工業株式会社 松阪工場
  MRJ 部品製造等
- 航空機部品製造協同組合
  中小企業サプライヤーによる効率的な生産体制の構築

株式会社SUBARU 半田・半田西工場地区
- 株式会社SUBARU 半田工場
  ボーイング 777・767・777X 中央翼組立
- 株式会社SUBARU 半田西工場
  ボーイング 787 中央翼部品製造

図10-8　航空宇宙産業クラスター形成特区

出典：愛知県のウェブ掲載資料（http://www.pref.aichi.jp/kikaku/sogotokku/images/download/2019_pamphlet.pdf）をもとに作成。

つ。2011 年 12 月，航空宇宙産業集積地である愛知県・岐阜県を中心とした
中部地域は，国から「アジア No.1 航空宇宙産業クラスター形成特区」の指
定を受けた（図 10-8）。

　空港と航空機産業との関連性を敷衍させると，第 8 章で述べた名古屋駅と
車両生産の関係にも考えが及ぶ。東海道本線が開業した頃，鉄道車両には木
材が多く使われていた。むろんベースは鉄鋼製であるが客車や貨車の側面や
天井に木材が使用された。車両需要の増加を見越し，名古屋財界のリーダー
であった奥田正香は尾張藩以来の伝統を引き継ぐ名古屋の木材産業に目をつ
け，車両製造業を興した。これが現在も名古屋・神宮前に本社を置く日本車
輌であり，同社は現在，JR 東海の関連会社になっている。日本車輌は東海
道新幹線や東部丘陵線リニモの車両をはじめ数多くの車両を生産してきた。
鉄道車両メーカーは競争も厳しいため，橋梁・インフラや建設機械など鉄道
車両以外の分野にも進出している。海外進出で苦労した経緯もあり JR 東海

がバックアップすることになったが，結果的に，交通分野において製造業と輸送業が結びついたといえる。むろん日本車輌はJR東海のリニア中央新幹線車両の技術開発とも深く関わっている。

　空港と航空機産業の関係，鉄道駅と車両製造業の関係とくれば，港湾と造船業の関係はどうかという思いが浮かぶ。実は，第9章で取り上げた名古屋港も造船業とまったく関係がないわけではない。第二次世界大戦が始まろうとしていた1941年に名古屋港の第7号埋立地（現在の港区昭和町）に名古屋造船が生まれた。この造船所は1964年に東京の石川島播磨重工業によって合併され，工場は同社の愛知工場となった。最盛期には27万トン級の大型石油タンカーやLNGタンカー，ばら積み船がこの工場で建造された。しかし，造船不況や韓国・中国など競争国からの激しい追い上げもあり，2018年9月をもって工場は閉鎖された。造船との縁はこれで切れたが，名古屋港は輸出総額の半分近くを年間100万台の完成自動車の輸出でたたき出している。輸出総額の4分の1は自動車部品が占める。船とは違うが自動車という同じ輸送手段が名古屋港と深く関わっている点は興味深い。

　名古屋圏の空港，鉄道駅，港湾は，輸送機器（航空機，鉄道車両など）の製造との間に関係をもつだけでなく，各々が互いに連絡し合う関係ももっている。この点については歴史的な説明が必要である。名古屋圏の中心である名古屋の近代工業化は，近世城下町時代に育んだ木材産業を礎のひとつとして始まった。近代初期に鉄道が敷かれて名古屋駅が生まれる一方，市内では鉄道車両製造業が興された。海の玄関口として名古屋港が開港したさいには臨海鉄道が港と駅を結び，のちには運河が両者を連絡するようになった。名古屋港の埋立地に，今日のセントレアにも通ずる最初の飛行場が誕生したことは第9章で述べた通りである。名古屋港と名古屋駅の緊密な関係は戦後も維持され，近年は金城埠頭に通ずるあおなみ線が連絡的役割を果たしている。一方，内陸の名古屋空港から海上空港・セントレアへの移転にともない，駅と空港を短時間で結ぶ連絡路線が整備された。名古屋港からは航空部品がセントレアへ海上輸送されている。時代によって運ばれる人や貨物に違いはあるが，陸海空のゲートウェイ相互間の結びつきが続いてきたことは明らかである。

　鉄道駅，港湾，空港はゲートウェイ機能を担う交通手段の拠点であるが，拠点までの移動あるいは拠点からの移動を担う交通がなければ，十分に機能することができない。現代では自動車がその役割を果たすことが多い。むろん鉄道であれば，乗り換えて別の鉄道を利用することもあろう。空港でもアクセスのために専用の鉄道が敷かれていたり，かつての港湾において臨港線が活躍したりした時代もあった。ゆえに鉄道もローカルなスケールでゲートウェイ機能を支えているといえるが，主流は自動車になりつつある。移動の柔軟性に優れた自動車は，主要な鉄道駅や空港の利用客を送り届けたり迎えたりするさいに，大きな威力を発揮する。港湾の場合はコンテナ貨物の送り込みや引き取りにトラックはなくてはならない存在である。

　自動車はゲートウェイ機能を個別に支えるだけでなく，ゲートウェイ機能を互いに結びつける役割をも担っている。鉄道の主要駅からタクシーを飛ばして空港へ向かったり，逆に空港から急いで駅までタクシーで行ったりするシーンが思い浮かぶ。航空機は人ばかりでなくコンテナ貨物なども輸送するため，貨物輸送用のトラックもまた空港へ出入りする。対して鉄道は以前に比べて貨物を輸送することが少なくなった。むろんこれは日本の状況であり，大陸国家の北アメリカや中国あるいはヨーロッパでは鉄道輸送のウェートは大きい。ゆえにこのような地域では，貨物輸送トラックと鉄道は結びつきが強い。

　自動車をローカルな輸送手段として鉄道駅，港湾，空港が相互に結ばれる事例は以上のようである。これに対し，ゲートウェイ機能それ自体が互いに結びついて貨物を連続的に輸送するケースが，別の事例として考えられる。ひとつは港湾と鉄道のリンケージ，いまひとつは港湾と空港の連携すなわちシー・アンド・エアーである。前者はかつての日本でも普通に行われていた輸送連携であり，引き込み線を通って鉄道車両が港湾に出入りしていた。しかしコンテナリゼーションとともにガントリークレーンを使ってコンテナ船とコンテナ輸送トラックとの間でコンテナを積み降ろすスタイルが一般化した。インターモーダルと呼ばれる輸送手段の違いを問わない連続的なコンテナ輸送が主流となった。

　ところが同じインターモーダルでも，アメリカやカナダなどでは，海上輸送のコンテナは港湾で鉄道輸送のコンテナになる。港湾の背後圏が格段に広いため，トラック輸送では間に合わない。コンテナを満載した長大な貨物列車が時間をかけて長距離を移動する。輸送はコンテナだけではない。たとえば日本から輸出さ

れた自動車は，西海岸の港湾で専用列車に積み替えられ内陸部へ運ばれていく。逆に，北米産の穀物，鉱物，木材などが港湾でバルク船に積み替えられて太平洋を西へと向かう。アメリカ西海岸の港湾に出入りする船と鉄道による連続的輸送をさらに延長すると，ヨーロッパにまで続くランドブリッジ輸送になる。ランドブリッジ輸送とは，大陸を橋のように使って東西2つの海岸を結ぶ輸送のことである。太平洋側と大西洋側の港湾で鉄道（もしくはトラック）貨物を中継しながら日本とヨーロッパの間をできるだけ早く輸送する。

　こうしたランドブリッジ輸送は北アメリカ大陸だけでなく，ユーラシア大陸でも行われている。北米のアメリカン・ランドブリッジに対し，シベリア・ランドブリッジあるいはチャイナ・ランドブリッジと呼ばれている。たとえばチャイナ・ランドブリッジの場合，日本の港を出発したコンテナ船は中国・江蘇省の連雲港に到着する。ここから中国大陸を横断し，中央アジアを経ながらヨーロッパへとコンテナを途切れることなく運んでいく。マラッカ海峡やインド洋を経由する海洋ルートに比べると大幅な時間短縮が期待できるため需要は多い。ランドブリッジは国際間の大量貨物をできるだけ速く運ぶという理念にもとづいており，船舶と鉄道のメリットを生かしている点に特徴がある。航空輸送の速さに対する要望は根強いが，地球温暖化ガスを大量に排出する航空機への批判的意識が高まれば，ランドブリッジはさらに普及する可能性がある。

　その航空輸送は，高付加価値品を中心に供給地から需要地へ日常的に行われている。しかし輸送コストの高さを考えると航空輸送はやはり手が届きにくく，他の手段で我慢することが多い。そこにビジネスチャンスを見出したのが，港湾と空港を連携させるシー・アンド・エアーである。海上輸送と航空輸送を組み合わせることで，全体の輸送コストを引き下げることができる。背景には海上輸送のスピードアップ化と航空運賃の値下がりがあり，両方の良いところを結びつけた連続的輸送が実現した。日本の事例でいえば，九州地方の工場と関西国際空港の間，あるいは名古屋港と中部国際空港の間を海上輸送し，そこから海外に飛び立つという事例である。中国ではインチョン，ドバイ，日本の空港まで海上輸送し，そこからは航空機で輸送するという事例もある。こうしたパターンで特徴的なのは，海上輸送が主で一部が航空輸送，あるいはその逆というスタイルである。部分的な航空輸送はフィーダーによる配送である。また海上輸送を部分的に利用するのは集荷のためである。海上輸送と航空輸送の特性の違いは依然としてあるが，その差はかなり縮まってきている。

第10章　戦前の軍事飛行場をルーツとする国際空港の発展過程

引用文献

青木栄一（2008）：『交通地理学の方法と展開』 古今書院。

青木康征（2000）：『南米ポトシ銀山－スペイン帝国を支えた打出の小槌』（中公新書） 中央公論新社。

阿部修二（2015）：『国王の道（エル・カミノ・レアル）－メキシコ植民地散歩「魂の征服」街道を行く』 未知谷。

安部高明（2000）：『広州より眺めた大国中国』 文芸社。

新居関所史料館編（2011）：『關所－箱根・福島・今切 新居関所史料館開館35周年記念企画展』新居関所史料館（湖西市）。

粟倉大輔（2017）：『日本茶の近代史－幕末開港から明治後期まで』 蒼天社出版。

猪飼隆明（2008）：『西南戦争-戦争の大義と動員される民衆』（歴史文化ライブラリー）吉川弘文館。

生田 滋（1992）：『ヴァスコ・ダ・ガマ 東洋の扉を開く』（大航海者の世界〈2〉）原書房。

石井良治（1988）：『湖がきえた－ロプ・ノールの謎』 築地書館。

板橋区教育委員会生涯学習課文化財係編（2017）：『板橋宿の歴史と史料－宿場の町並と文化財』 板橋区教育委員会。

稲垣栄洋（2018）：『世界史を大きく動かした植物』 PHPエディターズ・グループ。

今井圭子（1985）：『アルゼンチン鉄道史研究－鉄道と農牧産品輸出経済』（研究双書〈no.335〉）アジア経済研究所。

岩根圀和（2015）：『スペイン無敵艦隊の悲劇－イングランド遠征の果てに』 彩流社。

宇田川武久（2013）：『鉄炮伝来－兵器が語る近世の誕生』（講談社学術文庫） 講談社。

王 鈇（2002）：『シルクロード全史』金連縁訳 中央公論新社。

太田勝也（2000）：『長崎貿易』（同成社江戸時代史叢書〈8〉） 同成社。

大野一英・林 健治（1986）：『鉄道と街・名古屋駅』 大正出版。

大野芳作（1990）：『コロンブス』（21C文庫〈9〉） 第三文明社。

大庭康時（2009）：『中世日本最大の貿易都市・博多遺跡群』(シリーズ「遺跡を学ぶ」〈061〉)新泉社。

岡部明子（2010）：『バルセロナ－地中海都市の歴史と文化』（中公新書） 中央公論新社。

荻窪 圭（2010）：『東京古道散歩－歩いても自転車でも楽しめる』（中経の文庫）。

奥田晴彦編（1975）：『関西鉄道略史』 鉄道史資料保存会。

奥野隆史（1991）：『交通と地域』 大明堂。

奥村 清・西村 宏・村田 守・小沢大成（1999）：『徳島 自然の歴史』（自然の歴史シリーズ〈4〉） コロナ社。

長内國俊（2007）：『河村瑞賢－みちのく廻船改革』 文芸社。

小野田滋（2014）：『関西鉄道遺産－私鉄と国鉄が競った技術史』（ブルーバックス） 講談社。

加藤利之（1985）：『箱根関所物語』（かなしんブックス〈5〉） 神奈川新聞社（横浜）。

金子民雄（1989）：『ヘディン伝－偉大なシルクロードの探検者』（中公文庫） 中央公論社。

ゲートウェイの地理学

亀長洋子（2001）：『中世ジェノヴァ商人の「家」－アルベルゴ・都市・商業活動』刀水書房。

辛島昇文（2000）：『海のシルクロード-中国・泉州からイスタンブールまで』（アジアをゆ
く）　集英社。

河島公夫（2001）：『V・O・C（オランダ東インド会社）の活躍と現代に残したもの』　舒
文堂河島書店。

菊池勇夫（2015）：『五稜郭の戦い－蝦夷地の終焉』（歴史文化ライブラリー〈411〉）　吉川
弘文館。

清田和之（2013）：『セイロンコーヒーを消滅させた大英帝国の野望-貴族趣味の紅茶の陰
にタミル人と現地人の奴隷労働』　合同フォレスト。

小泉勝夫（2013）：『開港とシルク貿易－蚕糸・絹業の近現代』　世織書房。

高　子峰（2012）：「日本のコンテナハブ港湾に関する一考察」『流通経済大学大学院物流
情報学研究科論集』　第10号　pp.11 ～ 27

胡口靖夫（2009）：『シルクロードの「青の都」に暮らす－サマルカンド随想録』　同時代社。

小島郁夫（1990）：『JR東海 挑戦する経営－いま一番トレンディで革新的な暴れん坊集団』
日本実業出版社。

小林隆一（2016）：『ビジュアル 流通の基本』第5版　本経済新聞出版社。

斉藤寛海（2002）：『中世後期イタリアの商業と都市』　知泉書館。

坂本成穂（2001）：『マラッカ海峡』（ぶんりき文庫）　彩図社。

佐藤三郎（1972）：『酒田の本間家』　中央企画社。

佐藤武敏（1966）：「唐代の市制と行：とくに長安を中心として」『東洋史研究 』（京都大学）
第25巻　pp.275-302

佐藤武敏（2004）：『長安』（講談社学術文庫）　講談社。

塩見鮮一郎（1998）：『江戸東京を歩く 宿場』　三一書房。

色摩力夫（1993）：『アメリゴ・ヴェスプッチ－謎の航海者の軌跡』（中公新書〈1126〉）
中央公論社。

篠沢恭助（1967）：『パンパの発展と停滞－アルゼンチン経済をどう見るか』（アジアを見
る眼〈9〉）　アジア経済研究所。

市立長浜城歴史博物館編（1999）：『みずうみに生きる－琵琶湖の漁撈と舟運 特別展』　市
立長浜城歴史博物館編。

市立長浜城歴史博物館企画・編集（2004）：『北国街道と脇往還：街道が生んだ風景と文化』
市立長浜城歴史博物館・サンライズ出版。

末田智樹（2010）：『日本百貨店業成立史－企業家の革新と経営組織の確立』（MINERVA
現代経営学叢書）　ミネルヴァ書房。

鈴木　峻（2016）：『扶南・真臘・チャンパの歴史』　めこん。

鈴木義里（2006）：『もうひとつのインド、ゴアからのながめ－文化、ことば、社会』　三元社。

須藤隆仙（2009）：『箱館開港物語』　北海道新聞社。

住田正一（1942）：『廻船式目の研究』　東洋堂。

田井玲子（2013）：『外国人居留地と神戸－神戸開港150年によせて』　神戸新聞総合出版
センター。

高木　賢編著（2014）:『日本の蚕糸のものがたり－横浜開港後150年波乱万丈の歴史』
　　　大成出版社。

高橋　理（2013）:『ハンザ「同盟」の歴史－中世ヨーロッパの都市と商業』（創元世界史
　　　ライブラリー）　創元社。

高橋伸夫;谷内達編（1994）:『日本の三大都市圏-その変容と将来像』　古今書院。

立木望隆（1978）:『箱根の関所』第5版　箱根町箱根関所管理事務所（箱根町（神奈川県））

田中重光（2005）:『近代・中国の都市と建築－広州・黄埔・上海・南京・武漢・重慶・台北』
　　　相模書房。

中部新国際空港推進調整会議編（1998）:『中部国際空港の計画案－最終まとめ』　中部新
　　　国際空港推進調整会議。

塚本青史（2007）:『張騫』　講談社。

角山　栄（2000）:『堺-海の都市文明』（PHP新書）　PHP研究所。

敦賀市立博物館編（1999）:『みなと敦賀の歴史展－開港100周年記念』　敦賀市立博物館。

鄭　樑生（2013）:『明代の倭寇』（汲古選書）　汲古書院。

寺田隆信（2017）:『世界航海史上の先駆者 鄭和』復刊（新・人と歴史 拡大版〈21〉）
　　　清水書院。

東京都編（1983）:『内藤新宿』（都史紀要〈29〉）　東京都。

東光博英（1999）:『マカオの歴史-南蛮の光と影』（あじあブックス）　大修館書店。

東北産業活性化センター編（1995）:『国際ハブ空港の建設－地球時代のエアーフロント開
　　　発戦略』　日本地域社会研究所。

徳島県郷土文化会館民俗文化財集編集委員会編（1989）:『鳴門の塩』（民俗文化財集〈第
　　　10集〉）　徳島県郷土文化会館。

徳島新聞社編（1980）:『阿波おどり』　徳島新聞社。

徳田耕一（2016）:『名古屋駅物語－明治・大正・昭和・平成－激動の130年』（交通新聞社新書）
　　　交通新聞社。

豊田　武（1957）:『堺－商人の進出と都市の自由』（日本歴史新書）　至文堂。

永井三明（2004）:『ヴェネツィアの歴史－共和国の残照』（刀水歴史全書）　刀水書房。

長沢和俊（1989）:『海のシルクロード史－四千年の東西交易』（中公新書〈915〉）　中央公
　　　論社。

永積　昭（2000）:『オランダ東インド会社』（講談社学術文庫）　講談社。

永積洋子（1990）:『近世初期の外交』　創文社。

中村明蔵（2005）:『鑑真幻影－薩摩坊津・遣唐使船・肥前鹿瀬津』　南方新社。

中村聡樹（2000）:「名古屋駅ビルに進出する高島屋。迎え撃つ松坂屋、名古屋三越,丸栄,
　　　名鉄百貨店－浮気な客を囲い込め!名古屋百貨店戦争。店長燃ゆ」『プレジデント 』
　　　第38巻　第6号　pp.138 ～ 145

中村　浩（2012）:『ぶらりあるきマレーシアの博物館』　芙蓉書房出版。

名古屋駅編（1967）:『名古屋駅八十年史』　名古屋駅。

名古屋空港ビルディング株式会社編（1999）:『新国際線旅客ターミナルビル竣工記念誌
　　　新飛翔』　名古屋空港ビルディング株式会社。

名古屋港史編集委員会編（1990a）:『名古屋港史　建設編』　名古屋港管理組合。

名古屋港史編集委員会編（1990b）:『名古屋港史　港勢編』　名古屋港管理組合。

名古屋市編（1954）:『大正昭和名古屋市史　第5巻　金融交通編』　名古屋市。

名古屋市編（1961）:『名古屋市史　政治編　第三』　名古屋市。

名古屋地下鉄振興株式会社編（1989）:『百年むかしの名古屋』　名古屋地下鉄新興株式会社。

名古屋鉄道編（1994）:『名古屋鉄道百年史』　名古屋鉄道。

名古屋都市計画史編集実行委員会編（2017）:『名古屋都市計画史〈2（昭和45年-平成12年度）上巻〉』　名古屋都市計画史編集実行委員会。

奈良修一（2016）:『鄭成功－南海を支配した一族』（世界史リブレット人〈042〉）　山川出版社。

新潟市編（1969）:『新潟開港百年史』　新潟市。

新潟市編（2011）:『新潟港のあゆみ－新潟の近代化と港』（朱鷺新書）　新潟日報事業社。

西日本シティ銀行公益財団法人九州経済調査協会編（2016）:『アジアゲートウェイとしてのFUKUOKA』　海鳥社。

西羽　晃（1962）:『桑名の歴史』西羽　晃。

西村桜東洋（1974）:『怒りの席田－板付飛行場物語』　九州文庫。

日本経済新聞社編（1996）:『福岡』（日経都市シリーズ）　日本経済新聞社。

日本国有鉄道編（1997）:『日本国有鉄道百年史　第2巻』　成山堂書店。

芳賀博文（1997）:「国際金融に関する地理学的研究の動向と課題」『人文地理』　第49巻　pp.353-377

服部鉦太郎（1973）:『明治・名古屋の顔』　六法出版社。

林　上（1986）:『中心地理論研究』　大明堂。

林　上（1989）:「名古屋市都心部における事務所ビルの立地と入居事業所の集積分布」『地理学評論, Ser. A』　第62巻　pp.566-588

林　上（2000）:『近代都市の交通と地域発展』　大明堂。

林　上（2004）:『都市交通地域論』　原書房。

林　上（2013）:「大都市主要鉄道駅の進化・発展と都市構造の変化：名古屋駅を事例として」『日本都市学会年報』　第46巻　pp.33-42

林　上（2015）:「木材貿易の動向と港湾における木材取扱地区の変化：名古屋港の場合」『港湾経済研究』　第54巻　pp.13-25

林　上（2017）:「名古屋港の事例を中心とする経済構造，港湾設備，交通基盤から見た港湾・背後圏の歴史的発展過程」『日本都市学会年報』　第51巻，pp.49-58

福島義一（1990）:『阿淡産志の研究－阿波藩撰博物誌』　徳島県出版文化協会。

堀　雅昭（2017）:『関門の近代－二つの港から見た一〇〇年』　弦書房。

増田義郎（1993）:『マゼラン　地球をひとつにした男』（大航海者の世界〈3〉）　原書房。

街と暮らし社編（2001）:『江戸四宿を歩く-品川宿・千住宿・板橋宿・内藤新宿』（江戸・東京文庫〈7〉）　街と暮らし社。

松尾俊彦（2012）:「コンテナ港湾の国際競争とハブ化問題」『日本航海学会誌』　第182号　pp.50 ～ 55

松尾昌宏（2012）：『物流ルート形成と地域発展－ゲートウェイ・ハブ都市の立地優位』多賀出版。

宮崎市定（2003）：『隋の煬帝』改版（中公文庫BIBLIO）　中央公論新社。

宮崎正勝（1997）：『鄭和の南海大遠征-永楽帝の世界秩序再編』（中公新書）　中央公論社。

宮田絵津子（2017）：『マニラ・ガレオン貿易－陶磁器の太平洋貿易圏』　慶應義塾大学出版会。

門司郷土叢書刊行会編（1981）：『門司郷土叢書〈第5巻〉』　国書刊行会。

森　健次（2001）：『文久2年遺欧使節－幕府開明派官僚・岩瀬忠震の見た夢：「地域の歴史と国際化」講座第7回目』　磯部出版。

森高　木（1992）：『坊津－遣唐使の町から』（かごしま文庫〈4〉）　春苑堂出版。

森竹敬浩（1993）：『世界に静岡茶 売った男－清水港から初の直輸出 海野孝三郎伝』　静岡新聞社。

谷澤　毅（2011）：『北欧商業史の研究－世界経済の形成とハンザ商業』　知泉書館。

安部高明（2000）：『広州より眺めた大国中国』　文芸社。

安村直己（2016）：『コルテスとピサロ－遍歴と定住のはざまで生きた征服者』（世界史リブレット人〈048〉）　山川出版社。

山本博文（2014）：『あなたの知らない三重県の歴史』（歴史新書）　洋泉社。

Andrews, G. (1986)：*Port Jackson 200 - An Affectionate Look At Sydney Harbour - 1786-1986,* A. H. & A. W. Reed, Sydney, New South Wales.

Armitage, D. (2001)：*Burrard Inlet: A History,* Harbour Publishing, Pender Harbour, British Columbia.

Armitage, D. (2007)：*The Declaration of Independence:A Global History,* Harvard University Press, Cambridge, Mass.　平田雅博・岩井淳・菅原秀二・細川道久訳（2012）：『独立宣言の世界史』（MINERVA歴史・文化ライブラリー）　ミネルヴァ書房。

Barnett, W. C. (2007)：*Energy Metropolis: An Environmental History of Houston and the Gulf Coast,* University of Pittsburgh Press, Pittsburgh, Pennsylvania.

Bernard, R. M. and Rice, B. R. (1983)：*Sunbelt Cities: Politics and Growth since World War II,* University of Texas Press, Austin, Texas.

Berry, B. (1964)：Cities as systems within systems of cities. *Regional Science Association, Paper and Proceedings,* 13, pp.147-163.

Bird, J. (1977)：*Centrality and Cities,* Routledge and Kegan Paul, London.

Bower, S. S. (2012)：*Wet Prairie: People, Land, and Water in Agricultural Manitoba,* UBC Press, Vancouver, British Columbia.

Brands, H. W. (2003)：*The Age of Gold: the California Gold Rush and the New American Dream,* Anchor Books, New York.

Bryant Jr., K. L. (2007)：*Encyclopedia of North American Railroads,* Indiana University Press, Bloomington, Indiana.

Burghouwt, G. and Veldhuis, J. (2006)：The Competitive position of hub airports in the transatlantic market, *Journal of Air Transportation,* 11(1), pp.116-130.

Cashman, T. (2002)：*Edmonton Stories from the River City,* The University of Alberta Press, Edmonton, Alberta.

Christaller, W. (1933)：*Die zentralen Orte in Süddeutschland : eine ökonomisch-geographische Untersuchung über die Gesetzmäßigkeit der Verbreitung und Entwicklung der Siedlungen mit städtischen Funktionen,* Gustav Fischer, Jena. 江沢譲爾訳（1971)：『都市の立地と発展』大明堂。

Cook, M. (2019)：*A River with a City Problem: A history of Brisbane Floods,* University of Queensland Press, Brisbane, Queensland.

Cronon, W. (1991)：*Nature's Metropolis: Chicago and the Great West,* W. W. Norton & Company, New York.

den Otter, A. A.(1997)：*The Philosophy of Railways: The Transcontinental Idea in British North America,* University of Toronto Press, Toronto, Ontario.

Dowson, J. (2011)：*Fremantle Port,* Western Australian Museum, Welshpool, Western Australia.

Eaton, L.K. (1989)：*Gateway Cities and Other Essays (Great Plains Environmental Design Series),* Iowa State Press, Iowa City, Iowa.

Fred, S. (1994)：*The Story of Calgary,* Fifth House, Saskatoon, Saskatchewan.

Freyre, G.(1980)：*Casa-Grande E Senzala - Formacao Da Familia Brasileira Sob O Regime De Economia Patriarcal,* J. Olympio, Rio de Janeiro. 鈴木茂訳（2005)：『大邸宅と奴隷小屋〈上〉－ブラジルにおける家父長制家族の形成』日本経済評論社。

Gilpin, J. (1984)：*Edmonton, Gateway to the North An Illustrated History,* Windsor Publications, Windsor, Ontario.

Goetz, A. R. and Sutton, C. J. (1997)：The geography of deregulation in the U.S. airline industry, *Annals of the Association of American Geographers,* 87(2), pp.238-263

Gossage, P. and Little, J. (2013)：*An Illustrated History of Quebec: Tradition and Modernity,* Oxford University Press, Don Mills, Ontario.

Gregory, J. (2005)：*City of Light: A History of Perth Since the 1950s,* City of Perth, Perth, West Australia.

Guenin-Lelle, D. (2016)：*The Story of French New Orleans: History of a Creole City,* University Press of Mississippi, Jackson, Mississippi.

Guy, F. (1970)：*Seigneurie et féodalité au Moyen Âge,* Presses Universitaires de France, Paris. 神戸大学西洋経済史研究室訳（1982)：『封建制・領主制とは何か』晃洋書房。

Hamilton, J. (2007)：*The St. Lawrence River: History, Highway and Habitat,* Redlader Publishing, Montreal.

Harman, K. (2018)：*Cleansing the Colony: Transporting Convicts from New Zealand to Van Diemen's Land,* Otago University Press, Dunedin, New Zealand.

Harris, C. and Ullman, E. (1945)：The nature of cities, *Annals of the American Academy of Political Science* 242: pp.7-17.

Herold, V. (2006)：*A Gold Rush Community: San Francisco,* Benchmark Education, New Rochelle, New York.

Hudspeth, A. and Scripps, L. (2000)：*Capital Port : a History of the Marine Board of Hobart 1858-1997,* Hobart Ports Corporation, Hobart.

Innis, H. and Ray, A. (1956)：*The Fur Trade in Canada: An Introduction to Canadian Economic History,* University of Toronto Press, Toronto.

Jupp, J. (1988)：*The Australian People: An Encyclopedia of the Nation, Its People and Their Origins,* Cambridge University Press, Cambridge, England, UK.

Karskens, G. (2010)：*The Colony A history of early Sydney,* Allen & Unwin, Sydney, New South Wales.

Lewis, M. (1995)：*Melbourne : the City's History and Development,* City of Melbourne, Melbourne, Victoria.

MacFadyen, A. and Watkins, G. C. (2014)：*Petropolitics: Petroleum Development, Markets and Regulations, Alberta as an Illustrative History,* University of Calgary Press, Calgary, Alberta.

Marquez, E. (1975)：*Port Los Angeles: A Phenomenon of the Railroad Era,* Golden West Books, San Marino, California.

Melosi, M. V. and Pratt, J. A. (2014)：*Energy Capitals: Local Impact, Global Influence,* University of Pittsburgh Press, Pittsburgh, Pennsylvania.

Morenus, R. (1956)：*The Hudson's Bay Company,* Literary Licensing, LLC, Whitefish, Montana.

Morley, A. (1969)：*Vancouver, from Milltown to Metropolis,* Mitchell Press, Burnaby, British Columbia.

Murphy, W. B. (1994)：*Toronto: Canada's Shinning Metropolis,* Blackbirch Pr Inc, Woodbridge, Connecticut.

Newman, P. C. and Levine, A. (2014)：*Miracle at the Forks: The Museum that Dares Make a Difference,* Figure 1 Publishing, Vancouver, British Columbia.

Peter, D. (1984)：*An Industrial History of South Australia,* University of Adelaide, Adelaide, South Australia.

Pirenne, H. (1936)：*Histoire de l'Europe des Invasions au XVIe siècle,* Bruxelles, Alcan, N. S. E. , Paris. 佐々木克巳訳（1991)：『ヨーロッパの歴史　西ローマ帝国の解体から近代初頭まで』　創文社.

Roger, S. (1976)：*Seattle: Past To Present,* University of Washington Press, Seattle and London.

Rostovzeff, M. I. (1971)：*Caravan Cities,* AMS Press, new York. 青柳正規訳（1978)：『隊商都市』　新潮社。

Taylor, D. (2016)：*Toronto Then and Now,* Pavilion Press, London.

Thomas, L.F. (1949)：Decline of St. Louis as midwest metropolis, *Economic Geography,* 25(2), pp.118-127.

Thünen, J. H. von, (1826)：*Der isolierte Staat in Beziehung auf Landwirtschaft und Nationalökonomie,* Gustav Fisher, Jena. 近藤康男訳（1974)：『近藤康男著作集：第1巻・チウネン孤立国の研究：チウネン孤立国』　農村漁村文化協会。

U'Raen, N. and Tunbulll, N. (1983)：*A history of Port Melbourne,* Oxford University Press, Oxford, England, UK.

Vance Jr., J. (1970)：*The Merchant's World: the Geography of Wholesaling,* Prentice-Hall, Englewood Cliffs, New Jersey. 国松久弥訳（1973）：『商業・卸売業の立地』 大明堂。

Weber, A. (1909)：*Über den Standort der Industrien, Reine Theorie des Standorts,* Erster Teil, Tubingen. 江沢譲爾監修・日本産業構造研究所訳（1966）：『工業立地論』 大明堂。

図表一覧

●事項索引

ゲートウェイの地理学

●地名索引

ゲートウェイの地理学

ゲートウェイの地理学

ゲートウェイの地理学

【著者略歴】

林　上（はやし・のぼる）
1947年　岐阜県生まれ
名古屋大学大学院文学研究科史学地理学専攻
　博士課程修了　文学博士（名古屋大学）
　名古屋大学名誉教授
現在　中部大学大学院国際人間学研究科
歴史学・地理学専攻　人文学部　特任教授
＜主著＞
『中心地理論研究』（大明堂）、『都市の空間システムと立地』（大明堂）
『都市地域構造の形成と変化』（大明堂）、『経済発展と都市構造の再編』（大明堂）
『カナダ経済の発展と地域』（大明堂）、『近代都市の交通と地域発展』（大明堂）
『都市経済地理学』（原書房）、『現代都市地域論』（原書房）
『現代カナダの都市地域構造』（原書房）、『都市サービス地域論』（原書房）
『都市交通地域論』（原書房）、『社会経済地域論』（原書房）
『現代経済地域論』（原書房）、『現代社会の経済地理学』（原書房）
『現代都市地理学』（原書房））、『都市と経済の地理学』（原書房）
『名古屋圏の都市地理学』（風媒社）、『都市と港湾の地理学』（風媒社）
『名古屋圏の都市を読み解く』（風媒社）
＜編著＞
『東海地方の情報と社会』（共編）（名古屋大学出版会）
『高度情報化の進展と地域社会』（大明堂）
『現代都市地域の構造再編』（原書房）
『飛騨高山：地域の産業・社会・文化の歴史を読み解く』（風媒社）

装幀・澤口　環

ゲートウェイの地理学

2020 年 4 月 20 日　第 1 刷発行
（定価はカバーに表示してあります）

著　者　　林　　上

発行者　　山口　章

発行所　　名古屋市中区大須 1 丁目 16-29
振替 00880-5-5616 電話 052-218-7808　　風媒社
http://www.fubaisha.com/

乱丁本・落丁本はお取り替えいたします。　　＊印刷・製本／モリモト印刷
ISBN978-4-8331-4147-5